성 테레사
기도의 삶

세계기독교고전 7

성 테레사
기도의 삶
이상원 옮김

크리스챤
다이제스트

세계 기독교 고전 전집을 발행하면서

한국에 기독교가 전해진 지 벌써 100년이 넘었습니다. 그동안 수많은 기독교 서적들이 간행되어 한국의 교회와 성도들에게 많은 공헌을 해 왔습니다. 그러나 기독교 역사 100년을 넘어선 우리의 교회와 성도들에게 더 큰 영적 성숙과 진정한 신앙을 심어주기 위해서는 가치있는 기독교 서적들이 많이 나와야 한다고 생각합니다. 그리하여 영혼의 양식이 될 수 있는 훌륭한 기독교 서적들이 모든 성도들의 가정뿐만 아니라 믿지 아니하는 가정에도 흘러 넘쳐야만 합니다.

 믿는 성도들은 신앙의 성장과 영적 유익을 위해서 끊임없이 좋은 신앙 서적들을 읽고 묵상해야 하며 친구와 이웃 사람들의 구원을 위하여 신앙 서적 선물하기를 즐기고 읽도록 권해야 할 것입니다. 이것은 하나님의 백성으로서 살기 원하는 사람은 누구나 마땅히 해야 할 의무라고도 하겠습니다.

 존 웨슬리는 "성도들이 책을 읽지 않는다면 은총의 사업은 한 세대도 못 가서 사라져 버릴 것이다. 책을 읽는 그리스도인만이 진리를 아는 그리스도인이다"라고 말했습니다. 우리는 이제 한국에서 최초로 세계의 기독교 고전들을 총망라하여 한국의 교회와 성도들에게 소개하고자 합니다. 전세계의 기독교 고전은 모든 기독교인들에게 영원한 보물이며, 신앙의 성숙과 영혼의 구원을 위하여 이보다 더 귀한 것은 없을 것입니다.

 이러한 취지로 어언 2천여 년의 세월이 지나는 동안 세계 각국에서 저술된 가장 뛰어난 신앙의 글과 영속적 가치가 있는 위대한 신앙의 글만을 모아서 세계 기독교 고전 전집으로 편찬하고자 합니다.

 우리는 이 세계 기독교 고전 전집을 알차고, 품위있게 제작하여 오늘날 한

국의 교회와 성도들에게 제공하고 후손들에게도 물려줄 기획을 하고 있습니다. 우리는 다시 한 번 다니엘 웹스터가 한 말을 깊이 생각해 보아야 할 것입니다.

"만약 신앙 서적들이 우리 나라 대중들에게 광범위하게 유포되지 않고, 사람들이 신앙적으로 되지 않는다면, 우리 나라가 어떤 나라가 될지 걱정스럽다 … 만약 진리가 확산되지 않는다면, 오류가 지배할 것이요, 하나님과 그의 말씀이 전파되고 인정받지 못한다면, 마귀와 그의 궤계가 우세할 것이요, 복음의 서적들이 모든 집에 들어가지 못한다면, 타락하고 음란한 서적들이 거기에 있을 것이요, 우리 나라에서 복음의 능력이 나타나지 못한다면, 혼란과 무질서와 부패와 어둠이 끝없이 지배할 것이다."

독자들의 성원과 지도 편달을 바라마지 않습니다.

크리스챤 다이제스트
편집 · 발행인 박명곤

차례

[해설] 성 테레사의 생애와 고전으로서의
　　　가치에 대하여 / 제임스 M. 휴스턴 ·················· 9
서론 / 클레이턴 L. 버그 ··· 19

제1장 실패로 얼룩진 테레사의 어린 시절과 기도하는
　　　일에 어려움을 겪었던 후반기 ······················· 43
　　서론/43 — 경건한 가정생활/47 — 청년기의 낭만적
　　이상/49 — 좋은 친구들과 나쁜 친구들/52 — 현명한
　　영적 안내자들과 어리석은 안내자들/59

제2장 기도생활에 꼭 필요한 요소들에 관하여 ················· 78
　　서론/78 — 서로 사랑하라/80 — 초연/87 — 진정한
　　겸손과 그릇된 겸손/92 — 시험과 겸손/102 — 겸손과
　　영적인 성급함/107

제3장 기도는 오직 하나님만을 향한 신앙과 열정의
　　　표현이다 ··· 111
　　기도는 하나님에 대한 사랑과 욕구의 표현이다/113 —
　　하나님을 위한 고난/118 — 하나님의 환상/126 — 주님
　　의 기도/131

제4장 기도생활은 정원과도 같다 ······ 143

서론/143 — 우물물을 퍼서 물주기/146 — 물레방아 혹은 회상의 기도/159 — 관개수로 혹은 시냇물로부터 물을 얻기/171 — 샘으로부터 얻는 물/177

제5장 내면의 성(城): 하나님의 임재를 위한 많은 처소들로서의 내적 생명 제1부 ······ 190

첫째 처소: 하나님 앞에서 자기를 실현시키기 위한 기도/193 — 둘째 처소: 하나님의 성품에 대한 관상(觀想)과 스스로를 순복시켜야 할 필요성/208 — 셋째 처소: 선하며 모범적인, 그러나 여전히 자기중심적인 삶의 속임수/217

제6장 내면의 성(城) 제2부 ······ 230

넷째 처소: 고요한 기도, 살아 계신 하나님과의 개인적인 만남의 시작/230 — 다섯째 처소: 하나님과의 연합된 상태에서의 기도/244

제7장 내면의 성(城) 제3부 ······ 267

여섯째 처소: 친밀한 연합의 기도와 그리스도와의 약혼/267 — 일곱째 처소: 삶의 총체적인 이전(移轉)으로서의 예수와의 혼인의 기도/294 — 결론/301

제8장 기도생활의 실제적인 결과들 ······ 302

생활에 관한 몇 가지 금언들/305 — 이웃사랑에 관하여/311 — 테레사의 편지들/313

해설

성 테레사의 생애와 고전으로서의 가치에 대하여

    기독교인들의 삶의 방식 가운데 하나인 기도가 부족한 오늘날, 테레사 수녀의 명문집(名文集)이 출판된 것은 매우 시의적절한 일이다. 테레사의 매우 밀도 있는 기도생활은 수많은 신비적 체험으로부터 우러나온 독특한 어법과 환상들로 가득 차 있고, 또한 오직 하나님만을 향한 일편단심이 주조(主調)를 이루고 있기 때문에 평범한 기독교인에게는 조금 부담을 줄지도 모른다. 그러나 마음에 큰 부담을 갖지 말고 읽어 줄 것을 부탁한다.

    스페인에 파송되었던 개신교 선교사였던 나의 어머니는 테레사가 살던 아빌라 근교에 있는 어느 마을에서 주민들에게 돌팔매질을 당한 일이 있었다. 어린 시절 그 같은 경험을 한 내가 가톨릭을 신봉하는 이 여인의 경건의 생활을 찬양하게 되리라고는 전혀 생각하지 못했다. 그러나 내가 테레사의 정신을 이해하려고 노력하면 할수록 하나님을 향한 그녀의 열정, 그리스도를 닮아가려는 욕망, 그리고 구체적으로 17개의 수도원을 설립한 노력 안에 얼마나 깊은 경건의 정신이 배어 있는가를 느끼게 된다.

    테레사는 4세기라는 먼 시간의 간격과 종교적 차이에 따르는 편견을 뛰어넘어 우리 모두에게 호소한다. 그녀는 우리를 기도의 호흡으로 가득 채워 주며 그리스도의 현존을 통해 우리의 내면적인 삶을 좀 더 풍부히 하라고 우리에게 도전한다. 알렉산더 화이트(Alexander Whyte) 박사는 1897년 테레사가 쓴 몇 편의 작품에 대해 다음과 같은 논평을 한 바 있다.

" … 하나님께서 인간에게 주신 가장 위대하고 가장 훌륭한 재능은 기도라는 재능이다. 내가 무엇보다도 테레사에게 관심을 갖게 된 이유는 테레사가 바로 이 재능을 가지고 있었기 때문이다. 특히 단순하면서도 독창성 있는 그녀의 기도 내용과, 기도에 완전히 몰입하는 태도가 나의 마음을 사로잡았다. 그녀는 힘들고 아무런 대가도 보장되어 있지 않은 일들을 해나갈 때, 기도를 통해 힘을 얻었고, 피난처를 발견하였으며, 마음의 평화를 찾을 수 있었다. 또 자신이 하는 일이 거룩한 일임을 발견할 수 있었다. 그녀는 신실하고도 철저하게 그녀에게 주어진 이 종교적 의무에 자신을 복종시켰다. 마침내 그 의무는 기쁨이 되었다. 그것은 하나의 의무라기보다는 오히려 하나의 몰입(沒入)이었다. 테레사에게 있어서는 첫째도 기도요, 마지막도 기도였다. 그녀는 항상 기도했던 것이다. 테레사는 모든 일들을 기도를 통해서 문자 그대로 거룩한 것으로 바꾸어 놓았으며 달콤한 것, 열매가 있는 것으로 변화시켜 놓았던 것이다."

테레사가 쓴 글들

오늘날 기독교인들이 기도를 경시하는 것처럼 테레사의 시대에도 기도에 대해서 많은 의심이 뒤따랐다. 1525년 종교재판소는 알룸브라도스(alumbrados: 내적 영감을 통해 신비적 경험을 추구하는 자들)의 48가지 제안을 비판했다. 그런 방법을 통해서 오히려 악마에 사로잡히지 않겠느냐 하는 불안감이 당대의 사회분위기를 이루고 있었다.

뿐만 아니라 당시의 스페인 사회는 테레사와 같은 여자들, 혹은 신비적인 기도의 체험을 가진 자들에게는 별로 유리한 환경은 아니었다. 이런 악조건 속에서도 그녀는 주도면밀하게 영적 조언자들을 찾아다니면서 자신의 영혼의 상태를 숨김없이 털어놓곤 했다. 그녀는 이 고백을 문서를 통해 표현했는데 이 문서들이 계속하여 출판되었다.

제일 먼저 테레사는 「영적인 이야기」(Spiritual Relations)라는 제목의 글들을 많이 썼는데, 이 글들은 그녀를 추종하는 추종자들에게 정보를 제공하기 위한 것이었다. 그 후, 그녀는 가르시아 드 톨레도 신부의 요청에 따라 1562년에 자신의 전기를 출판하였다.

엄격하게 말한다면, 이 책은 자서전이라기보다는 성 아우구스티누스의 「고백록」이나 존 번연의 「풍성한 은혜」(Grace Abounding)와 같은 고백적 전기의 성격을 띤 글이다. 그것은 또한 그녀의 영적 생활에 대한 하나의 변명과도 같은 것이었다. 그녀 자신은 그 책이 자신의 생애에 대한 이야기라고 규정짓는 것을 싫어했다. 그녀는 그 책이 「하나님의 자비들」(The Mercies of God)이라고 불리어지는 것을 좋아했다.

그녀의 조언자들 가운데 한 사람인 도밍고 바네즈가 그녀의 전기를 수녀들에게 읽히는 것을 금지시키자 수녀들은 테레사에게 소리를 내서 하는 기도에 관한 모종의 간단한 안내서를 써 달라고 간청했다. 「완전에 이르는 길」(The Way of Perfection)(1566)은 바로 그 같은 수녀들의 요구에 부응하기 위한 것이었다. 3년 후 그녀는 이 책을 개정했다. 이 책을 통해서 테레사는 끊임없는 기도가 그리스도인들의 참된 삶이라는 점을 강조한다. 그 이유는 그리스도께서 항상 그리스도인들과 함께 하시기 때문이다.

테레사는 아마도 1566년경에 「아가서에 관한 묵상」(Meditations on the Song of Songs)을 썼던 것 같다. 그녀는 그것을 1572~75년 사이에 개정했다. 이것은 솔로몬의 아가서를 스페인어로 번역했다는 죄목으로 1572~77년 사이에 투옥된 바 있던 프레이 루이 드 레옹의 사건에 비추어 볼 때 대담한 일이었다. 사실 테레사는 라틴어에 대한 지식이 없었다. 그러므로 성경에 대한 그녀의 접근은 일과기도서에 기록되어 있는 성경에 관한 언명들을 이해하는 것에 국한되었다. 이 책에는 기도의 글들과 찬송가들이 실려 있었다. 또한 이 책은 대부분의 가톨릭의 사제들이 암송하고 있었다. 그 밖에도 이와 비슷한 여러 부류의 책들을 참고했다.

1577년 그라시안 신부는 영적 생활에 관한 글들을 더 많이 쓰도록 테레사에게 요청하였다. 그 까닭은 종교재판소가 그녀의 「자서전」을 압수해 갔기 때문이다. 테레사는 이제 62세가 되었다. 그녀는 5년 동안 하나님과 연합하는 생활을 하는 가운데 느낀 것들을 「내면의 성」(The Interior Castle)이라는 제목으로 출판하였다. 이 책은 기도생활에 관한 그녀의 영적인 저술 가운데 단연 압도적인 위치를 차지하고 있는 책이다. 그녀의 서신 가운데 일부가 보여주고 있는 것처럼 그 책을 쓰던 바로 그 해가 그녀에겐 매우 어려운 해였다. 많은 핍박과 중상모략이 뒤따랐다. 그러나 그 해는 영적으로는 한층 더 풍성해진 시기이기도 했다.

테레사는 「격언들」(Maxims) 혹은 「수녀들에게 보내는 훈계」를 1582년에 썼다. 이 글들은 「완전에 이르는 길」과 더불어 출판되었다. 테레사가 세상을 떠난 뒤, 프레이 루이 드 레옹은 그녀의 「명상록」 혹은 「하나님께 드리는 영혼의 고백」을 1588년에 발간했다. 이 명상록은 아주 밀도 있는 테레사의 종교적 감정의 일부를 묘사하고 있다. 「창설에 관한 책」(The Book of the Foundation)은 원래 그녀가 세운 수도회가 시작할 때 쓰던 일기에서 출발했다. 그것은 1576년에 시작되어 1582년에 완결되었다. 그 책이 최종적으로 출판된 것은 1610년이었다.

이 책에 실려 있지 않는 테레사의 작은 작품들을 열거한다면 「수녀들에게 보낸 법규」(1568), 「판단」, 「맨발의 갈멜 수녀회에 보내는 방문 동정회(童貞會) 규례」 등이 있다. 그녀는 많은 시들과 찬송가 가사를 썼는데 그것들 가운데 일부는 그녀의 서신과 원고에 여기저기 삽입되어 있다. 알리슨 페어즈(Allison Peers)가 그 시들 가운데 31편을 수집하였다. 약 441편에 달하는 테레사의 서신들과, 27개의 다른 단편들도 수집되어 발간되었다. 이것들은 1546년과 1582년 어간에 쓰여진 작품들이다.

테레사의 작품에 나타난 심상(心象)

테레사는 그녀의 생존시 뿐만 아니라 그 이후의 많은 기독교인들에게 엄청난 영향을 끼쳤다. 열정과 순종을 특징으로 하는 그녀의 하나님을 향한 사랑은 심원한 것이었다. 이 같은 테레사의 열정은 시인 크레쇼(Crashaw)의 시에까지 반영되어 있다.

"당신의 생애를 읽게 하오,
 내가 나의 모든 생활에 대하여 죽을 수 있도록."
    ― "감복할 만한 성 테레사의 이름을 기념하는 찬송"

테레사의 심상들은 명확하고 생기가 넘친다. 프레이 루이 드 레옹은 1588년 테레사의 작품들을 편찬하면서 이렇게 말한다. "나는 어머니 테레사가 이 세상에 생존해 있는 동안 그녀에 관한 이야기를 들어본 일도, 그녀의 모습은 본 일도 없다 … 그러나 그녀가 하늘나라에 있는 지금 나는 그녀를 알고 있었다. 그녀가 그녀의 딸들(수녀들)과 책들을 통해 우리에게 남겨 놓은 그녀 자신에 관한 두 개의 살아 있는 심상들을 통해 나는 그녀를 거의 날마다 만난다."

아마 세르반테스를 제외하고는 스페인어를 사용하는 세계에서 그녀만큼 잘 알려져 있는 작가는 없는 것 같다. 학자와 순박한 독자가 한결같이 그녀에게 매료되는 이유는 그녀의 학식이 풍부해서가 아니다. 그녀는 별로 배운 것이 없는 신앙인이다. 그녀가 기도의 체험과 같은 깊은 삶의 체험을 가지고 모든 사람들에게 영감을 불어넣어 주고 있는 것은 사실이지만, 그렇다고 해서 독자들이 그녀의 경건의 마음 때문에 감동을 받는 것 또한 아니다.

독자들이 감명을 받는 까닭은 그녀가 자신의 모습을 있는 그대로 드러내기 때문이다. 다시 말하자면, 무의식중에 자기 자신을 잊어버리는 솔직성 때문이다. 뿐만 아니라 그녀는 행동으로 본을 보여준 사람이었다. 간결하고, 격렬하고, 활력 있게 그녀는 생생한 은유를 통하여 우리에게 말한다. 그녀가 사용하는 은유들은 섬세하면서도 감정에 치우치지 않는 모습으로 영혼의 길을 비추어 준다.

문학적인 심상들은 우리에게 깊은 영향을 줄 수 있다. 그것들은 혼의 언어이다. 테레사의 심상들 가운데 최초의 것은 영혼의 여행 혹은 순례이다. 이 심상은 무한한 가능성들을 가지고 있다. 왜냐하면 하나님께로 향하는 여행은 하나님을 가까이 하는 체험과 짝을 이루는 것이기 때문이다. 이 여행 도중에 신자들은 일단의 변화들을 겪게 된다. 왜냐하면 피조물인 인간이 하나님의 형상을 닮아야 한다는 것은 인간을 향한 하나님의 목적이기 때문이다.

뿐만 아니라 인간은 구속을 통해 그분의 아들의 형상으로 또한 변화되어야만 한다. 테레사의 심상들은 이 같은 성경의 목적들을 탐구한다. 따라서 그것들은 근본적으로 성경적인 인유(引喩)이다. 그것들은 또한 본래적으로 인간적인 심상들이기도 하다.

그녀가 묘사하는 주된 심상은 성(城)의 심상이다. 그 심상은 영혼을 전체적인 시각에서 묘사한다. 이 심상 안에서 전인격이 하나님을 만나며 내주하시는 하나님을 만왕의 왕으로 높인다. 만왕의 왕이신 하나님을 테레사는 "지극히 장엄하신 분"으로 즐겨 부른다. 이 심상은 "지극히 아름다운 수정구(球)"처럼 어느 순간엔가 갑자기 자신에게 찾아왔다고 그녀는 말한다. 이 말은 또한 하나님의 거소(居所)인 각 개인 하나하나가 하나님 앞에서 얼마나 귀중한 존재인가를 시사해 준다.

하나님이 없이 편협한 세계 안에 갇혀 있는 고독한 영혼이 아니라 내면의 삶 속에서 하나님의 현존을 체험하는 무한히 광대한 영혼을 테레사는 보았다. 하나님이 인간의 영혼 안에 거하실 때 영혼은 폭이 넓어지고 기쁨이 찾아온다. 무섭게도 지주(地主)가 나타나 있지 않은 카프카의 성(城) ― 지상의 아버지를 늘 잃는 카프카 자신의 처지를 묘사하면서 하나님으로부터도 소외된 그의 외로움을 표현하는 그의 작품과 테레사의 작품은 얼마나 대조적인가. 이 심상은 아마도 인간에 관하여 성경이 보여주는 계시의 중심이라고 할 수 있을 것이다. 인간은 하나님을 경배하기 위한 목적으로 창조되었다. 사실상 경배는 **지극히 거룩하신** 하나님께 종속적인 인간이 보여주는 충성의 정신이다.

한편, 모든 순례의 목적은 우리의 삶의 진정한 의도가 지향하는 그곳으로 돌아가는 것, 곧 하나님과 함께 하는 것이다. 테레사는 순례의 목적이 곧 하나님과의 연합이라는 점을 간파했다. 여행을 한 단계씩 해감에 따라 각 단계에 꼭 필요한 규정들이 있는데 이 규정들을 그때그때 완수하지 않으면 그 다음 단계로 나아가는 것은 불가능하다.

테레사는 먼저 세 개의 커다란 **저택**을 상정하고 이 저택의 심상을 통해 인간의 영혼이 하나님의 거소라는 사실을 보여준다. 이 저택에 거하기 위해서는 궁정의 규례와 의정서가 필요한데 그것이 곧 거룩한 생활이다. 더러운 짐승, 뱀, 그리고 기타 기어다니는 죄와 격정의 피조물은 가능한 한 추방되어야만 한다. 마지막 네 개의 저택 안에서는 지극히 장엄하신 그분이 훨씬 더 친밀한 모습으로 나타난다. 이 저택 안에서 그리스도인은 그분의 친밀한 현존에서 그분과의 우정의 단계로, 우정의 단계에서 약혼의 단계로, 마지막으로는 그분과 연합하는 단계로 발전한다.

테레사가 즐겨 사용하는 또 하나의 심상은 **물**이다. 카스티야(스페인 중부 고원지대)의 건조한 스텝 기후 지대에서는 물이 매우 희귀했다. 따라서 무어인들로부터 물려받은 스페인의 관개법은 그녀에게 매우 친숙해 있었다. 물도 또한 성경에 자주 사용된 생명에 관한 근본적인 심상들 가운데 하나이다. 테레사는 물을 인간의 삶 전체를 나타내는 심상으로 사용하면서 이렇게 말한다. "물은 영적 경험을 설명해 주는 데에는 최적의 심상이다"(「내면의 성」IV, 2, 2).

특히 테레사에게 물은 다양한 형태의 기도를 뜻했으며 영적 생명력의 진정한 근원으로 간주되었는데 이 같은 영적 생명력을 체험하기 위해서는 그리스도인의 삶을 살아야 했다. 우선, 그녀는 양동이로 우물에서 퍼 올린 물을 살아 있는 명상의 훈련과 연결시켰다. 이것은 또한 처음의 세 저택에서 맛볼 수 있는 하나님에 관한 경험이기도 하다.

테레사는 두 번째의 기도의 경험을 샘으로부터 물을 끌어오는 수로(水路)의 비유와 연결시키고 있다. 그녀가 이 비유의 기도와 연결시킬 때는 비유의 초점이 전적으로 하나님의 임재에 맞추어져 있다. 기도는 커다란 인격적 기쁨과 평안을 가져오는데 이것은 어떤 인위적인 노력의 산물이 아니다. 이것은 곧 그녀가 네 번째부터 여섯 번째 저택에 이르기까지 체험한 것이다. 테레사는 또한 비가 땅을 촉촉하게 적셔 새로운 기운을 불어넣는 모습을 영혼이 하나님과 궁극적으로 연합하는 것에 비유한다. 이것은 일곱 번째 저택에서 경험된다.

이처럼 테레사는 세 가지의 심상들을 번갈아 사용한다. 곧, **여행의 심상, 내면의 성(城)의 심상, 정원에 흐르는 물의 심상**이 그것이다. 그러나 테레사는 자의식을 통해 앎을 추구하는 세속 심리학을 받아들이지 않는다. 테레사는 이렇게 말한다. "만일 우리가 하나님을 알기 위해 노력하지 않으면, 우리 자신들에 대해서도 완전히 알기가 어려울 것이다"(「내면의 성」I, 2, 8).

테레사가 우리에게 제공하는 또 하나의 즐거운 심상은 나비의 심상이다. 나비는 어두컴컴한 자기중심적인 고치를 깨뜨리고 광명으로 빛나는 하나님과의 사랑의 연합으로 나올 때 지극히 아름다운 모습을 드러내는 신선한, 그러나 유약한 삶을 보여준다. 자아로부터 벗어나 하나님과의 관계로 들어가기 위해서는 변화가 필요하다. 하나님이 임재하실 때 비로소 이와 같은 벗어남과 변화가 가능하다. 기도는 이 모든 것을 가능하게 하는 비밀이다. 고치는 소외된 자아이며, 죄악으로 말미암아 하나님으로부터 분리된 생활이다. 영혼이 자유를 찾기 위해 투쟁하는 것이 7개의 저택이 보여주는 이야기의 전부이다.

테레사는 그녀의 싸움을 너무나 생생하게 조목조목 열거한다. 테레사가 고난 속에서 겪는 투쟁은 죄악성과 하나님을 향한 욕망이라는 역설적인 두 개념이 교차되어 나타나면서 더 한층 복합성을 띤다. "7번째 거처에 도달하기 위해 영혼은 얼마나 힘든 내외의 시련을 겪어야만 하는가!"(「내면의 성」IV, 1, 1).

그 같은 심상들은 기도에 중심을 둔 삶을 살아가는 데 필요한 지침을 제공하고, 또 기도하는 생활을 격려하기 위해 사용되고 있다. 테레사는 경험과 과학, 심미, 인격의 단계 위에 또 하나의 새로운 실존의 단계가 있음을 우리에게 상기시켜 준다. 이 네 번째 단계는 기도를 통해 하나님과 연합하는 단계이다. 이 단계는 또한 지극히 장엄하신 그분 앞에 엎드려 경배드리는 단계이다.

　이 명문집(名文集)을 편집할 때 편자는 몇 권의 다른 문선들을 참고했는데, 그 가운데 주목할 만한 것으로는 알렉산더 화이트와 피에르 세루에의 명문집이 있다. 편자는 또한 몇 권의 주석들도 참고했는데, 예를 들면 룻 버로우스, 트루만 디켄의 주석들이 그것이다. 스테판 클리솔드, 메리테레스 돈즈, 알리슨 페어즈의 전기도 참고했다.

　지금까지는 테레사가 묘사하고 있는 기도의 범주들과 여러 단계들에 대해 너무나 많은 강조점이 두어져 왔다. 그녀 자신은 자신의 신앙체험을 모든 사람이 똑같이 경험한다고는 생각하지 않았다. 편자도 역시 그녀가 강조하려고 하는 것은 모든 그리스도인들이 그녀가 밟았던 길을 똑같이 밟아가면서 그녀가 체험했던 것을 그대로 답습해야 한다는 것이 아니라, 모든 개인 하나하나가 그리스도 안에서 하나님과 관계를 맺어야 한다는 것이라고 생각한다.

　따라서 편자는 이 뛰어난 여성에게서 발견할 수 있는 **다양한 기도의 단면들**을 반영하고 있는 자료들을 정리해 보았다. 테레사의 모든 작품들이 집성되어 있는 「내면의 성」그 자체가 하나의 집합체였기 때문에 그 책을 다시 편집한다는 것은 여간 어려운 일이 아니었다.

　본서의 여백에 간간이 나타나는 숫자들은 19세기 번역본에 쓰인 부호들이다. 이 숫자들이 일관성이 없이 표기되어 있는 까닭은 이 책을 편집할 때 19세기의 역본을 요약, 발췌했기 때문이다.

　특히 클레이턴 버그 박사께서 아빌라의 테레사에 관한 머리말을 써 주신 데 대해 감사를 드린다. 라틴 아메리카에서 활약하고 있는 가장 큰 선교단체 가운데 하나를 이끌고 있는 선교사이자 정치가인 버그 박사는 테레사의 기도생활에 대하여 깊은 존경을 표시하고 있는데, 이것은 아마도 참된 기도가 낳는 보편적인 경건의 정신 때문일 것이다. 편자는 또한 원고의 타이핑에 수고한 체릴 비오르클룬드 양과 연구에 도움을 제공한 크레이그 게이 씨에게도 심심한 감사의 뜻을 전한다.

제임스 M. 휴스턴

18 기도의 삶

St. Teresa of Avila
1515-1582

서론

   1950년 후반, 나는 막 스페인어 공부를 끝내고 아름다운 코스타리카의 산간지역에 있는, 광적으로 로마 가톨릭교를 신봉하는 지역에서 목사로 일하는 젊은 선교사 초년병이었다. 그 무렵 나는 수도인 산 호세시에 위치한 라틴 아메리카 성서신학교에서 막 강의를 시작했다.

   물론, 선교사로 일하는 데는 늘 따르기 마련인 언어의 장벽문제가 나에게도 뒤따랐다. 향후 13년 동안 내가 섬겨야 하는 사람들을 가능한 한 완전히 이해하고 그들의 성격을 파악하는 것이 시급하게 필요했다. 이 같은 문화의 차이에 뒤따르는 투쟁을 해가는 와중에서 더 시급하고 일반화된 문제는 자기정체를 확립하면서 영적인 성장을 도모하는 일이었다. 영적 성장은 곧 기도에 대한 욕구를 뜻하는 것이었다.

   이 무렵 선교 동역자인 존 스탬이 나에게 16세기 스페인 신비주의자들의 저서들을 소개해 주었다(성 테레사 외에도 로욜라의 이그나티우스, 루이 드 그라나다, 프란시스코 드 오수나, 산 후안 드 라 크루즈, 루이 드 레옹, 후안 드 로스 앤젤레스 등이 스페인 신비주의자들의 계열에 소속되어 있었다). 이들의 글들을 섭렵하면서 "스페인의 정신"과 스페인의 독특한 종교문화를 이해하는데 많은 도움을 받았다. 십자가의 성 요한(산 후안 드 라 크루즈)의 작품들이 특히 많은 도움이 되었다.

   그러나 그 가운데서도 특히 진정한 영성과 실제적인 기도가 무엇인가를 나에게 새롭게 인식시켜 준 것은 아빌라의 성 테레사의 글들이었다. 이 글들을 읽는 가운데 새로운 안목의 씨앗들이 내 마음속에 심기어졌다. 이 같은 안목들은 즉각 나의 경험 속에서 신선한 패턴으로 변형되었던 것은 사실이지만 정직하게 말한다면 그것들은 나의 마음의 표면만을 살짝 긁고 지나갔을 뿐이다. 그러나 스페인을 계속하여 여행 다니는 동시에 최근 그녀의 생애와 사역에 관하여 새롭게 연구를 하는 가운데 아빌라의 테레사에 관해 새로운 평가를 내리게 되었다. 테레사에 관한 연구는 결국 주님께 좀 더 깊이 헌신할 수 있는 길을 열어 주었다.

그러면 이 스페인의 테레사는 도대체 어떤 인물이었는가? 그녀는 어디에서 출생했는가?

1982년 10월 4일은 보통 아빌라의 성 테레사로 알려진 여인인 테레사 산체스 드 세페다 위 아후마다(Teresa Sanchez de Cepeda y Ahumada)가 세상을 떠난 지 400주년이 된 것을 기념하는 날이다. 테레사는 사후 40년 만에(1622) 교황 그레고리우스 15세에 의해 시성되었다.

1972년 교황 바오로 6세는 아빌라의 테레사와 시에나의 카테리나를 교회박사로 명명했다. 교회박사에 여성의 이름이 오른 것은 이 두 사람이 처음이었다. 마침내 1982년 11월 1일, 스페인의 아빌라에서 교황 요한 바오로 2세는 20만 명의 열광적인 스페인 신도들 앞에서 성 테레사에게 경의를 표했다. 그는 그 16세기 신비주의자의 청렴하고 명상으로 일관된 삶이 세계 그리스도인 여성들의 훌륭한 본보기라고 선언하였다.

성 테레사의 생애와 환경

예수의 성 테레사(이것은 테레사의 별명이다)는 1515년 명망이 높은 어느 스페인 가문에서 태어났다. 그녀에겐 형제가 여섯이 있었는데 이들은 모두 군인이었다. 그녀가 아주 어렸을 때 어머니는 일찍 작고했다.

테레사는 어린아이 때부터 동정녀 마리아 곧 '우리의 어머니' 안에 나타난 지극한 모성애에 관심을 가졌다. 그녀는 성인들의 전기를 끊임없이 읽었고, 기사도(chivalry)에 관한 책들도 섭렵했다. 그녀는 매력적인 소녀였다. 그녀는 얼마든지 결혼하여 안락한 생활을 할 수 있었지만 그 길을 택하지 않았다.

테레사의 어머니가 세상을 떠나고 그녀의 의붓언니도 결혼하고 난 뒤에 테레사의 아버지는 테레사를 18개월 과정의 기숙학교로 보냈는데 이 때가 그녀 나이 열여섯 살 때였다. 알리슨 페어스는 이렇게 말한다. "테레사는 어린 시절에 천국에 대한 소망으로 깊은 감동을 받았다. 어느 정도 나이가 들자 그녀는 지옥에 대한 생각과 두려움으로 크게 충격을 받았다. 그러나 그녀가 성숙한 수십 년 뒤엔 그 누구도 능가할 수 없이, 자기를 돌보지 않았다."(「갈멜 수녀원의 어머니」, p. 6).

테레사는 아빌라에서 태어나 그곳에서 어린 시절을 보냈다. 아빌라는 카스티야 고원 위에 외따로 떨어진 곳이었다. 아빌라에 건립된 중세 시대의 고고한 성벽은 '기사들의 아빌라'라는 명칭에 잘 들어맞았다. 1492년 다시 무어인들에게 정복될 때까지 수세기 동안 아빌라는 무어인들에 대항하여 싸운 그리스도인들의 중심지였다.

이 같은 군사적인 배경을 아는 것은 그녀의 사역에 나타나는 거의 남성에 가까운 특징을 적어도 부분적으로나마 이해하는데 중요한 역할을 한다. 심지어는 하나님의 교회에 관한 그녀의 시(詩)들도 종종 군사적인 주제들을 보여주고 있다. 예를 들어보자.

"우리의 주님과 함께 전투에 나간
너희 모든 그리스도인들이여,
너희는 그분의 깃발 아래 서라.
오! 잠들지 말라, 잠들지 말라, 지금은 밤이 아니다.
온 땅엔 평화가 아직 오지 않았다."

「시」XXIX(III, 309)

테레사는 10대 후반기에 건강이 악화되어 심한 고통을 겪었다. 그러나 그녀의 생애에 있어서 이 시기는 대단히 중요했는데 그 까닭은 이 때 그녀는 비로소 종교적 소명을 발견했기 때문이다. 1536년, 그녀는 고향을 떠나

성육신의 수녀원에 수련 수녀로 들어갔다가 몇 달 후에 갈멜 수녀원의 수녀로 서약했다.

갈멜 수도회는 엘리야, "선지자의 아들들," 그리고 거룩한 산 위에서 엄격한 생활을 영위했던 초기의 기독교계 은둔자들의 후예라고 자처했다. 15세기 경 구걸승단 수도자들과 갈멜의 수녀들이 종단에 합류했다. 테레사 때에 와서 갈멜 수도회는 "완화된 규율" 아래 생활하면서도 한편으로는 엄격한 준엄성을 견지하려고 애를 쓰고 있었다. 이 같은 모순은 테레사에게 중요한 개혁을 시도하도록 자극했다.

이 무렵 테레사는 마비 증세로 시달리고 있었다. 그러나 1542년 그녀는 회복되었다. 그녀는 자신의 회복이 성 요셉의 간구에 힘입은 것이라고 생각했다.

얼마 후, 테레사의 마음은 냉담해지기 시작했고, 마침내는 "지성적인 기도"를 포기하게 되었다. 몇 해에 걸쳐 계속된 이 같은 영적인 죽음에 대하여 테레사는 다음과 같이 고백한다.

> "이 몇 년의 기간 동안 매우 빈번히 나는 선한 일들을 생각하기 보다는 내 기도시간이 언제나 끝날까, 시계 종소리가 언제나 울리려나 하는 생각에서 헤어나오기가 어려웠다. 나는 회상에 잠겨 기도의 준비를 하기가 어려웠다. 왜냐하면 심각하게 회개해야 할 것이 너무 많았기 때문이다. … 기도실에 들어설 때 … 기도하기 위해서는 대단한 용기를 내지 않으면 안 되었다"(「자서전」, VIII [I, 5]).

1555년 예수회원들이 아빌라에 도착했을 때 테레사는 후안 드 파드라노스 신부에게 고해성사를 했다. 이 일이 있기 바로 직전에 테레사는 못 박히신 그리스도의 환상을 체험했으며, 이 체험이 그의 생애를 변화시켰다. 이러한 일단의 과정들이 그녀의 자서전에 기록되어 있다(9장, 1). 이것이 테레사의 신비적인 삶의 출발이었다. 이 때부터 그녀의 고해신부들과 다른 친구들로부터 악령에 사로잡혔다는 평가를 받기 시작했다.

그 밖에도 몇 가지 환상을 경험하고, "또 다른 길" 또는 "진리의 길"을 통해 자신의 삶의 방향을 가르쳐 달라고 간구한 뒤 그녀는 "신비스러운 약혼"의 환상을 체험하였다 (「자서전」, 27장, 28장).

"두 번째의 개종"이라고도 부를 수 있을 만한 이 같은 경험을 한 뒤, 테레사는 그녀가 20년 가까이 몸담았던 성육신의 수녀회가 얼마나 기강이 해이된 상황에 있는가를 생생하게 인식할 수 있었다. 세속성이 만연해 있었던 것이다. 그녀는 그 같은 모습을 보고 철저한 불만을 느끼지 않을 수 없었다.

하나님께서 테레사에게 영감을 불어넣으셔서 그녀는 1562년에 성 요셉 수녀원을 설립했고, 기타 수녀원들을 속속 설립했다. 그 이후 테레사의 활동은 대부분 이 거창한 작업에 투입되었다. 테레사가 설립한 열여섯 개의 수녀원들과 그 설립 연대를 보면 다음과 같다. 메디나 델 캄포(1567), 말라곤(1568), 발라돌리드(1568), 톨레도(1569), 파스트라나(1569), 살라만카(1570), 알바 드 토르메스(1571), 세고비아(1574), 베아스(1574), 세빌라(1575), 카라바카(1576), 빌라누에바(1580), 팔렌시아(1580), 소리아(1581), 그라나다(1582), 부르고스(1582). 1571년 테레사는 권유에 못 이겨 그녀가 전에 몸담고 있던 성육신 수녀원의 부원장직을 맡아 3년간 봉사했다. 여기서 테레사가 사역 중에 직면했던 두 가지 중요한 반발과 갈등을 간략히 언급할 필요가 있다.

첫 번째 반발은 종교재판소와 관계된 것이다. 1567년 초엽 갈멜 수녀원 원장이 아빌라를 방문하여 테레사가 시작한 개혁운동을 승인했다. 그러나 일부 수녀들은 참견 잘하는 에볼리의 공주가 야기시킨 어려움들을 극복하지 못한 채 1574년 파스트라나의 수녀원을 떠났다. 그 무렵 에볼리의 공주가 테레사의 「자서전」을 종교재판소에 고발했다.

설상가상으로 어느 불만을 품은 수련수녀가 종교재판소에 그녀를 고발하는 죄목들을 전달했을 때 사태는 더욱 악화되었다. 그러자 갈멜 수녀원 원장은 테레사의 개혁에 대한 승인을 취소하고 테레사에게 남부로부터 카스티야로 돌아올 것을 명령했다. 후일 그녀는 또한 종교재판소의 힘을 의지하여 원래의 위치로 복귀될 수 있었다.

또 하나의 어려움은 칼세드(Calced) 파와 반(反)칼세드파(혹은 맨발(Barefoot) 파) 사이에서 일어난 논쟁과 관련되어 있는데, 이 논쟁은 1578년 갈멜 수도회 안에서 절정에 도달했다. 테레사는 맨발파를 이끌면서 옛날 엄격하고 열정적이고 청빈했던 초창기의 본래의 규율을 실천에 옮기도록 이끌었다. 그녀와 가르시안 프라키안 신부는 별로 좋은 사이가 아니었음에도 불구하고 프라키안 신부는 그녀가 여행을 다시 할 수 있도록 허용해 주었다.

16세기의 인물이었던 테레사는 여러 가지 면에서 오늘날의 그리스도인들이 걸었던 길과는 상당히 다른 길을 걸었던 것이 사실이다. 그러나 예수 그리스도 안에 근거한 그녀의 생명력 있는 신앙과 그녀의 삶과 활동이 주는 엄청난 의미는 영구적인 것이다. 그것들은 우리가 이해할 수 있고 또 이해해야 하는 언어로 매우 분명하게 말한다.

성 테레사의 글과 그 글의 의미

테레사는 스페인 역사의 격동기에 태어났다. 16세기의 스페인은 스페인 역사상 가장 찬란했던 황금기였다. 이 시대에 미구엘 드 세르반테스, 엘 그레코, 로페 드 베가, 이그나티우스 로욜라와 같은 거목들이 탄생했다.

테레사가 세상에 탄생하기 23년 전, 크리스토퍼 콜럼버스는 아메리카 대륙을 발견하고 그것을 스페인 왕 필립 2세와 로마 가톨릭 교회에 바쳤다. 그로부터 2~3년 후에 종교개혁이 시작되었다. 그녀가 후기에 쓴 글들에는 신세계의 부호들에 관한 언급과 이른바 루터파 이단자들에 대한 테레사의 반응이 나타나 있다. 테레사는 반동 종교개혁의 배경 속에서 생활했다. 사실상 테레사 자신이 반동 종교개혁의 일부분이었다.

깊이 있는 정규교육을 받지 못했으면서도 테레사는 격렬하고, 열정적이며, 간결한 글들을 남겨 놓았다. 그녀의 문체는 특히 인간적인 냄새가 풍긴다는 독특한 장점을 보여준다. 스페인 작가가 쓴 글 가운데 돈키호테를 빼고는 그녀의 글이 가장 널리 읽혀진다고 말하는 사람도 있다.

테레사의 글들을 연대순으로 나열해 본다면 다음과 같다. 「자서전」, 「법」, 「완전에 이르는 길」, 「하나님의 사랑에 관한 몇 가지 관념들」, 「절규」, 「(개혁) 종단에 관한 책」, 「내면의 성」, 「담화」, 「관념들」, 몇 편의 소품들, 시, 찬송, 그리고 수많은 편지.

기도와 성 테레사

대다수의 기독교인들은 다음과 같은 자크 엘룰(Jacques Ellul)의 말에 공감할 것이다.

"현대인은 기도하는 방법을 모른다. 그러나 그것보다 한층 더 불행한 사실은 기도해야 할 욕망도, 필요도 느끼지 못한다는 사실이다. 그는 자신의 내면 깊숙이 자리 잡고 있는 기도의 근원을 발견하지 못한다. 나는 이 사람이 누구인지 잘 알고 있다. 그것은 곧 나 자신이다"(「기도와 현대인」, p.vi).

우리가 살고 있는 이 시대는 묵상, 명상, 기도를 반대한다. 현대사회의 문화적 가치들이 교회의 예배, 생활, 봉사에 너무 크게 침투되어 있다. 우리의 정신 속엔 성공에 대한 강박관념, 실용적 기능주의(이 생각이 잘 활용만 된다면 좋다), 유물주의, 단절되고 비인간화된 생활, 광적인 쾌락의 추구, 시계, 일정, 컴퓨터, 제트기, 전화 등의 폭군들이 들어앉아 있다.

이 같은 시대정신의 영향을 받아 많은 그리스도인들이 우리의 영성과 기도생활에 나타나는 거대한 하나님의 은총의 체계가 무엇인가에 대하여 크게 혼동을 일으키고 있다. 우리가 안고 있는 가장 중요한 문제는 우리의 거룩하신 아버지 하나님이 우리가 드리는 기도를 통해 우리를 돕기 위해 기다리고, 준비하고 계실 뿐만 아니라 또한 도우실 수 있다는 사실을 깨닫지 못하는데 있다. 너무나 빈번하게 우리는 하나님을 불신하며, 우리 안에 그리고 우리 가운데 역사하시는 성령의 능력을 깨닫지 못하고 있다.

아빌라의 테레사의 생애와 작품은 "생활 속에서의 기도"라는 생명력 있고 중요한 측면에 대해 우리에게 도움을 줄 수 있다. 그녀의 사상과 본보기는 4세기가 지난 오늘날도 예수 그리스도의 교회에 아주 유익하다

1. 생활 속에서의 기도는 신앙이다.

테레사에게 있어서 생활 속에서의 기도는 언제나, 그리고 제일 먼저 하나님과 더불어 시작했다. 수많은 그녀의 경험 중에서 그녀에게 가장 큰 현실로 드러나는 것은 그녀의 삶이 하나님 안에서 그리스도와 더불어 숨겨져 있다는 사실이다.

그러므로 그녀가 항상 끊임없이 강조하는 것은 인간이 무엇을 행하느냐에 두어져 있지 않다. 오히려 그녀의 강조점은 오로지 그분을 바라보는 것이다. 그러므로 「완전에 이르는 길」에도 나타나 있듯이 독자는 그녀의 글 한 마디 안에 하나님의 은총에 대한 믿음으로부터 한 발자국도 밖으로 벗어나지 않고 나그네의 심정으로 은총의 성부를 의지하는 한 인간의 모습을 발견한다.

하나님께 대한 완전한 헌신과, 우리가 그리스도 안에서 완전히 받아들여졌다는 사실을 믿는 능력이 항상 새롭게 인식되고 있다. 우리는 하나님 앞에 빈손으로 나아간다. 그러므로 우리의 자아를 전적으로 하나님께 드린다.

테레사에게 있어서 기도란 단순히 우리의 기도를 말하는 것 이상의 그 무엇이다. 자신을 주신 이는 하나님이며 그분을 받아들이는 자는 우리이다. 이처럼 우리가 진정으로 열렬하게, 꾸준히 믿음과 신뢰와 헌신의 태도로 하나님의 뜻을 추구한다면 오래지 않아 우리는 생명을 주시는 하나님의 손길의 복을 받게 될 것이다. 이것은 그녀의 생애와 그녀의 글 속에 배어 있는 살아 있는 실체이다.

룻 버로우스는 이렇게 말한다. "하나님의 나라가 각 개인의 마음속에 찾아와 커다란 지진을 일으키며 부활절 저녁에 이 세상의 질서를 뒤엎어 버리는 것이 테레사의 가르침 전부이다"(「지상에 떨어진 불」, p. 4).

몇 행에 걸친 아름다운 서약의 시 안에 테레사의 단순하지만 영웅적인 신조가 섬세한 노래로서 담겨 있다.

"아무것도 당신을 방해하지 못하며
당신을 겁 주지 못합니다.
모든 것은 지나갑니다.
그러나 하나님은 변하지 않습니다.
인내는 모든 것을 성취합니다.
하나님을 모신 자는 결코 부족함이 없습니다.
그는 하나님 한 분으로 만족합니다."

테레사는 아주 긴급하게 하나님과의 연합을 갖도록 독려한다. "기도하지 않는 영혼은 신체나 팔다리가 마비된 사람과 다를 바 없다. 그들에겐 손과 발이 있지만 그들은 손과 발을 사용하지 못한다." 그녀는 우리에게 시작 또는 중생의 첫걸음을 내어 딛으라고 강권한다. 기도 이외에 다른 성장의 방법, 성(그녀가 말하는 "내면의 성")에 들어가는 길은 존재하지 않는다.

기도는 주님과 함께 있는 상태를 뜻할 뿐만 아니라 한 인격으로서 성숙해가는 하나의 단계를 의미하기도 한다. 그녀의 「자서전」에서 그녀는 "사랑의 종들이 되기 시작하는 자들"에 관해 언급한다.

20세기 후반, 이 시대가 절실히 요구하는 것은 곧 믿음의 생활이다. 이것은 또한 예수 그리스도의 교회가 필요로 하는 것이기도 하다. 이것은 당신과 내가 시급히 필요로 하는 삶이기도 하다.

2. 생활 속에서의 기도는 겸손이다.

테레사의 겸손은 그녀의 삶과 그녀의 글 안에 잘 나타나 있다. 그녀의 겸손은 하나님께 대한 그녀의 믿음으로부터 직접 솟아온다. 그녀는 하나님이 자신의 영혼 한가운데 거주하신다는 사실을 전폭적으로 신뢰한다. 하나님을 믿는 그녀의 믿음은 항상 인격적 특성을 강하게 보여준다.

"영광의 왕"이 테레사 안에 거하시면서 온갖 그녀의 아름다움과 은혜와 영광의 근원이 되어주신다. 그분에 대해 그녀가 부단히 보여주는 반응은 그분께 전적으로 헌신한 사람의 마음속에서 하나님이 어떤 일을 이루시는가를 명확하게 보여준다.

그녀가 쓴 글 첫 줄에 표현된 그녀의 겸손은 나를 놀라게 했다. 「내면의 성」 서문에서, 60세가 넘은 노인이 된 그녀는 이렇게 쓰고 있다.

> "내가 순종하는 태도로 하나님으로부터 위임받은 여러 가지 일들 중에서 기도에 관한 글을 쓰는 것처럼 어려운 일은 사실상 거의 없었다. 그 이유 가운데 하나는 주님께서 영성 혹은 기도에 대한 욕망을 내게 주셨다고 생각하지 않기 때문이다 … 사람들이 내게 그 같은 유형의 글을 쓰도록 위임해 준 까닭은(다시 말해서 갈멜 수녀원의 수녀들이 겪고 있는 기도에 관한 어려움들을 해결할 수 있는 능력을 내가 가지고 있다고 신뢰한 까닭) 그들이 이 문제에 대해서 내가 가지고 있는 만큼의 능력조차도 가지고 있지 못하기 때문인 것 같은데, 사실상 지극히 자비로우신 주님은 그 같은 능력을 내게도 충분히 주시지는 않았다."

테레사의 인간됨됨이는 그녀의 두툼한 서신 안에 명백히 나타난다. 이 서신은 그녀가 페드로 그라시안, 십자가의 성 요한과 같은 지도자들과 어떤 관계를 맺고 있었는가를 보여준다. 또한 그 서신은 그녀를 어떤 신적인 우상으로 묘사하지 않고 살아 있는 한 여인으로 묘사한다. 그녀는 불완전함과 거친 면모를 보여준다. 그러면서도 그녀는 놀랍도록 은혜로운 태도, 효율적이고도 힘이 넘치는 추진력, 해학, 자기겸비의 면모들을 보여준다.

그녀는 부엌에 들어갈 차례가 오는 것을 좋아했다. 그녀는 뛰어난 요리 솜씨를 가지고 있었다. 형편없는 재료를 가지고도 놀라운 요리를 만들어 내놓는 일이 많았다. "주님께서는 부엌에서도 나와 함께 하신다." 그녀는 이 말을 동료들에게 자주 했다.

그녀는 마르다와 마리아의 장점을 모두 갖춘 사람처럼 생각된다. 알리슨 페어스는 이렇게 말한다.

> "대략적으로 말해서 테레사는 마르다의 실천적 효율성과 마리아의 조용하면서도 철저한 경건을 같이 구비한 여인이다. 그녀는 두 여인이 겪는 기쁨과 고통을 같이 나누며 그 기쁨과 그 고통을 주님께 다시 헌물로 바친다"(「스페인 신비주의자들에 관한 연구」, I, 151).

테레사는 끊임없이 수녀들에게 다른 사람들의 실수를 지적하는 것만큼 자신들의 잘못에 대한 비판을 게을리하지 말 것을 강조한다. 그녀는 수녀들이 종종 자기 자신에게 보여주는 조소 섞인 모욕에 대해 아주 온유한 태도로 복종한다. 그것은 그녀가 겸손을 그만큼 중요시하고 있음을 뜻하는 것이다. 그녀가 보기에 겸손은 모든 덕목들 가운데 가장 으뜸가는 것이었다.
이 같은 사실은 클리솔드가 이야기한 스페인의 문화적 특성을 생각해보면 곧 이해할 수 있게 된다.

> "명예를 지극히 존중하는 스페인 사회 ― 가문의 자랑, 서민의 직업과 수공업을 모멸하는 태도, 조금이라도 손해를 볼 것이라는 예감이 들면 무섭게 복수하는 잔인한 비극성 등이 지배하는 사회 ― 에서 자기를 겸손하게 낮추는 태도는 극적인 대조를 이룬다. 심지어 그녀의 경건한 아버지와 형제들도 "명예"라는 독성으로부터 헤어나오지 못했다. 테레사는 자신이 이끄는 맨발파에게까지 그 독소가 전염될까봐 두려워했다"(「아빌라의 성 테레사」, p.109).

이 무서운 독소를 해독할 수 있는 가장 확실한 치료제는 겸손을 실천에 옮기는 것이었다. 겸손과 밀접하게 관련되어 있는 것이 순종인데 테레사는 이것을 영적 생활의 시금석으로 간주했다. 현대인의 지성은 종단의 규율,

선배와 동역자들, 그녀가 접한 여러 가지 계시들에 이르기까지 아무런 의문도 제기하지 않고 인격적으로 순종했던 테레사의 태도를 이해하기가 어려울 것이다.

겸손과 아울러 테레사의 성품의 특징을 한 가지 더 열거한다면 놀라운 유머 감각을 들 수 있다. 그녀는 "우울한 사람들"을 좋아하지 않는다고 실토하면서 "낯을 찡그리는 성도들"이 되지 말라고 요청한다. 사실상 청빈하면서도 회개로 일관된 그녀의 삶의 핵심에는 커다란 기쁨과 자율성이 고동치고 있었다. 더욱이 이 같은 마음속 깊이 자리 잡고 있는 내면의 기쁨은 고난을 받으면 받을수록 더 커지는 것 같았다.

그녀가 주님과 나눈 유명한 대화 한 토막을 살펴보자. 노년의 강을 건너면서 그녀는 목이 아프고 고열이 난다고 주님께 불평을 늘어놓았다. 이 고통 때문에 인생의 여행에서 맛보아야 할 기쁨을 맛보지 못하고 있다고 그녀는 덧붙였다. 주님은 이렇게 테레사의 마음속에 말씀하신다. "나는 원래 내 친구들을 그런 방법으로 다룬다." 그러자 그녀의 답변이 걸작이다. "그렇군요 주님! 이제 당신에게 그토록 친구가 적은 까닭을 알겠습니다."

마지막으로, 테레사는 기도를 통해 하나님으로부터 어떤 이익을 구하는 것이 위험하다는 사실에 관심이 많은데, 이것은 곧 그녀가 하나님을 믿을 때 겸손한 태도를 가져야 한다는 것을 강조하는 것을 뜻한다. 여기서 테레사는 다시 한 번 하나님이 오로지 겸손한 자, 곧 아무것도 이익을 구하지 않는 자에게 자신을 나타내신다는 점을 강조한다.

아마 테레사가 임종했을 때는 그녀가 늘 암송하던 시편의 한 구절을 다시 한 번 암송했으리라고 추측해 볼 수 있다. "하나님께서 구하시는 제사는 상한 심령이라 하나님이여 상하고 통회하는 마음을 주께서 멸시하지 아니하시리이다"(시 51:17).

3. 생활 속에서의 기도는 목적의 단순성을 뜻한다.

테레사의 생애와 저작은 권위 있고 신뢰할 만한 것이다. 그녀는 자신이 어디를 향하여 가고 있는가를 잘 안다. 그녀는 이 같은 목적의식을 신비스러운 은총의 결과로서 간주한다.

　테레사에게서는 환상을 두려워한다든지 광적인 태도로 확신을 구한다든지 하는 모습이 보이지 않는다. 하나님은 자신의 자녀들을 애매모호한 방법으로 이끌어가지 않으시고 분명한 방법으로 인도하신다는 사실을 그녀는 우리에게 보여준다. 이 문제에 대해서 그녀는 전적인 신뢰를 가지고 있는데 이 전적인 신뢰는 독자를 압도한다.

　그녀의 생애에서 찾아볼 수 있는 한 가지 놀라운 사실은 그녀가 접하는 모든 일들을 통해 하나님의 목적에 봉사한다는 점이다. 그렇게 될 수 있었던 가장 큰 이유는 그녀의 마음이 단순하기 때문이다. 그녀는 주님이 그녀의 모든 명예와 영광을 받으시기를 원했다.

　룻 버로우스가 논평한 바와 같이, 확실성에 대한 단단한 마음의 자세와 단순한 목적의식이 곧 "예수께서 선언하신 것이며, 바울과 요한과 다른 사도들이, 하나님 안에서 그리스도와 함께 하는 인간의 궁극적인 운명으로 간주했던 것이요, 영이신 그분과 이 세상에서까지 하나가 되는 방법이다. 이것이 그녀 안에서 구체적으로 실현되었다"(「땅 위에 던져진 불」, p. 1).

　뿐만 아니라 테레사는 독특하고, 살아 있고 생명력 있는 지식을 가지고 있었으며 이 지식을 다른 사람들에게 전달하려고 노력했다는 버로우스의 견해는 옳다고 생각한다. 이것은 하나의 독특한 체험인데 이 체험은 이론적으로는 인식될 수 없고 다만 그 안에 들어가 그 안에서 살아봐야만 비로소 맛볼 수 있는 것이다.

　테레사의 소박하고 단순한 마음은 기도에 관하여 학구적으로 연구하는 것을 반대한다. 이런 연구태도에는 어떤 상태를 조작해 내거나 특별한 기능을 강조하기 위해 고통스러운 노력을 고안한다든지 창조해 내는 경향이 있다. 그녀는 "주의 깊은 어떤 스케줄"이라는 폭군을 비난한다. 이런 주의 깊은 스케줄 안에서 자칫하면 "거룩한 시간"을 자기개발의 목적으로 사용하기 쉽다.

　테레사가 말하는 기도의 본질은 개인의 내면적인 태도 안에서 발견된다. 기도의 본질은 영혼의 죄 또는 피조물의 악함을 변두리에 방치해두지 않고 생명의 문제와 직결시킨다. 그러므로 여기서 자기지식이 요청된다. 그러나 자기지식은 "끝없이 자기 자신을 성찰하거나 자아라는 돌을 떠들어보고 그 밑바닥에 어떤 종류의 뱀들이 똬리를 틀고 있는가를 알아보려고 노력할 때 얻어지는 것이 아니라, 우리 주 예수 그리스도를 끊임없이 바라볼 때 비로소 얻어진다"(버로우스 p. 19). 이 점에 관하여 우리는 다른 사람들의 도움을 요청할 필요가 있다. 영성이라는 덮개 밑에 무서울 정도로 자의지에 사로잡힌 인격이 들어앉아 있을 수가 있는 것이다.

그러므로 거룩은 지극히 평범한 것들과 관계를 맺고 있어야만 한다. 진실성, 예의바름, 친절함, 상냥함, 다른 사람들을 존중해 주는 것, 우리 처지에 만족하는 것, 정직, 용기, 신뢰성 등이 그것이다. 테레사는 체험으로부터 우러나오는 신념에 입각하여 이렇게 단언한다. "그분이 없다면 여러분은 아무 일도 하지 못할 것입니다." 테레사는 "우리의 생애가 끝나는 날까지" 자기지식이 필요함을 강조했다. 그녀 자신이 또한 죽는 날까지 자기를 알기 위해 노력했다.

그녀의 목적의 단순성을 반영하고 있는 또 하나의 영역은 종단(宗團)에 대한 끊임없는 보살핌에서 찾을 수 있다.

> "수녀원에 대한 테레사의 보살핌은 종단에 대한 관심으로 끝나지 않는다. 그녀는 종단의 운영을 아주 따뜻한 열정과 세심하면서도 모성애적인 위로로써 각 종단의 물질적이고 영적인 발전을 보살폈을 뿐만 아니라 수녀원 부원장들, 후원자들, 개혁의 중심인물들, 그리고 자기 가족들과 끊임없는 서신교환을 했다"(클리솔드,「아빌라의 성 테레사」, p. 196).

성 테레사가 보여준 "영적인 대담성"의 골자가 그녀의「자서전」에 있는 다음과 같은 말 속에 잘 나타나 있다. "… 우리에게 꼭 필요한 일은 십자가를 지는 것이다." 그녀는 얼마나 위대한 상식을 가지고 있었는가! 알리슨 페어스는 그의 저서「갈멜의 어머니」에서 그녀의 불굴의 현실주의에 대해 이렇게 논평했다. "그녀가 살아야 했던 시대와 나라가 우리의 현실과는 매우 다른 상황임을 조금이라도 인정한다면 그녀의 태도가 놀라울 정도로 근대적인 것임을 알 수 있을 것이다."(p. 52).

4. 생활 속에서의 기도는 내적 존재의 계발을 뜻한다.

아빌라의 성 테레사는 「종교 및 윤리백과사전」에서 다음과 같이 분류된다. "신비주의자이자, 그리스도인이면서 로마 가톨릭교도 … 성도의 내적 체험이 일관된 현상들을 가장 완벽하고 생생하게 묘사했다"(페어스,「스페인 신비주의자들에 관한 연구」, I, 163).

오늘날과 같은 현대의 문명사회에서 기도가 기적이라는 사실을 이해한다는 것은 어려운 일이다. 기도는 어떤 기술적인 과정이 아니다. 더욱이, 그 누구의 기도보다도 탁월한 테레사의 기도는 특히 나의 배경을 형성하고 있는 역사적 청교도 사상과는 아주 큰 거리가 있다.

신비주의의 기도는 우리를 혼란에 빠뜨리고 심지어는 두려움에 사로잡히게 한다. 그 기도의 위력이 대단하기 때문이다. "갑작스럽게든 아니면 점진적으로든 기도자는 자기를 의식하지 못하게 된다. 심지어 그는 말조차도 할 수 없는 단계에 도달한다"(엘룰,「기도와 현대인」, p. 9).

신비주의의 기도는 혀를 가지고 말하는 단계를 초월한다. 감각과 지식이 무디어지면서 하나님의 현존에 대한 말로 표현하기 어려운 인식이 찾아온다. 엘룰은 신비주의적인 경험을 현대의 젊은이들이 마약을 통해 추구하는 것과 비교한다. 신비주의자들은 그 같은 경험을 기도하는 가운데 발견한다.

오늘날 문제는 '신비주의'라는 용어가 아주 포괄적인 종교적 경험을 묘사하는데 사용되고 있다는 점이다. 신비주의라는 용어는 갈 2:20; 요 14:17, 20, 23, 혹은 '낙원에 들어간' 바울 등과 같은 성경에 굳게 뿌리박은 경험을 가리킬 수도 있다.

스페인 신비주의자들, 특히 그들 중에서도 테레사의 글을 읽을 때는 16세기 스페인 사회에서 신비주의가 실제적이고 생명력 있는 현실이었다는 사실을 기억해 두어야 한다. 그것은 스페인 사회에서 소수의 개인들만이 경험한 어떤 이론이나 교리에 지나지 않는 그런 유형의 것은 아니다. 특별한 신비주의자들에게 있어서는 신비주의가 하나님 자신과의 독특하면서도 지울 수 없는 연합을 향한 동경 또는 연합의 성취를 의미했다.

테레사는 자신이 경험한 환상과 대화를 가능한 한 비밀로 했다. 다른 사람들이 그녀가 황홀경에 빠져든다는 사실을 알아차리기 시작할 때 비로소 그녀는 그 경험을 공개했다. 그것도 아주 머뭇거리면서 겨우겨우 공개했다. 이 같은 환상의 경험을 할 때 그녀 자신은 거의 아무런 역할도 하지 않았다. 그러나 그녀는 모든 것이 전능하신 하나님의 권능으로부터 나온다는 사실을 인정했다.

그녀는 영적인 축복이 궁극적으로는 황홀경의 경험들을 시험(테스트)하는 것임을 강조했다. 더욱이 그녀는, 지고(至高)의 고상한 영적 체험을 가지는 것이 가능하지만 "하나님과 하나 될 때 곧 그 경험은 단순한 싹에 불과하다는 사실을 깨닫게 된다"고 선언했다. 이것은 주님의 이 주목할 만한 성도가 건실한 실천적 상식을 구비한 인물임을 보여준다.

"마음의 눈을 통해 인식한 것이 환상이라면, 말없이 '내면의 음성'을 통해 전달되어 그녀의 크고 작은 모든 일들을 지도해 주며 이 일은 하라고 명령하고 저 일은 하지 말라고 지시하면서 그녀에게 경고를 주고 격려하며 종종 꾸짖기도 하는 것이 곧 영적 대화임을 염두에 둔다면 그녀의 글을 좀 더 쉽게 이해할 수 있을 것이다"(클리솔드, 「아빌라의 성 테레사」, p. 44).

테레사는 환상과 영적 대화를 세 가지 범주로 구분했다. 이 세 가지 범주는 완전에로 이르는 하나의 계단을 형성한다. (1) 육체적인 눈에 비치는 물리적인 환상, (2) 시각이 동원되지 않고 다만 상상의 행위에 의해서 나타나는 상상의 환상, (3) "육체의 눈이나 영혼의 눈"으로 인식될 수 없는, 곧 어떤 감각적 심상도 동원하지 않고 다만 지적 이해에 의해 얻어지는 지성적 환상이 그것이다(「자서전」,XXVIII).

그러면 테레사의 신비주의적 경험은 무엇을 의미하는가?

그녀는 자신의 수많은 초자연적 경험들이 직접 하나님으로부터 온 것이라고 전적으로 믿었다. 그 같은 테레사의 말을 우리가 믿지 않을 이유는 사실상 거의 없다. 아주 철저하게 청교도 사상을 신봉하면서도 테레사를 열렬하게 지지하는 알렉산더 화이트는 그런 일들이 일어난다는 사실을 불신하는 사람은 그리스도 자신의 말씀, 곧 자신과 성부가 자신과 성부를 사랑하고 말씀을 준행하는 자들에게 자신들을 계시하겠다는 말씀을 불신앙하는 자와 다를 바 없다고 피력한다.

"나는 필사적인 태도로 테레사가 경험한 증거들과 테레사가 받은 재능들을 신뢰하고 싶다. 왜냐하면 그것들은 주님의 말씀에 대해 자꾸자꾸 회의가 생기는 나의 신앙을 뒷받침해 주기 때문이다. 테레사의 너무도 어마어마한 대화와 환상들을 나는 믿는다는 말이다. 만일 그것들을 믿지 못한다면 주님의 위대한 약속들은 한낱 게으른 자의 공공연한 망발에 지나지 않는 것이 되고 말 것이다. 누구에게나 조롱할 수 있는 자유는 있다. 그러나 적어도 나는 조롱하는 자의 입장에 서고 싶지 않다"(화이트, 「성 테레사 — 그녀에 대한 평가」, pp. 25~26).

필자가 여기서 말할 수 있는 것은 아빌라의 테레사가 보여주는 언어를 초월한 기도를 통해 주님, 나 자신, 그리고 다른 인간들에 대해 좀 더 통합적이고 포괄적인 관점에서 이해를 하게 되었다는 사실이다. 이것은 필자가 라틴 아메리카에서 점차 부흥하고 있는 역동적인 교회 안에서 발견한 것과 상당히 흡사하다. 성찰, 명상, 황홀경, 특별한 연합 — 모든 이 유사한 경험들은 그리스도 예수 안에서 성령의 도움을 받아 '내적 실존'을 개발하는 것을 포함한다.

5. 생활 속에서의 기도는 실천이다.

테레사에게 있어서 예수님과의 결혼은 그분의 사랑에 전적으로 몰입되어 사랑의 도구가 되는 것을 의미했다. 그녀가 독자들에게 남기는 마지막 말도 낭만적인 생각과 가식적인 영성의 자세를 버려야 한다는 것이다. "하나님은 우리를 거짓된 경건으로부터 구원하실 것이다"(「자서전」XIII [I, 80]). 우리는 우리의 자아를 전적으로 무시하고 다른 사람들에게 헌신하는 태도로 십자가에 못 박히신 그분을 바라보면서 하나님께서 우리에게 행하라고 주신 그 일을 부지런히 해야만 한다.

그녀의 글과 가르침 속에는 선한 생활의 이상이 나타나 있으며, 산상수훈을 실천에 옮기려고 노력했던 흔적이 배어 있다. 그녀는 산상수훈이 담고 있는 중요한 덕목들과 그 덕목들의 인간, 하나님, 이웃에 대한 이중적 의무를 생생한 어투로 강조한다.

테레사는 주님 안에서 이루어지는 영적인 성장은 반드시 아량(generosity)이 넓어짐을 수반한다고 말한다. 테레사가 사용하는 용어를 빌린다면, 신비스러운 은총을 받게 되면 거기에 정비례하여 아량도 늘어난다고 한다. 다시 말해서, 자아를 제쳐두고 오직 다른 사람들을 위하여 자기 자신을 헌신하고자 하는 결의가 새로워진다는 것이다.

한 걸음 더 나아가, 그 같은 열매들(깊이 있는 믿음, 겸손, 아량)은 소박한 신비스러운 만남에서 우러나오는 것이 보통이다. 사실상 그녀는 그런 신비의 체험을 하고난 후에 그 체험에만 머물러 있으려는 경향이 대단히 위험한 것임을 지적한다. 우리가 받는 유혹과 시험이 더욱더 교묘하고 강해질수록 우리의 책임은 커진다.

맨발파의 배경과 의미에 관한 클리솔드의 묘사는 테레사의 삶의 양식이 어떤 것인가를 보여준다.

"원시적인 소박성과 덕목으로 돌아가는 일은 스페인에서는 전혀 새로운 일이 아니다. 이미 50년 동안이나 그 같은 목적을 이룩하기 위한 다양한 시도가 있어 왔다. 대부분의 종단들에 자체의 개혁의지를 가진 형제들이 있었다. 이들은 모두 엄격하고, 열정적이며 청빈한 태도로 규율을 실행에 옮겼다. 이 무렵이 될 때까지 개혁운동은 거의 전적으로 수사들에게 국한되어 있었다"(「아빌라의 성 테레사」, p. 70).

부유한 도시 톨레도에서 테레사가 처음 사역한 과정을 살펴보면 이 "반(反) 칼세드 개념"이 어떻게 수행되었는가를 알 수 있다. "이 개념의 존재 의의는 하나님이 청빈이 곧 축복임을 우리에게 입증해 주시기를 원하셨다는 데 있다. 나는 그녀[부유한 도나 루이자 드 라 세르다]에게 아무것도 요구하지 않았다. 왜냐하면 나는 사람들을 성가시게 하는 것을 좋아하지 않았기 때문이다. 사실상 그녀도 그런 요청을 받으리라고는 생각조차 하지 않았을 것이다."

거룩하고 청빈한 생활을 진정으로 기뻐했던 그녀의 세 시종들은 선물들이 풍부하게 들어왔을 때 그 선물들을 어떻게 처리해야 좋을는지 알 수 없어 우왕좌왕했다. "어머니! 무슨 기분 나쁜 일이 있나요?" 우울한 표정을 짓고 있는 테레사를 보고 그녀의 수녀들이 물었다. 그러자 테레사는 이렇게 대답했다. "이제 우리는 더 이상 가난을 누릴 수 없게 될 것 같구나(「종단들」, 15장).

클리솔드는 톨레도의 사치스러운 생활에 관해 다음과 같이 덧붙인다.

> "테레사는 그 우아한 여인[도나 루이사]이 방문할 때마다 무거운 십자가를 지는 기분이었다. 그녀는 이렇게 술회했다. '톨레도 시의 사치는 나에게 큰 고통을 안겨 주었다. 그들이 나에게 찾아와 소란을 떨 때마다 나는 두려움에 사로잡히곤 했다.' 함정과 유혹이 도처에 깔려 있었기 때문에 그녀는 잠시도 경계를 늦출 수 없었다. 테레사는 가능한 훈련과 기도의 세계로 들어가 위안을 받고자 노력했다"(「아빌라의 성 테레사」, p.85).

물질적인 풍요함 속에 생활하고 있는 현대인들은 얼마나 많은 물질주의의 함정과 유혹을 겪어야 하는가! 바로 이런 때 주님께 인격적으로 헌신함으로써 주님의 현존을 끊임없이 확증할 필요가 있지 않을까.

엘룰은 그 같은 사실을 누구보다 잘 알고 있었다. 엘룰은 이렇게 한마디로 요약한다. "행위는 사실상 기도로부터 그 특징을 물려받는다"(엘룰, 「기도와 현대인」, p. 172). 그는 계속해서 이렇게 말한다. " 그러므로 은밀하게 기도하는 행위는 그리스도 안에서 역사(歷史)를 바꾸어 놓는 행위이다. 기도하는 순간 '나'라는 생각이 '우리'라는 생각으로 변형되는 것은 불가피하다"(앞 책, p. 177).

우리가 "기도는 아무것도 아니다"는 생각에 끊임없이 대항하여 싸울 때 기도는 완전히 그 효력을 드러낸다. 기도하는 사람은 삶, 행위, 인간관계, 크고 작은 일상사를 한층 일관성 있는 태도로 영위한다. "기도는 피조물의 조각난 단편들을 짜 맞춘다. 기도는 역사를 가능하게 한다"(앞책).

결론

필자가 아빌라의 성 테레사의 글을 접했을 때 나를 가장 크게 놀라게 한 것은 그녀가 직면했던 근본문제들이 필자가 겪어야 했던 일들과 거의 대부분 대동소이한 것이었다는 점이다. 끊임없이 편지를 쓰고, 보고서를 작성하며, 항상 긴급하게 기금을 모아야 할 필요가 생기거나, 교회의 사역자들을 감독하는 일, 계속되는 여행, 기본적인 행정, 교구민들과의 대화, 영적이고 목회적인 방향제시 등이 그렇다. 이 모든 일들을 하나하나 해 나가는 가운데 그녀는 하나님의 완전한 임재와 성령의 능력을 알게 되었고, 또 드러내게 되었다.

두 번째, 내가 전적이고 완전한 삶을 영위하는 데 가장 크게 방해가 되는 것은 몇몇 경우에 아주 웅변적으로 그녀가 고백하고 있는 것, 곧 "힘든 일"이다. 지나치게 일에 시달리다가 영적인 안목을 상실하게 되는 경우가 바로 그것이다. 이런 어려운 일들을 감당해 내려면 나 자신을 잊고 덕목들을 실천하면서 믿음에 입각한 기도를 끊임없이 하는 길밖에 없다.

하나님의 약속은 진실된 것이요 자신의 자녀들에게 소망의 근원이 된다.

"이와 같이 성령도 우리의 연약함을 도우시나니 우리는 마땅히 기도할 바를 알지 못하나 오직 성령이 말할 수 없는 탄식으로 우리를 위하여 친히 간구하시느니라 마음을 살피시는 이가 성령의 생각을 아시나니 이는 성령이 하나님의 뜻대로 성도를 위하여 간구하심이니라"
(롬 8:26~27).

클레이턴 L. 버그 박사
(라틴 아메리카 선교원장)

---

* 클레이턴 버그 박사는 다년간 아메리카 성서신학교에서 기독교교육학 교수 및 교무처장을 역임했다. 그는 영어와 스페인어로 글을 썼으며 지난 십년간 라틴 아메리카 선교원 원장으로 일했다.

Bibliography

The works I have found most helpful in understanding Teresa de Avila include:

Primary Sources:

Santa Teresa de Jesus. *Obras Completas*. Madrid: Biblioteca de Autores Cristianos. 1975. 1184 paginas.

Santa Teresa of Avila. Interior *Castle*. E. Allison Peers, translator and editor. Garden City, N. Y.: Image Books, 1961. 235 pages.

St. Teresa of Avila. *The Life of St*. Teresa of Jesus. David Lewis, translator. London: Thomas Baker, 1925. 516 pages. (Also includes *The Relations or Manifestations of Her Spiritual State which St. Teresa Submitted to Her Confessors*.)

St. *Teresa of Avila. The Way of Perfection*. E. Allison Peers, translator and editor. Garden City, N. Y.: Image Books, 1964. 280pages.

Secondary Sources (works about Santa Teresa and her writings):

Burrows, Ruth. *Fire Upon the Earth* (Interior Castle Explored). Denville, N. J.: Dimenson Books, 1981. 122pages.

Clissold, Stephen. *St. Teresa of Avila*. London: Sheldon Press, 1979. 272pages.

Lauzeral, p.; M Kieffer; G. Demonchy. *Teresa de Jesus* (1515-1582). Album del 4 Centenario: 1582-1982. Madrid: Ediciones Paulinas, 1981. 96paginas.

Peers, E. Allison. *Handbook of the Life and Times of St. Teresa and St.*

John of the Cross. Westminster, Md.: Newman Press, 1954. 299pages

  . *Mother of Carmel*. Wilton, Ct.: Morehouse Barlow Co., 1944. 220pages.

. *Studies of the Spanish Mystics*. 2 vols. London: Sheldon Press, 1927. (Also, New York: Macmillan Company.)

Supplementary Sources about Prayer:

Del Bene, Ron. *The Breath of Life* (A Simple Way to Pray). Minneapolis: Winston Press, 1981.

Ellul, Jacques. *Prayer and Modern Man*. New York: Seabury Press, 1979. 178 Pages.

1

실패로 얼룩진 테레사의 어린 시절과 기도하는 일에 어려움을 겪었던 후반기

1. 서론

내가 내 인생의 가장 견디기 어려웠던 그 기간에 그토록 오래 머물러 있어야 했던 데는 그만한 이유가 있다. 나는 기도라는 강한 기둥에 의지하지 않고 있었다. 그 결과 20년 가까운 세월 강풍이 몰아치는 바다에서, 끊임없이 폭풍에 시달리면서, 항구에 도달하리라는 소망은 일찌감치 접어둔 채 끊임없는 표류를 계속할 수밖에 없었다. 그 기간은 그야말로 고통스러운 시간이었다. 왜냐하면 나는 하나님 안에서 맛보는 달콤함도, 죄악 속에서 맛보는 달짝지근한 맛도 느낄 수 없었기 때문이다.

나는 나의 여러 가지 결점 때문에 많은 눈물을 흘려야 했고 그럴 때마다 나 자신에 대해 분노를 느끼곤 했다. 내가 내 안에서 아무리 많은 눈물을 흘려도 나 자신의 성장은 거의 이루어지지 않았다. 나는 내가 흘리는 눈물이 나의 신앙인격을 성장시키는데 별로 도움이 되지 않는다는 사실을 깨닫게 될 때까지는 계속해서 죄악을 범하는 생활을 지속할 수밖에 없었다. 그러나 사실상 내가 흘렸던 눈물은 헛된 것만은 아니었다.

내가 아직 완전한 개혁을 단행하지 않았을 그 시간에도 나의 마음속에서는 양심이 가시처럼 찌르는 아픔이 있었는데 이것은 주님의 선하심 때문이었다. 내가 계속 악에 머물러 있어야 했던 까닭은 온갖 악의 기회들을 철저하게 피하지 못했기 때문이었다는 사실을 나는 비로소 발견하게 되었다. 그때, 나를 영적으로 지도하던 스승들이 나에게 별다른 도움을 주지 못했다고 생각된다. 만일 그들이 내가 걷고 있는 길이 얼마나 위험한 길이며, 온갖 죄악의 기회들을 끊어 버려야 한다는 사실을 가르쳐 주었더라면 얼마나 좋았을까. 그랬다면 나의 문제는 좀 더 빨리 치유되었을 것이다.

2 그럼에도 불구하고 그때 하나님께서 내게 베푸신 자비의 흔적을 찾을 수 있다. 그 기간 동안에도 나는 기도할 용기를 언제나 가지고 있었다. 내가 그때 용기가 있었다는 말은 왕 되신 주님이 반역을 눈치 채고 있음을 알면서도 계속하여 기도 안에서 왕 되신 주님을 들먹거리면서 가증스럽게도 끝끝내 그분께 반역을 계획한다는 뜻이다. 이보다 더한 용기가 어디 있겠는가.

4 나는 죄로 얼룩진 나의 삶과 하나님을 조화시키려고 시도하면서 그 불행한 상황 안에 18년 이상이나 머물러 있었다.

5 내가 이 이야기를 빈번하게 되풀이하는 이유는 내 글을 읽는 독자들이 방황하는 영혼 안에 역사하시는 하나님의 은총이 얼마나 큰가를 이해하도록 하기 위한 것이다. 하나님께서는 미처 모든 죄를 다 떨쳐 버리지 못한 시간에도 방황하는 영혼에게 계속해서 기도할 수 있는 욕망을 넣어 주신다.

〈오로지 기도를 통해서만 우리의 삶은 수정된다.〉
죄와 유혹과 많은 퇴보에도 굴하지 않고 끝까지 참고 견디는 영혼을 주님께서는 마침내 구원의 항구로 인도하시며 불원간에 나 자신도 그곳으로 이끄실 것으로 믿는다.

6 이 같은 사실은 나의 경험이 입증해 준다. 한번 기도를 시작한 영혼은

아무리 악한 상황 속에 처하더라도 기도를 중단하지 말라. 기도는 신자의 생활을 수정시킬 수 있는 유일한 길이다. 기도가 없이는 우리의 생활에 어떤 변화도 기대하기 어렵다. 우리가 정말 비천하고 아무런 가치가 없는 존재라고 속삭이면서 기도를 중단할 것을 요구하는 악마의 유혹에 넘어가서는 안 된다. 아무리 보잘것없는 영혼이라도 회개하고 기도하면 주님께서 그의 기도를 듣고 응답해 주심을 믿으라.

10   나는 빈번하게 "기도시간이 언제나 끝날까" 하는 생각에만 사로잡혀 있었던 때가 많았다. 나는 시계를 바라보는 것이 규칙적인 습관처럼 되어 있었다. 기도실에 들어갈 때, 나는 빈번히 너무나 큰 슬픔을 느끼곤 했다. 그 슬픔을 극복하기 위해서는 나 자신을 강제로 이끌어내는 대담한 용기가 필요했다. 결국은 주님께서 찾아와 도움을 주셨다. 내가 이런 방법으로 기도를 계속했을 때, 흥분과 정서적 황홀경에 사로잡혀서 기도할 때보다 더 큰 평화와 기쁨을 맛볼 수 있었다.

〈테레사를 살펴보라. 왜 그대가 절망하는가?〉

11   나처럼 악으로 가득 찬 사람도 우리 주님께서 그토록 오랫동안 참아 주셨는데, 내가 아닌 다른 이들 — 그들이 아무리 악하다 해도 — 이 무엇 때문에 절망해야 하는가? 설령 그가 지금까지 줄곧 악한 생활을 했다고 하자. 그러나 내가 우리 주님으로부터 많은 은총을 받은 뒤에도 수십 년 동안이나 악한 생활 속에 머물러 있었던 것만큼은 그는 은혜를 받은 뒤엔 사악함 속에 오래 머물러 있지 않을 것이다. 그런데 여기서 한 가지 말하고 싶은 것이 있다. 그것은 기도가 주님이 그의 모든 은총을 자유롭게 나에게 주시는 진정한 문이었다는 사실이다.

〈기도는 하나님을 전적으로 신뢰하는 것이다.〉

12   기도하고 확신을 가지라. 나는 기도를 통해 도움을 간구하는 것이 규칙적인 습관이 되어 있었다. 그런데 지금 나는 주님을 전폭적으로 신뢰하지

않는 치명적인 실수를 범한 나 자신을 발견한다. 나는 나의 자아를 철저하게 불신하고 증오하며 의심해야만 했다. 나는 도움을 구했다. 나는 때때로 도움을 얻는데 큰 고통을 치러야만 했다. 그러나 나는 나 자신에 대한 모든 신뢰를 뿌리 뽑고 영구히, 그리고 절대적으로 하나님만을 신뢰하게 되기까지 그 숱한 노력이 얼마나 무익한 것인가를 깨닫지 못했다. 이런 기간이 장장 18년이나 계속 되었던 것이다 (「자서전」, VIII).

2. 경건한 가정생활

1   나의 부모님은 경건하고 하나님을 경외하는 사람들이었다. 우리 주님께서도 은혜로써 나를 도우셨다. 만일 내가 지나칠 정도로 악한 인간이 되지 않고 그래도 어느 정도 선한 면모를 유지하고 있다면 그것은 부모님과 주님의 은혜였으리라.

아버지는 양서들을 읽는 일에 많은 시간을 투자하셨다. 아버지는 주로 스페인어로 된 책들을 많이 읽으셨기 때문에 아이들도 쉽게 그 책들을 접할 수 있었다. 그러한 책들을 많이 읽었고 또 어머니께서 우리에게 기도하는 법과 하나님을 향해 경건한 태도를 갖는 법을 주의 깊게 가르쳐 주셨으므로 나는 6살 무렵부터 이미 진지하게 생각하는 습관을 갖기 시작했다.

〈부모님이 보여준 훌륭한 본보기〉

특히 나의 부모님이 선 외에는 그 어느 것도 존경하는 모습을 한 번도 보여주시지 않은 것이 나에게 도움을 주었다. 부모님은 곧 선 그 자체였다.

아버지는 가난한 자에게 긍휼을 베풀며, 병든 자를 동정하고, 하인들을 자상하게 돌보았다. 아버지는 노예들을 결코 사용하지 않았는데 그 까닭은 그 노예들을 동정하는 마음이 강했기 때문이다. 그의 형제들 가운데 한 사람에게 소속된 어느 노예가 아버지 집을 방문한 적이 있었다. 그때 아버지는 그 여자노예를 마치 친자식이나 다를 바 없이 아주 부드럽게 대해 주었다. 그는 그 여자노예가 자유롭지 못하다는 사실을 바라보는 고통을 참을 수가 없었다고 술회하곤 했다.

아버지는 매우 진실하신 분이었다. 그 누구도 그가 다른 사람에 대하여 나쁘게 말하는 것을 들어본 일이 없다. 그의 생애는 지극히 순결했다.

〈병든 어머니〉

2   어머니 또한 아주 선하신 분이었으나 어머니의 생애는 병약함으로 일관되었다. 어머니는 모든 면에 순결하셨다. 어머니는 뛰어난 미모를 지니고

계셨으나 그것을 별로 중요하게 여기지 않으셨다. 어머니는 33세에 세상을 떠나셨는데 그때 이미 어머니의 모습은 늙은 여인처럼 되어 있었다. 그녀는 매우 조용하면서도 위엄이 있었다. 그녀가 살아 있는 동안 받아야 했던 고통은 슬픈 것이었으나 그녀의 죽음은 그리스도인다운 것이었다.

〈그녀의 남매들〉

3   나에겐 2명의 자매와 9명의 형제가 있었다. 나를 빼놓고는 모두 한결같이 부모를 닮아 선한 사람들이었는데 그것은 하나님의 은혜였다. 아버지가 나를 가장 소중하게 여겼음에도 불구하고 이상스럽게도 나는 아버지의 성품을 닮지 못했다. 아마 여기엔 하나님의 섭리가 있었던 것 같다. 나는 종종 슬픈 마음으로 가득 찰 때가 많았다. 그것은 주님께서 내 마음속에 불어넣어 주신 선한 욕구가 있음을 알면서도 나는 그 욕구를 아주 그릇되게 사용하는 경우가 많았기 때문이다 (「자서전」, I).

3. 청년기의 낭만적 이상

4   여러 명의 오빠들 가운데 나보다 4살 위인 오빠가 한 명 있었다. 나는 이 오빠를 가장 사랑했다. 그는 다른 가족들을 매우 사랑했다. 가족들이 모두 한결같이 나를 아껴준 것은 하나님의 사랑이었다.

내가 좋아하던 오빠와 나는 함께 성인들의 전기를 읽곤 했다. 성인들이 하나님을 향한 사랑 때문에 겪어야 했던 순교의 이야기를 읽을 때, 하나님의 환상이 너무 쉽게 나타났다는 사실이 나에게 충격을 주었다. 따라서 나도 순교자의 죽음을 맞고 싶은 유혹을 강하게 받았다. 내가 그런 생각을 갖게 된 것은 하나님에 대한 어떤 사랑 때문이 아니었다. 다만 나는 천국에 간 성인들이 받은 고난의 대가로 선물 받은 그 커다란 희락의 열매들을 가능한 한 빨리 획득하기를 원했을 따름이었다. 따라서 우리 오누이는 어떻게 하면 순교자가 될 수 있을까를 놓고 토론을 벌이곤 했다.

〈오빠와 함께 엉뚱한 장난을 벌이던 어린 시절〉

우리는 마침내 무어인들이 사는 나라에 가서 우리의 목을 하나님께 드릴 것을 허락해 달라고 주님께 간구했다. 우리 주님께서 그토록 연약한 어린 시절에도 우리에게 가상한 용기를 주셨던 것 같다. 만일 우리에게 그곳에 갈 방편만 마련되어 있었다면 우리는 그곳에 갔을 것이다. 그러나 우리를 가장 크게 가로막았던 것은 아버지와 어머니였다.

5   행복과 고통이 모두 영원한 것이라는 사실을 깨달았을 때 우리는 크게 놀라지 않을 수 없었다. 우리는 이 문제를 놓고 종종 대화를 나누었다. "영원히, 그리고 또 영원히"라는 말을 되풀이하면서 우리는 커다란 기쁨을 느꼈다. 이 말들을 끊임없이 되풀이하는 가운데 나는 내가 아직 어린 아이였던 시절에도 진리의 길에 대한 영구적인 인상을 받을 수 있었고, 이것은 나에게 기쁨을 안겨 주었다.

6 하나님을 위하여 죽기를 원하는 우리가 순교할 장소에 가는 것이 불가능하다는 사실을 알고 난 이후 오빠와 나는 은둔자(hermits)가 되기로 결심했다. 우리는 집에 딸린 과수원 안에다가 작은 돌들을 겹겹이 쌓아올려 암자를 만들려고 시도했다. 물론 그 암자란 것은 곧 무너지고 말았다.

 우리는 우리의 꿈을 도대체 실현시킬 방법이 없었다. 비록 후일 나 자신의 실수로 말미암아 잃어버리긴 했지만 어린 시절 하나님이 내게 주신 은혜를 곰곰이 생각하면 경건의 감정이 일어났다. 나는 힘만 닿으면 구제를 했다. 물론 구제하는 금액은 보잘것없었다.

 나는 기도하기 위해 혼자 있는 시간을 가능한 한 많이 가지려고 애를 썼다. 혼자 있을 수 있는 곳은 상당히 많았는데, 나는 그 중에서도 장미원을 특히 좋아했다. 어머니는 장미를 아주 좋아하셨고 우리들에게도 장미를 감상하도록 권유하곤 했다. 나는 다른 아이들과 더불어 수도원을 만들고 그 속에서 수녀놀이 하는 것을 낙으로 삼았다. 나는 수녀가 되고 싶은 마음을 가지고 있긴 했지만 순교자나 은둔자가 되고 싶은 마음만큼 강하지 않았다 (「자서전」, I).

 나는 종종 아이들이 선하다고 생각하는 일에 대해 부모가 주의를 기울이지 않는 것이 얼마나 그릇된 태도인가를 생각해 본다. 어머니는 방금 이야기했던 것과 같이 대단히 선하신 분이셨지만 내가 충분히 사고할 줄 아는 나이가 된 후부터는 어머니로부터 내가 마땅히 배웠어야 할 선을 배우지 못했다. 솔직히 말해서 어머니에게서 배운 것은 아무것도 없었다.

 〈그녀의 어머니는 기사들의 이야기를 매우 좋아했는데 이것이 테레사에게 큰 영향을 주었다.〉

 오히려 내가 어머니에게 배운 악이 내게 큰 해를 끼쳤다. 어머니는 기사(騎士)들의 이야기를 매우 즐겨 읽으셨다. 기사들의 이야기가 어머니를 손상시킨 것은 아니었다. 왜냐하면 그녀는 그런 부류의 글을 읽는데 시간을 허비하는 일은 별로 없었기 때문이다. 그러나 그것은 나에게 심각한 타격을 가했다. 어머니의 자녀들이었기 때문에 우리는 자유롭게 그 이야기들을 읽을 수 있었던 것이다. 아마 어머니는 고통으로부터 생각을 다른 곳으로 돌리고 아이들이 다른 길로 빠지지 않고 웃음을 잃지 않도록 하기 위해 그 이야기들을 읽도록 허용하셨던 것 같다. 그러나 우리가 기사들의 이야기를 읽는 일이 아버지를 크게 성가시게 해서 우리는 그 이야기를 읽다가 아버지에게 들키지 않으려고 조심하지 않으면 안 되었다.

이렇게 해서 나는 이 책들을 게걸스럽게 읽어대기 시작했다. 지금 돌이켜 보니, 내가 어머니로부터 발견했던 이 작은 잘못이 나의 선한 욕망을 좀먹기 시작했으며 나중엔 다른 측면에서도 나를 타락의 길로 끌어들였던 것 같다. 내가 숱하게 많은 시간들을 밤낮을 가리지 않고 그 무모한 독서에 몰두해 있을 때, 또 그것을 아버지에게 비밀로 했을 때에도 그 독서가 아무런 해독도 끼치지 않는 것이라고 생각했다. 나는 기사에 관한 책을 읽는 일에 너무나 몰두해 있었기 때문에 항상 새로운 책 한 권을 손에 잡지 않으면 결코 행복을 느낄 수 없을 것이라고 생각하곤 했다.

⟨임종하는 날 테레사는 깨끗한 옷에 관해 법석을 떨었다.⟩

2 나는 옷에 관해서도 소란을 떨기 시작했던 것 같다. 나는 외모를 통해 다른 사람들을 기쁘게 하고 싶었다. 나는 손과 머리를 단장하는 데 신경을 많이 썼고 향수를 사용했으며 내 손에 닿는 한 시시콜콜한 단장까지도 다 했다. 나의 단장품은 굉장히 많았다. 나에겐 악한 의도는 없었다. 왜냐하면 나와 같은 사람이 하나님을 반역하리라고는 꿈도 꾸지 않았기 때문이다.

그러나 아름답게 보이기 위해 지나칠 만큼 법석을 떠는 태도가 몇 해 동안 계속되었다. 사실상 나는 그밖에도 다른 많은 습관들을 가지고 있었는데 당시엔 그 습관들이 그다지 해로운 것이라고는 생각하지 않았다. 그러나 지금 생각해 보면 이 모든 습관들이 얼마나 해로운 것들이었는가를 쉽게 알 수 있다.

4. 좋은 친구들과 나쁜 친구들

〈그녀의 의붓언니 마리아〉

4   나에겐 나보다 나이가 훨씬 많은 언니가 하나 있었다. 언니는 매우 정숙하고 선한 성품을 소유하고 있었으나 나는 언니의 그런 성품들을 전혀 본받지 못했다. 불행하게도 나는 종종 우리 집에 찾아온 사촌으로부터 악한 것들만 배웠다. 그녀는 매우 경박하고 쓸데없는 일에 온갖 수다를 다 떠는 성품이라 어머니는 그녀를 집에 들어오지 못하게 하는 일에 골머리를 앓고 계셨다. 어머니는 내가 그녀로부터 악한 일들을 배울 것이라고 예상하셨던 것이다.

〈그녀는 어머니가 세상을 떠난 지 2년이 지난 뒤에 사촌을 만난다.〉

그러나 어머니는 사촌언니가 집에 놀러 오는 것을 금지시킬 수가 없었다. 그녀가 집에 올 때면 항상 그렇게도 이유가 많았다. 나는 그녀와 어울리는 것을 무척 좋아해서 그녀와 만나기만 하면 잡담으로 시간가는 줄을 몰랐다. 그녀는 내가 좋아하는 오락들을 마음껏 즐기도록 도와주었으며 심지어는 나를 위해서 몇 가지 새로운 놀이거리를 만들어 주기도 했고 자신이 즐기던 자질구레한 일들을 소개시켜 주기도 했다. 나는 14살이 될 때까지는 그녀에 관해서 모르고 있었다. 다시 말해서, 그녀는 나와 그리 친하지도 않았고 별다른 대화도 나누지 않았다.

그 당시 나는 의도적으로 죄를 범하여 하나님으로부터 멀어지거나 하나님에 대한 두려움을 잃기를 원하지 않았다. 이 같은 마음 때문에 나는 순결을 빼앗기지 않았다. 적어도 나의 순결을 희생시켜 가면서까지 추구해야 할 것은 아무것도 존재하지 않았고, 순결을 바칠 마음이 일어날 만큼 내가 좋아하는 사람도 없었다. 내가 나의 명예를 중요시했던 것만큼 하나님의 명예를 중시했다면 하나님의 명예를 더럽히는 어떤 일을 감히 행할 용기가 일어나지 않았을 것이다.

그러나 나는 다른 부분에서는 실패를 거듭하고 있었는데, 나는 내가 실패하고 있다는 사실조차 깨닫지 못하고 있었다. 나 자신의 명예를 추구하는 헛된 일엔 지나칠 정도로 세심한 주의를 기울였다. 그러나 나의 명예를 보존하는데 필요한 방법을 사용하는 일엔 대단히 부주의했다. 나는 철저하게 나의 명예를 상실하지 않으려고 애를 썼다.

5 　사촌언니와 내가 친하게 지낸 일 때문에 부모님은 속이 상하셨다. 부모님은 종종 나를 꾸짖기도 하셨다. 그러나 부모님은 사촌언니가 집에 놀러 오는 것을 막을 수가 없었기 때문에 부모님의 온갖 꾸지람도 소용이 없었다. 나는 어떤 나쁜 일을 하는 데는 굉장히 영리한 편이었다.

　나는 때때로 나쁜 친구 한 사람이 다른 사람의 생활 속에 영향을 끼치는 악이 얼마나 큰가를 생각하고 놀라움을 금치 못할 때가 많다. 사촌언니와 교제하는 가운데 나는 너무나 크게 변화되었다. 나에게는 덕을 추구하려는 자연적인 성품이 하나도 남지 않게 되고만 것이다. 나는 사촌언니, 그리고 오락을 좋아하는 사람의 모습을 그대로 반영한 복사품으로 전락했다.

〈좋은 친구들이 주는 유익〉

6 　친구를 잘 사귀는 것이 대단히 중요하다는 사실을 이제 나는 경험적으로 알게 되었다. 그 유약한 시절에 좋은 사람들 가운데 섞여서 생활했다면 나도 지속적으로 덕스러운 생활을 할 수 있었을 것이다. 그 당시 누군가가 나에게 주님을 경외하는 법을 가르쳐 주었다면 나의 영혼은 큰 힘을 얻어 실족하지 않았을 것이다.

　얼마 지나지 않아서 하나님을 두려워하는 태도는 나에게서 완전히 사라져 버렸고 내가 치욕을 당하지 않을까 하는 두려움만이 나에게 남아 있었다. 그런 두려움은 내가 무슨 일을 하든 나를 따라다녔다. 아무도 보지 않는다는 생각을 가지고, 나는 하나님의 명예를 더럽히고 또한 하나님을 슬프게 만드는 많은 일들을 자행했다.

7 　처음에는 사촌언니와의 대화가 아무런 해도 끼치지 않았다. 잘못은 그녀

에게 있었던 것이 아니고 나에게 있었다. 왜냐하면 후일 나 자신이 너무 악해진 나머지 내 주변에 있는 하인들과 더불어 악을 행했는데, 이 하인들은 내가 악을 행하려는 뜻을 보이기만 하면 언제든지 동조해 주었다. 만일 하인들 가운데 어느 한 사람만이라도 나에게 좋은 충고를 해주었다면 아마 그 충고는 나에게 퍽 유익했으리라고 생각된다. 그러나 내가 욕심에 사로잡혀 있었듯이 그들은 자기 이익을 추구하는 것밖에는 아무것도 몰랐다.

그런데, 그때까지도 나는 그렇게 악한 사람은 아니었다. 왜냐하면 나는 나의 명예를 더럽히는 일에 대해서는 혐오를 느꼈기 때문이다. 나는 다만 유쾌한 대화라는 오락을 즐기고 있었을 뿐이었다. 그러나 거긴 항상 죄악을 범할 수 있는 가능성이 엄존해 있었고 아버지와 오빠들은 그 사실을 이미 간파하고 있었다. 다행스럽게도 하나님께서는 그런 악들로부터 나를 건져 주셔서 나는 나의 의지에 명백하게 대항할 만큼 악에 굴러 떨어지지는 않고 있었다. 그러나 나의 선한 명성이 침해받지 않거나 아버지의 의심을 사지 않아도 될 만큼 악이 그 모습을 감추고 있지는 않았다.

〈테레사가 들어가게 된 수도회에는 40명의 수녀가 있었다.〉

8 이런 생활을 3개월 남짓 했을 무렵 아버지는 나를 내가 살고 있던 도시에 있는 어느 수도원(은혜로우신 성모회의 아우구스티누스 수도원)에 집어넣었다.

10 수도원에 들어간 후 처음 8일 동안 나는 큰 고역을 치렀다. 그런데 내가 고역을 치러야 했던 이유는 수도원 그 자체를 두려워했기 때문이 아니라 내가 헛된 일에 몰두했었다는 사실이 수녀들에게 알려지지 않을까 하는 두려움 때문이었다. 나는 매우 지쳐 있었다. 나는 하나님을 거역했음에도 불구하고 하나님에 대한 두려움은 잃지 않고 있었다. 나는 될 수 있는 한 빨리 고해성사를 하기로 했다. 그만큼 나의 마음은 불안에 사로잡혀 있었다.

그러나 8일 정도가 지난 후부터는 집에 있을 때보다 훨씬 더 큰 만족을 누릴 수 있었다. 모든 수녀들이 나를 좋아했다. 주님께서는 내가 가는 곳은 어느 곳이든지 모든 사람을 기쁘게 할 수 있는 은혜로운 영을 나에게 주셨다. 결국 나는 수도원 안에서 작은 소동을 일으키고 있는 셈이었다. 이때도 나는 수녀가 되는 것을 싫어했지만 그토록 선한 수녀들을 바라보는 것은 나에게 기쁨을 안겨 주었다. 수녀들은 매우 착했고 세심했으며 규칙을 잘 지키는 동시에 평화로움도 아울러 갖추고 있었다.

12   나는 수녀들 가운데 한 사람과 대화를 나누었는데, 나는 그 수녀를 전적으로 신뢰하면서 내가 결혼하고 싶다는 이야기를 털어 놓았다.

〈경건한 수녀가 끼친 좋은 영향〉

1   나는 점차 이 수녀와 나누는 선하고 거룩한 대화를 좋아하기 시작했다. 그녀는 하나님에 관해서 어쩌면 그렇게도 잘 말할 수 있을까? 그녀는 아주 세심하면서도 거룩한 인품을 지니고 있었다. 나는 그녀의 말을 아주 기쁜 마음으로 경청했다. 내가 그녀의 말을 듣고 기쁨을 느끼지 않는 시간은 한 번도 없었다.

그녀의 대화는 자신이 어떻게 수녀가 되었는가를 이야기함으로써 시작되었다. 그녀가 수녀가 된 것은 "부르심을 받은 자는 많으나 선택된 자는 적다"는 마태복음의 말씀 때문이었다. 그녀는 주님께서 주님을 위해 모든 것들을 포기한 자들에게 보상을 해주신다는 것을 종종 이야기하곤 했다.

이 좋은 관계를 계속해 나가는 가운데 사촌언니와 같이 지낼 때 형성되었던 나쁜 습관들이 제거되기 시작했고 나는 다시 영원한 것들에 관하여 생각하게 되었다. 이 수녀와의 교제는 수녀가 되기 싫어하는 나의 마음을 어느 정도 누그러뜨려 주었다. 이것은 그야말로 놀라운 사건이었다. 어떤 사람이 울면서 기도하거나 다른 방법으로 헌신의 마음을 표현하는 것을 보게 되면 그 사람이 부러워졌다. 그 당시 나의 마음은 너무나 단단하게 굳어져서 시편을 통독하면서도 눈물 한 방울 나오지 않았다. 이것은 나에게 커다란 슬픔을 안겨 주었다.

2 　내가 그 수도원에 1년 반 동안 머물러 있는 동안 나의 성품은 많이 향상되었다. 나는 기도를 많이 하기 시작했고, 수녀들에게 나를 위해 기도해 달라는 부탁을 아끼지 않았다. 하나님께서 나도 수녀가 되게 해주신다면 기꺼이 하나님의 뜻에 따르고 싶었다. 그러면서도 나는 사실상 수녀가 되고 싶지 않은 은밀한 생각을 떨쳐 버릴 수 없었다. 하나님이 내가 수녀 되는 것을 원하지 않으신다는 속삭임으로 나는 나 자신을 속이고 있었다. 그러면서도 나는 결혼을 두려워하고 있었다.

　그 수도원을 떠날 즈음, 나는 수녀가 되고 싶은 욕망이 더욱 커졌다. 나는 그 수도원에서는 수녀생활을 하고 싶지 않았다. 왜냐하면 그 수도원에서 실시하는 일부 경건의 훈련이 조금 지나쳤다고 생각했기 때문이다. 몇 명의 젊은 수녀들이 나에게 준 격려를 통해 수녀가 되어야겠다는 생각이 더 크게 자라났다. 그들이 모두 한마음으로 그런 충고를 했더라면 나는 그 충고를 받아들였을지도 모른다.

〈아빌라의 성육신 수도원에서 만난 후아나 후아레즈〉

　그 무렵 나는 다른 수녀원에서 훌륭한 친구 한 사람을 만났다. 이 친구와의 만남은 너무도 감동적인 것이어서, 만일 내가 수녀가 된다면 그녀가 몸담고 있는 수녀원에서 생활하리라고까지 생각했다. 그러나 여전히 나는 영혼의 유익보다는 자연적인 감각과 헛된 일들이 주는 쾌락을 더 동경했다. 수녀가 되어야겠다는 선한 생각도 다만 이따금씩 내 머리에 떠오를 뿐이었다. 그 생각은 내 머리에 떠올랐다가는 금방 사라져 버리곤 했다. 나 자신도 내가 수녀가 되리라는 확신을 갖지 못했다.

3 　그러나 이 무렵 나는 나 자신을 유익하게 하기 위한 일에 전적으로 무관심했던 것은 아니었다. 주님께서는 나에게 있어서 진정으로 유익한 삶의 상태를 희구하는 마음이 내 안에서 일어나도록 자극해 주셨다. 즉, 주님께서 내게 큰 질병을 주셔서 다시 아버지가 계신 집으로 돌려보낸 것이다.

〈카스텔라나 드 라 카나다에 있는 마리아, 바리엔토스의
　　돈 마르틴 구즈만〉

4　내가 건강을 회복했을 때 나는 언니가 사는 시골집에 방문하게 되었다. 언니는 나를 무척 사랑했다. 만일 언니가 허락했다면 나는 언니 곁을 결코 떠나지 않았을 것이다. 형부도 나에게 아주 따뜻한 애정을 베풀었다. 그는 나에게 최대한의 친절을 베풀었다. 나는 가는 곳마다 친절한 대접을 받았는데, 이것 역시 주님의 은혜였다. 그 결과 오늘날의 내가 있게 된 것이다.

〈호르티고사에 있는 페드로 산체스 드 케페다〉

5　아버지의 형제 가운데 한 사람이 아빌라로부터 12마일 떨어진 곳에 살고 있었다. 그는 신중하고 총명한 사람이었다. 그는 그 당시 홀아비였다. 주님께서는 자신을 위해 그를 준비하고 계셨던 것이다. 노년에 이르러 그는 모든 자기 소유물을 포기하고 수사가 되었다.

마리아의 집에서 돌아오는 도중, 나는 이 아저씨를 방문했다. 그는 며칠 동안 머물다 가라고 부탁했다. 그의 습관은 스페인어로 쓰여진 좋은 책들을 읽는 일이었다. 그가 늘 하는 이야기는 하나님에 관한 것이었으며, 세상 일은 허무하다는 말을 자주 했다. 그는 나에게 이 책들을 읽어 달라고 요청했다.

나는 그런 일 하는 것을 좋아하진 않았으나 좋아하는 척하고 요청을 들어 주었다. 나는 다른 사람들에게 기쁨을 주는 일에는 아주 적극적이었다. 그런 봉사를 하는 것이 나 자신에겐 고통스러운 일이었으나 나는 다른 사람들이 나에 관해서 어떻게 생각할 것인가에 더 관심이 많았다. 이런 성품은 나의 큰 결점 가운데 하나였다. 나의 체면이 관련되지 않을 때 나는 종종 극도로 불성실한 모습을 보여줄 때가 많았다.

오 나의 하나님! 하나님께서는 이 모양 저 모양으로 자신의 뜻을 이루시기 위해 나를 준비시켜 주셨으며, 주님을 섬길 수 있는 상태에 적합한 존재로 바꾸어 주셨다. 주님께서는 나 자신의 의지에 역행하는 방향으로 나를 몰아세우신 것이다! 주님을 영원히 찬양드린다. 아멘.

6   나는 아저씨와 2~3일간만 같이 지냈다. 그러나 페드로 아저씨의 선한 대화와 하나님의 말씀을 통해 내 마음에 새겨진 인상 때문에 나는 내가 어린 시절 들었던 진리를 이해할 수 있게 되었다. 나는 만물이 무(無)와도 같은 것이며 세상은 허무한 것으로, 급속하게 사라진다는 이야기를 배웠다. 나는 또한 만일 내가 죽는다면 지옥으로 곧장 떨어져 버리지 않을까 하는 두려움에 사로잡히기 시작했다. 나는 여전히 수녀가 된다는 것을 생각만 하면 싫어졌지만 종교적인 상태가 최선의 상태이며 가장 안전한 상태라는 것을 깨달았다. 이렇게 해서 점점 나는 수녀라는 소명으로 끌려들어가고 있었다(「자서전」,IV).

5. 현명한 영적 안내자들과 어리석은 안내자들

나는 학식을 갖춘 사람들을 언제나 좋아했다. 그러나 철저하게 학문연구를 하지 못한 신앙인들은 나에게 커다란 해악을 끼쳤다. 내가 원하는 만큼 충분한 학식을 갖춘 신앙인을 찾는 것은 매우 어려운 일이었다. 내가 경험한 바에 의하면, 영적인 지도자들은 선한 사람이어야 하고 거룩한 생활을 영위하는 사람이어야 한다고 생각된다. 또, 적은 학식을 가지고 있기보다는 차라리 전혀 모르고 있는 편이 더 나을 것 같은 생각이 든다. 전혀 모르는 사람들은 대개 학식이 있는 사람들에게 도움을 요청하지 않은 채 자기 자신만을 신뢰하는 일이 없고, 나 자신도 그들을 신뢰하지 않으므로 별다른 위험이 없다.

〈섣부른 상담은 위험하다〉

진정으로 지혜로운 지도자가 나에게 해를 끼친 일은 없다. 그렇다고 해서 다른 지도자들이 의도적으로 나를 속인 것은 아니다. 그들은 다만 더 나은 것을 몰랐을 따름이다. 나는 그들이 학식이 있다고 생각했지만 그들의 말을 믿어야 할 어떤 의무가 있다고는 생각하지 않았다. 그런데 그들이 나에게 한 충고들은 신통치 않은 것이었고 나를 더 방종한 상태로 몰아넣기 일쑤였다.

그 당시 나는 너무나 악한 마음을 가지고 있었기 때문에 사실상 그들이 나에게 엄격하게 대했다 하더라도 내가 그들의 충고를 거부했을 것이다. 사실상 그들이 죄라고 주장한 것들은 전혀 죄가 아니었다. 그들이 아주 심각한 죄라고 생각했던 것도 사실은 아주 사소한 일에 지나지 않았다.

7 그들의 충고는 나에게 너무 많은 해를 끼쳤다. 때문에 나는 지금 이 글을 통해 그 같은 충고를 받아들이는 것을 조심하라고 경고하고 있는 것이다. 그들 스스로가 그런 위험을 자각하고 피했더라면 얼마나 좋았을까! 물론 하나님 앞에서 나도 할 말은 없다. 내가 행한 일들도 그 자체가 선한 것

은 하나도 없었다.

그러나 그들의 충고는 내가 그런 죄악들을 범하지 못하도록 제재를 가하진 못했다. 하나님은 그들이 스스로를 속일 뿐만 아니라 나까지도 속이는 것을 가능하게 하셨다고 생각한다. 아마 그 이유는 나의 죄 때문이었던 것 같다. 나 자신도 나에게 전달된 내용을 많은 다른 사람들에게 전달함으로써 그들을 속였다.

〈빈센트 바론 신부〉

저명하고 학식 있는 도미니쿠스회 신부 한 사람을 만날 때까지 17년 동안 나는 이러한 암흑 속에서 지내야 했다. 그 당시 예수회(Company of Jesus)에 속한 자들이 이런 원리들의 오류를 강하게 고집해서 나를 두려움 속에 몰아넣었다. 이 일에 대해서는 다음에 이야기하겠다.

〈어리석은 상담자가 보여주는 지혜롭지 못한 애정〉

9   이 무렵 나는 어느 성직자에게 신뢰를 두기 시작했다. 그는 나를 매우 좋아했다. 왜냐하면 나는 그때 후일 내가 그랬던 것에 비해서 나 자신의 문제에 대해 별로 공개를 하지 않았기 때문이다. 또 내가 그에게 별로 할 말도 없었다. 그가 나를 사랑하는 것은 아무런 해도 주지 않았다. 그러나 그의 사랑은 선한 것이 아니었는데 그것은 그의 사랑의 정도가 지나쳤기 때문이다.

그는 내가 어떤 이유에서도 하나님을 심각하게 반역하는 일을 하지 못하리라는 점을 누구보다도 분명하게 이해했다. 그는 자기 자신과 자신의 의도도 비슷하다는 사실을 말해 주었고 자연히 서로 만나는 기회가 많아졌다. 그런데 그때, 내 영혼은 주님에 대한 지식과 두려워하는 마음으로 가득 차 있었으므로 오직 주님에 관한 대화만이 나에게 가장 큰 기쁨을 주었다. 내가 나이가 어린 데도 이런 생각을 갖고 있음을 안 그는 부끄러움을 느꼈다.

그는 자신이 나에 대해 호의를 가지고 있다는 표현으로 그 자신의 불행한 상태에 관해 이야기하기 시작했다. 그의 이야기는 그야말로 슬프고 슬픈 이야기였다. 그는 어느 여인에 대한 애정, 그리고 그 여인과의 대화 때문에 아주 위험한 도덕적 상태에서 거의 칠 년 동안이나 방황해야 했던 것이다. 그러면서도 그는 성직자의 생활을 계속했다.

마침내 그 일은 폭로되기에 이르렀고 그의 명예와 명성은 땅바닥에 떨어지고 말았으나 아무도 그 같은 사실을 그에게 말해주지 않았다. 나는 그에게 그런 일이 일어났었다는 사실을 알고 난 뒤에 그에 대한 동정의 마음을 억누를 수 없었다. 왜냐하면 나는 그를 대단히 좋아하고 있었기 때문이다.

그 당시 나는 어리석고 멍청하게도 나를 좋아하는 사람에게 감사의 마음으로 충절을 바치는 것이 덕이라고 생각했다. 불행하게도 내가 바치려고 생각했던 충절은 하나님의 법을 어길 만큼 지나친 것이었다. 그것은 세상에 흔히 있는 정신 나간 짓이었는데 지금도 나는 그런 짓을 하는 사람을 보게 되면 미칠 것 같은 생각이 든다.

10 나는 그의 식구들로부터 그 일에 관하여 좀 더 많은 정보를 얻게 되었다. 나는 그가 처한 파멸적인 상황에 관해 더욱더 많은 것을 알게 되었고 그 가련한 남자의 잘못이 그렇게 큰 것이 아니라고 생각했다. 왜냐하면 그를 유혹하려고 시도했던 사람은 그 불행한 여인이었기 때문이다.

12 이 사실을 알고 난 뒤, 나는 그에게 더 큰 애정을 느끼기 시작했다. 나의 의도는 좋았으나 행동은 그릇된 것이었다. 아무리 커다란 선이 보장되어 있는 것처럼 보일지라도 선을 위해서 조금이라도 악한 일을 한다는 것은 바람직한 일이 못되었기 때문이다. 나는 그에게 하나님에 관하여 빈번히 이야기했다. 이런 이야기들이 그에게 약간의 유익을 주었음이 틀림없다. 그러나 정작 그를 가장 크게 감동시킨 것은 그가 내게 품고 있는 사랑이었다.

간단히 말해서, 그는 그 여인과의 관계를 완전히 끊어버리고 주님께서 자신에게 주신 빛에 대하여 감사하는 일을 잊지 않았다. 내가 그를 처음 만난 그 해가 끝나갈 무렵 그는 세상을 떠났다.

앞에서도 말했지만 그때 내가 어떤 그릇된 행동을 하려는 마음을 품고 있었던 것 같지는 않다. 내 안에 그 같은 결의가 있는 것을 보았기 때문에 그는 나에 대해 사랑을 느꼈던 것 같다. 사람들은 대부분 자신들이 선하다고 판단한 여인들에 대해 큰 사랑을 품기 마련인 것 같다(「자서전」, V).

〈테레사의 후기 생활〉

1 지금까지 나의 생활은 내 멋대로 하는 생활이었다. 그러나 내가 기도의 방법들에 관한 설명을 시작하고 난 뒤부터 나의 생활은 내 안에 하나님이 살아 계시는 생활이었다고 생각된다.

〈신비체험에 현혹될까봐 두려워함〉

2 내가 죄의 기회를 멀리하고 기도하는 일에 좀 더 많은 시간을 투자하기 시작하고부터 주님께서는 나에게 많은 은혜를 내려 주셨다. 나는 그 은혜들을 받기를 갈망하고 있었다. 주님은 아주 빈번하게 정적의 기도(Prayer of Quiet)라는 은총을 주시기 시작했으며, 때로는 하나님과 연합하는 체험을 주시기도 했는데, 이 체험은 상당한 시간 동안 지속되었다. 그러나 그 당시 여인들이 사탄의 더 큰 현혹과 기만에 빠져 들어갔던 것을 잘 알고 있는 나는(예를 들면, 십자가의 막달레나) 두려운 마음이 일어나기 시작했다.

내가 두려워했던 것은 내가 느꼈던 기쁨과 달콤함이 너무 커서 종종 내 힘으로 억제하기 어려운 경지에 빠지지 않을까 하는 것이었다. 그러면서도 다른 한편으로는 하나님이 나와 함께 하신다는 깊은 확신이 생겼다. 특히 기도하는 시간에 그런 확신이 강하게 찾아왔다. 그 결과 내가 더욱더 향상되며 또한 강해지고 있음을 느낄 수 있었다.

3   그러나 몇 차례 정신착란 비슷한 증세를 겪고 난 뒤부터는 기도의 체험에 관한 나의 이해를 중단시키고 있는 존재가 사탄이라는 생각을 하게 되었고 두려움에 사로잡히게 되었다. 나의 경험은 너무나 좋은 것이므로 지성적인 기도를 중지하는 것이 바람직하다는 생각이 찾아왔는데 이것은 사탄의 유혹이었던 것 같다. 사탄은 수난에 대해 묵상하는 것을 방해했고 나 자신의 이해를 사용하지 못하도록 유도했다.

그 당시 내게 일어나고 있는 일이 도대체 무엇인지 파악하기가 어려웠던 나는 자연히 당황할 수밖에 없었다. 주님을 거역하는 일은 결코 하고 싶지 않았고, 또 내가 얼마나 크게 주님에게 의존하고 있는가를 알고 있었으므로 이 두려움은 더욱 강하게 나를 사로잡았다. 나는 나의 마음 상태를 털어놓고 이야기할 수 있는 영적인 사람들을 부지런히 찾아 다녔다. 몇 사람에 관해서는 이미 소문을 들어 알고 있는 터였다.

예수회 소속 신부들이 그 구역에 들어왔다. 나는 예수회에 소속된 사람들에 대해서는 아무것도 몰랐으나 그들에게 큰 매력을 느꼈다. 나는 그들의 생활방식과 기도의 습관에 대해 익히 들어 알고 있었다. 그러나 나는 나 자신이 그들에게 말을 건넬 수 있을 만한 인물이라고는 생각하지 않았고 그들이 제시하는 원리들에 순종할 만큼 강하지도 못했다. 이 때문에 나는 한층 더 불안한 마음에 사로잡혔다. 내가 그들과 대화를 나누면서 계속하여 나 자신의 모습 그대로를 유지한다는 것은 어려운 일이었음이 분명하다.

〈영적 지도의 필요성〉

4   얼마동안 나는 이런 상황 속에서 방황했다. 많은 내적인 좌절과 눈물을 흘린 뒤에 영적인 지도자와 상담을 해야겠다는 결심을 하게 되었다. 내가 알고 싶어했던 것은 내가 경험하고 있는 기도의 성격은 어떤 것이며, 만일 그 기도에 잘못된 점이 있다면 무엇인가 하는 것이었다. 나는 하나님을 거역하지 않기로 결심했다. 그러나 용기가 부족했던 나는 매우 소심할 수밖에 없었다. 선을 행하기를 원하면서도 선으로부터 움츠러든다는 것처럼 어

리석은 일이 또 어디 있을까! 하나님! 나를 도우소서!

〈기도를 중단하고 싶은 유혹〉

나는 이런 난관을 극복할 수 없었기 때문에 아마도 악마가 헌신의 길을 시작할 때는 항상 이런 방법으로 손길을 뻗치는 것이 아닌가 생각하게 되었다. 사탄은 하나님의 친구들과 대화를 나눌 때 영혼의 안식이 크게 찾아온다는 사실을 잘 안다. 나는 우선 나의 길을 수정하고자 했다. 내가 기도를 포기했을 때 — 이것은 결코 내가 해서는 안 될 일이었는데 — 나는 자질구레한 나쁜 습관 속에 빠져들기 시작했으며 그 때문에 나는 그 습관들이 악하다는 생각을 하지 못했다. 나는 다른 사람들의 손길을 필요로 했다. 누군가가 내 손을 잡아 일으켜 줄 사람이 있을 것이라고 생각했다. 주님은 정말 고마운 분이셨다! 처음으로 나에게 손을 내미신 분은 바로 주님 자신이셨다.

〈아빌라의 사제 가스파르 다자〉

6 나는 아빌라에 사는 어느 저명한 사제에 관해서 익히 들어 알고 있었다. 주님께서는 그분의 선함과 경건한 생활을 세상에 알리기 시작하셨던 것이다. 나는 어느 거룩한 귀족을 통해 그분과의 접촉을 시도했다. (프란시스코 드 살쎄도는 테레사의 가장 절친한 친구 가운데 하나가 되었다. 그는 결혼을 통해 그녀와 관계를 맺게 되었다. 즉 테레사의 이모의 사촌이 된 것이다.)

〈귀족인 프란시스코 드 살쎄도〉

이 사람은 결혼을 한 사람이지만 그의 생활은 아주 모범적이고 덕스러웠으며 기도를 끊이지 않았으며 긍휼히 여기는 마음이 늘 있었다. 그러므로 그의 선하고 완전한 생활은 그가 행하는 모든 일 안에 찬란히 빛나고 있었다. 그의 명성은 아주 확고한 것이었는데, 그 까닭은 그를 통해서 많은 사람들이 축복을 받았기 때문이다. 그는 자기 자신이 평신도가 되기에도 부족한 사람이라고 생각했지만 그의 생활은 항상 다른 사람들을 돕는 일에 전력을 기울이고 있었다. 그는 아주 지혜로웠고 모든 사람에게 언제나 세심했으며 그의 대화는 자극적이고 매력적이며 거룩한 것이었다. 그와 같이 어떤 일을 하는 사람들은 그에게 큰 매력을 느꼈다. 그가 하는 일은 언제나 자신과 대화를 나누는 사람의 유익을 위한 것이었다. 그는 자신이 알고 또 만나는 모든 사람들을 축복하고 그들의 선을 도모하는 일 이외엔 아무런 관심도 가지고 있지 않은 것 같았다.

7 바로 이 복되고 거룩한 사람이 나를 위해 베푼 노력 덕택에 내 영혼에 찾아온 심원한 축복의 문이 열리게 된 것이다. 우리가 서로 우정을 나누는 도중 그가 보여준 겸손은 나를 놀라게 했다. 왜냐하면 그는 적어도 37년 이상 계속해서 기도해왔기 때문이다. 그의 삶은 헌신을 향한 것이었다.

〈메르치아 델 아킬라〉
그의 아내도 또한 위대한 하나님의 종으로서 인자함으로 가득 차 있는 인물이었다. 따라서 그의 자비의 행동은 전혀 아내의 제재를 받는 일이 없었다. 그녀는 하나님을 잘 섬기도록 선택받은 자의 아내로서 조금도 부족함이 없었다. 이 부부의 친척들 가운데 몇 사람은 나의 친척과 결혼했다. 나는 나의 사촌 중의 한 사람과 결혼한 또 한 사람의 위대한 하나님의 종과 많은 시간을 같이 지냈다.

〈알론소 알바레즈 다빌라〉
8 이렇게 해서 내가 전에 말한 그 하나님의 종이 나와 대화를 나누기 위해 찾아오게 된 것이다. 그 귀족이 그 사제를 나에게 보내 대화를 나눌 기회를 만들어 주었을 때 그 사제가 풍기는 거룩한 모습에 압도당한 나는 당황하지 않을 수 없었다. 나는 당장 그에게 내 영혼의 상태와 기도하는 방법을 설명했다.

그러나 나는 그에게 고해하고 싶지는 않았다. 나는 그에게 나 자신이 너무 바빴다고 말했는데 그것은 사실이었다. 그러나 그는 거룩한 인내심을 가지고 나를 안내하기 시작했다. 그는 내가 개성이 강한 사람임을 알고 있었다. 그는 내가 경험하고 있는 기도생활이 어떤 유형의 것인지 관찰했다. 나의 기도생활의 목적은 여하튼 하나님을 거역하지 말자는 의도에서 계속되었던 것이다.

⟨너무 성급하게 충고를 할 수 있다.⟩

그는 내가 고백한 사소한 습관들을 끊게 하려고 결심을 단단히 하고 있었지만 내겐 쉽게 습관을 포기할 만한 용기가 없었다. 결국 나는 또 한 번 불행해질 수밖에 없었다. 그는 성급하게 달려들어 내 영혼이 애착을 갖고 있던 일들은 너무 빨리 끊어 버리려고 시도했다. 그러나 좀 더 신중한 태도가 필요했던 것 같다.

9   간단히 말해서 그가 나를 다루려고 했던 방법은 사실상 나의 상태를 개선하는데 별다른 도움을 주지 못했다. 그가 말한 방법들은 좀 더 영적으로 성숙한 삶을 영위하는 사람들에게 더 적절한 것이었다. 하나님이 주시는 은총을 받아들이는 일에 나는 많은 진보를 했던 것은 사실이지만 훈련과 자기를 죽이는 일에 있어서는 아직도 초신자의 단계를 벗어나지 못하고 있었다.

⟨좀 더 기본적인 충고가 우선 필요할 때가 있다.⟩

내가 만일 오직 이 사제와만 대화를 나누었더라면 내 영혼은 별다른 진보를 하지 못했을 것이다. 그가 나에게 충고한 일들이 내게는 하나도 일어나지 않았다는 사실을 발견했을 때, 나는 좌절을 느꼈고 결국 의기소침한 채 모든 것을 포기하고 말았다. 하나님의 일을 이제 막 시작한 초신자들을 지도하는 특별한 일을 담당한 그 사제가 나의 상황을 이해하거나 내 영혼의 걱정거리를 받아들이려 하지 않는 것은 정말 놀라운 일이었다. 사실상 나에게 더 큰 유익을 가져다 준 이들은 예수회에 속한 회원들이었다.

10   그 무렵 나는 그 거룩한 귀족에게 다시 찾아와 나를 만나주도록 요청했다. 여기서 그의 겸손함이 한 번 더 입증되었다. 그는 나처럼 악한 사람과도 기꺼이 대화를 나누기를 마다하지 않았던 것이다. 그는 나를 찾아와 격려해 주면서 포기하지 말도록 권고했다. 하나님께서는 서두르지 않고 차근차근 일을 하시는 분이라는 확신을 이 무렵 가질 수 있었다. 몇 해 동안 그 자신도 몇 가지 작은 결점들 때문에 자유로움을 누리지 못했다는 것이다. 얼마나 겸손한 태도인가! 주님께서는 자신이 내주하시는 그 사람에게 얼마나 많은 복을 주시며, 주님을 소유하고 있는 자에게 얼마나 친근하게 가까이 하시는 분이신가!

〈우리들 자신의 약점을 서로 나눔으로써 다른 이를 격려할 수 있다.〉

이 거룩한 사람 — 내 생각엔 그렇게 호칭하는 것이 타당한 듯하다 — 은 나를 돕기 위해서 자기 자신의 약점들을 내게 이야기해 준 것이다. 그가 삶을 영위하는 모습을 바라보면, 나의 삶의 모습 속에서 그토록 심각하게 드러나던 약점과 비교해 볼 때 거의 결점이나 불완전함이 드러나지 않는 편이었다.

11   내가 상세하게 늘어놓는 이야기들은 사실상 그다지 중요한 것은 하나도 없을는지 모른다. 그러나 이 하찮게 보이는 일들이 내겐 다 의미와 이유가 있는 일들이었다. 이런 일들은 신앙생활의 초기단계에선 영혼을 격려하고, 날개가 아직 달리지 않는 자들에게 나는 법을 가르쳐 줄 때 아주 중요한 역할을 하는 것이다. 다만 나는 내가 경외하는 한 분이 다른 많은 영혼들을 도우실 수 있으리라는 소망을 가지고 여기서 이야기하는 것이다.

〈테레사가 자신의 생애 동안 순종한 페드로 이바네즈가
여기서는 "내가 경외하는 분"으로 호칭된다.〉

이 신사는 나를 완전히 구원했다. 그는 나를 치료하는 방법을 알고 있었고, 겸손할 뿐만 아니라 나와 함께 생활하기를 주저하지 않는 사랑도 아울러 가지고 있었다. 그는 내가 단번에 뒤바뀌어질 수 있는 인물은 아니라고 보고 인내심을 가지고 참았다. 그러나 그는 차근차근히, 주도면밀하게 사탄을 극복하는 방법을 계속하여 제시해 주었다. 그에 대한 나의 사랑은 계속 성장하여 마침내 그를 보지 않는 날은 마음의 평안을 이룰 수 없게 되었다. 그러나 내가 그를 볼 수 있는 날은 아주 드물었다. 만일 그가 늦게 오기라도 하는 날이면 내가 너무 악해서 나를 보러 오지 않는 것이 아닌가 생각하고는 크게 낙심한 적이 한두 번이 아니었다.

〈테레사의 체험 속에 나타난 것은 사탄인가 아니면 하나님인가?〉

12　그가 나의 많은 불완전함에 관하여 알게 되었을 때 — 나의 불완전함이란 곧 죄라고 부르는 것이 더 타당할 것 같다 — 그러면서도 내가 하나님으로부터 받을 축복들에 관하여 이야기하는 것을 듣고 나서는, 나의 불완전한 모습들이 하나님의 은총과는 결코 양립할 수 없다고 말해 주었다. 사실상 이런 선물들은, 이미 영적으로 진보되어 자신을 억제할 줄 아는 자들에게 주어진 것이었다. 그러므로 그는 두려운 마음을 가질 수밖에 없었는데 그의 생각엔 내가 나쁜 습관을 가지고 있다고 판단되었기 때문이다. 그러나 그는 그 문제에 관해 쉽게 결론을 내리지는 않았다. 오히려 그는 나의 기도생활에 관해 좋은 생각을 품고 있었고 그런 자신의 생각을 내게 말해 주었다.

　내가 곤란을 겪었던 일은, 나의 기도의 체험에 관해 어느 정도까지 이야기를 해야 하는가를 알지 못했던 점이다. 최근에 와서야 비로소 하나님께서는 바른 이해와 판단을 가지고 기도에 관해 어떻게 이야기해야 하는가를 알 수 있는 재능을 주셨다. 이 신사가 기도에 관해 해준 충고, 그리고 나에게 찾아온 두려움은 나를 낙심시켰고, 나는 그것 때문에 많은 눈물을 흘려야 했다. 나는 분명히 하나님을 기쁘게 해드리려고 한 일인데 그 속에 사탄이 관계하고 있다니 기가 찰 노릇이었다. 하여간 죄의식에 사로잡혀 있었던 나는 하나님이 나를 맹인으로 만들어 상황을 분명하게 파악하지 못하도록 하시는 게 아닌가 하는 두려움에 사로잡혀 있었다.

〈테레사는 자신의 체험과 유사한 체험을
라레도(Laredo)의 책에서 발견한다.〉

13   나는 수많은 책들을 뒤적거리면서 내가 경험하는 기도를 어떻게 설명해야 하는가를 찾았다. 내가 읽은 책 가운데 「산 위에 올라」(베르나르디노 드 라레도)라는 제목의 책이 있었다. 이 책은 하나님과의 연합이라는 주제를 다룬 책으로 내가 경험했던 표적들을 주로 다루고 있었다.

나의 경험으로 미루어 볼 때 내가 기도하는 중에 경험했던 상태를 되새겨 보는 것은 불가능한 일이었다. 나는 나와 관련이 있는 단락에 표시를 한 뒤 그에게 그 책을 주면서 그와 다른 사제가 그 부분을 보고 내가 취해야 할 태도를 가르쳐 달라고 부탁했다. 만일 그들이 그 같은 기도의 방법이 옳지 않다고 말하기만 하면 그런 유형의 기도 방법을 포기하리라고 결심했다. 근 20년이나 지난 뒤, 내가 마귀의 현혹에 빠진 것 외에 아무것도 얻은 소득이 없는 것을 발견한다면 무엇 때문에 윤리적 위험에 나 자신을 맡기겠는가? 그럴 바엔 차라리 그것을 포기하는 것이 낫지 않겠는가?

그러나 내가 계속해 오던 기도를 포기한다는 것은 어려운 일처럼 보였다. 나는 내가 기도를 포기한 경우 내 영혼이 어떤 상태에 있게 될 것인가를 이미 발견했다. 그러므로 모든 상황은 그야말로 암담했다. 나는 마치 강 한가운데 빠진 사람과도 같았다. 어느 방향으로 고개를 돌려도 그곳엔 더 큰 위험과 익사의 가능성이 잠재해 있었다. 이것은 내겐 큰 시련이었다. 나는 이런 경우를 수없이 많이 경험했다. 이 문제는 아주 사소한 문제에 지나지 않으나 인간이 시험받는 방법을 보여주는 데는 도움이 된다.

〈마귀의 세계에 관한 말을 할 땐 신중함이 요구된다.〉

14   내 생각엔 여자들에게 마귀가 바쁘게 활동하고 있다는 이야기를 하지 않는 것이 중요하다고 본다. 우리가 안고 있는 결점들은 매우 많다. 그러므로 어떤 사건을 판단할 때 상당한 주의를 해야 한다. 어떤 위험이 눈에 보일 때는 피해가는 것이 현명하다. 더욱이 우리가 상담을 할 때는 매우 은밀하게 하는 것이 좋다.

나는 나의 문제를 비밀로 하지 않았었기 때문에 쓰라린 시련을 겪어야만 했다. 이 사람 저 사람이 달라붙어서 나의 문제를 놓고 상담을 했다. 이 모든 일이 내겐 큰 해를 끼쳤다. 어떤 대화는 엄격히 비밀로 해야 하는 경우가 있다. 다시 말해서, 어떤 문제를 모든 사람이 다 알아야 하는 것은 아니다. 그런데 나는 나의 문제들을 공공연하게 발설했던 것이다.

〈영적 상담을 하기 위해선 철저한 비밀이 요구된다.〉
그러나 주님께서는 이런 모든 문제들 때문에, 상담자들에게 별다른 잘못이 없었음에도 불구하고 나에게 고통이 찾아오게 하셨다고 믿어진다. 내 말은 그들이 고해시에 내가 그들과 나누었던 이야기들을 누설했다는 뜻이 아니다. 다만 그들은 내가 도움을 받기 위해 나의 근심거리를 믿고 털어놓았던 대상들이므로 마땅히 비밀을 지키지 않으면 안 되는 것이었다. 그들은 이런 기본적인 예의를 잘 지키지 않았지만 나는 이 사람들에게 아무것도 숨기지 않고 고백했다.

어떤 사람이 영혼들과 더불어 상담하려고 할 땐 상당히 세심한 주의가 필요한 것 같다. 상담자는 피상담자들을 격려해 주고, 주님께서 나를 도우신 것처럼 그들을 도우실 때까지 그들을 인내심을 가지고 대해야 한다. 만일 주님께서 나를 치료해 주지 않으셨다면 나에게 아주 큰 불행이 닥쳐왔을 것이다. 왜냐하면 나는 상처를 받았고 불안에 휩싸여 있었기 때문이다. 내가 겪었던 긴장감에도 불구하고 나에게 그렇게 많은 해가 가해지지 않은 것을 보면 지금도 놀라지 않을 수 없다.

16   나는 그들에게 그 책을 주었을 뿐만 아니라 나의 생애와 나의 죄에 대해서도 가능한 한 소상하게 이야기를 해 주었다(물론 공적인 고해의 형식으로 이야기했던 것은 아니었는데 그 까닭은 그들 가운데 하나가 평신도였기 때문이다). 그 후엔 내가 얼마나 불행한가를 분명히 설명해 주었다. 그때 두 명의 하나님의 종들은 아주 자비롭고 사랑어린 태도로 나에게 최선의 길이 무엇인가를 생각했다. 나는 많은 사람들에게 나를 위해 기도해 줄

것을 강제로 부탁하면서 큰 두려움 속에서 그들의 답변을 기다렸다. 나도 또한 그동안 많은 기도를 드렸다.

〈테레사는 악령에 사로잡혔다는 죄목으로 고소당한다.〉

그 귀족은 크게 실망하여 내게 찾아와서는 자신들의 견해에 따르면 내가 악령에 현혹된 것 같다는 말을 했다. 그는 또 계속하여 충고하기를, 내가 할 수 있는 최선의 일은 예수회의 어느 신부를 초청해다가 도움을 청하는 길이라고 했다. 그는 또 계속해서 내가 나의 지난 생애와 현재의 상태를 가능한 한 명료하게 고백해야 한다고 말했다. 그런 절차를 밟은 뒤에 비로소 하나님은 나의 고백이라는 덕목에 근거하여 나에 관한 좀 더 밝은 빛을 그에게 주실 것이라고 단언했다.

그 신부들은 신령한 일들에 관해서는 매우 경험이 많은 사람들이라는 것이다. 더욱이, 그 신부가 주는 충고에서 한 발자국도 벗어나서는 안 된다고 주의를 주었다. 만일 내가 영적 지도자의 도움을 받지 않으면 커다란 위험에 처하게 될 것이라고 했다.

17　이 충고는 나에게 겁을 주었고 나를 고통 속에 몰아넣어 어찌할 바를 몰랐다. 내가 할 수 있는 일은 우는 것밖에 없었다. 기도실에 앉아 있으면 깊은 고통이 찾아왔고, 내가 도대체 무엇이 되는지 암담한 생각이 들었다. 그때 나는 어떤 책 한 권을 숙독하게 되었는데 — 이 책은 주님 자신이 내게 쥐어 주신 책이라고 생각된다 — 이 책에서 사도 바울은 하나님은 미쁘신 분이라고 말하고 있었다(고전 10:13). 하나님은 자신을 사랑하는 자들이 마귀에 의해 속임을 당하는 것을 그냥 방치해 두시는 분은 아니었다. 이 사실이 나에게 큰 위로를 주었다.

〈후안 드 파드라노스는 테레사가 고해한 신부였다.〉

내가 내 영혼의 상태를 솔직하게 하나님의 종인 그 신부에게 털어놓자 그는 내가 한 말들을 모두 이해했다. 그는 내가 겪은 사건의 의미를 설명해 주었으며 나에게 큰 위로가 되었다. 그는 나의 기도가 하나님의 영으로부터 나온 것이 틀림없으므로 다시 기도를 재개하는 것이 좋겠다는 의사를 표명했다. 분명히 내겐 아직 신앙의 뿌리가 깊게 내려져 있지 않았고, 자아를 죽인다는 것이 내게 무엇을 의미하는 것인지 채 이해하지 못한 상태였다.

〈기도를 계속하라는 충고〉

나는 결코 기도를 중단할 수 없었다. 오히려 나는 더욱더 노력했는데, 그 까닭은 하나님이 내게 특별한 은총으로 축복해 주셨기 때문이다. 그 신부는 주님께서 나를 통해 다른 사람들을 축복하시지 않겠느냐는 생각을 갖게 되었다. 그는 한 걸음 더 나아가 주님께서 장차 나를 어떻게 쓰실 것이라는 예언 비슷한 말을 하면서, 하나님께서 내게 부여해 주신 은총에 반응하지 않는다면 내가 큰 실수를 범하는 것이라고 말했다.

〈영적인 조언은 확신을 새롭게 한다.〉

아마도 성령께서 내 영혼을 치유하시기 위해 그를 통하여 말씀을 하고 계셨던 것 같다. 그만큼 그 신부가 내게 심어준 인상은 깊었다. 그는 내가 나 자신에 관해 매우 큰 부끄러움을 느끼도록 만들었다. 또한 그가 나를 지도한 방법은 나를 완전히 변화시킬 수 있는 것이었다. 한 영혼을 이해한다는 것은 얼마나 놀라운 일인가!

그는 내가 기도 중에 그리스도의 수난에 관해 날마다 묵상해야 하며 주님의 인성을 묵상할 때 많은 유익을 얻을 수 있다고 말했다. 나는 그 신부가 이 문제에 관해 더 많은 조언을 줄 때까지 될 수 있는 한 그 같은 회상과 위로의 경험에 깊이 몰두하는 것을 피했다.

19   그는 나에게 큰 위로와 격려를 해 주었으며, 주님께서도 그와 나를 도와 그가 나의 상황을 이해하고 나를 적절히 지도할 수 있는 방법을 터득하도록 인도해 주셨다. 나는 그가 나에게 말하는 내용으로부터 이탈하지 않기

위해 많은 노력을 기울였으며, 심지어 오늘날까지도 나는 그의 충고에 귀를 기울인다. 주님께서 내게 은혜를 주셔서 나는 비록 불완전하게나마 나의 영적 지도자들에게 순종할 수 있었다. 나의 영적 지도자들은 한결같이 예수회에 소속된 저 놀라운 사람들이었다. 그러나 나는 그들을 매우 불완전하게 따랐다(「자서전」, XXIII).

〈테레사는 기도 생활에 깊이 심취하기 시작했다.〉

2 나의 새로운 기도 생활은 주님의 지극히 거룩한 인성에 대한 사랑이 새로워지면서 시작되었다. 나의 기도는 단단한 기초를 가진 건물과도 같이 그 골격이 형성되기 시작했다.

주님이 나에게 명령하셨다고 판단되는 일은 무조건 다 실행에 옮겼다. 하나님께서는 그 영적 안내자에게 나에게 명령할 수 있는 능력을 주셨고, 나는 그의 명령에 기꺼이 순종했다. 내 영혼은 아주 민감하게 하나님께 대항하는 죄를 깨달을 수 있었다. 그것이 아무리 사소한 것이라도 그냥 지나치는 법이 없었다. 그 죄의 문제를 먼저 해결하지 않고는 도저히 기도를 계속할 수 없었다.

나는 주님께서 내 손을 잡아 주셔서 다시 타락의 구덩이에 빠지지 않게 해달라고 열심히 기도했다. 그 결과 나는 많은 주님의 종들의 지도를 받을 수 있었다. 내 생각에는 내가 지금까지 걸어온 길에 역행하는 것이 큰 죄악인 것 같았으며, 이 조언자들이 나 때문에 자신들의 명성을 잃게 되지 않을까 하는 우려가 따르기도 했다.

〈간디아의 공작인 프란시스 드 보르자〉

이때 간디아 공작인 프란시스 신부가 아빌라에 왔다. 몇 년 전 그는 그의 모든 소유물을 포기하고 예수회에 들어왔다. 내가 고해를 했던 그 신부와 앞에서 언급한 바 있는 그 귀족은 프란시스 신부가 나를 방문해서 나와 대화를 나누고 나의 기도방법에 대해서 조언을 할 수 있도록 주선을 했다. 왜냐하면 그 신부가 하나님의 풍성한 은총과 위로를 받은 자임을 그들이 알고 있었기 때문이다. 그는 많은 것을 포기했으나 그 포기한 것에 대해서 이 세상에서도 이미 많은 보상을 받았던 것이다.

〈테레사는 이제 자유롭게 기도하라는 권고를 받았다.〉
　그는 나의 말을 듣고 난 뒤에, 그것은 하나님의 영의 작용이며, 더 이상 억제하는 것은 옳지 않다고 말했다. 사실상 그 무렵까지만 해도 어느 정도 억제하는 것이 안전했다. 왜냐하면 나는 수난의 일부 국면에 대해서만 묵상을 해왔었기 때문이다. 다만 주님께서 나의 영을 소생시켜 주신다면 나는 거역하지 않고 그냥 주님의 인도를 따를 생각이었다. 내가 앞장서서 더 많은 기도의 생활을 추구하고 싶지는 않았다.
　자신이 크게 영적인 면에서 진보되어 있던 그 신부는 나에게 약(藥)과 충고를 주었다. 그는 더 이상 항거를 한다는 것은 잘못이라고 말했다. 나는 크게 위로를 받았다. 그 귀족도 나의 기도가 하나님의 작용이라는 말을 듣고는 기뻐 어쩔 줄을 몰랐다. 그는 항상 나를 도와주었고, 할 수 있는 한 내게 충고를 주었는데 그의 충고는 많은 도움이 되었다(「자서전」, XXIV).

1　여기서 나는 내 생활에 관한 이야기를 다시 해야겠다. 나는 커다란 좌절과 고통을 겪고 있었다. 나는 주님께 또 다른 지도자를 보내 주셔서 좀 더 안전한 길로 나를 이끌어 달라고 많은 기도를 드렸다. 그들은 내가 걷고 있는 신앙의 행로에 대해 다른 사람들이 회의의 눈초리로 바라보고 있다는 이야기를 전해 주었다. 솔직히 말해서 이런 말을 듣기 전에도 이미 하나님께 기도하는 가운데 다른 방법을 찾았으면 하는 바람이 없었던 것은 아니나 내가 진보되고 있는 모습을 분명히 확인할 수 있었기 때문에 기도생활의 변화를 위해 간구하면서도 그 생활을 변화시킬 수 없었다. 그러나 사람들이 나에 관하여 늘어놓는 이야기들, 그리고 그들이 나에게 가져다준 공포 때문에 내가 지쳐 있을 때 어떤 변화가 있어야 되지 않겠는가 하는 기대가 찾아왔던 것이다.

〈테레사는 하나님의 손에 전적으로 자신을 내맡겼다.〉

 한편 나는 나 자신이 완전히 변화된 것을 느낄 수 있었다. 나는 하나님의 손에 나 자신을 맡기지 않을 수 없었다. 주님은 나에게 필요한 것이 무엇인가를 잘 아셨다. 모든 일에 주님이 원하시는 것을 마음대로 하실 수 있도록 나 자신도 주님 손에 맡기자. 이전에는 나의 삶이 문자 그대로 지옥을 향하는 삶이었으나 이제는 천국을 지향하는 삶으로 바뀐 것이다. 이렇게 해서 나는 어떤 변화를 강제로 일으켜야 한다는 강박관념에서 벗어났고 내가 사탄의 지배 아래 있다는 생각으로부터도 해방되었다.

〈테레사가 본 그리스도의 환상〉

 나 자신과 주위 사람들이 이 문제, 즉 주님께서 다른 길로 나를 인도해 줄 것과 진리의 길을 보여 줄 것을 위해 기도하기 시작한 지 2년 만에 그리스도의 환상이 내게 나타났다. 어느 날 나는 기도를 하고 있었다. 그 날은 영광스러운 성 베드로 축일이었는데 나는 그리스도께서 내게 가까이 오는 모습을 보았다. 그것을 좀 더 정확하게 말한다면 나는 그리스도를 느꼈다. 나는 육체의 눈으로 무엇인가를 본 것이 아니었다. 또 영혼의 눈으로 무언가를 본 것 또한 아니었다. 다만 주님이 내 곁에 가까이 계심을 느꼈을 따름이다. 또 주님께서 내게 말씀하시는 모습을 보았다는 생각이 든다.

 나는 그런 환상이 가능하다는 점을 완전히 인정하지 않고 있었으므로 처음에는 큰 두려움에 사로잡혀 있었고, 우는 수밖엔 별 도리가 없었다. 그러나 주님은 단 한 번의 말씀으로 나에게 확신을 주셨다. 나는 기력을 회복했고 여느 때와도 같이 전혀 두려움을 느끼지 않은 채 고요하고 안온한 상태를 맛볼 수 있었다. 예수 그리스도께서 항상 내 편에 계심을 느낄 수 있었다. 그 환상은 형상이 아니었기 때문에 형태는 보이지 않았다. 그러나 나는 주님이 내가 행하는 일들을 모두 주시해 보면서 내 오른편에 항상 계신다는 아주 심원한 감정을 갖게 되었다. 주님께서 아주 가까이 계시는 모습은 언제나 내가 크게 좌절에 빠져 있을 때 나타났다.

〈테레사는 자신이 본 환상이 그리스도이심을 어떻게 알 수 있었는가?〉

4   나는 크게 좌절한 채 내가 고해성사를 했던 신부에게 찾아가 그 이야기를 했다. 그는 내가 어떤 형태의 주님을 보았느냐고 물었다. 나는 아무런 형태도 보지 못했다고 그에게 말했다. 그러자 그는 이렇게 말하는 것이었다. "그러면 그것이 그리스도인 줄 어떻게 알았지요?" 나는 그것이 그리스도인가를 어떻게 알게 되었는지 나도 모르겠다고 대답했다.

그러나 나는 예수 그리스도께서 내 곁에 가까이 계시며 나는 그분의 모습을 분명히 보았고 그의 임재를 감지했다는 사실을 인정할 수밖에 없었다. 정적의 기도를 통해 내 영혼의 회상은 더욱 깊어졌고 지속성은 더욱 증가되었다. 그런데 그 기도의 결과는 내가 이전에 경험했던 것과는 판이하게 다른 것이었다. 이것은 절대적으로 확실한 것이었다. 내가 겪은 일을 이야기하려면 비유를 사용할 수밖에 없었다. 그러나 내가 경험했던 그 환상은 어떤 비유로도 설명하기 어려운 성질의 것이었다.

후일, 나는 지극히 경건한 수사인 알칸타라의 베드로를 통해서, 그리고 기타 위대한 학문을 지닌 학자들을 통해 이 환상이 가장 숭고한 체험에 속하는 것이며 이런 환상에 마귀가 개입하는 일은 극히 드물다는 것을 알게 되었다(「자서전」, XXVII).

〈알칸타라의 베드로가 테레사에게 준 격려〉

2   주님께서는 나를 크게 위로해 주셨는데, 그것은 축복받은 수사 알칸타라의 베드로를 만날 수 있도록 인도해 주신 일이었다. 그에 관해서는 이미 이야기했다. 특히 그는 금욕생활로 이름이 높은 분이었다. 특히 그는 근 20년 동안이나 철로 만든 쇠혁대를 차고 다녔다. 그는 기도에 관해 스페인어로 많은 책을 써낸 바 있는데 그의 저서들이 지금 많이 사용되고 있다. 그는 특히 기도에 관심이 많았으므로 그의 기도문은 기도하는 사람들에게 많은 유익을 제공했다. 그는 철저하게 금욕생활을 했던 성 프란체스코의 첫 번째 규칙을 준수했으며 내가 이미 서술한 바 있는 것들을 실행에 옮겼

다.

〈도나 귀오나르 드 울로아〉

3 한편, 나의 친구이자 하나님의 종이었던 어느 과부 한 사람은 그토록 놀라운 사람이 찾아온 것을 알고 자신이 어떤 태도를 취해야 하는가를 정확히 알았다. 그녀는 내가 큰 실의에 빠져 있는 것을 알고 나를 위로해 주었다. 그녀의 믿음은 아주 강해서 다른 사람들이 말한 내용들이 곧 마귀의 작용이며, 나의 기도는 성령의 작용에 의한 것임을 말하지 않을 수 없었다. 그녀는 상식이 풍부하고 사려가 깊은 사람이요, 기도를 많이 하는 사람이었으므로 주님께서는 기쁜 마음으로 그녀에게 은혜를 주셔서 학자들이 보지 못하는 것을 보게 했다. 그 축복받은 하나님의 사람(알칸타라의 베드로)이 찾아왔을 때, 그녀는 나에게 한 마디도 묻지 않고 자기 집에 머물도록 주선했다. 덕분에 나는 그가 온 후 제일 먼저 그와 더불어 아주 편한 마음으로 대화를 나눌 수 있었다.

6 내가 경험한 바와 같은 신비스러운 사건들을 체험해 본 사람들은 같은 체험을 한 사람들을 만나는 것만큼 기쁘고 위로가 되는 일은 없다는 사실을 잘 알 것이다. 그는 나에 대해 대단히 유감스러워하면서 세상에서 겪는 시련 가운데 가장 혹독한 것 가운데 하나는 내가 이미 겪었던 것 곧 선한 사람들로부터 위선적인 모습을 발견할 때라고 말해 주었다. 실상 그는 나에겐 더 많은 것이 간직되어 있다고 생각했다(「자서전」, XXX).

32 내가 쓴 글이 주님을 조금이라도 기쁘시게 하는 것이 되었는지 … 내겐 시간이 없어서 이 글을 끝맺는데 굉장한 어려움을 겪을 수밖에 없다. 그러나 만일 나의 글이 주님을 찬양하도록 어떤 계기를 독자들에게 마련해 줄 수만 있다면 그것으로 만족하겠다. 그런 모습만 발견된다면 나는 충분한 보응을 받은 셈이다(「자서전」, XL).

2

기도생활에 꼭 필요한 요소들에 관하여

1. 서론

당신은 내게 기도라는 주제에 관해 조언을 해 달라고 요청했습니다. 내가 당신에게 말하고자 하는 내용을 종종 반복해서 읽어 주신다면 고맙겠습니다.

그러나 영혼의 내면에 관계된 문제들에 관해 언급하기에 앞서서, 곧 기도에 관해 어떤 언명을 하기에 앞서서 기도의 길을 추구하는 자들이 꼭 기억해야 할 몇 가지 사항을 말씀드리고 싶군요. 사실상 내가 말씀드리려고 하는 것들은 아주 필수적인 것이어서 그것들에 관해 별다른 묵상을 해보지 않은 사람들이라도 그 같은 자질들을 갖추고 있다면 주님을 섬기는 일에 많은 진보를 얻을 수 있습니다.

만일 그들이 그 같은 자질들을 소유하고 있지 않다면 그들이 하나님 앞에서 깊이 묵상을 하는 것은 불가능한 일입니다. 만일 그들이 그런 자질들을 갖추고 있지 않으면서도 이미 묵상을 하고 있다고 생각한다면 그들은 크게 속고 있는 것입니다. 주님께서 이 일들에 관해 이야기하는 나를 도우셔서 내가 말해야 할 내용을 가르쳐 주시기를 바라며 주님께서 영광을 받으시기를 원합니다. 아멘.

나의 형제자매들이여! 내가 여러분에게 많은 부담을 안겨 줄 것이라고는 생각하지 마십시오. 우리의 거룩한 교부들이 세웠고 또한 지킨 일들을 실행에 옮길 수 있는 힘을 주시는 이는 곧 주님이십니다. 그들 자신이 확립해 놓은 길을 스스로 걸었던 그들은 그들의 행위 덕분에 오늘날 우리로부터 그같이 훌륭한 칭호를 받게 된 것입니다.

　기도의 길에 관해 주님 이외의 다른 사람으로부터 무언가 배우려고 한다면 그것은 큰 잘못입니다. 나는 지금부터 기도의 길을 이해하는데 본질적으로 중요한 세 가지 사실에 대해 중점적으로 이야기해 보려고 합니다. 우리의 마음 안팎에서 주님이 그토록 우리에게 천거해 주시기를 원하는 그 평화를 얻고자 한다면 우리는 이 점들에 대해 관심을 기울이는 것이 대단히 중요합니다.

　그 세 가지 요소들 가운데 첫째는 다른 사람에 대한 사랑입니다. 두 번째는 모든 피조물 — 특히 사람들 — 로부터 초연해지는 시간을 갖는 일입니다. 세 번째는 진정한 겸손의 훈련입니다. 겸손을 내가 제일 뒤에 이야기했지만 사실은 가장 중요한 요소입니다. 겸손할 때 앞에 말한 두 가지 요소는 자연스럽게 따라오도록 되어 있습니다(「완전에 이르는 길」, IV. 2, 4).

2. 서로 사랑하라.

5 기도의 길을 터득하는데 제일 먼저 필요한 것이 서로 사랑하는 일입니다. 우리가 사랑의 마음을 갖는 것이 중요합니다. 그 까닭은 서로 사랑하는 사람들 사이에서는 용서받지 못할 거리낌은 아무것도 존재하지 않기 때문입니다. 불쾌한 일이 일어나기에 앞서서 항상 서로 극도로 마음에 거리끼는 어떤 일이 있기 마련입니다. 만일 이 세상에서 서로 사랑하라는 계명을 지켜야 할 만큼 지키기만 한다면 아마도 다른 의무들을 지키는 것이 훨씬 수월하지 않을까 생각됩니다. 그러나 사랑이 지나치거나 결핍되어 있을 때 우리는 이 명령을 완전히 지킬 수 있는 단계에 결코 도달할 수 없습니다.

〈우리들 사이에서 서로 지나치게 사랑하는 것도 잘못된 일이다.〉
　우리가 지나치게 서로 사랑하는 것이 결코 악한 일이 아닌 듯이 보일는지도 모르겠습니다. 그러나 사랑이 지나치면 많은 악과 불완전함이 뒤따라 옵니다. 이것은 실제로 경험해 본 사람만이 알 수 있는 일입니다.
　이 같은 상황에서 악마는 많은 함정을 놓을 수 있습니다. 왜냐하면 오로지 하나님을 기쁘시게 하려는 양심을 가진 자들은 자신들의 사랑이 정도에 지나치다는 사실을 쉽게 알아차리지 못하는 수가 많기 때문입니다. 오히려 서로간의 지나친 사랑을 매우 덕스러운 일이라고 생각하기 쉬운 것입니다. 그러나 영적 성숙에 관심을 가진 자들은 이 같은 서로간의 지나친 사랑이 초래할 수 있는 불행에 대해 깊은 이해를 가지고 있지 않으면 안 됩니다.
　우리들이 서로 정도에 지나는 사랑을 계속하게 되면 전적인 헌신의 태도로 하나님을 사랑하려는 의지의 힘을 뺏겨 버리고 맙니다.

6 내가 생각하기에는 남자보다는 여자에게 이런 일이 더 자주 일어나는 것 같습니다. 게다가 이 일은 공동체에 아주 심각한 피해를 줍니다. 그 결과 다음과 같은 일이 일어나게 됩니다 : 모든 다른 사람들을 동등하게 사

랑할 수 없게 되며, 친구에게 가해진 어떤 해악에 대해 분개하게 되며, 선물을 주기 위해 소유물을 갖기를 소원하게 되고, 관심 있는 사람에게 이야기를 해야겠다는 선입관에 사로잡히게 되며, 그녀가 얼마나 사랑스러운가 하는 것을 누구에겐가 전달해야겠다는 필요성에 사로잡힙니다.

이 같은 종류의 사소한 일들이 하나님에 관한 사랑을 하지 못하도록 가로막습니다. 이런 종류의 우정이 하나님을 좀 더 사랑하도록 도와주는 일은 극히 드뭅니다. 오히려 악마는 그것을 계기로 삼아 공동체 안에 어떤 파당을 형성하는 것입니다. 하나님을 섬기는 일에 사랑이 헌납될 경우 의지에는 열정이 동반하지 않습니다. 그것은 다른 열정들을 극복하는 것을 도와줄 뿐입니다.

〈대규모의 공동체 안에서는 여러 가지 형태의
우정이 더 중요시될 수 있다.〉

7 그러므로 대규모의 공동체 안에서는 여러 가지 형태의 우정들이 존재하는 것이 더 좋습니다. 13명 정도 밖에는 생활하지 않는 집(테레사가 염두에 두고 있는 것은 바로 이런 상황이다) 안에서는 모든 사람이 서로의 친구가 되어야 하며 사랑받아야 하고 친밀해져야 하며 서로 동등한 차원에서 도울 수 있어야 합니다.

아무리 거룩한 것이라 하더라도 주님을 사랑하려는 의도에서 베푼 우정들을 한 번 점검해 보십시오. 심지어 형제들 사이에서도 그런 우정들은 해독을 끼칠 수 있습니다. 그런 우정들 안에는 아무런 유익도 존재하지 않습니다. 만일 친구들이 아닌 친척들 사이라면 상황은 더 악화되어 오히려 하나의 병폐가 될 수도 있습니다.

자매들이여! 내가 조금 극단적인 이야기를 하고 있는 것 같지만 사실은 진리를 말하고 있는 것임을 믿어 주십시오. 그러한 진리를 깨닫게 될 때 성숙과 진정한 평화가 찾아옵니다. 어떤 덕목을 지나치게 강조하지 않는 사람들은 죄가 틈탈 기회를 제거할 수 있습니다. 만일 우리의 의지가 어떤 한 가지 덕목만을 지나치게 지향한다면(우리는 그러기가 매우 쉽습니다)

우리의 사랑은 종종 균형을 잃게 되기 쉽습니다.

그러므로 이제 이 악을 주의 깊게 피하면서 그런 애정에 지배되어 고통 속에 빠지는 일이 없도록 주의해야겠습니다. 여러 가지 덕목들을 균형 있게 사랑하며 내면의 선을 지향하십시오. 우리 자신이 외적인 요소에 지나치게 신경을 쓰지 않기 위해 성실한 주의를 기울여야겠습니다.

8   그러므로 우리가 무분별하게 순종하여 우리의 의지가 어떤 인간의 노예가 되는 일이 없도록 해야겠습니다. 우리가 전적인 복종을 드릴 분은 우리를 보혈을 흘려 구속하신 그리스도 한 분뿐입니다(벧전 1:18-19).

9   특별히 어떤 한 사람을 좋아하는 이런 우정에 휘말려들지 않으려면 우정이 싹트는 초기에 큰 주의를 할 필요가 있습니다. 이런 우정을 끊는 일은 거칠게 해서는 안 되고 세심하면서도 사랑하는 마음으로 해야 합니다.

10   이제 다시 서로 사랑한다는 문제로 되돌아가겠습니다. 이런 사랑을 천거한다는 것은 무의미한 일입니다. 어떤 이들은 서로 대화를 나누고 같은 단체 안에서 친하게 지내면서도 서로 사랑할 줄 모르는 야수 같은 면모를 보여줍니다.

그런 사람들은 일단 공동체만 벗어나면 사람들과 대화도 할 줄 모르고 재미있게 어울려 놀지도 못합니다. 그들은 하나님께서 자신들을 특별한 방법으로 사랑하고 있다고 생각합니다. 왜냐하면 자신들은 하나님을 위해 모든 것을 버렸기 때문입니다. 그러나 이렇게 생각하는 사람들에게 형제를 서로 사랑한다는 것이 무엇을 의미하는 것인지, 또 어떻게 실행에 옮겨져야 하는지 조금 이야기해 주고 싶습니다.

〈사랑은 위대한 덕목이다!〉

11   이 덕스러운 사랑의 본질은 무엇일까요? 제가 지금 실행에 옮기고자 하는 그런 사랑 말입니다. 만일 우리에게 이런 사랑이 존재한다면 어떻게 그

것을 알 수 있을까요?

그 사랑을 소유하는 것은 그야말로 위대한 덕입니다. 그것은 우리 주님께서 그토록 강력하게 천거하고 있는 것이기도 합니다(요 13:34). 나는 다만 우둔한 내 생각을 표현해 보고자 할 뿐입니다. 만일 다른 책에서 좀 더 상세한 설명을 발견할 수 있다면 내 말에는 귀를 기울이지 않아도 좋습니다. 아마 나는 내가 무슨 소리를 하는 건지 잘 알지도 못하면서 이야기하고 있는 건지도 모르겠습니다.

〈두 가지 종류의 사랑〉

12   나는 여기서 두 가지 종류의 사랑을 다루어 보려고 합니다. 하나는 영적인 사랑입니다. 이 사랑은 감각을 자극하지 않으며 우리의 부드러운 성품에 나쁜 영향을 끼치지 않을 뿐만 아니라 우리의 순결을 빼앗아 가지도 않습니다. 또 한 가지 유형의 사랑은 감각과 동정이 뒤섞인 사랑입니다. 예컨대 우리의 친지들이나 친구들에게 쏟는 사랑이 그런 것입니다.

13   그러므로 나는 특히 영적인 사랑, 곧 어떤 열정에 의해 영향을 받지 않는 그런 사랑에 관해 이야기하기를 원합니다. 일단 격정이 기어들어오면 조화가 급속히 깨져 버리고 맙니다(「완전에 이르는 길」, 6장).

〈영적인 사랑은 지상의 일과 천상의 일을 구분합니다.〉

3   내 생각에는 주님의 사랑을 아는 자들은 하나님의 사랑을 모르는 자들과는 아주 다르게 사람들을 사랑한다고 봅니다. 하나님의 사랑에 관하여 분명한 지식을 소유한 자는 곧 세상의 본질에 관해서도 분명한 지식을 소유하고 있음을 뜻합니다. 다시 말해서, 그는 세상과는 다른 또 하나의 세계가 있음을 알며, 그 두 세계가 근본적으로 다른 것임을 압니다. 하나는 영원한 세계인 반면 다른 하나는 다만 한낱 꿈에 지나지 않습니다.

창조주를 사랑하는 것은 피조물을 사랑하는 것과는 근본적으로 다릅니다. 이 같은 사실은 경험을 통해서만 알 수 있는 것입니다. 왜냐하면 차이를 경험한다는 것과 그 차이에 대하여 머릿속으로 상상하거나 믿는 것은 완전히 다르기 때문입니다.

  피조물에 대한 사랑과 창조주에 대한 사랑을 구분할 줄 아는 사람들은 다른 사람들이 베푸는 사랑이나 그들이 다른 사람들에게 요구하는 사랑에 대해서 훨씬 무감각합니다. 이 사람들도 때로는 사랑받는다는 사실에 대해 갑작스러운 기쁨을 느낄지 모릅니다. 그러나 그들이 그 사랑에 대해 좀 더 신중하게 생각한다면 학식이나 기도를 통해서 그들의 영혼을 유익하게 하는 것 이외에 이 사랑에 머물러 있는 것이 어리석은 일임을 깨닫게 됩니다.

  그렇다고 해서 그들이 자신들을 사랑하는 이들에게 감사한 마음을 갖지 않는다거나 그들이 하나님께 가까이 가도록 권면하지 않는다는 뜻은 아닙니다. 그러나 그들은 우리 주님이 그들을 사랑하는 사람들 가운데 가장 관심을 깊게 기울이시는 분임을 압니다. 그들은 사랑이 하나님에게서 나온다는 사실을 잘 압니다(「완전에 이르는 길」, 6장).

〈영적인 사랑은 잘못된 동기에서 출발하는 법이 없다.〉

  이런 사랑을 아는 자들은 자신들을 사랑하는 자들에 대한 보상은 주님께 맡기고 주님께서 보상해 주시도록 간청합니다. 이렇게 해서 그들은 자유를 누리게 됩니다. 그들은 사랑에 대한 보답을 하는 일이 자신들이 해야 할 일이라고는 생각하지 않습니다.

  당신 생각에, 그런 사람들은 오로지 하나님만을 사랑하고 알 뿐 그 밖의 다른 이들에 대해서는 무관심하다는 느낌이 들 것입니다. 그렇습니다. 그들은 훨씬 더 크게, 더 순수하게, 더 농도 짙게 사랑하는 자들입니다. 그것은 더 유익한 사랑입니다. 그것은 진정한 사랑입니다. 이 영혼들은 받는 것보다는 주는 것을 더 좋아합니다. 창조주 자신과의 관계에 있어서도 받기보다는 주는 것을 더 좋아합니다. 이것이 진정으로 사랑이라는 칭호를 받을 만한 태도입니다. 그밖에 다른 것들은 "사랑"이라는 이름을 도용한 것에 지나지 않습니다.

〈영적인 사랑은 예수의 사랑을 본받는 것이다.〉

그 같은 영적인 사랑은 선한 사랑의 사람 예수께서 우리를 위해 품으신 그 사랑을 본받은 사랑입니다. 저는 바로 이런 유형의 사랑을 모든 사람들이 소유하기를 바랍니다. 이 사랑의 시초는 비록 미약하나 주님께서는 반드시 성숙한 단계로 이끄실 것입니다.

〈모든 사람에 대해 부드러운 마음을 품으라.〉

그렇다면 이제 우리가 생각해야 할 것은 사랑을 표현하는 방법이 적절해야 한다는 점입니다. 모든 사람에게 온유한 모습을 보여줄 때 아무런 해도 없을 것입니다. 사랑할 때는 가끔 애정을 보여주어야 할 때가 있습니다. 우리 자매들이 시련과 아픔을 겪을 때, 그것이 아무리 작고 보잘것없는 것이라도 같이 느낄 줄 아는 마음이 필요합니다. 아무리 사소한 문제라도 큰 시련이 신자에게 고통을 안겨 주는 것과 같은 정도로 우리에게 큰 고통을 가져다주는 경우가 많습니다. 아주 작은 일이라도 민감한 성품을 가진 사람들에게는 큰 좌절을 안겨 줄 수 있습니다. 당신이 이렇게 민감한 영혼이 아니라 하더라도 그 사람들에게 애정을 베푸는 것을 소홀히 해서는 안 됩니다. 아무리 작은 일이라도 이웃이 시련에 잠겨 있을 때 동정할 줄 아는 것은 중요한 일입니다.

〈영적인 사랑은 사심 없는 사랑이다.〉

8 　한 자매가 타인들을 위해 자기 자신의 이익을 포기하고 그들을 도와주는 것은 얼마나 선하고 진실한 사랑입니까! 그녀는 다른 모든 덕목에서도 큰 진보를 이룩할 것입니다. 부드러운 말을 수천 마디 늘어놓는 것보다 더 효율적으로 더 나은 우정이 싹트게 될 것입니다. 부드러운 말만으로는 사실 부족합니다. 만일 당신이 당신의 능력 안에서 할 수 있는 일을 한다면 주님께서는 당신에게 강한 힘을 주셔서 당신이 여자임에도 불구하고 남자들을 깜짝 놀라게 할 것입니다. 주님께서 우리를 무(無)부터 만드셨음을 생각한다면 이 정도의 사랑을 베푸시는 것 정도는 얼마나 쉬운 일입니까.

〈영적인 사랑은 실천적이다.〉

영적인 사랑을 가지고 있다는 또 하나의 증거는 다른 사람의 일을 덜어주기 위해 당신에게 맡겨진 가정 안에서의 의무를 열심히 수행하는 것입니다. 그런 노력을 할 때 당신은 기쁨을 누릴 수 있으며 주님을 찬양하게 될 것입니다. 이런 일들은 그들에게 큰 유익을 줄 뿐만 아니라 자매들 사이에 더 많은 평화와 화합을 이룩하는데 도움을 줄 것입니다. 이런 사랑이 항상 떠나지 않는다면 주님께서 틀림없이 기뻐할 것입니다(「완전에 이르는 길」,VII).

3. 초 연 (DETACHMENT)

1 이제 우리가 피조물들에 대해 가져야 할 초연에 관하여 이야기해 볼 차례입니다. 만일 우리가 초연의 자세를 완벽하게 실천할 수만 있다면 다른 모든 것들도 부수적으로 획득하게 될 것입니다. 초연은 모든 것을 포함하는데 그 까닭은 우리가 창조주를 받아들이고 어떤 다른 피조물에 대해서도 주의를 기울이지 않게 되면 주님께선 자신이 갖추고 있던 덕목들을 우리에게 주실 것이기 때문입니다. 우리가 할 수 있는 한 초연할 수 있는 대상을 점점 늘려간다면 마침내는 우리가 싸워야 할 적이 하나도 없어질 것입니다. 우리를 보호해 주시며 우리를 대신해서 악마와 세상에 대항하여 싸우실 분은 바로 주님이십니다.

〈스스로 초연해지기를 거부할 때 우리의 영적 진보는 방해받는다.〉

2 우리는 우리 자신들에 관하여 지나치게 많이 생각하면서 우리 자신들을 하나님께 전적으로 바치는 것을 주저합니다. 주님께서는 귀중하고 아주 값비싼 어떤 애착물로부터 우리가 유익을 얻는 것을 허락하시지 않으므로 이 점에 있어서 마음의 준비가 되어 있어야 합니다. 오직 스스로 초연해짐을 통해서만 이 세상에서 영적인 선을 획득할 수 있음은 분명한 사실입니다. 우리가 이 세상의 것들에 집착하지 않고 다만 하늘에 관한 일들에 대해서만 우리의 생각과 대화를 집중시킨다면 이 모든 축복들이 아주 신속하게 우리에게 부여되리라고 봅니다. 몇 명의 성자들이 그렇게 했듯이 우리가 즉각 철저한 초연의 태도를 취할 마음의 준비를 한다면 곧 주님의 복이 임할 것입니다. 우리는 우리가 하나님께 모든 것을 드리고 있다고 생각합니다. 그럴 경우 우리의 위치는 땅이 우리 것이라고 생각하면서 땅의 산물을 제공하는 소작농과도 같은 것입니다.

〈자기초연을 시행하는 데는 난관이 뒤따른다.〉

3   우리는 가난해지려고 결심합니다. 이것은 대단히 바람직한 결단입니다. 그러면서 우리는 모든 면에 부족함이 없게 되려고 말없이 결심합니다. 우리가 부족함이 없기를 원하는 마음을 갖는 것은 생활하는데 기본적으로 필요한 것을 충족시켜야겠다는 필요에서 나오는 것이 아니라 사치스러움으로부터 나오는 것입니다. 더욱이 우리는 우리에게 도움을 주는 자들과 친하게 지냅니다.
  이처럼 우리들 자신을 돌보는 은밀한 방법 때문에 우리의 순결은 많은 해를 겪습니다. 그렇게 될 때, 금욕주의자가 되는 대신 오직 우리의 소유에만 집착할 때보다 더 큰 도덕적 위험에 봉착하게 됩니다.

〈우리는 여전히 자기의 중요성을 내세운다.〉

4   우리는 경건생활을 시작하여 오로지 거룩함만을 추구하는 생활을 하면서 이미 모든 욕망과 세속적인 명예에 대한 야심은 오래 전에 버렸다고 생각했습니다. 그러나 우리 자신의 중요성이 몇 가지 영역에서 표출되어야 하는 시점에 이르러서는 우리가 그 영역을 주님께 이미 바쳤다는 사실을 갑자기 잊어버립니다. 그럴 때면 우리는 그 영역을 주님의 손으로부터 다시 빼앗아 우리 손으로 되받아 가져옵니다. 우리가 하나님께 우리의 의지를 전적으로 복종시켰다는 감정을 가지고 있으면서도 이런 행동을 합니다. 모든 영역에서 우리는 항상 그렇게 행동합니다.

〈스스로 초연하려면 극기의 훈련이 요구된다.〉

5   이것은 정말 하나님의 사랑을 추구하는 유쾌한 방법입니다! 우리 자신이 아끼던 것을 그대로 간직하면서 다른 한편으로는 하나님의 사랑을 한 아름 받아내는 것이니 꿩 먹고 알 먹는 일이 아닙니까! 우리는 훈련이라는 힘든 과정을 거치지 않고도 이상을 실현할 수 있는 것이며 구태여 세상일들을 포기할 필요도 없지 않습니까! 그러면서도 영적인 위로를 듬뿍 받기를 기대할 수 있는 것이지요.
  이런 태도는 그렇게 바람직하지 못합니다! 우리가 추구하는 것은 서로 모순되는 것들을 한데 묶어보려는 것입니다. 우리가 우리 자신을 전적으로, 그리고 즉각 하나님께 드리지 않기 때문에 하나님이 가지고 계신 보화가 우리에게 전적으로, 즉각 부여되지 않는 것입니다. 주님께서는 그것을 우리에게 조금씩 주시는 것도 또한 기뻐하실지 모릅니다. 그러나 그러자면 우리가 이 세상에서 온갖 시련을 다 견뎌내지 않으면 안 됩니다.

〈지속적으로 초연하라〉

6 하나님은 자신이 은혜를 베푼 자에게 또한 큰 자비를 베푸시며 초연의 복을 얻기 위해 싸울 수 있는 결의를 새롭게 해 주십니다. 하나님께서는 인내하고자 하는 자를 결코 외면하지 않으십니다. 그는 점진적으로 그 영혼을 강화시켜 주시다가 마침내는 승리를 구가하도록 이끄십니다. 그 같은 결의를 가진 자는 사탄이 중간에 가로놓은 수많은 일들 때문에 오히려 더 강해집니다. 사탄은 심지어 우리 영혼이 하나님을 향한 순례의 길을 시작조차도 못하게 방해하는 것입니다. 사탄은 자신이 점차 상실하게 될 것이 무엇인가를 압니다. 사탄이 상실하게 될 것은 바로 자신이 유혹했던 그 영혼이며, 그 영혼의 뒤를 따르는 수많은 영혼들입니다.

그러므로 이 초연의 길에 들어선 자는 누구든지 하나님의 도우심을 힘입어 안전하게 목적지에 도달할 것입니다. 그 사람은 결코 외롭지 않습니다. 왜냐하면 그에게는 수많은 동반자들이 있기 때문입니다. 하나님께서는 그런 사람에게 많은 동료들을 붙여 주시는데 그것은 마치 유능한 장교에게 한 무리의 군대가 뒤따르는 것과도 같습니다(「자서전」, XI).

자매들이여! 우리 자신을 전능하신 그분께 완전히, 아낌없이 드리는 것이 이 은총을 획득할 때 우리가 받은 작은 복에 불과하다고 생각하나요? 주님 안에는 모든 축복이 다 들어 있습니다. 자매들이여! 오직 우리 자신을 주님께 드리는 일에만 전념할 수 있는 이곳으로 우리를 모아주신 주님을 크게 찬양하지 않겠습니까? 아마 내가 초연과는 정반대되는 일에 관하여 경험한 내용으로부터 이야기를 하는 것이 적절한 방법이라는 생각이 드는군요.

⟨하나님이 우리 안에 계신다면 마땅히 우리는
우리의 자아를 전적으로 포기할 필요가 있다.⟩

2   사람들이 외부에서 우리를 보았을 때 이미 우리들 자신이 모든 세상일로부터 상당히 많이 격리되어 있다는 사실을 알 수 있을 것입니다. 주님께서도 주님이 이곳으로 불러 모은 우리들이 모든 일로부터 우리들 자신을 격리시킬 것을 원하시는 것 같습니다. 주님께서는 우리들이 아무런 방해도 받지 않고 우리를 자신에게 가까이 두고 싶어하시는 것 같습니다.

  오! 나의 창조자이시며 주님이신 분이시여! 제가 어떻게 그렇게 큰 영광을 받을 수가 있겠습니까? 주님께서는 제게 가까이 하시기 위해 모든 수단과 방법을 다 동원하셨습니다. 우리 자신의 결함 때문에 이 은총을 잃는 일이 없도록 당신의 인자함을 베푸소서. 오, 나의 자매들이여! 하나님의 사랑을 묵상해 보지 않겠습니까! 주님께서 이곳으로 불러 모은 자들을 위해 베푸신 큰 영광을 깨달으십시오! 나 자신보다 훨씬 훌륭하고 또 이 자리에 오는 것을 그토록 사모하는 자들이 얼마나 많은가를 생각해 보십시오! 그런데 주님께서는 그 은혜를 전혀 받을 자격이 없는 제게 주신 것입니다(「완전에 이르는 길」,XIII).

⟨스스로 초연했다면 결코 후회하지 마라.⟩

1   세상과 친지를 포기하고 앞에 언급한 규율들에 따라 생활하고 있다면, 이제 우리는 모든 것을 한 것처럼, 더 이상 논쟁할 것이 없는 것처럼 보입니다. 오, 나의 자매들이여! 그렇듯 게으르게 낮잠이나 즐기는 생활을 청산하십시오. 여러분들이 그런 생활을 계속한다면 죽은 듯이 침상에 누워 있는 이들과 무엇이 다르겠습니까? 도둑이 들어올까봐 문을 꼭꼭 걸어 잠갔는데 알고 보니 이미 집안에 들어와 있습니다. 집안에 있는 도둑이 어떤 도둑보다 더 무서운 법입니다.

  우리의 본성은 항상 그대로 남아 있기 때문에 많은 주의가 필요합니다. 모든 신자들은 끊임없이 자신의 의지를 거부하는 태도를 가져야 합니다. 그렇습니다. 많은 일들이 이 거룩한 영적 자유를 우리의 손아귀로부터 박탈해가기 위해 혈안이 되어 있습니다. 그러나 이 세상이 우리에게 안겨주는 짐이 아무리 무거워도 우리는 우리의 창조자에게 늘 날아가기 위해 애써야 합니다.

〈인생의 허무함에 대하여 묵상하라.〉

2   자기의지(自己意志)라는 악을 치유할 수 있는 가장 효력 있는 치료제는 세상의 모든 일의 허무함과 그 일들이 얼마나 속히 끝나는가를 끊임없이 기억하는 일입니다. 이와 같이 우리는 세속적인 것들에 대한 애정으로부터 벗어나 영원히 끝나지 않을 일들에 애정을 두어야 합니다.

이것은 약한 치료제인 듯이 보일지도 모릅니다. 그러나 그것은 영혼을 아주 강하게 해줍니다. 또한 사소한 여러 가지 일들에 대해서는 우리가 그런 것들에 대해 어떤 애정을 품고 있지는 않은지 크게 주의를 할 필요가 있습니다. 우리는 사소한 일에 우리의 관심을 빼앗길 것이 아니라 하나님에 대해 늘 관심을 가져야만 합니다. 이렇게 해서 주님은 우리를 도우시며 우리에게 커다란 은총을 베푸십니다. 왜냐하면 이 집안에서는 이미 가장 큰 어려움은 극복되어 있는 상태이기 때문입니다.

그러나 이같이 우리 자신에 대한 관심으로부터 분리되어 나오며, 우리 자신을 거부하고 포기하는 것은 매우 어렵습니다. 우리는 우리 자신과 너무 밀접하게 연합되어 있고 우리 자신을 너무 지나치게 사랑합니다. 그런데 바로 이 점에서 참된 겸손이 들어와야 합니다. 왜냐하면 겸손의 미덕과 자기를 죽이는 덕목은 항상 공존하기 때문입니다. 그것들은 서로를 떼어놓을 수 없는 두 자매와도 같습니다. 진정 그렇습니다.

4. 진정한 겸손과 그릇된 겸손

　기도의 기초는 겸손입니다. 영혼이 기도하는 가운데 겸손하면 할수록 하나님께서는 그 영혼을 높이십니다(「자서전」, XII, 5). 우리가 하나님께 가까이 가면 갈수록 이 덕목은 더욱더 크게 성장할 것입니다. 우리가 하나님께 가까이 가지 못한다면 모든 것을 잃고 말 것입니다(「자서전」, XII 5). 겸손이 뒤따르지 않는다면 아무리 유려한 기도라도 하나님이 받으시지 않을 것입니다(「길」, XXII, 4).

〈하나님이 누구인가를 기억하라!〉
　당신은 당신이 말씀을 드리고 있는 대상이 누구인가를 생각하고 이해해야 합니다. 우리 주님이 우리의 기도를 들어주시기에 얼마나 합당한 분이신가를 우리는 수천 번 묵상해도 다 깨닫지 못할 것입니다. 그분 앞에서는 천사들도 두려워 떱니다(「길」, XXII, 7). 당신은 당신의 대화의 상대가 누구이며, 또한 당신 자신은 누구인가를 기억하는 것이 좋습니다. 그래야만 당신은 그분을 마땅히 드려야 할 존경의 마음을 가지고 대할 수 있게 됩니다. 만일 당신이 왕의 지위가 어떤 것이며 당신 자신의 위치는 어떤 것인가를 알지 못한다면 어떻게 왕을 "폐하"라고 호칭할 수 있겠으며 어떤 예의를 갖추어야 하는가를 알 수 있겠습니까?(「길」, XXII, 4).

〈하나님이 선물을 주실 때는 우리의 공로가 개입되지 않는다.〉
　현재 존재하는 겸손과 제가 말씀드리려고 하는 겸손에 관하여 한 번 생각해 보십시오. 어떤 이들은 하나님께서 자기 자신들에게 당신의 선물들을 준다고 믿지 않는 것이 겸손이라고 생각합니다.
　이 점을 분명하게 이해하고 넘어가야 될 것 같습니다. 하나님께서 우리의 공로나 어떤 장점을 보시고 거기 근거하여 선물을 주시는 것이 아닙니다. 주님께서 주시는 선물에 대해 감사하는 마음을 가져봅시다. 만일 우리가 그분이 주신 선물들을 깨닫지 못한다면 우리는 결코 그를 사랑하고 싶은 마음이 일어나지 않을 것입니다. 우리 자신이 가난하다는 사실을 고백함으로써 우리들 자신이 부유해지면 질수록 우리는 크게 진보할 것이며 우리는 더욱 겸손해질 것입니다.

〈하나님은 악마에 대적하여 우리를 강화시킨다.〉

5   겸손과 정반대되는 길을 갈 경우 오히려 용기를 상실하고 맙니다. 만일 주님께서 우리에게 당신의 자비로우심을 보여주시기 시작할 때 자만하지 않도록 주의한다면, 우리 자신들이 하나님의 그 크신 축복을 받아 누릴 만한 자격이 없는 존재임을 깨닫게 될 것입니다.

그러므로 우리가 또 한 가지 염두에 두지 않으면 안 될 것은 이런 선물들을 주시는 그분이, 사탄이 우리를 유혹하려고 시도할 때 사탄을 발견하며 저항할 수 있는 힘까지 아울러 주신다는 사실입니다. 즉, 만일 우리가 그분 앞에서 소박한 삶을 살며, 인간이 아닌 오직 그분만을 기쁘시게 하고자 한다면 주님께서는 분명히 그 같은 축복을 주실 것입니다. 우리가 어떤 사람을 사랑하려고 할 때 그 사람이 우리에게 행한 선행을 기억한다면 더욱더 인상 깊게 사랑할 수 있음은 의심할 여지가 없는 일입니다.

〈그리스도의 수난이 준 유익들을 기억하라.〉

6   우리가 하나님에게서 온 존재이며 하나님이 우리를 무로부터 창조하셨을 뿐만 아니라 또한 우리를 보존해 주신다는 것을 기억하는 것이 합당하다면, 그의 죽으심과 수난이 주는 유익들을 기억하는 것 또한 타당한 일입니다. 하나님은 우리를 만드시기 오래 전에 이미 우리를 위해 고난을 받으셨습니다. 그렇다면 내가 한때 오직 헛되고 자질구레한 일들에 관해서만 이야기하는 습관에 젖어 있다는 사실을 인식하고 고백하며 생각해 보는 것이 올바른 일이 아닐까요? 또한, 주님께서 지금은 나에게 은총을 주셔서 오로지 주님 자신에 대해서만 이야기할 수 있도록 이끄신 일에 대해서도 묵상해 보는 것이 타당한 일이 아닐까요?

〈값진 진주를 소중히 여기라.〉

7 　여기 고귀한 진주가 한 알 있습니다. 만일 우리에게 진주처럼 고귀한 지식이 주어져 있다면 그것은 우리에게 강력한 사랑을 불러일으킬 것입니다.

그러나 역시 기도의 열매는 겸손입니다. 우리가 더 큰 가치를 지닌 진주들, 곧 세상과 우리 자신에 대한 경멸 — 어떤 하나님의 종들은 이런 것들을 이미 소유하고 있습니다만 — 이라는 보화를 얻게 되었을 때 우리의 생각은 어떠해야겠습니까? 이 종들은 틀림없이 자기 자신들은 큰 빚을 진 채무자로 생각하고, 하나님을 섬겨야 할 의무감에 사로잡히지 않을까요?

우리는 우리 자신이 아무것도 가진 것이 없는 존재임을 인정해야 합니다. 나처럼 비참하고 볼품없으며 또한 전혀 자격이 없는 영혼에게 분에 넘칠 만큼 큰 부를 부여해 주신 주님의 크신 자비를 고백하지 않을 수 없습니다. 이 보화들 가운데 첫 번째 보화만으로도 사실 우리에겐 충분함에도 불구하고 이렇게 풍부한 부를 주님께서 우리에게 주신 것입니다.

〈감사하라〉

8 　우리는 감사의 마음을 새롭게 하여 주님을 섬겨야만 합니다. 우리는 불만에 사로잡히지 않도록 노력해야 합니다. 왜냐하면 그렇게 노력하는 자에게만 하나님은 보화들을 나누어 주시기 때문입니다. 만일 우리가 그 보화들과 그분이 우리를 두신 그 최고의 상태를 선용하지 않는다면 그는 다시 우리에게 찾아와 그것들을 빼앗아 갈 것입니다. 그러면 우리는 이전보다 더욱더 가난한 자가 될 것입니다.

주님께서는 보화들을 받아 주님과 이웃을 위해 유용하게 사용하는 자들에게 그것들을 주실 것입니다. 자신이 부유하다는 사실을 모르는 자가 어떻게 유익을 분배해 줄 수 있으며 가진 것을 자유롭게 나누어 줄 수 있겠습니까? 인간의 본질에 근거해서 생각해 볼 때, 하나님이 자기편에 계신다는 확신이 없는 사람은 큰일을 하는데 필요한 용기를 갖는다는 것은 불가능한 일입니다.

우리는 너무나 비참하여 이 세상에 속한 일들에 많은 관심을 기울이기 쉽기 때문에 위에 있는 것들을 가까이하고 애착을 갖는 일에 실패하면 땅에 속한 일들을 혐오하거나 초연한다는 것이 아주 어렵습니다. 하나님께서는 이런 선물들을 우리에게 주심으로써 우리가 범죄함으로 말미암아 상실한 힘을 우리에게 다시 주십니다.

9   인간이란 만일 그가 살아 있는 신앙과 더불어 하나님의 인격적인 사랑에 대한 확신을 갖지 못한다면, 다른 사람들의 조소와 혐오를 견뎌내지 못할 것이며, 영적으로 성숙한 사람만이 얻을 수 있는 다른 덕목들을 추구하지 못할 것입니다. 우리의 본성은 죽어 있기 때문에 우리 눈에 바로 보이는 것들에 대해서만 관심을 갖기 마련입니다.

우리의 신앙을 소생시키고 강화시키는 것이 바로 이런 은총들입니다. 성품이 악한 내가 스스로 다른 사람들을 판단하며, 다른 사람들은 자신들의 말을 좀 더 완전하게 표현하기 위해 신앙의 진리를 요구하는 것이 어떻게 보면 당연한 일인지도 모릅니다. 그런데 비참한 상황에 처해 있는 나에겐 모든 것이 다 필요합니다(「자서전」, X, 4-9).

〈거짓된 겸손에 주의하라.〉

10   나의 딸들이여! 그대들의 죄악이 크다는 사실에 대하여 악마가 제안하고 있는 거짓된 겸손을 주의하십시오. 악마는 거짓된 겸손이라는 형식을 통해 거룩한 연합과 기도를 하지 못하게 만듭니다.

때로는 우리가 아무리 악해도 우리 자신들을 존중하는 것이 위대하고 참된 겸손일 수 있습니다. 그러나 그것은 거짓되고 위조된 겸손이 되기도 합니다. 나는 그것을 잘 압니다. 왜냐하면 나는 거짓된 겸손을 경험해 본 일이 있기 때문입니다.

〈겸손은 침착함을 의미한다.〉

참된 겸손은 아무리 큰 것이라도 영혼의 평화를 깨트리거나 혼란스럽게 만드는 법이 없습니다. 그것은 큰 평화, 큰 침착성, 큰 기쁨과 더불어 찾아옵니다. 우리가 우리 자신을 철저하게 악한 존재로 인식하더라도, 아무리 우리가 지옥에 떨어지는 것이 마땅하다고 생각하더라도, 하나님과 사람들이 제아무리 우리를 조롱해도 진정한 겸손에는 달콤함과 만족이 뒤따릅니다. 이런 겸손은 영혼을 질식시키지도 짓뭉개 버리지도 않습니다. 오히려 그것은 영혼을 즐겁게 하며 영혼으로 하여금 하나님을 더 잘 섬길 수 있도록 이끌어 줍니다.

그렇지 않고 슬픔이 찾아와 모든 사람을 괴롭히고 심란하게 하며 파괴한다면 그것은 악마가 주는 겸손이며, 결국 하나님을 불신하는 길로 빠뜨리고 맙니다. 만일 당신이 이 같은 상황에 빠져 있다면 당신의 불행에 관해 묵상하는 것을 중단하고 하나님의 무한한 자비를 묵상하십시오. 예수 그리스도의 다함없는 공로와 은혜를 생각하십시오.

〈겸손은 하나님을 아는 것이다.〉

나는 한때 우리 주님께서 우리들 안에 겸손한 모습이 나타나는 것을 그토록 원하시는 까닭이 무엇인지 생각해 본 일이 있습니다. 그때 나는 갑자기 그분이 본질적으로 최고의 진리이며 겸손은 곧 우리가 진리 안에서 행하는 것임을 깨달았습니다. 우리가 우리 안에 하나도 선한 것을 가지고 있지 않다는 것, 우리는 불쌍하고 아무것도 아닌 존재라는 것은 아주 위대한 진리입니다. 이 사실을 이해하지 못하는 사람은 거짓 안에서 행하는 사람입니다. 그러나 이 사실을 잘 이해하는 사람은 최고의 진리이신 그분을 기쁘게 하는 것입니다. 자매들이여! 하나님께서 우리에게 은총을 주셔서 우리 자신에 대한 겸손한 지식을 갖게 해주시기를 기도드립니다.

〈겸손은 모든 덕목 가운데 으뜸가는 것이다.〉

오! 모든 덕목 중에서 으뜸 되는 덕이여! 오! 모든 피조물들의 여왕이여! 오 온 세상의 여왕이여!

이제 당신은 담대하게 앞에 나아가 지옥의 모든 연합세력과도 맞붙어 싸울 수 있습니다. 겸손의 군병들은 두려움이 없습니다. 왜냐하면 승리는 이미 그들의 것이기 때문입니다. 겸손의 군병들이 두려워하는 것은 단 한 가지, 하나님을 불쾌하게 하는 일입니다. 그들은 그들 안에 모든 덕목들이 없어지지 않게 해 달라고 하나님께 항상 간구합니다.

이 덕목들이 다음과 같은 특질을 가지고 있음은 분명한 사실입니다! 그 덕목들은 그것들을 소유하고 있는 자에게서 자신을 숨겨 자기 자신 안에서 결코 그들이 발견되지 않게 합니다. 그러므로 그는 자신이 그런 덕목들 가운데 어느 한 가지라도 과연 가지고 있는지 알 수 없습니다. 다른 사람들은 그 안에 모든 덕목들이 있음을 알지만 그는 그런 덕목들이 너무 귀중하다고 생각해서 자신과 같이 보잘것없는 존재가 그것을 완전히 획득한다는 것은 불가능하다고 보고 끊임없이 그 덕목들을 추구합니다.

겸손도 이런 덕목들 가운데 하나입니다. 겸손은 모든 다른 덕목들의 여왕이요, 주인입니다. 사실상, 하나님 보시기에 진정으로 겸손한 행위 하나가 온 세상에 있는 모든 거룩한, 그리고 세속적인 지식의 총체보다도 가치 있는 것입니다(A. Whyte,「성녀 테레사 — 그 평가」, pp.61~62에서 인용).

8   이제 많은 방으로 구성된 우리의 성으로 되돌아가 볼까요.

당신은 이 방들이 순서대로 열을 지어 늘어서 있는 것으로 생각해서는 안 됩니다. 오히려, 눈을 돌려 가운데를 보십시오. 그곳은 왕이 있는 궁전입니다. 그 정원을 야자나무라고 한 번 생각해 보십시오. 먹을 수 있는 열매 주위를 잎들이 둘러 덮고 있지 않습니까? 이 왕궁 주변도 역시 많은 다른 방들이 둘러싸고 있습니다.

〈자기를 알 때 겸손해질 수 있다.〉

이 비유는 앞에 언급한 덕목들에 대해서도 적용될 수 있습니다. 영적인 일들은 언제나 풍부하고 공간이 넓으며 큰 방들로 간주될 수 있습니다. 이 것은 과장이 아닙니다. 왜냐하면 영혼은 우리가 상상하는 것보다는 훨씬 더 많은 일들을 할 수 있기 때문입니다. 왕실에 있는 태양은 주위의 모든 부분을 골고루 비추어 줍니다.

모든 신자들은 적은 시간을 할애하든 많은 시간을 할애하든 기도가 뒤로 물러나 한구석에 쭈그리고 앉아 있는 일이 생기지 않도록 훈련을 쌓을 필요가 있습니다. 기도가 어느 곳에서든지 시행될 수 있도록 허용하십시오. 그토록 영혼을 중요시해야 하는 이유는 하나님이 영혼을 존엄하게 여기기 때문입니다. 그러나 자기가 누구인지 알지도 못한 채 어느 한 방에만 너무 오랫동안 눌러앉아 있어서는 안 됩니다.

〈겸손은 기도의 핵심이다.〉

자기를 안다는 것은 얼마나 중요한 일인가요! 심지어 주님을 마음속에 주인으로 모신 자들에게 있어서도 이 덕목은 꼭 필요한 것입니다. 그들이 아무리 큰 은혜를 받았어도 그들을 성숙시킬 수 있는 것은 오직 기도와, 자기를 아는 것뿐임을 잊어서는 안 됩니다. 만일 이 두 가지 노력이 없으면 아무리 거룩해지고 싶어도 거룩해질 수 없을 것입니다.

〈참된 사랑스러움은 하나님을 묵상하는 데 있는 것이지
우리 자신을 묵상하는 데 있는 것이 아니다.〉

벌이 벌통 밖으로 날아가 꽃으로부터 꿀을 빼는 것처럼 영혼도 자기를 아는 이 같은 지식을 통해서 때로는 높이 날아올라 하나님의 위대함과 장엄함을 생각할 수 있습니다. 자기 자신만을 생각할 때보다는 이와 같이 할 때 비로소 자신의 비천함을 느낄 수 있게 될 것이며, 내성적 자기지식을 가진 자들이 모여 있는 첫째 방으로 들어가려는 해충에서 더 자유로울 수 있을 것입니다. 자기를 안다는 작은 일이 하나님의 은혜로 말미암아 가능했는데 사실 이 원칙은 더욱더 큰 일들에 대해서도 그대로 적용될 수 있는 것입니다. 우리가 우리 자신이 불행하다는 생각에 사로잡혀 있기보다는 하나님의 도우심을 요청함으로써 더 많은 덕목의 훈련을 쌓을 수 있습니다.

9 내가 나의 생각을 명료하게 표현했는지 모르겠군요. 우리 자신을 안다는

것은 대단히 중요합니다. 저는 자기를 안다는 일이 조금도 부족함이 없이 이루어질 만큼 만족스러운 상태에 있어 본 일이 없습니다. 또 그것을 원하지도 않습니다. 당신이 천국에까지 높이 올라가도 당신 자신을 만족스럽게 알지는 못할 것입니다. 우리가 이 세상에 있을 때 겸손만큼 중요한 것은 없습니다.

여기서 한 번 더 반복해서 말씀드리고 싶은 것은, 다른 사람들에게로 날아가기 전에 자기를 아는 지식을 훈련하는 저택으로 먼저 들어가는 것이 좋다는 사실입니다. 이것이 기타 다른 방으로 들어가기 위한 유일한 입구입니다. 겸손은 정도(正道)입니다. 만일 우리가 안전하고 평탄한 길을 따라 여행할 수 있다고 할 때 무엇 때문에 날아다닐 날개를 원하겠습니까?

그러므로 이제 이 길을 따라 앞으로 나아가도록 힘을 써야겠습니다. 그 까닭은 우리가 하나님을 알기 위해 노력하지 않는 한 우리 자신을 알 수 없기 때문입니다. 하나님의 위대하심을 생각할 때 우리는 우리 자신의 비천함을 느끼게 되는 것입니다. 하나님의 순결하심을 바라볼 때 우리 자신의 더러움을 깨닫게 됩니다. 하나님의 겸손하심을 생각할 때 우리가 얼마나 겸손과는 거리가 먼 존재였는지를 깨닫게 됩니다.

〈두려움은 겸손으로부터 나오는 것이 아니라 자기이해의
부족에서 비롯된다.〉

11 많은 사람들이 모든 자신들의 두려움이 겸손으로부터 비롯된다고 생각합니다. 다른 근원들에 대해서도 물론 말할 수 있습니다. 그러나 이런 두려움들은 자기 자신을 완전히 이해하지 못하는 것이 그 원인이 됩니다. 두려움은 자기 지식을 왜곡시킵니다. 우리는 우리 자신들로부터 자유롭지 못한 상황에 처해 있으며, 이것이 바로 우리가 두려워해야 할 것입니다.

그러므로 우리는 오로지 우리의 선이시요 진리이신 그리스도와 그의 성도들에게 관심을 기울여야만 합니다. 그렇게 함으로써 비로소 우리는 참된 겸손을 배울 수 있습니다. 우리가 겸손의 덕을 먼저 갖추어야 지성이 증진이 되며, 자기를 알 때에야 비로소 우리 자신이 비겁하고 겁 많은 존재임을 깨닫게 되는 것입니다.
  이것이 첫 번째 저택이요 방입니다. 그러나 이 방은 매우 부유하고 귀중한 것입니다. 만일 영혼이 이 저택 안에 있는 해충의 피해로부터 벗어나기만 하면 그가 성장하는 것을 아무도 방해하지 못할 것입니다. 그러나 악마가 사용하는 교묘한 간계는 무섭습니다. 악마가 간계를 사용할 때 조심하지 않으면 자기 자신도 알 수 없게 될 뿐만 아니라 자기 자신이 어느 정도의 힘을 가지고 있는지조차도 알 수 없게 됩니다(「내면의 성」, I, 2).

〈한 가지 실례 ― 자기를 아는 지식의 중요성을 보이기 위한
  한 예를 든다.〉
  나는 얼마 전 나와 친밀한 대화를 나눈 적이 있는 어떤 사람에 관해 말씀드리겠습니다. 그녀는 대화를 매우 좋아하는 사람이었습니다. 그녀는 그 누구에게도 해를 끼치지 않았습니다.
  이 사람은 아주 마음이 부드러웠습니다. 그녀는 혼자 어떤 집에 거주 하고 있었는데 그녀의 삶은 항상 고독한 것이었습니다. 그녀는 매우 명랑한 성품을 가지고 있었으므로 아무것도 그녀를 화나게 만들 수 없었습니다. 그녀의 입에서 되지도 않는 말이 튀어나오는 일은 좀처럼 드물었습니다. 그녀는 결혼생활을 해본 일이 없을 뿐만 아니라 결혼을 할 만한 나이는 이미 지나 있었습니다. 그녀는 큰 고난을 받았으나 그 모든 일들을 언제나 평화롭고 조용한 마음으로 맞이했습니다.
  이상과 같은 선한 자질들은 하나님이 보여주신 길에서 크게 진보한 사람의 특징이며, 매우 기도를 성실하게 한다는 증거이기도 합니다. 처음에 저는 그녀를 크게 존경했습니다. 왜냐하면 그녀는 하나님께 대항하는 어떤 죄악도 범하지 않았기 때문입니다. 그녀가 어떤 죄도 범하지 않으려고 노력한다는 이야기를 다른 사람들을 통해 들었던 기억이 납니다.

〈그녀의 영성은 자기도취적이었다.〉
  그러나 내가 그녀와 좀 더 깊은 대화를 나누기 시작했을 때 잘 이루어져

가던 대화는 그녀의 이기심 혹은 자기 사랑의 문제에 부딪히자 문제가 생기기 시작했습니다. 그 문제에 부딪혔을 때 그녀의 양심은 부드러운 것이 아니라 아주 거친 것이었습니다. 그녀는 모든 일들에 대해 인내하는 마음으로 참아냈지만 명예 또는 자존심에 너무 집착해 있었습니다. 그녀는 이 불행한 상태에 완전히 빠져 있었는데 그곳에서 헤어나오질 못했습니다.

그녀는 세상에서 오가는 이야기와 일들에 관하여 귀를 기울이고 탐구하는 일에 너무 크게 집착해 있었습니다. 그런 사람이 어떻게 단 한 시간이라도 혼자 있는 것을 참아낼 수 있을지 의아스럽게 생각되었습니다. 그녀는 편리한 것을 매우 좋아했습니다. 그녀는 자신이 범한 행위에 대해서는 재주 좋게도 대화를 피했고, 죄 문제가 나올 때는 교묘하게 회피했습니다. 그녀가 이야기하는 이유들을 듣고 난 뒤, 사람들은 그녀에 관해 어느 정도 잘못 알고 있다고 생각하게 되었습니다. 그녀는 나를 철저하게 속였습니다. 대부분의 사람들이 그녀를 성인으로 간주했습니다.

〈스스로 성인인 체하는 자들이 두려움에 사로잡히는 법이다.〉

그녀에 관해 알고 난 뒤 나는 그녀가 겪었다고 주장한 핍박에 관해 다른 견해를 가질 수밖에 없었습니다. 그녀가 받아야 했던 비난이 전적으로 다 부당한 것은 아니었습니다. 나는 그녀의 생활방법이나 그녀의 거룩함에 대해 시기하는 것은 아닙니다. 그녀와 또한 내가 지금까지 생활해 오는 가운데 겪었던 두 사람은 — 이들은 자신들 스스로 모두 성자들이라고 자처하고 있었습니다 — 내가 지금까지 보아온 어떤 죄인들보다도 더욱 나에게 두려움을 안겨 주었습니다. 주님께서 우리에게 빛을 비추어 주시기를 원합니다. 그리하여 제아무리 악마가 그 손길을 뻗쳐도 악마의 집안에 둘러앉아 있는 자들에게 시행한 것과 똑같은 방법으로 당신을 현혹시키지 못하게 되기를 원합니다(「하나님의 사랑의 개념」, 11, 242-3).

5. 시험과 겸손

1 이제 신앙의 걸음을 처음으로 내디디는 자들이 어떤 시험을 겪게 되는 가에 관하여 이야기할 차례가 되었습니다. 저 자신도 물론 시험을 겪고 있습니다. 이 문제에 관하여 어느 정도 충고를 드리는 것이 도움이 될 것 같습니다.

〈자아를 의지하지 말라.〉

이제 기쁨과 자유를 누리면서 생활을 하도록 노력하십시오. 어떤 이들은 너무나 자기를 의식하면서 살아가다가는 오히려 경건생활이 없어져 버릴 것이라도 생각합니다. 물론 자아를 두려워하는 것은 옳은 일입니다. 자아에 대한 확신이 없다면 인간들이 습관적으로 하나님께 범죄하는 그런 상황 속에 빠져 들어가지는 않을 것입니다. 자기를 의지하는 것은 우리가 가장 경계해야 할 문제입니다.

그런데, 시험이 우리의 자연적인 기질로부터 찾아오므로 이 위험에서 예외가 될 수 있다고 자신할 수 있는 사람은 사실상 아무도 없습니다. 우리가 이 세상에서 살아 있는 동안 겸손해지기 위해서는 우리들 자신이 얼마나 비참한 존재인가를 아는 것이 필요합니다.

그러나 이미 말씀드린 것처럼 우리가 마음을 편하게 가져야 할 이유가 많이 있습니다. 우리가 어느 정도 충분한 휴식을 거쳐야만 다시 기도할 수 있는 힘을 얻을 수 있습니다. 모든 일에 적절(사려분별)을 기하는 것이 필요합니다.

〈오로지 하나님만을 신뢰하라.〉

2 우리에겐 큰 신뢰가 필요합니다. 우리는 우리의 욕구를 지속적으로 우리 안에 간직하지 않는 것이 필수적입니다. 우리는 다만 하나님을 신뢰해야 합니다. 우리가 자신을 신뢰하지 않는다면 우리는 비록 단번에는 이루지 못할지라도 많은 성인들이 도달했던 그 지점까지 언젠가는 도달하게 될

것입니다. 우리가 그 같은 결의를 가지고 점진적으로 앞으로 나아가지 않는다면 그렇게 높은 신앙의 영역에 도달한다는 것은 불가능할 것입니다.

〈겸손한 자가 하나님의 길에서 빠르게 성장한다.〉

3   주님께서는 용기 있는 영혼들을 찾으시며 사랑하십니다. 그러나 그들은 모든 일에 겸손해야 하며 자신들을 의지해서는 안 됩니다. 나는 용기 있는 자들이 퇴보하는 것을 한 번도 본 일이 없습니다. 용기 있는 자들이 불과 2~3년도 안 되어 신앙의 진보를 이룩하는 것과는 반대로 비겁한 영혼은 수십 년 걸려서도 진보를 이룩하지 못합니다. 신앙의 길을 가면서 위대한 일들을 용감하게 추구하는 것이 얼마나 중요한 일인가는 새삼 재론할 필요가 없습니다. 영혼은 용기를 가지고 있으면서 겸손할 만한 힘을 가지지 못할지도 모릅니다. 그럼에도 불구하고 인간의 영혼은 높이 날아올라 높은 지점에 도달할 수 있습니다. 그러나 그것은 마치 날개가 연약한 작은 새처럼 곧 지쳐 휴식을 필요로 합니다.

〈겸손은 하나님을 의존하는 것이다.〉

4   저는 한때 사도 바울의 말씀을 묵상하곤 했습니다. "하나님 안에서는 모든 일이 가능하다"(빌 4:13). 나는 나 자신의 힘으로는 아무것도 할 수 없었습니다. 이 사실을 깨닫는 것이 내게 큰 도움이 됩니다. 성 아우구스티누스는 또 이렇게 말합니다. "주여! 당신이 명령하시는 것을 내게 주시며, 당신이 요구하는 것을 내게 명령하소서." 사도 베드로가 비록 바다로 뛰어들었다가 후에 두려움에 사로잡혀 물속에 빠져 버리고 말았으나 그가 잃은 것은 사실 하나도 없었습니다(마 14:30).

이 같은 최초의 결단력 있는 행위는 대단히 중요합니다. 물론 초기 단계에서는 때때로 신중한 판단에 의해 어느 정도 제재를 받고, 영적 지도자의 안내를 받는 것이 필요하기도 하지만, 그럼에도 불구하고 그 같은 시도는 의미가 있는 것입니다. 영적 지도자의 역할은 두꺼비처럼 기는 법을 가르쳐 주거나 도마뱀을 잡는 자세를 취하는 법을 가르쳐 주는 것이 아닙니다.

그러나 여하간 겸손은 우리가 항상 갖추어야 할 덕목이며 겸손한 마음으로 용기를 낼 수 있는 힘이 우리 자신으로부터 나오는 것은 아니라는 사실을 인식할 필요가 있습니다.

〈사탄은 그릇된 겸손의 개념을 만들어 낸다.〉

5 그러나 우리는 겸손이 무엇을 의미하는지 이해를 해야만 합니다. 이 문제에 대해서 사탄은 큰 해를 끼치려고 시도할 것입니다. 사탄은 이제 막 기도하려는 영혼들에게 거짓된 겸손의 개념을 불어넣어줌으로 말미암아 기도를 하지 못하도록 방해할 것입니다. 사탄은, 영적인 야망을 갖는 것은 교만이며 성인들을 닮으려는 노력이나 순교자들과 같이 되고자 하는 시도도 자만에 지나지 않는다고 속삭입니다. 그는 우리에게 우리가 죄인들이기 때문에 성인들의 행위는 오로지 우리가 찬양할 대상이지 우리가 본받아야 할 것은 아니라고 생각하도록 유도합니다.

저도 역시 그런 말들을 합니다. 그러나 우리가 찬양해야 할 것은 어떤 행위들이며, 교만한 마음이 없이 본받을 수 있는 것들은 또 어떤 것들인지 예의주시할 필요가 있습니다. 약하고 병든 자가 금식, 극단적인 고행, 숙식시설도 없는 사막에서 거주하는 것 등은 삼가야 합니다.

〈우리가 좀 더 빠른 속도로 영적 생활에서 진보하지 못하는 이유는 무엇인가?〉

6 그러나 우리는 하나님께서 도와주실 때 세상을 경멸할 수 있으며, 명예를 하찮게 여길 뿐만 아니라 소유에 대한 욕심을 제어할 수 있습니다. 우리가 영적인 일을 위해 육체를 무시한다면 온 세상을 잃고 말 것이라는 생각은 너무 좁은 마음의 표현입니다. 우리는 일상생활에 꼭 필요한 물품들을 확보해 놓는 것은 유익한 일이라고 주장합니다. 왜냐하면 그런 것들에 관해서까지도 일일이 염려하고 근심하다 보면 우리의 기도생활이 크게 지장을 받지 않을 수 없기 때문입니다.

그런데 우리의 하나님에 대한 신뢰가 그토록 약하고 자기에 대한 사랑 또한 너무 강하여 우리 생활에 필요한 것들에 관한 어떤 걱정이 우리의 신앙생활까지 방해한다는 사실은 저를 너무 고통스럽게 합니다. 우리의 영적인 진보가 그렇게 느린 속도로 진행될 때 사실상 아무것도 아닌 일이 우리에게 큰 짐이 될 수가 있습니다. 그러면서도 우리는 자신이 영적인 존재라고 생각합니다.

자매들이여! 당신의 내면으로 깊이 들어가십시오! 당신들의 그 불행한 행위와 생각들을 극복하십시오! 그것은 그리스도인인 당신들에게 지워진 의무입니다. 당신들이 하나님께 속해 있다는 한 가지 사실만으로 만족하십시오! 지나치게 많은 것을 기대하지 마십시오.

주님의 밀실에 들어갔던 성도들을 한 번 생각해 보십시오. 그들의 삶의 모습이 우리의 삶의 모습과는 많은 차이가 있다는 사실을 알게 될 것입니다. 당신이 획득할 수 없었던 일을 요구하지 마십시오. 우리가 어떤 봉사를 했든지 우리가 그것을 받을 자격이 있다고 생각하지 마십시오. 하나님을 거역한 자는 우리입니다.

아! 겸손은 얼마나 중요한 덕목인가요? 지난날 겸손에 관련하여 어떤 시험이 내게 찾아왔었는지 잘 모릅니다. 그러나 한 가지 분명한 사실은, 자신의 영혼이 메마르다는 느낌을 받는 사람은 틀림없이 겸손의 덕이 부족하다는 사실입니다. 이처럼 나는 내가 앞서 언급한 큰 내면적인 고통에만 머물러 있고 싶지는 않습니다. 그러나 나에게 어떤 시험이 찾아온 것은 대개 겸손의 결여가 그 원인임을 생각하지 않을 수 없습니다(「내면의 성」, III, 1).

자매들이여, 내가 여러분을 위해 지적한 몇 가지 점들은 신중하게 생각해 주십시오. 그런 점들을 더 이상 어떻게 잘 표현해야 할는지 나는 모릅니다. 그러나 주님께서는 당신에게 그런 점들을 이해시켜서 당신의 영적인 공허와 불안으로부터 벗어나 겸손한 태도를 갖게 하실 것입니다. 악마가 목표로 삼는 것도 바로 이것입니다.

그러므로 자매들이여! 겸손의 덕을 얻어야겠습니다. 왜냐하면 겸손은 곧 영혼의 연고(軟膏)이기 때문입니다. 우리에게 이 덕이 있으면 우리의 의사이신 하나님이 곧 우리에게 찾아와 우리의 상처를 고쳐 주실 것입니다. 물론 그분이 때로는 약간 지체하실 때도 있습니다만 고쳐 주실 것은 확실합니다(「내면의 성」, III, 1부, 2부).

6. 겸손과 영적인 성급함

앞에서 나는 우리가 얼마나 우리 자신에게 많이 의존하고 있는가를 설명해 보려고 노력했습니다. 신앙의 여정을 처음 시작하는 시기에 우리는 어느 정도 우리 자신을 도울 수 있습니다. 우리 주님의 고난에 관하여 종종 생각하고 묵상함으로써 우리에게 동정과 슬픔 그리고 애통하는 마음이 일어날 수 있습니다. 우리가 소망하는 축복, 주님께서 보여주신 사랑, 주님의 부활하심에 대한 이해로 우리의 생각이 가득 찰 때 우리 안에서 어떤 기쁨이 솟아오르는데 이 기쁨은 전적으로 영적인 것도 아니고, 그렇다고 해서 전적으로 육감적인 것도 아닙니다. 그 기쁨은 덕스러운 것이요, 슬픔은 지극히 인상적인 것입니다.

이런 모든 요소들이 우리의 이해에 작용할 때 헌신의 마음이 자라납니다. 그러나 하나님께서 그 마음을 주시지 않으면 우리 자신의 힘으로는 경건한 생활을 할 수 없습니다.

〈하나님을 기다리라.〉

하나님께서 더 높은 단계로 끌어올려 주시지 않는 한 우리의 영혼은 더 높이 올라가지 않도록 노력하는 것이 가장 바람직한 일입니다. 이 점을 깊이 생각해 보십시오. 그런 노력을 통해 무엇인가를 얻었다면 그것은 실상은 손실임이 판명날지도 모릅니다. 그런 높은 단계에까지 올라가지 않고도 하나님을 위해 무엇인가를 하겠다는 굳건한 결의와 하나님을 사랑하겠다는 결심에 근거하여 많은 선행을 할 수 있습니다. 또한 「하나님을 섬기는 방법」(로드리구에즈 드 솔리스)이라는 책에 나타난 것과 같이 덕목을 성장시키는 일에 도움을 얻을 수 있는 다른 행위도 있습니다. 이 책은 아주 유익하고 훌륭한 책입니다.

〈하나님 앞에 자신을 내놓으라.〉

영혼은 그리스도 앞에 무릎을 꿇고 그리스도의 성스러운 인성 때문에 우리에게 베풀 수 있었던 많은 사랑의 행위들을 묵상할 수 있습니다. 영혼은 끊임없이 그분 앞에 나아가며 그분과 대화를 나눌 수 있습니다. 영혼은 그분에게 필요한 것을 간구할 수 있을 뿐만 아니라 어려움을 당할 때 불만을 토로할 수도 있습니다. 그분과 더불어 기뻐하며 그분이 주시는 행복을 기억하면서 그분을 잊지 않을 수 있습니다. 이 모든 일들을 정해진 기도문에 얽매이지 않고 다만 말로써 욕구와 필요를 아뢸 수 있습니다.

4　이것은 매우 훌륭한 방법이며 이런 방법을 통해서 영혼은 빨리 성숙해 갑니다. 이 같은 시도를 끊임없이 하는 사람은 많은 열매를 거둘 수 있을 뿐만 아니라 우리가 많은 빚을 지고 있는 우리 주님을 더욱더 신실하게 사랑할 수 있게 될 것입니다.

　그러므로 우리 스스로가 스스로를 괴롭게 해야 할 이유는 전혀 없습니다. 왜냐하면 경건의 외적 표징이라는 것은 존재하지 않기 때문입니다. 그러므로 우리가 할 일은 우리처럼 행위가 보잘것없는 자들에게도 주님을 즐겁게 해드리려는 욕구가 일어나도록 허락해 주신 주님께 감사를 드려야겠습니다. 그리스도 앞에 있는 연습은 모든 기도생활에서 유익한 것이며, 영적인 진보를 이룩할 수 있는 안전한 길이기도 합니다.

〈자기 자신이 무엇인가를 하고 있다는 강박관념에
　사로잡혀 있는 것은 영적인 교만이다.〉

5　이 단계에서 벗어나 자신에게는 부여되어 있지도 않은 영적 야심을 충족시키기 위해 진보할 것을 추구하는 자는, 내 생각엔 현재의 위치도 잃게 될 뿐만 아니라 추구하던 것도 결국 얻지 못하고 말 것입니다. 영적인 축복은 초자연적인 것이기 때문에 인간 스스로의 능력으로는 획득할 수 없습니다. 그는 마침내 황량하고 공허한 상태에 빠지고 말 것입니다. 우리가 더 높이 올라가고자 시도하는 것은 영적인 교만일 수 있습니다. 하나님께서 그토록 높으신 분이 아주 낮게 이 땅 위에 내려오셔서 우리가 어떤 존재인가를 불문에 붙이시고 우리가 그분께 가까이 할 수 있도록 허락하신

것을 기억하십시오.

〈그렇다고 해서 우리가 더 높은 것들을 추구해서는
안 된다는 것을 의미하지 않는다.〉

7   내가 하늘에 속한 일들이나 하늘의 영광을 보여주는 일들, 하나님과 그의 위대한 지혜를 묵상하는 등등의 일에 우리 마음을 쏟아서는 안 된다고 주장하는 것이 아닙니다. 나는 이런 일을 내 스스로의 힘으로 해본 적이 없습니다. 왜냐하면 내가 앞에서도 말한 바와 같이 내게는 그럴 만한 능력이 없기 때문입니다. 하나님께서는 지상의 일들에 관한 진리를 이해할 수 있는 은총을 나에게 주셨습니다. 그러나 하늘에 속한 일들에 관해 생각하는 것은 더 중요합니다. 다른 이들, 특히 학식이 있는 이들은 이런 방법을 통해 많은 유익을 얻을 수 있습니다. 그러나 학문은 겸손이 뒤따를 때만이 위대한 보물이 될 수 있습니다. 학식과 겸손을 모두 갖춘 사람들이 급속히 진보하는 모습을 저는 여러 번 보았습니다. 그러므로 학문이 있는 사람들도 영적인 존재가 되어야 합니다. 이 문제에 관해서는 뒤에 언급하고자 합니다.

하나님께서 우리를 일으키시지 않는 한 우리가 먼저 일어나지는 맙시다. 이것이 진정으로 영적인 사람입니다. 주님은 분명히 나를 이해하실 것입니다. 만일 내가 경험을 설명하는 방법을 모른다거나 내가 한 말이 무슨 의미인지 잘 표현하지 못했더라도 경험을 해본 사람은 이해할 것입니다.

〈마음의 행위를 중단하는 것이 진정으로
영적인 사람의 경험은 아니다.〉

신비주의 신학에 있어서 오성(悟性)은 그 행위를 중단하는데 그 이유는 하나님이 중단시키기 때문입니다. 그러나 우리 스스로가 이런 중단을 시도할 수 있다고는 생각하지 마십시오. 우리가 오성의 행위를 스스로 중단시킬 필요는 없습니다. 그때 우리는 어리석고 냉담한 상황에 처하게 될 것이며, 그 결과는 이것도 아니고 저것도 아닌 꼴이 되고 말 것입니다. 그러나 주님께서 그것을 중단시키실 때는 그것 앞에 그것을 압도하고 경악하게 하는 것을 제시하십니다. 그때는 아무런 생각을 하지 않아도 단 한순간에, 온갖 노력을 다 기울여 이해할 수 있었던 것보다 훨씬 더 많은 것을 깨닫게 됩니다.

12 제가 충고를 다시 한 번 반복하겠습니다. 하나님께서 우리를 위해 우리 자신을 높이 드시기 전에는 먼저 우리 영혼을 높이 드는 일이 없어야 합니다. 주님께서 우리를 드실 때는 전혀 실수가 없습니다.

 특히 여성들은 이 점을 염두에 두어야 합니다. 왜냐하면 악마가 스스로를 높이도록 유혹하기가 쉽기 때문입니다. 그러나 우리가 겸손한 마음으로 하나님께 가까이 가려고 애를 쓸 때 주님께서는 우리가 그 누구에게도 상처를 입히지 않도록 배려해 주실 것입니다. 오히려 우리는 겸손을 통해 우리를 해치려는 사탄의 시도로부터 더욱더 많은 유익을 얻을 수 있을 것입니다. 제가 이 문제를 이처럼 길게 다룬 것은 이것이 그만큼 중요한 문제라는 것을 의미합니다(「자서전」, XII).

3

기도는 오직 하나님만을 향한 신앙과 열정의 표현이다

〈교회의 지난날의 윤리적 상황〉

오늘날의 종교인들은 얼마나 타락한 상황에 있는가. 나는 종단의 규율을 지킨다는 점에서 여자가 더 나은가 아니면 남자가 더 나은가 하는 따위의 이야기는 하고 싶지 않다.

내가 다만 말하고 싶은 것은 우리에게 두 갈래의 선택이 주어졌는데 하나는 규율의 준수와 덕이고, 다른 하나는 규율을 무시한 채 도덕적 방종에 빠지는 것이다.

그러나 이 두 가지 선택은 동등한 선택은 아니다. 왜냐하면 인간의 마음 속에 자리 잡고 있는 죄악성이 너무 크기 때문에 전자보다는 후자를 택하는 자들이 압도적으로 많기 때문이다. 그 길은 더 넓은 길이므로 더 인기가 있다.

종교적 규칙준수가 거의 실행되지 않고 있는 상황이므로 오히려 규칙을 준수하려는 자들은 악마들을 두려워하기보다는 동료들을 두려워하지 않으면 안 되는 상황에 처해 있다. 그들은 자신들이 하나님과 교제를 나누고 있다는 사실을 아주 조심스럽게 감추어야 한다. 악마가 종교공동체에 포진하고 있다면 차라리 그 같은 교제에 대해 이야기하는 것이 쉬울 것이다. 이런 상황에서 교회가 많은 어려움에 봉착하게 되는 것은 당연한 결론이 아닌가.

다른 사람들에게 본보기가 되어야 할 사람들이 지난날 성인들의 활동을 왜곡시키고 있다. 주님이여! 당신이 필요하시다고 생각하신다면 이 사람들을 치료해 주소서! 아멘 (「자서전」, VII).

기도는 하나님에 대한 사랑과 욕구의 표현이다.

〈기도는 하나님과의 교제이다.〉

7   기도는 한 마디로 말해서 하나님과의 교제이다. 기도는 우리를 사랑하는 그분과 은밀한 가운데 대화를 나누는 것이다.

참된 사랑과 지속적인 우정을 나누기 위해서는 어느 정도의 사랑이 필요하다. 우리가 알고 있는 주님의 사랑은 절대적으로 완전하다. 우리의 사랑은 약하고 감각적이며, 감사가 결여되어 있다. 당신은 주님이 당신을 사랑한 것과 같이 주님을 사랑할 수 없다. 그 이유는 그렇게 할 만한 성품이 당신에겐 갖추어져 있지 않기 때문이다. 만일 당신이 그를 사랑하지 않는다 해도 그와 교제를 나누며, 당신을 향한 그의 사랑이 얼마나 큰 것인가에 대해서는 계속 관심을 기울여야 한다. 그런 마음가짐을 가지면 당신과 그토록 다른 그분과 같이 있는 것이 고역으로 느껴지는 기분을 극복할 수 있을 것이다 (「자서전」, VIII).

〈테레사의 주님체험〉

1   어느 날 내가 기도하기 위해 기도실에 들어섰을 때 그곳엔 교회의 특별한 축일(祝日)을 기념하기 위한 그림 하나가 걸려 있었다. 그것은 아주 심하게 상처받은 그리스도의 모습을 그린 그림이었다. 그 광경을 보았을 때 나는 깊은 감동을 받았다. 그 그림은 예수 그리스도께서 우리를 위해 고난 받으심으로 말미암아 얼마나 크게 우리를 사랑하셨는가를 사실적으로 보여주는 것이었다. 주님이 상처받은 그 모습은 곧 나의 마음을 아프게 찢어 놓아 나의 마음은 산산조각날 것 같은 느낌이었다. 나는 그 십자가상 옆에 몸을 내던지고 눈물을 비오듯 흘렸다. 나는 그에게 힘을 달라고 간구했다. 그리고는 다시 그를 슬프게 하는 일이 없게 해달라는 기도를 드렸다.

2   나는 막달라 마리아에 대하여 큰 애정을 느꼈다. 종종 나는 성찬식에 참여하기 위해 갈 때 그녀가 주님과 교제를 나눈 사실을 기억했다. 그때 나

는 주님이 나와 함께 하신다는 것을 확실히 깨달았기 때문에 내가 흘리는 눈물을 주님께서는 결코 멸시하시지 않을 것이라고 생각하면서 그의 발 아래 엎드려 있곤 했다. 나는 내가 무슨 말을 하고 있는지조차 모르고 있었다. 내가 알고 있는 일은 그분이 나를 위해 큰 일을 행하셨다는 사실이다.

주님께서는 내가 그런 눈물을 흘린 것을 기뻐하셨던 것 같다. 주님의 십자가상을 바라볼 때마다 나의 경건생활은 진보를 거듭했다. 나는 이제 나 자신을 믿지 못하는 위치에 빠지게 된 것이다. 나는 하나님만을 전적으로 신뢰했다. 주님께서 나의 요구를 들어주실 때까지 나는 일어나지 않겠다고 그에게 말했다. 이런 태도는 나의 예배에 큰 도움이 되었다. 왜냐하면 그 후 나의 기도생활은 훨씬 더 향상되었기 때문이다.

〈그리스도의 고난에 동참한 테레사〉

4 나는 그리스도가 내 안에 계신 것으로 묘사했다. 나는 그리스도께서 가장 고독했던 시간들을 묵상하곤 했다. 그 무렵 그는 극도로 고통을 겪었고 또한 외로움을 느끼셨음이 분명하다. 그런 생각을 하면서 나는 주님께 가까이 갔다.

5 나는 그리스도의 고난과 비슷한 일들을 행해 보았다. 나는 종종 주님과 더불어 동행하면서 겟세마네 동산에 있는 나 자신을 발견했다. 나는 주님이 흘리신 피와 그곳에서 겪으신 고난이 달콤하게 느껴졌다. 나는 될 수 있으면 그분의 얼굴로부터 그 고통스러운 땀을 닦아드리고 싶었다. 그러나 나는 내가 감히 그 일을 하지 못했다. 그 이유는 나의 죄가 너무 크게 내 앞을 가로막았기 때문이다. 나의 생각이 그분에게 집중될 수 있는 한 나는 그곳에서 그분과 함께 머무르곤 했다.

그러나 나는 그곳에서 다른 많은 생각들 때문에 괴로워하지 않으면 안 되었다. 내가 잠자리에 들기 전에는 항상 기도를 드렸는데 그때 나는 이같은 그리스도의 겟세마네에서의 신비스러운 기도장면을 잠시 동안 묵상하곤 했다. 이런 묵상의 과정을 통해 많은 교훈을 받았던 것 같다. 나는 종종 내가 기도하고 있다는 사실조차 잊은 채 기도에 몰입하곤 했다. 이제는 그것이 나의 지속적인 습관이 되었다 (「자서전」, IX).

1 이미 말한 바와 같이 나는 이런 모습들을 머리에 그리면서 주님의 발 앞에 몸을 내던지곤 했다. 때때로 내가 책을 읽고 있을 때도 주님이 함께 계신다는 느낌이 갑자기 엄습하곤 했다. 주님이 나와 함께 계신다거나 내가 주님과 완전히 연합되어 있다는 것을 나는 조금도 의심하지 않았다. 그 순간 영혼은 완전히 나의 통제권을 벗어나는 것 같았다. 의지는 사랑으로 바뀌고 기억은 완전히 그 안에 몰입된다. 오성은 아무런 기능도 발휘하지 못한다. 그렇다고 해서 그것이 상실되는 것은 아니다. 나는 다만 내가 겪은 놀라운 사건에 관해 바라보고 앉아 있을 수밖에 없는 것이다. 주님께서 우리의 영혼 앞에 내놓는 것에 대해서 모든 것이 그 무력함을 드러내는 것이다.

〈테레사의 부드러운 영혼〉
이런 경험을 하기 전에 나의 영혼은 매우 부드러워지며 이런 상태는 매우 오래 지속된다. 그것은 어느 정도까지는 나 자신의 노력에 의해 달성된다. 영혼의 위로는 철저하게 감각을 초월한 것도, 완전히 영에 몰입한 것도 아니다. 그것은 전적으로 하나님의 선물이다.

그러나 우리가 모든 우리의 악과 하나님께 대한 불평을 회개할 때, 주님께서 우리를 위해 행하신 모든 위대한 일들, 곧 고통으로 일관했던 수난과 그의 생애, 그가 겪었던 깊은 슬픔 등에 관해 생각할 때 이런 부드러움은 한결 증진된다. 또한 주님의 활동, 위대하심, 우리에게 보여주는 사랑에 관하여 묵상하는 것을 기뻐할 때도 우리 안에 그 같은 부드러움은 증진된다.

많은 다른 묵상들이 하나님의 일에 진보하기를 원하는 자의 마음을 가득 채울 것이다. 우리가 아무것도 모르는 상태에서 이런 묵상들을 행할 때도 진보는 이루어진다. 조금이라도 사랑이 있는 곳에 마음은 부드러워지고 눈물은 흐르기 시작한다(「자서전」, X).

〈기도는 하나님 앞에서 포기함을 뜻한다.〉

1 영혼이 완전히 하나님의 팔에 안기는 것은 대단히 유익한 일이다. 주님께서 영혼을 하늘로 데려가신다면 데려가시도록 맡기라. 지옥에 데려가신다 해도 문제될 것이 없다. 왜냐하면 주님과 함께 동행하기 때문이다. 만일 인간의 삶이 영원히 끊어진다 해도 무엇이 문제이랴. 주님께서 천년을 살도록 허용하셨으면 그 영혼은 천년을 살 것이다. 전능하신 주님은 자신이 원하시는 대로 영혼에게 행하신다. 영혼은 영혼 자체의 소유가 아니다. 영혼은 전적으로 주님께 드려진 것이다. 그러므로 근심일랑은 아예 접어 버려라.

2 이런 기도를 하는 자들은 하나님이 지성을 건드리지 않고도 하시고자 원하시는 일을 하신다는 사실을 깨닫는다. 주님께서 영혼의 훌륭한 보호자가 되어 주시는 것은 그저 놀라울 뿐이다. 주님께서 함께 하실 때, 힘을 들이지 않고도 꽃향기가 퍼져가듯 영혼의 향기 또한 모든 사람에게 퍼져간다. 하나님이 이런 상황에까지 영혼을 일으키시면 영혼은 비로소 많은 일을 할 수 있게 되는 것이다(「자서전」, XVII).

〈우정에 관한 안내〉

6 나는 우정을 통해 하나님을 거스르고 싶지는 않으면서도 우정을 포기하는 일에 너무 약하다. 우정엔 자연적인 애정이 많이 들어 있으며 내가 그것들을 깨뜨리게 되면 틀림없이 불만의 음성이 나오게 된다. 그래서 나는 그 문제에 관해서 영적인 상담자와 대화를 나눈 적이 있다. 그는 그 문제를 주님 앞에 내놓으라고 권유했다. 그리고 2~3일간 기도하면서 "창조자여! 오소서!"라는 찬송을 반복해서 부르면 하나님이 나에게 최선의 길을 보여주실지도 모른다고 말했다. 어느 날 나는 얼마동안 기도하면서 하나님을 기쁘시게 해드릴 수 있는 방법을 가르쳐 달라고 간구하다가 그 찬송을 부르기 시작했다. 나는 그 찬송을 부르던 도중 갑자기 황홀경에 접어들면

서 나의 자아를 완전히 잊었다.

7   이것이 주님께서 처음으로 내게 주신 황홀경의 체험이었다. 내겐 이런 음성이 들려왔다. "너는 인간들이 아닌 천사들과 대화를 나누게 될 것이다." 나는 깜짝 놀랐다. 나의 영은 큰 혼란을 겪었으며 이 음성은 나의 내면 깊은 곳에서 들려왔다. 그 음성은 나를 두려움에 몰아넣었지만 나에게 큰 위로도 함께 가져왔다. 나의 두려움을 야기시켰던 서먹서먹함은 사라지고 나는 깊은 위로를 받았다.

〈참된 우정의 정의〉

8   그 말은 성취되었다. 나는 하나님을 사랑한다고 생각한 사람들 이외에는 그 어떤 사람과도 우정을 나누지 않았고 그에게서 위로를 찾을 수도 없었으며 사랑하지도 않게끔 되었던 것이다. 그렇게 할 수 있는 힘이 사실상 내게는 없었다. 그들이 하나님을 사랑하거나 기도에 헌신하는 자가 아닌 한 비록 친척이나 친구라도 내겐 아무 의미가 없었다. 진정으로 하나님을 사랑하지 않는 자와 대화를 나눈다는 것은 그야말로 고역이었다. 이것은 조금도 거짓이 없는 말이다.

그날 이후 나는 커다란 용기를 가지고 한순간에 나를 새사람으로 변화시키기를 기뻐하셨던 하나님께 모든 것을 맡겼다. 따라서 그 일에 관해서 아무런 명령도 불필요했다. 내가 우정에 사로잡혀 있음을 그 상담자가 보았을 때도 그는 감히 그것을 포기하라고 요구하지 못했다. 그는 주님께서 활동을 개시하실 때까지 기다리지 않으면 안 되었다. 주님은 그 일을 하신 것이다. 나는 나 혼자만의 힘으로 그런 변화를 도모할 수 있었다고는 생각하지 않는다. 왜냐하면 그 이전에도 내가 시도한 모든 노력이 다 헛된 것이었기 때문이다. 나는 나의 노력이 계속 수포로 끝나자 나는 그런 일에 집착하는 것은 잘못된 일이라고 이유를 대면서 그런 시도를 중단했다. 그런데 이제 주님께서 나를 자유롭게 하셨고, 그 일을 할 수 있는 힘도 주셨다(「자서전」, XXIV).

하나님을 위한 고난

26 나는 어느 날 잠자리에 들려는 시간에 기도를 하고 있었다. 나는 매우 큰 고통을 느꼈다. 늘 나를 괴롭히던 병이 나를 찾아온 것이다[이것은 그녀의 아침병이었는데 이 병 때문에 그녀는 정오가 될 무렵까지 아무것도 먹지 못하는 생활을 20년 가까이 계속했다(「자서전」, VII, 18)]. 나는 나의 연약함의 노예가 되어 있었으나 나의 영은 하나님을 만끽할 수 있는 자유를 희구하였다. 이 사실은 나를 크게 실망시켰다. 나는 나 자신에 대한 회오의 감정에 사로잡힌 채 울고 또 울었다. 이런 일이 한두 번이 아니라 헤아릴 수 없이 많이 일어났다. 나는 나 자신에 대해 지치지 않을 수 없었다. 그 결과 나 자신에 대해 어떤 반감 같은 것을 느낄 수밖에 없었다. 그렇다고 해서 나에게 자기를 혐오하는 마음이 있었던 것은 아니다. 왜냐하면 나는 선한 일을 추구하고 있었기 때문이다. 꼭 필요한 정도 이외에는 나 자신에 관해 몰두하지 않게 해 달라는 것이 나의 기도제목이었다. 그러나 나는 내가 너무 나의 일에 관심을 쏟고 있는 것 같아 두려웠다.

〈테레사의 육체의 가시〉

27 내가 그처럼 좌절해 있을 때 주님께서 나에게 나타나셨다. 그는 나를 크게 위로하셨고, 그를 위하여 내가 이런 고통까지도 감수해야 하며 주님에 대한 사랑으로 그것을 견뎌내야 한다고 말씀하셨다. 내 몸에 있던 가시가 나에게 의미를 준 것이었다. 그 이후 나는 어떤 고통도 느끼지 않았다. 왜냐하면 나는 힘을 다해 나의 주님과 나의 위로자를 섬길 결의를 새롭게 했기 때문이다.

하나님께서는 나에게 잠시 동안 고난받는 것을 허용하셨으나 나중엔 오히려 고통까지도 갈망할 만큼 나에게 위로를 주셨다. 인간이 살아가는데 이런 종류의 고통만큼 고귀한 것은 없다. 그러므로 나는 하나님께서 내게도 그것을 주시기를 간절히 기도드린다. 때때로 나는 마음을 다 바쳐서 이렇게 기도한다. "오 주님! 저는 죽는 것, 고통을 당하는 것 이외에는 그 무엇도 원하지 않습니다. 나 자신을 위해서는 그밖에 아무것도 원하지 않습니다." 시계가 한 번 종을 치는 소리를 듣는 것은 내겐 큰 기쁨이었다. 그것은 내가 하나님의 환상을 보게 될 때가 한 시간 더 가깝게 다가왔음을 의미하며, 세상에서의 생애가 한 시간 지나가버렸음을 뜻하기 때문이다(「자서전」, XL).

〈우리는 고통을 받을 때도 자유가 필요하다.〉

오, 나의 하나님! 우리의 영혼은 얼마나 혹독한 고통을 겪어야 하는 것인지요. 고통을 겪는 영혼들은 자유를 상실했으며 자신들을 통제할 힘도 잃고 맙니다. 이런 상황에 처하게 될 때 그들에게 찾아오는 곤욕은 얼마나 심한 것인지요. 나는 때때로 내가 겪는 것과 같은 고통을 어떻게 내가 견딜 수 있었는지 놀라곤 한다. 나의 영혼 안에 자신의 생명을 주셔서 그토록 치명적인 죽음으로부터 도피할 길을 열어 주신 주님께 찬양드린다. 나의 영혼은 거룩하신 주님으로부터 큰 힘을 얻었다. 그는 나의 큰 불행에 동정을 느끼셨으며 나를 도우셨다.

〈고통은 정신적 귀양살이다.〉

아! 내 영혼이 하늘과의 대화를 나눈 뒤에 다시 이 세상으로 돌아와 거래를 해야 한다는 것은 얼마나 낙심스러운 일인가. 이 세상의 슬픈 어릿광대극에서 한 역할을 또 담당하지 않으면 안 되다니! 나는 하늘과 세상 사이에 끼어 있는 것이다(빌 1:23). 나는 이 세상으로부터 도망칠 방법이 없다. 나는 나의 의무를 감당하기 위해 이 세상에 머물러 있지 않으면 안 된다.

그러나 내가 포로 신세가 되어 있다는 사실은 얼마나 예리하게 나의 마음을 찌르는가. 나의 영혼은 큰 고통을 겪는다. 나를 한층 더 괴롭게 하는 것은 이 귀양살이에 있어서 나는 혼자라는 사실이다. 내 주위에 있는 사람들 모두가 이 무시무시한 감옥 안에서 삶 그 자체에 목적을 두고 이렇게 말하는 것이다. "영혼아! 평안하라"(눅 12:19).

그러나 내 영혼의 생명은 중단 없는 고통이다. 내 어깨엔 언제나 십자가가 있다. 동시에 나는 상당한 진보도 겪는다. 하나님은 내 영혼을 지배하는 영이시다. 그는 자신의 품안에 내 영혼을 품으신다. 그는 내 영혼을 밝게 하시며 강화하신다. 그는 내 영혼을 밤낮 지키신다. 그는 내 영혼에게 더욱더 많은 은총을 주신다. 이 일은 나 자신 때문에 찾아온 것은 아니다. 나의 노력은 결코 하나님의 은총을 받아내지 못했다. 은총을 주시는 이는 오직 주님일 뿐이다. 주님은 또한 내 손을 붙들어 뒤로 물러서지 못하게 하신다.

〈회상의 체험〉

2 종종 내가 하나님의 일들에 관해 생각하지 않을 때에도 — 다만 다른 문제들에 관심을 기울이거나 기도가 나의 노력을 넘어선 일처럼 보이는 때 — 또 내가 메마른 상황임을 간파하고 기도하려는 능력을 기울일 때, 비록 육체적인 고통이 나의 영성을 짓밟지만 영은 고양되거나 회상에 잠김으로써 보답을 받는 것이다. 이와 같은 일은 아주 갑작스럽게 찾아오는 일이므로 내가 조절할 수가 없다. 단 한순간에 그 열매와 기쁨은 내 것이 되고 만다. 이런 일이 일어날 때 어떤 환상이나 음성이 나타나거나 들려오는 법이 없다. 내가 어디에 와 있는지도 모르며 다만 내가 아는 것은 영혼이 이런 상황에 있게 되면 큰 발전을 하게 된다는 사실뿐이다. 이 순간에 맛보는 진보는 일 년 내내 노력해도 얻기 힘든 것이다. 그 소득은 너무나 큰 것이다.

〈하나님을 간절하게 바라는 체험〉

3 어떤 경우엔 지나치게 성급한 일들이 일어나 영혼이 급격히 기력을 잃는 경우가 있다. 그럴 땐 나 자신도 어떻게 그것을 통제할 수 없는 지경에 이른다. 마치 나의 생명이 끝나는 것과도 같은 느낌이 드는 것이다. 나는 소리쳐 하나님을 부르고 도움을 청한다. 이 같은 일은 아주 격렬하게 내게 찾아온다. 때때로 나는 그냥 멍청히 눌러앉아 있을 수만은 없게 된다. 그 만큼 마음이 억압이 큰 것이다. 내가 그런 고통을 일부러 초래

하지 않아도 이런 고통이 찾아온다. 그러나 마침내 나의 영혼은, 내가 살아 있는 동안 고통이 반드시 있어야 한다는 결론에 도달한다.

그러나 나의 동경은 세상에서의 삶을 계속해서 누리는 것이 아니다. 이런 감정이 내게 찾아오는 이유는 이 세상에서 사는 동안 어떤 안식도 누리지 못할 것이 분명하다는 생각 때문이다. 왜냐하면 안식은 하나님의 형상을 보아야만 얻을 수 있는 것인데 이것은 다만 내가 죽어야 비로소 얻을 수 있는 것이기 때문이다. 그러나 나 스스로가 죽음을 자초하지는 않는다. 이렇게 많은 고통이 뒤따름에도 불구하고 나의 영혼은, 나 이외의 많은 다른 사람들도 위로를 받아야 하며 자신들이 겪는 고통에 대한 위로를 원하고 있다는 생각에 사로잡힐 때 죽을 수가 없는 것이다. 이 모든 일이 만들어 내는 좌절은 너무나 큰 것이므로 주님께서 황홀경에 나를 빠뜨리심으로써 나를 위로하시지 않으면 — 이때 만물은 고요해지고 영혼은 큰 안식을 누리면서 다른 일들에 관해 귀를 기울이는 만족을 누리게 된다 — 도저히 견뎌낼 수 없는 지경에 이르고 만다.

〈하나님만을 전적으로 바라는 경험〉

4 또 어떤 때는 하나님을 섬기고 싶은 욕구가 강하게 일어나 말로 형언하기 어려운 입장에 서게 된다. 내가 얼마나 무익한 존재인가를 바라볼 때 항상 어느 정도의 고통이 뒤따른다.

이때 이런 인식을 하게 되면서 나는 죽음도 순교도 이길 수 있는 힘을 갖게 된다. 이런 확신은 한순간에 찾아오기도 하고 오랜 회상의 결과 찾아오기도 한다. 그때 나는 완전한 변화를 겪게 되며, 내가 어떻게 해서 그런 용기를 갖게 되었는지도 알 수 없게 된다. 그때 나는 하나님이 우리를 위해 예비하신 놀라운 일들(요일 3:1)을 볼 때, 우리가 어떻게 우리의 현상(現狀)에 만족할 수 있겠느냐고 지붕 꼭대기에 올라가 외치고 싶은 충동을 느낀다.

다시 한 번 말하지만, 이런 욕구들은 너무 강렬하게 찾아오기 때문에 내가 내 속에서 녹아 버리는 듯한 느낌을 갖게 된다. 나는 내가 간직할 수 없는 것을 바란다. 그때 나의 육체는 마치 감옥과도 같이 느껴지는데 그 까닭은 그것이 하나님을 섬길 수 있는 능력이 부족하기 때문이다. 더욱이 병에 찌든 나의 몸을 생각할 때 그런 느낌은 더욱 강해질 수밖에 없다. 이 시점에서 육체가 없어진다면, 나는 나의 욕구의 능력이 나를 데려가는 데까지 능력 있는 일들을 할 수 있으리라는 생각이 든다. 그러나 나는 하나님을 섬길 만한 힘이 전혀 없는 존재라는 느낌을 갖지 않을 수 없게 되며, 그때 깊은 좌절을 느낀다. 그것은 참기 어려운 경험이다. 하나님을 기뻐하고 회상하며, 하나님으로부터 위로를 받을 때 그런 일이 일어난다.

〈하나님 앞에서 화목하게 되려는 동경심의 체험〉

5 하나님을 섬기고자 하는 이 같은 동경의 마음이 나에게 찾아올 때 나는 동시에 하나님께 대한 회개의 마음이 병행하여 찾아오기도 한다. 그러나 나는 회개조차도 마음대로 하지 못한다. 회개를 하면 내 마음에 평화가 찾아오는 것을 알면서도 나는 그것을 하지 못하는데, 나는 그것조차도 할 수 없을 만큼 약한 것이다. 나의 육체적인 연약함 때문에 나는 아무 일도 할 수 없는 것이다. 이와 동시에 내가 그 같은 욕망에 굴복해 버리고 나면 나는 완전히 힘을 잃고 만다.

〈오직 하나님과만 같이 있는 시간을 갈구하는 마음〉

6 때때로 다른 사람들과 대화를 나누는 도중 나는 크게 실망할 때가 많다. 나는 홀로 있고 싶은 것이다. 다른 사람들과의 대화는 나를 내면적으로 깊이 울게 만든다. 왜냐하면 내가 그토록 원하는 것은 하나님과 고독한 시간을 갖는 것이기 때문이다. 그때는 성경을 읽을 수도, 기도할 수도 없다. 그런 경우에 오가는 피상적인 대화는 나의 마음을 강하게 압박한다. 대화가 기도와 영혼에 관한 문제로 넘어갈 때까지 나의 마음은 계속해서 어떤 속박된 느낌을 받는다. 그러나 이런 것들조차도 나에겐 짐이 된다. 나는 아무도 보고 싶지 않고 다만 홀로 있고 싶어질 뿐이다. 그러나 다른 사람들과의 대화가 항상 이런 식으로만 전개되는 것은 아니다. 특히 영적 지도자들

과의 대화는 나에게 기쁨을 준다.

〈작은 관심거리를 하나님께 아룀〉

7 때로는 내가 먹고 자는 일에도 고통을 느꼈다. 왜냐하면 내가 이런 것들보다 앞서갈 수 없었기 때문이다. 그런 필요에 순종해야만 하나님을 좀 더 효과적으로 섬길 수 있다. 나는 이런 자질구레한 의무들까지도 하나님께 맡겼다.

시간은 너무 짧아 기도하는 일에조차도 충분한 시간을 갖기 어려울 정도다. 더욱이 나는 하나님과 더불어 홀로 있는 시간은 아무리 오래 지나도 피곤한 줄 모르기 때문이다. 나는 좀 더 많은 양의 책을 읽고 싶은 생각이 간절하다. 그 만큼 나는 책을 좋아했다. 그런데도 나는 책을 거의 읽지 못했는데, 그 까닭은 나는 책(특히 성경책)을 읽다가는 곧 그것이 주는 기쁨을 명상하는 상태로 빠져 들어가 책읽기는 곧 기도로 바뀌기 때문이다. 그러나 내가 책을 읽는 기회는 별로 많지 않았다. 왜냐하면 나에게는 할 일이 매우 많았는데 그 일들이 책 읽는 것만큼 내게 기쁨을 주지는 않았으나 꼭 해야만 하는 일들이었기 때문이다(「담화」, I).

〈하나님을 갈망하는데 따르는 고통〉

[테레사]가 많이 경험했던 또 다른 유형의 기도는 일종의 상처받음이다. 그것은 마치 화살이 심장을 꿰뚫는 것과도 같은 것이었다(표지 그림 참조). 아니, 기도 그 자체를 꿰뚫는 것인지도 몰랐다. 이것은 마음에 큰 고통을 안겨 주었고 영혼은 불평을 늘어놓을 수밖에 없게 된다. 그러나 고통 그 자체는 황홀한 것이어서 영혼은 고통이 영원히 끝나지 않기를 바라는 것이다.

그 고통은 감각적인 것도 육체적인 것도 아니다. 그것은 가슴 안을 파고드는 고통으로 아무런 외적인 증세가 나타나지 않는다. 나는 그것을 다른 것과 비교할 수 없는데 만일 비교한다면 아주 우스꽝스러운 것이 되고 말기 때문이다. 그것은 글로 쓰거나 이야기할 성질의 것도 아니다. 그런 고통을 실제로 겪어본 사람이 아니면 결코 이해할 수 없는 성격의 고통이다.

그러나 영적인 고통이 육체적인 고통보다 훨씬 더 아프다는 것을 이해할 필요가 있다. 그것은 지옥의 고통이 얼마나 아픈 것인가를 상징적으로 보여준다.

17   때에 따라서는 이런 사랑의 상처가 영혼의 내면 깊은 곳으로부터 나오는 것처럼 보이기도 한다. 그 상처가 초래하는 결과는 엄청난 것이다. 주님께서 그 상처를 주실 때는 우리가 아무리 노력해도 그 상처를 치유할 방법이 없다. 또한 주님께서 그 상처를 우리에게 주시기로 결정하시면 우리가 피할 방법이 없다. 그러나 그 상처가 주는 효과는 하나님을 갈망하는 마음, 죄를 증오하는 마음, 아담이 그 본래의 창조목적, 곧 하나님의 형상대로 창조된 그 본래의 목적을 어떻게 해서 떠나게 되었는가에 대한 깊은 인식을 낳는다(「담화」, VIII).

〈내면에서 받는 상처〉

21   만성절 동안 나는 2, 3일간 격심한 고통을 받았다. 그것은 나의 큰 죄에 대하여 생각한 결과였다. 나는 핍박받는 것을 두려워했는데, 특히 사람들이 나를 악하게 비난하는 것이 두려웠다. 그런 생각을 하게 되자 하나님을 위해서라면 어떤 고통이라도 감수하겠다는 나의 결심은 물거품처럼 사라졌다. 나는 다시 나 자신을 격려하고 새로운 마음을 가져보려고 애를 썼으나 허사였다. 고통은 내게서 떠나지 않았다. 나는 심각한 싸움에 휘말려든 것이다.

그 무렵 나는 아버지가 써 보낸 편지를 한 장 받았다. 그 편지에는 사도 바울의 말이 인용되어 있었다. 하나님은 우리가 감당할 수 있는 것 이상으로 우리에게 시험을 주시는 분은 아니라는 것이다(고전 10:31). 이 말씀은 나에게 큰 위로가 되었다.

〈하나님의 내적인 현존〉

그러나 다음 날 밤, 나는 말씀을 읽는 도중에 또 다른 사도 바울의 말씀에 접하게 되었고 나는 크게 위로를 받게 되었다. 나는 어떻게 해서 우리 주님이 내 안에 거하시게 되었으며 주님을 살아 계신 하나님으로 모셔들이게 되었는가를 생각했다. 이 문제에 대하여 묵상하고 있는 동안 주님께서 나에게 말씀을 하셨고, 나는 나의 깊은 내면에서 주님을 볼 수 있었다. 주님은 내 마음 깊은 곳에 와 계셨다. 주님은 나에게 대화를 걸어 오셨다. "내가 여기 있다. 내가 원하는 것은 내가 없이는 네가 아무것도 할 수 없음을 네가 깨닫는 것이다." 나는 곧 확신이 생겼고 두려움은 나를 떠났다(「담화」, IX).

〈하나님의 위로〉

4 어떤 때 나는 심각한 시험을 받기도 했다. 내가 사는 곳에 있던 거의 모든 사람들과 내가 몸담고 있는 종단의 일원들이 나를 대항했다. 내가 이 같은 좌절에 빠져서 내 안에서 많은 고통 때문에 괴로워할 때 주님께서는 내게 이렇게 말씀하시곤 하셨다. "너는 무엇을 두려워하느냐? 내가 전능하다는 사실을 알지 못하느냐? 내가 약속한 것을 나는 너에게 이루어 줄 것이다." 주님이 약속하신 일은 그대로 이루어졌다. 나는 강해진 나 자신의 모습을 발견했고 즉각 내가 주님을 섬기는 일에 더 큰 시련까지도 견딜 수 있으리라는 느낌을 갖게 되었다(「자서전」, XXVI).

하나님의 환상

1 어느 날 나는 기도하는 도중 내 영혼 안에서 지극히 달콤한 감정을 느끼면서 내가 그런 축복을 받을 자격이 없는 존재임을 뼈저리게 느꼈다. 나는 나 자신이 지옥에나 가야 합당할 존재라는 생각에 사로잡혔다.

〈하나님의 진리에 관한 환상〉

이 문제에 관해 생각하고 있을 때 나는 말로 형언하기 어려운 어떤 불(火) 속에 휩싸였다. 나는 하나님의 장엄함에 사로잡힌 듯한 느낌이 들었다. 그 같은 엄청난 장엄함 속에서 나에겐 모든 진리의 충만이신 한 진리를 인식하게 되었다. 그러나 내가 어떻게 해서 그런 경험을 할 수 있었는지는 설명할 수 없다. 왜냐하면 나는 아무것도 보지 못했기 때문이다. 나는 그 환상이 누구로 말미암아 왔는지는 볼 수 없었으나 알 수는 있었는데 그는 곧 진리 그 자체였다. "내가 너를 위해 하고 있는 일은 결코 작은 일이 아니다. 그것은 네가 나를 그 만큼 크게 의존하고 있기 때문에 가능한 일이다. 세상에서 자행되고 있는 모든 악들은 일점일획이라도 변할 수 없는 아주 소박한 성경의 진리를 무시하기 때문이다"(마 5:18).

신자들은 모두 성경을 받아들인다. 나도 또한 성경을 믿어왔다. 믿는 자에게 성경은 이렇게 말한다. "아! 나의 딸이여, 진리 안에서 나를 사랑하는 자들은 지극히 드물구나. 사람들이 나를 사랑했다면 내가 나의 비밀을 그들로부터 숨기지는 않았을 텐데. 진리 안에서 나를 사랑한다는 것이 무엇을 의미하는지 너는 아는가? 그것은 곧 나를 기쁘게 하지 않는 모든 것이 거짓임을 인정하는 것이다. 지금은 네가 이 사실을 명확하게 이해하지 못할 것이다. 그러나 후일 그 말씀이 네 영혼에게 유익을 가져오면 그땐 이해하게 될 것이다."

2 주님을 찬양하라. 주님은 마땅히 찬양받으셔야 할 분이시다. 이 사건이 있은 후 나는 하나님을 섬기는 일에 소용이 되지 않는 일들은 모두 헛되고

거짓된 것으로 간주하게 되었다. 나는 이 사실을 확신하고 있었으며, 진리를 알지 못한 채 흑암 속에서 살아가는 자들을 보면 불쌍한 생각을 떨칠 수 없었다. 나는 그 밖에도 다른 많은 축복들을 이 경험으로부터 얻어냈는데, 그것들 중엔 말로 형언할 수 있는 것도 있지만 형언하기 어려운 것도 많다.

3   〈하나님의 말씀의 권위에 복종하라.〉
주님께서는 가장 심오한 은혜의 말씀도 주셨다. 주님께서 어떤 방법으로 그 일을 하셨는지 나는 알 길이 없다. 그러나 나는 말로 표현할 수 없는 어떤 방법으로 사로잡혀 있었던 느낌이 든다. 그 말씀은 나에게 넘치는 확신을 주었고 온 힘을 다해 성경에 내포된 모든 것을 지켜야 한다는 명백한 목적을 새롭게 인식시켜 주었다. 나는 이 일을 해나가는데 방해가 되는 어떤 세력도 초월할 수 있다고 생각했다.

4

내 안에 심겨진 이 거룩한 진리에 관하여 생각할 때 나는 하나님에 대한 새로운 경외의 마음으로 나를 가득 채울 진리가 어떻게 내 마음속에 들어오게 되었는지 알지 못한다. 그것은 나에게 주님의 능력과 전능하심을 형언키 어려운 어떤 방법으로 깨닫게 해 주었다. 그 말씀은 매우 고귀한 것이었다. 나는 이 깊은 진리에 관해 아무에게도 이야기해서는 안 되겠다는 욕망을 강하게 느꼈다. 그것은 이 세상에서 말로써 표현할 수 있는 그 어떤 표현보다도 우월한 것이었다. 그 살아 있는 진리들은 내게 고통을 안겨 주기 시작했다.

5

그 환상은 나에게 큰 부드러움, 기쁨, 겸손을 가져다주었다. 주님께서 이제 나에겐 큰 것들을 주실 것만 같았다. 나는 어떤 환상도 의심하지 않게 되었다. 나는 한 영혼이 진리 안에서 곧 진리이신 그분 앞에서 행한다는 것이 무엇을 의미하는지 알 수 있었다. 내가 깨달은 것은 주님 자신이 곧 진리라는 사실이다(「자서전」, XL).

〈신성에 관한 환상〉

13 한 번은 기도하는 중에 모든 것이 하나님 안에 있는 환상을 보게 되었다. 내가 본 것이 무엇인지 설명할 수는 없었으나 내가 본 것은 지금까지도 내 영혼에 깊이 박혀 있다. 내게 그 환상을 준 것은 하나님 안에 있는 커다란 은총이었다. 나는 그 장엄한 장면을 기억하고 또한 나의 죄를 생각하면 말할 수 없는 혼란, 부끄러움, 공포를 느낀다. 주님께서 나의 생애 가운데 좀 더 일찍 그 계시를 주셨다면 많은 죄를 범하지 않았을는지도 모른다. 그 환상은 너무 미묘하고 오묘하며 영적인 것이어서 이렇게 시간이 많이 지났는데도 도저히 이해할 수가 없었다. 예를 들면 다음과도 같은 것이다.

14 신성이 거대한 빛의 공, 온 세상보다도 더 큰 공과 같다고 하자. 바로 이 공 안에 우리의 모든 행위가 포함되어 있는 것이다. 이것이 곧 내가 본 실체였다. 나는 나의 가장 더러운 행위들까지도 모두 모아져서 그 빛의 세계로부터 반사되어 나에게 돌아오는 것을 체험했던 것이다. 그 광경을 바라보는 것은 문자 그대로 불행하고 무서운 일이었다. 나는 어디에 나 자신을 숨겨야 하는지 찾을 수 없었다. 왜냐하면 어둠이라곤 전혀 없는 그 밝게 빛나는 빛이 그 안에 온 세상을 담고 있었기 때문이다.

15 나는 그 앞에서 도망칠 수 없었다. 어둠의 행위를 행한 자들이 이 광경을 한 번만이라도 볼 수 있다면! 하나님 앞에서는 어느 한 부분도 숨길 곳이 없음을 그들이 알기만 한다면! 그들의 행위는 모두 하나님 앞에서 행해지는 것이요 그 안에 있는 것이다. 죄를 그토록 미워하시는 장엄한 그분 목전에서 죄를 범하는 어리석고 미친 짓을 하다니! 그 안에서 나는 주님의 크신 자비하심을 보았으며 나 같은 죄인까지도 살게 하신 은혜를 보았다(「자서전」, XL).

〈기도의 응답〉

오! 내 영혼의 주이시며 나의 영원하신 선이시여! 왜 당신은 한 영혼이 당신을 따르려는 결심을 가지고 당신을 위해 모든 것을 포기하려고 최선을 다할 때 즉각 그의 내면에 당신의 사랑과 평화를 완벽하게 나타내시지 않습니까?

그러나 나의 이 같은 불만 토로는 어리석고 지혜롭지 못한 것임이 곧 드러났다. 왜냐하면 기도하는 가운데 실수하는 것은 주님이 아니라 우리였기 때문이다. 우리는 너무나 오래 질질 끌면서 우리 마음을 주님께 바치는 것을 주저하고 있는 것이다. 주님을 향유하려면 우리가 소유하고 있는 값진 것을 포기하지 않으면 안 된다.

세상에서 주님의 사랑을 살 수 있는 것은 우리 자신의 사랑밖에는 없다. 만일 우리가 우리 마음을 세상일에 집착시키지 않고 다만 하늘에 우리의 보화와 대화를 담아둔다면 이런 축복은 곧 우리의 것이 될 것이다. 이것은 수많은 주님의 성도들이 증명하고 있다. 하나님은 결코 이런 대가를 치르는 자로부터, 또 끊임없이 자신을 추구하는 자에게서 자신을 감추시지 않으신다. 그는 점진적으로, 이따금씩 마침내 승리할 때까지 영혼을 강화시키시며 회복시키신다.

이 길에 들어선 자가 자기 자신을 포기한다면 그는 하늘나라에 올라갈 뿐만 아니라 결코 혼자 가지도 않을 것이다. 그는 그와 함께 많은 이들을 데리고 갈 것이기 때문이다. 하나님은 그를 따르고자 하는 자들에게 그를 선한 목자로 주실 것이다. 기도의 사람이라고 해서 이 세상에서 완전한 보상을 받을 것을 기대해서는 안 된다. 그는 끝까지 신앙의 사람으로 남아 있어야 하며, 끝까지 기도의 사람으로 일관해야 한다.

아무리 메마르고 헌신의 마음이 결여되어 있음을 느껴도 그는 주님의 십자가 밑에서 언제까지나 완전히 기가 죽은 채 가라앉아 있지는 않을 것이다. 그가 드린 모든 기도가 단 한 번에 웅장하게 응답되는 때가 올 것이다. 그의 모든 일에 대해 단 한 번에 보상받는 때가 온다. 그가 섬기고 있는 분은 선한 주인으로, 그 위에 항상 서서 그를 바라보고 계신다. 기도하는 가운데 악한 생각들이 아무리 강하게 솟아 올라와도 포기하지 말라. 옛

날 성 제롬도 광야에서 같은 경험을 했었다.

  그러나 이 모든 영혼의 수고는 반드시 보상을 받는다. 하나님의 살아 있는 샘물로부터 단 한 방울의 물만 떨어져도 당신은 지탱할 수 있는 힘을 얻을 수 있을 것이며, 언젠가 당신이 계속해서 평생 동안 드리는 기도에 응답을 받을 것이다.

주님의 기도

이제 나는 주님의 기도에 관해 묵상한 내용을 몇 마디 전달하고 싶다. 너무 많은 책 속에 파묻혀 우리는 주님의 기도에 관해 생각할 여유를 잊어버리는 것 같다. 그러나 그것은 결코 잊어서는 안 될 것이다.

분명히 선생님이 무엇인가를 가르칠 때 그는 학생에 대한 사랑으로 가득 차며, 그런 사랑이 있을 때 그가 가르치는 내용은 학생에게 영감을 불어넣고 또 즐겁게 해 줄 수 있다. 가르치는 내용에 대해서 주목해 보는 것도 또한 필요하다. 하늘 아버지도 예외는 아니다.

사람들이 당신에게 내놓는 두려움[테레사 당시에 일부 신학자들이 주장한 기도에 관한 비평]이나 위험을 너무 의식하지는 말아라. 이 시대는 누구든지 다 믿어도 좋은 시대가 아니라 다만 그리스도의 삶에 일치하는 행동을 하는 사람들만을 믿어야 하는 시대임을 명심하라(「완전에 이르는 길」, XXI).

〈지적인 기도와 소리 내어 하는 기도는 병행되어야 한다.〉

지적인 기도와 소리를 내어 하는 기도는 서로 다른 것이 아니다. 어떤 이가 주님의 기도를 암송하면서 세상을 생각할 수 있다고 말한다면 정말 나는 할 말이 없다. 만일 당신이 그토록 위대하신 주님 앞에서 행동한다면, 특히 당신이 그분께 적절한 존경심을 표현한다면 당신이 말하고 있는 대상이 누구인가를 깨달을 필요가 있다. 당신이 상대방의 지위와 존엄성을 모른다면 어떻게 당신이 왕에게 말을 걸고 그를 "폐하"라고 부를 수 있을까? 또 그에게 지켜야 할 예절을 지킬 수 있겠는가?

그렇다면 주님의 지위와 존엄성은 무엇인가? 오, 나의 주재자여! 당신은 나의 하나님이시며, 영원한 왕이시며, 당신의 나라는 빌려온 나라가 아닙니다. 그러므로 나는 그분께 조용히 기도드리는 것과 같이 그분의 위대하심에 대하여 묵상하지 않을 수 없다.

⟨기도는 구체적인 결단을 필요로 한다.⟩

　초신자들이 기도할 때는 강한 결의에 의지해야 할 때가 많다. 여기에는 여러 가지 이유가 있으나 그 가운데 중요한 것 몇 가지만 열거해 보자.

　첫째는 하나님이 우리에게 풍성히 주셨으며 계속해서 축복해 주시기를 원하고 계시므로 우리는 마땅히 그분을 중요시하면서 마음에서 우러나오는 기도를 드리지 않으면 안 된다는 것이다. 우리가 다른 사람들에게 더 많은 시간을 바친다면 주님이 그들보다 덜 중요하다는 이야기가 되지 않겠는가? 시간이 우리 것이라고 생각하지 말자. 시간을 전적으로 주님께 드리자.

　우리가 결의를 다져야 하는 두 번째 이유는 우리가 기도할 때 악마의 힘이 크게 줄어들기 때문이다. 악마는 결의에 찬 영혼들을 두려워한다. 왜냐하면 그는 경험을 통해 이런 신자들이 자신에게 불행을 안겨준다는 사실을 잘 알기 때문이다.

　세 번째 이유는 결의에 찬 영혼들은 더 큰 용기를 가지고 싸울 수 있기 때문이다. 어떤 일이 일어나든 물러서지 않는 대담성이 그에게 있는 것이다(「완전에 이르는 길」, XXIII).

⟨하나님이 어떤 분이신지 잊지 마라.⟩

　우리가 주님의 기도를 낭송할 때 우리에게 이 기도를 가르쳐 주신 이 주님이 과연 누구인가 잊어서는 안 된다. [마 6:13을 보라] 우리가 사랑과 욕망을 가지고 기도하면 많은 유익을 얻는다는 것을 잊지 말자.

　주님은 그런 기도를 드릴 때는 은밀하게 하라고 가르치셨다. 왜냐하면 주님도 그같이 기도하셨기 때문이다. 그러나 주님은 자기 자신을 위해서가 아니라 우리를 교육시키기 위한 목적에서 그 기도를 가르쳐 주신 것이다. 내가 앞에서도 말했던 내용, 즉 우리는 하나님과 세상을 향해 동시에 기도할 수 없다는 점을 명심하라. 만일 우리가 다른 사람들이 우리의 기도를 어떻게 생각할까에 지나치게 신경을 쓰고, 조각난 우리의 상상력 안에서 배회한다면 우리의 기도는 세상을 향한 것이다(「완전에 이르는 길」,

XXVI).

주님의 거룩한 입이 말하는 말씀들을 주목해 보라. 주님이 말씀하신 첫 마디에서부터 당신은 주님이 당신을 향해 품고 계신 큰 사랑을 배우게 될 것이다. 그런 선생이 학생을 사랑한다는 것은 작은 축복이 아니다(「완전에 이르는 길」, XXVI).

〈그 아들에 그 아버지〉

"하늘에 계신 우리 아버지." 오! 나의 하나님! 당신이 그런 아들의 아버지가 되심은 얼마나 합당한 일입니까? 또한 당신의 아들은 당신과 같은 아버지의 아들로서 얼마나 손색이 없는지요! 당신을 영원토록 찬양합니다. 이것은 기도의 결론으로 넣어도 손색이 없는 것인데 기도의 시작으로 넣으셨습니다. 첫머리부터 주님은 우리의 손을 가득 채우시며 우리에게 축복하십니다. 이 서두만으로도 우리의 생각과 의지는 더 이상 아무 말도 못할 만큼 충만하게 넘칩니다.

자매들이여! 여기서 얼마나 훌륭한 묵상의 소재가 등장하는가? 영광스러운 천국, 성부께서 거하시는 곳을 그리스도께서 알려주시는 것보다, 그곳에 들어가야 할 더 큰 이유가 어디 있을까? 자매들이여! 이 세상을 떠나자. 우리가 세상에 그대로 머물러 있으면 주님이 주시는 은총은 과소평가될 수밖에 없다.

〈"우리 아버지" 안에 들어 있는 깊은 의미〉

오! 하나님의 아들이시여 나의 주되신 이여! 당신께서 이 한 마디를 통해 우리에게 주시고자 하는 것은 어떤 것입니까? 당신은 자신을 지극히 낮추셔서 자신을 우리와 연합시키시며, 우리가 지극히 악한 존재임에도 불구하고 우리를 형제로 삼으시며, 줄 수 있는 것은 모두 아버지의 이름으로 우리에게 주셨습니다. 당신께서 그렇게 하신 이유는 우리를 양자로 삼기를 원하신 아버지의 뜻 때문이었습니다. 당신의 말씀은 결코 떨어지지 않습니다. 성부 하나님은 성자에게 자신의 말씀을 지키도록 명령하셨습니다. 성부의 말씀을 지키는 것은 결코 작은 과업이 아니었습니다.

성부 하나님은 우리가 제아무리 악한 죄악을 범하더라도 탕자가 아버지께 돌아가듯 우리가 돌아가기만 하면 우리를 용납해 주신다. 하나님은 아버지가 아들을 용서해 주듯이 우리를 용서해 주시며 위로해 주신다. 물론 성부는 어떤 지상의 아버지보다도 더 훌륭하신 분임이 분명하다. 그 까닭은 그분 안엔 완전하지 않은 것이 하나도 없기 때문이다. 뿐만 아니라 주님은 우리를 동반자와 아울러 상속자로 삼기를 원하신다. 그러므로 딸들이여! 당신들은 그가 선한 선생님이라고 생각하지 않는가? 자신이 가르치는 내용을 우리가 배우도록 큰 은총을 주신 그분을 …(「완전에 이르는 길」, XXVII).

〈하나님이 계시는 곳은 어디든지 천국이다.〉

다음으로 우리 주님이 말하지 않을 수 없는 것은 "하늘에 계신 — 그는 하늘에 계신다"는 것이다. 지극히 거룩하신 아버지가 계시는 천국에 관해 아는 것이 별로 중요하지 않다고 생각하는가? 우리의 생각이 항상 방황하고 있기 때문에 이 사실에 대해 더욱더 알 필요가 생긴다. 천국에 관해 안다는 것은 곧 우리의 이해와 회상을 한 곳에 묶어 집중시킨다는 의미를 갖는다. 하나님이 어느 곳에나 계신다는 사실은 누구나 다 안다. 왕궁이 있는 곳에 왕이 있는 것 또한 사실이다. 그러므로 하나님이 있는 곳엔 천국이 있다. 주님이 계신 곳에 주님의 영광이 있다.

〈하나님은 신자의 영혼 안에 계신다.〉

그러나 성 아우구스티누스의 말을 깊이 생각하라. 그는 여러 곳에서 하나님을 찾다가 마침내는 자기 자신 속에서 하나님을 발견했다. 괴로워하는 영혼이 영원하신 아버지와 대화를 나누기 위해 구태여 하늘나라까지 갈 필요는 없다는 사실을 인식하는 것은 얼마나 중요한 일인가! 큰 소리로 기도할 필요 또한 없다. 아무리 낮은 소리로 이야기해도 주님은 가까이 계셔서 들어 주시기 때문이다. 우리에겐 하늘로 날아가 주님을 찾을 날개가 필요하지 않다. 우리는 고요한 가운데 우리 자신의 마음을 가다듬고 우리 안에 계신 주님을 바라볼 수 있다.

〈인간의 제한된 마음에 속박되기를 기뻐하시는 하나님의 겸손하심〉

우리 안에 금과 보석으로 이루어진 장엄한 궁전이 있음을 기억하자. 주님을 맞아들이는데 필요한 모든 것이 그 속에 갖추어져 있다. 주님은 무한한 가치를 지닌 보좌 위에 앉아 계시는데 그곳은 곧 당신의 마음이다.

이것은 언뜻 보기에 어리석은 것처럼 생각되는 말이다. 그러나 이 세계가 수천 개에 달할지라도 다 품에 안으실 수 있는 그분이 그토록 좁은 곳에 들어와 계시는 것이 이상스럽지 않은가. 그러나 그는 성처녀(마리아)의 자궁 안에 갇히기를 기뻐하신 것이다.

그분은 주님이시기 때문에 우리에게 자유를 주신다. 그분은 우리를 너무 크게 사랑하셔서 자신을 낮추어 우리의 성품을 입으셨다. 한 영혼이 주님을 알기 시작하면 주님은 자신의 모습을 단번에 드러내지는 않으신다. 왜냐하면 만일 주님이 그렇게 하신다면 그토록 작은 영혼이 그토록 크신 하나님을 포함할 수 있다는 사실에 압도되고 말 것이기 때문이다. 그러나 점진적으로 하나님은 필요에 따라 영혼의 마음을 넓히신다. 주님이 오시는 곳에 자유가 있다. 왜냐하면 그에게는 이 궁전을 넓힐 수 있는 능력이 있기 때문이다.

문제는, 우리가 우리 자신을 완전한 결의를 가지고 그에게 드려서 그가 우리의 삶에 대해 해주기를 원하시는 그 일을 하실 수 있게 해야 한다는 점이다. 이것이 그를 기쁘시게 하는 일이며 주님은 그렇게 하셔야 할 이유를 나름대로 가지고 계신다. 어떤 일이 있어도 그를 거부하지 말자. 주님은 우리에게 강요하시는 분이 아니므로 주님은 단지 우리가 그분께 드리는 것만을 취하신다. 우리가 우리 자신을 전적으로 그분께 드릴 때까지는 그는 자기 자신을 전적으로 우리에게 주시지 않으신다(「완전에 이르는 길」,

XXVIII).

⟨"우리 아버지"라고 말한 결과는 무엇인가?⟩

이제 주님이 그의 기도에서 말씀하시는 다른 내용을 생각해 보자. 주님은 하나님께 무엇을 요구하는가? 아무리 우둔한 사람이라도 위대한 인물 앞에서 무엇을 요구할 것인가에 대해서는 사전에 생각을 할 것이다. 그는 요구하기 전에 먼저 필요한 것이 무엇인지 생각하지 않겠는가?

주님! 당신은 우리가 필요로 하는 모든 것을 단 한 마디로 요구하실 수 없으셨습니까? 당신은 이렇게 요청하실 수 없으셨나요? "아버지여! 우리에게 필요한 것을 우리에게 주소서!" 모든 것을 누구보다도 잘 아시는 이에게 필요한 물품이 무엇이 없겠습니까?

오! 영원한 지혜여! 당신과 성부 사이에서는 이것만으로도 충분합니다. 그것은 당신의 정원 안에서의 기도만으로 부족함이 없습니다. 주님은 주님의 뜻을 나타내시면서도 복종의 자세를 보여 주셨다. 주님은 성부의 뜻에 전적으로 자신을 맡기셨던 것이다. 주님이 성부에게 복종하신 것처럼 우리가 주님에게 복종하는 것은 불가능하다. 우리는 우리가 원하는 것을 획득하지 않고 하나님이 우리에게 주시려고 하는 것만을 받아들이는 마음가짐을 갖추고 있지 않다. 결국 하나님이 주시는 것이 최선의 길인데도 우리는 우리 호주머니에 돈이 없으면 세상에서 결코 부유해질 수 없다고 생각하는 것이다.

오 주님! 왜 우리의 신앙은 이토록 잠자고 있으며 힘을 발휘하지 못하는 것일까요? "우리 아버지"라고 말할 때 우리가 무슨 일을 하고 있는 것인지 한 번 점검해 보는 일이 필요하다. 주님께서 당신의 요구를 들어주실 때 그것을 되받아 그의 면전에 집어던지는 일이 없도록 주의하라. 당신이 하나님께 무엇을 말하는가 매우 주의하라.

⟨하나님의 나라는 무엇인가?⟩

우리의 선하신 주님은 하나님의 나라가 임하도록 간구할 것을 지시하신다. "당신의 이름이 거룩히 여김을 받으시오며 당신의 나라가 임하옵소서." 우리가 "당신의 나라"라고 했을 때 무엇을 뜻하는지 이해할 필요가 있다. 주님은 우리가 영원하신 성부의 거룩한 이름을 거룩하게 해드릴 수도, 찬양할 수도, 존귀하게 높여드릴 수도, 영화롭게 해드릴 수도 없다는 사실을 잘 아시기 때문에 우리에게 지상의 하늘나라를 주신 것이다. 그러므로 주님께서는 이 두 가지 간구를 한데 묶고 계시는 것이다. [테레사는 "정적의 기도," 곧 묵상이 그 나라가 주는 선물이라고 생각한다.「완전에 이르는 길」, XXX)].

〈명상적인 기도생활 속에 하나님의 나라가 있는가?〉

주님은 우리의 기도를 들으셨으며 이미 자신의 나라를 이 땅 위에 임하게 하셔서 우리가 진정으로 그의 이름을 거룩하게 하며 모든 이들이 그렇게 하도록 돕기 위한 노력을 하게 하신다. 주님은 자신의 나라를 그들의 손에 붙이신다[곧 정적의 기도라는 선물을 통해]. 그러나 우리는 우리 자신의 말에 너무 많은 관심을 기울임으로써 우리 스스로를 멍청이로 만들고 있으며, 성급히 어떤 일을 완성하려 드는 사람처럼 성급하게 소리 내서 하는 기도를 되풀이한다. 우리는 날마다 이 일을 한다. 주님이 하나님의 나라를 우리 손에 넘기실 때도 우리는 우리가 소리 내서 읊는 기도가 더 효력이 있다는 자만에 빠져 그 나라를 받아들이려고 하지 않는다. 결국 많은 사람들이 그렇게 해서 보물을 잃고 만다.

그러므로 진정한 의미에 관해서 성찰해 보지도 않고 이해하지도 못하면서 기도를 반복하기보다는 "우리 아버지"라는 한 마디를 정성스럽게 말하는 것이 더 낫다. 당신이 기도하고자 하는 대상인 그는 매우 가까이 계신다. 주님은 당신의 기도를 결코 외면하지 않으실 것이다. 이와 같이 해서 당신은 그분의 이름을 진정으로 찬양하고 거룩하게 할 수 있다. 이제 당신은 그의 가족에 속한 자와도 같이 하나님을 영화롭게 하며 더 큰 애정과 욕망을 가지고 그분을 찬양한다. "그분이 얼마나 고귀한 분이신가"를 맛보았을 때 당신이 그분을 더 잘 알게 될 것은 당연한 논리이다.

〈하나님의 나라가 주어진 목적은 하나님의 뜻을 행하기 위함이다.〉

우리에게 은총을 주셔서 우리를 주님의 형제로 삼으셨으니, 아들이 아버지에게 드리기를 원하는 것, 주님이 우리를 위해 바치신 것, 주님이 우리로부터 원하는 것이 무엇인지 생각해 보자.

주님은 우리에게 주님의 나라를 주셨다. 주님은 우리에게서 아무것도 탈취해가지 않으셨다. 우리가 다음과 같은 고백을 드린다면 우리가 드릴 수 있는 것은 다 드리는 셈이 된다. "주님의 뜻이 하늘에서 이루어진 것 같이 땅에서도 이루어지이다." 주님! 당신은 이 간구를 정말 잘 하셨습니다. 당신이 우리를 위해 주시기로 예정하신 것을 이제 우리는 당신께 드립니다. 이렇게 하지 않으면 주님의 뜻을 이룬다는 것은 불가능합니다. 성부께서 우리에게 그의 나라를 주셨기 때문에, 우리는 믿음으로 말미암아 당신이 우리를 위해 바치신 그것을 성부께 드릴 수 있게 되리라는 것을 압니다. 하늘나라가 이 땅 위에 임하면 내 안에서 주님의 뜻을 이루어 드리는 것이 가능합니다. 하늘나라가 없다면 나의 영혼과도 같이 메마른 땅 위에서 어떻게 그 일이 가능하겠습니까.

〈하나님의 뜻은 무엇인가?〉

이제는 하나님의 뜻이 무엇인지 이야기하고 싶다. 당신에게 부와 쾌락과 명예와 기타 세속적인 이익을 주는 것이 주님의 뜻이라고 생각하지 말라. 이런 것을 주시는 것보다 주님은 한층 더 차원 높게 당신을 사랑하신다. 주님은 당신이 그분께 드리는 것을 아주 고귀하게 생각하신다. 그러므로 주님은 당신에게 풍부히 보상해 주시기를 원하신다. 당신이 살아 있는 동안에도 주님은 주님의 나라를 당신에게 주시는 것이다.

"주님의 뜻이 이루어지이다"라는 기도를 진정으로 드리는 자들에게 주님이 어떤 일을 행하시는지 알기를 원하는가? 그렇다면 겟세마네 동산에서 기도하실 때 이 간구를 하신 하나님의 영광스러운 아들에게 물어보라. 주님께서는 굳건한 결의와 온전하신 의지로써 그 기도를 드리셨기 때문에 넘치는 고난, 고통, 핍박을 견뎌내실 수 있으셨고, 마침내는 십자가 위에서 생명을 바치시기까지 하신 것이다. 주님을 가장 사랑하는 사람에게 하나님께서 주신 것이 무엇인가 살펴보라. 이것이 하나님의 뜻이 무엇인가를 아는 방법이다.

〈하나님의 뜻에 순종함〉
그러므로 우리는 이렇게 기도하는 것이다. "주님의 뜻이 이루어지길 원합니다. 주님께서 원하시는 방법으로 나를 통해 이루소서. 주님께서 고난을 통하여 그것을 이루시기를 원하신다면 다만 제게 힘을 주신 뒤에 고난을 허락하소서. 그것이 핍박이든, 질병이든, 수치를 당하는 것이든, 가난이든, 오 주여, 제가 여기 있나이다. 오 나의 아버지시여! 저는 당신으로부터 얼굴을 돌리지 않겠습니다. 제가 이 모든 일에 등을 돌린다면 참 배은망덕한 일이겠지요. 왜냐하면 당신의 아들이 우리를 위해 이 모든 것을 제물로 드렸기 때문입니다. 왜 제가 주님의 본을 받지 못하겠습니까? 다만 제게 당신의 나라를 다시 드릴 수 있는 은총을 주셔서 당신의 뜻을 이룰 수 있게 하소서. 저는 당신의 것이니 당신이 원하는 대로 처분하소서"(「완전에 이르는 길」, XXXII).

〈하나님의 뜻을 지속적으로 행해야 함〉
우리의 연약함. 우리가 하나님의 뜻을 알지 못한다고 우리 자신에게 종종 속삭이는 그 미련한 모습 — 우리는 너무 약하고 주님은 너무나 자비로우시다 — 을 잘 아시는 주님은 우리에게 약이 필요하다는 사실도 아신다. 그러므로 그는 우리를 위해서 하늘의 떡을 내려 달라고 간구하시는 것이다. 주님은 하늘의 떡이 공급되지 않고는 하나님의 뜻을 이루어 드리는 일이 너무 어렵다는 점을 잘 아신다. 부유하고 사치스러운 생활을 하는 사람에게, 심지어는 굶주림 때문에 죽는 사람도 있다는 이야기를 하면서 검소하게 생활하는 것이 하나님의 뜻이라는 말을 해보라. 아마도 그는 자기가 하나님의 뜻을 잘 모르는 이유가 무엇인지 수천 가지 핑계를 들이댈 것이다. 심술궂은 사람에게 자신을 사랑하듯 이웃을 사랑해 보라고 말해 보라.

그는 왜 자신이 하나님의 뜻을 모르는지 성급하게 이유를 둘러댈 것이다.

우리의 선하신 예수님은 우리의 필요를 아시고 우리에게 이런 기도를 가르쳐 주셨다. "오늘 우리에게 일용할 양식을 주시옵고." 그는 다른 어떤 간구를 통해서보다도 이 간구를 통해서 더 많은 것을 요구하신다. 그는 자신이 어떤 죽음을 죽어야 하며, 어떤 수치를 당해야 하는가를 아신다. 지극히 거룩한 성례를 집행하는 가운데 그에겐 얼마나 많은 모욕이 가해졌는가? 주님께서는 배고픔을 아시므로 인성의 만나를 주셔서 우리로 하여금 허기지고 굶주리지 않게 하신 것이다(「완전에 이르는 길」, XXXIV).

우리의 선한 선생님은 하늘양식을 먹을 때 하나님의 뜻을 행하는 것이 쉬워진다는 사실을 아시고 이제 하나님께 우리가 다른 사람을 용서해 준 것처럼 우리의 범죄도 용서해 달라고 간청한다. "우리가 우리에게 죄 지은 자를 사하여 준 것같이 우리 죄를 사하여 주시옵고." "우리가 용서해 줄 것과 같이"라고 미래형으로 표현하지 않은 것을 주목하라. 이미 하나님의 뜻에 자신을 내맡기고, 앞에서 언급한 간구라는 커다란 선물을 받은 뒤에, 이 사람은 이미 다른 사람들을 용서해 준 것이다.

"주님의 뜻이 이루어지이다"라고 이미 말한 자는 누구든지 이미 용서했어야 한다. 그러나 기도하는 가운데 용서하기로 결심하고도 전혀 용서하지 않은 채 자리에서 일어나는 자는 기도가 무엇인지 모르는 자이다. 사실상 우리가 기도하고 있느냐 하는 것을 진정으로 점검해 볼 수 있는 기준은 우리가 하나님의 뜻을 행하느냐 행하지 않느냐 하는 것인데, 여기엔 물론 용서의 정신이 포함된다(「완전에 이르는 길」, XXXVII).

그러나 영적으로 높은 단계에 이르기 위해 노력하는 자들은 그들이 낮은 단계로 내려올 때 더더욱 주의하지 않으면 안 된다. 자신들도 모르는 사이에 속임을 당하지 않도록 주의시키기 위하여, 이 귀양의 땅에 사는 이들에게 주님은 이런 간구를 덧붙이신다. "우리를 시험에 들게 하지 마시고 다만 악으로부터 구하소서." 악마는 우리가 소유하고 있지도 않은 덕을 소유하고 있는 것처럼 믿게 만듦으로써 우리 자신도 모르는 사이에 우리를 불행 속에 빠뜨린다.

이 속임수는 무서운 질병이다. 그런 속임수에 빠지면 우리가 소유하지도 않은 덕을 이미 획득한 것처럼 생각하고 그것을 획득하려는 노력을 하지 않게 된다. 그러므로 우리는 안전하지도 않은데 안전한 것처럼 착각하게 되며, 헤어나오기 어려운 구렁 속으로 빠져들고 만다. 이것은 매우 위험한 시험이다. 이것을 치료하는 최선의 방법은 우리의 영원하신 성부께 시험에 들지 않게 해 달라고 간구하는 것뿐이다(「완전에 이르는 길」, XXXIX).

[이와 함께 테레사는 다른 시험에 관해서도 기술하고 있다. 예컨대, 우리가 정말로 가난하다고 생각한다든가, 우리가 아주 겸손하다고 생각하는 것 등등이 그것이다.]

영혼을 한구석에 숨겨두지 말자. 그런 방법으로는 안전을 확보할 수 없다. 오히려 수많은 불완전함을 드러내게 만들어 악마가 그것을 집어 삼켜버리고 말 것이다. 여기서, 하나님을 사랑하면서도 두려워하는 태도가 부드럽고 고요한 여행을 하는 것을 가능하게 해주는 근거가 된다는 사실을 잊어선 안 된다. 두려움이 앞설 때 우리는 부주의한 여행을 절제하게 된다. 우리가 세상에서 사는 동안 진정한 안전함을 보장받을 수 있는 곳은 아무 데도 없다. 세상은 너무나 위태롭다. 우리 주님은 이 사실을 너무 잘 알고 계신다. 그러므로 주님은 기도가 끝날 때 이렇게 덧붙이신다. "다만 악에서 구하옵소서." 그는 우리가 이것을 필요로 한다는 사실을 잘 이해하고 있다(「완전에 이르는 길」, XLI).

오 나의 하나님이시여, 나의 주 되신 예수여! 이제 저를 온갖 죄악으로부터 구원하소서. 그리하여 모든 선한 것들만 있는 그곳으로 나를 인도하소서. 이 세상에서 우리가 기대할 수 있는 것은 무엇인가? 이 세상은 다만 허무할 뿐이며, 우리는 하늘에 계신 성부가 유보해 둔 영광을 신뢰하는 자들이 아닌가? 이 영광을 간절히 바라며 굳은 의지로 하나님을 섬기는 것이, 기도하는 자들에게는 기도 중에 받은 은총이 하나님에게서 온 것임을 알고 있다는 확실한 증거가 된다. 이 같은 사실을 아는 자들은 기도를 고귀하게 여기리라.

주님께서는 우리가 이 거룩한 기도를 드릴 때 우리가 간구해야 할 위대한 일들이 과연 무엇인가 가르쳐 주셨다. 이토록 짧게 요약된 문안(文案)에 상상하기 어려울 만큼 신비스러운 내용을 담아 우리에게 선사하신 주님께 영원히 찬양드린다. 그 기도 안에 곧 완전에 이르는 길이 제시되어 있다. 우리가 신앙생활을 출발하는 때부터 하나님이 영혼을 완전히 자기 것으로 만드시는 그날까지 필요한 삶의 규범이 담겨 있다. 주님은 이 기도를 통해 우리에게 생명샘의 샘물을 풍부하게 마시도록 허락한다. 나는 이 기도보다 더 앞으로 나아갈 수 없다(「완전에 이르는 길」, XLII).

4

기도생활은 정원과도 같다

1. 서론

기도생활을 증진시키면서 우리가 요구하는 저택들로 올라가기 위해서는 기도라는 작업이 많이 생각하는 것으로 이루어져 있는 것이 아니라 많이 사랑하는 것으로 이루어져 있다는 사실을 염두에 두어야 한다. 그러므로 사랑을 크게 자극시킬 수 있는 일이면 어떤 일이든지 행하라.

아마 우리는 사랑이 무엇인지 모르는 것 같다. 사랑은 더 많은 기쁨을 맛보기 위해 하는 것이 아니다. 그것은 더 확고한 결의와 욕망을 가지고 모든 일에 하나님을 기쁘시게 하며 하나님을 거역하지 않기 위해 노력하는 것을 의미한다. 사랑은 또한 주님에게 아들의 명예와 영광을 증진시키며 보편교회의 영역을 더욱더 크게 넓혀 줄 것을 간구하는 것을 의미한다.

이상과 같은 것들이 사랑의 증거들이다. 사랑이 어떤 일에 대하여 생각하지 않는 것이라거나, 조금만 불화가 생기면 송두리째 잃고 마는 것이라고는 생각하지 마라(「내면의 성」, IV).

기도를 처음 시작하는 사람은 자신이 마치 정원을 가꾸는 사람이라고 생각하면 될 것 같다. 정원에서 우리 주님은 기쁨을 찾으신다. 그런데 그 정원의 토양은 불모의 땅이요, 잡초가 가득히 나 있는 곳이다. 주님께서는 잡초를 제거하시고 좋은 식물을 심으신다. 영혼이 기도하겠다는 결의를 가지고 기도를 실행에 옮기기 시작할 때 이미 이 작업은 시작된 셈이다.

우리가 훌륭한 정원사가 되기 위해서는 하나님의 도우심을 힘입어 식물이 자라는 모습을 주의 깊게 관찰해야 한다. 우리는 세심하게 그 식물들에게 물을 주어 그것들이 죽지 않고 꽃을 피울 수 있게 해야 한다. 틀림없이 그 식물들은 짙은 향기를 발할 것이며 이 향기는 우리 주님을 기쁘게 할 것이다. 주님은 종종 이 정원에 들러 기쁨을 만끽하실 것이며 이 덕목들 가운데 있는 자신의 모습에 흡족해 하시리라.

〈정원에 물을 주는 네 가지 방법〉

11 이제 이 정원에 물을 주는 방법에 관해 살펴보기로 하자. 우리가 물을 주려고 하면 얼마나 많은 고통을 감수해야 하는가? 물을 주는 수고보다 얻는 수확이 과연 더 큰가? 수확을 거두자면 얼마 동안이나 기다려야 하는가?

정원에 물을 주는 방법에는 네 가지가 있는 것 같다. 첫 번째는 우물로부터 물을 긷는 방법인데 이것은 매우 힘든 일이다. 두 번째는 물레방아를 이용하여 물을 주는 방법이 있다. 나는 이 방법으로 종종 물을 주어 본 경험이 있다. 이 방법은 첫 번째 방법보다 덜 힘이 들며 더 많은 물을 공급할 수 있다. 세 번째는 시냇물을 이용하는 방법이다. 시냇물을 잘 이용하면 훨씬 더 훌륭하게 물을 공급할 수 있다. 토양은 더 흡족하게 물을 받을 것이며 그렇게 자주 물을 필요로 하지 않아도 될 것이다. 더욱이, 정원사의 수고가 현격하게 줄어든다. 네 번째는 우리가 손 하나 까딱하지 않아도 주님 자신이 비를 통해 정원에 물을 주시는 일이 있다. 이 방법이 내가 지금까지 이야기한 네 가지 방법 중에 최선의 방법이다.

〈기도의 네 단계〉

12 이 네 가지 정원 관개법을 기도에 적용해 보자. 물이 없으면 땅은 황폐해지고 만다. 물의 비유는 주님께서 종종 나의 영혼을 일으켜 소생시키시는 네 단계의 기도에 확대 적용해 볼 수 있다. 주님께서 내게 은혜를 주셔서, 나에게 글을 쓰도록 강요한 사람들에게 내가 드는 비유가 다소라도 도

움이 되었으면 한다.

　주님께서는 내가 17년 동안 내 힘으로 도달할 수 있었던 것보다 훨씬 더 높은 단계에까지 단 4개월 만에 나를 끌어 올리셨다. 주님은 내가 준비했던 것보다 훨씬 더 훌륭히 준비해 주셨다. 주님의 정원은 이 네 가지 관개법에 의해 가꾸어졌는데 네 번째 수단은 다만 방울방울 물이 떨어지는 것이었다. 그러나 마침내 그 정원은 성장을 계속했고, 주님의 도우심을 받아 바로 그 주님의 마음에 흡족히 드는 것으로 탈바꿈했다. 주님께서 내가 이야기하는 설명 방법이 너무 어리석어 그것을 보고 어이없는 웃음을 지으시더라도 나는 이 설명으로 조금의 유익을 끼칠 수 있으면 만족할 것이다.

2 우물물을 퍼서 물주기

13 기도를 처음 시작하는 사람들은 우물물을 퍼서 물을 주는 자들이다. 이 과정은 이미 말한 것처럼 매우 고생스럽다. 그들은 감각들을 통제하는 일에 틀림없이 지칠 것이다. 이것은 힘든 노동인데 그 까닭은 인간의 감각이란 언제나 엉뚱하고 의도하지 않는 방향으로 빠지기 쉽기 때문이다.

초신자들은 듣고 본 일들을 기도하는 시간에는 일단 멀리하는 훈련을 쌓는 일이 필요하다. 초신자들은 혼자 시간을 가지면서 자신들의 지난날의 생활을 반성할 필요가 있다. 이것은 비단 초신자만이 아니라 모든 신앙인이 겪어야 하는 체험이다. 그러나 그 방법에 있어서까지 동일해야 되는 것은 아니다.

〈심지어는 당신 자신의 회개에도 의존하지 말고
다만 그리스도만을 의존하라.〉

초신자들이 처음에 많은 고통을 겪는 까닭은 자신들이 과연 죄를 회개했는지 미심쩍어하기 때문이다. 그러나 그들이 신실한 결심을 가지고 하나님을 섬기려는 태도를 가지고 있으면 그들은 회개한 것이나 다름없다. 그들은 그리스도의 삶에 관하여 묵상해야 하는데 이것은 매우 힘든다. 이런 묵상은 하나님의 도움을 받아야만 가능하다. 하나님의 도우심이 없이는 우리는 단 한 번의 선한 생각도 할 수 없다.

14 이것이 곧 우물로부터 물을 긷기 시작하는 것이다. 우물 안에 물이 들어 있을지도 모른다는 사실은 하나님이 암시해 주신다. 그러나 우물 안의 물도 우리 때문에 들어 있는 것은 아니다. 우리는 꽃들에게 물을 주기 위해 다만 물을 길어 오는 것뿐이다. 선하신 하나님은 오직 자신만이 아시는 몇 가지 이유에 의해서 — 아마도 그 이유란 우리를 한층 더 유익하게 만들기 위함이리라 — 우물이 마르도록 내버려 두시는 일이 있다. 그런 상황에서도 주님은 스스로 물이 없이도 꽃을 키우신다. 한편 우

리가 선한 정원사들이 되어 우리 힘으로 할 수 있는 일을 다 하고난 뒤엔 여전히 우리의 덕목들이 자라고 있음을 본다. 여기서 말하는 물은 눈물을 뜻한다. 물이 메말랐다고 할 때 그 물은 부드러움, 내면의 헌신의 감정을 뜻한다.

〈메마른 영혼〉
그러나 많은 나날들이 지났음에도 불구하고 땅은 여전히 메마르고 더러우며 악취가 나고 물 길러 가고자 하는 의욕마저 상실해 버린다면 우리는 어떤 조치를 취해야 하는가?
만일 그가 정원의 주인을 기쁘시게 해야 하며 섬겨야 한다는 사실을 기억하지 않으면 정원 가꾸기를 전적으로 포기할 수도 있다. 자신의 노력이 결코 헛되지 않다는 사실에 대한 확신이 없다면 그는 떠날는지도 모른다. 수없이 양동이를 우물 속에 집어넣어 물을 긷고자 했으나 물이 없을 때, 그렇게 애쓰고도 아무런 수확이 없다는 것을 알고 누가 계속 정원사로 남아 있겠는가? 그는 종종 팔 하나 까딱하고 싶지 않은 충동을 느낄지도 모르며 단 하나의 선한 생각도 하지 못할지도 모른다. 그런 생각을 가지고 일하는 것은 우물물로부터 물을 긷는 것이다.

16   이런 상황에서 정원사가 해야 할 일은 무엇인가?
그는 자신이 그토록 위대한 대왕의 정원에서 일할 수 있다는 사실이 큰 특권이라는 점을 인식하고 기쁨과 위로를 받아야 한다. 자신이 일하는 것이 주님을 기쁘시게 하는 것임을 잘 알기 때문에 그는 주님을 더더욱 찬양할 것이다. 주인은 그의 정원 가꾸는 작업을 신뢰해 왔다. 왜냐하면 그는 아무런 불평도 없이 맡은 일을 성실하게 감당해 왔기 때문이다. 이 정원사는 평생 동안 주님이 십자가를 지고 가시는 일을 도왔으며 주님이 살아 계심을 나타내었다. 그는 이 세상에서 주의 나라를 바라지 않고 기도를 포기한 적도 없다. 오히려 그는 결심을 굳게 하고 이런 메마름이 평생 동안 지속된다 할지라도 그리스도가 십자가와 함께 쓰러져 버리는 것을 그냥 두고 보진 않으리라.

17 　그가 단번에 보상받을 날은 꼭 올 것이다. 그러므로 그가 자신의 노력이 헛될지도 모른다는 두려움에 빠지지 않도록 하자. 그가 섬기는 선하신 주인은 그를 항상 눈여겨보고 계신다. 악한 생각이 그를 방해하지 않도록 하자. 다만 사탄이 광야의 성 제롬에게도 악한 생각들을 불어넣어 주었음을 기억하게 하라. 이런 노력 자체가 보상이다. 나도 그런 일을 수십 년간이나 겪어온 사람이다. 그때 나는 하나님의 복된 우물로부터 단 한 방울의 물이라도 길었을 땐 그것이 하나님의 자비라고 생각했다.

〈수십 년 동안 메마름 속에 방황하던 영혼은
단 한 시간의 하나님의 임재로 보상받는다.〉

　이제 나는 이런 노력이 얼마나 힘든 것이며 세상의 어떤 다른 일보다 큰 용기가 필요하다는 사실을 알고 있다. 그러나 하나님께서 그것을 요구하실 때는 반드시 큰 보상이 있다는 사실도 또한 나는 분명히 보았다. 그 보상은 때론 현세에서 주어지기도 한다. 단 한 시간 동안 주님이 내게 자신의 달콤함을 맛보게 하시는 그 시간은, 내가 기도하는 가운데 견디어 내야 했던 숱하게 많은 고통의 시간들보다 더 완전한 보상을 내게 주었던 것이다.

18 　처음에 주님께서 종종 이런 고통과 많은 다른 시험들을 주시는데, 그 목적은 자기를 사랑하는 자들을 연단시키고 그들이 자신의 잔을 과연 마실 수 있는가를 발견하기 위한 것이다. 주님께서는 자신의 일을 돕고자 하는 자들에게 더 큰 책임을 맡기기에 앞서서 먼저 십자가를 지고 가도록 요구하신다.

〈우리를 시험하기 위해 메마름을 주시는 경우가 있다.〉

　주님께서 이런 길로 우리를 인도하셔서 우리가 참으로 얼마나 무익한 존재인가를 깨닫게 만드시는 것이 결국 우리를 유익하게 하는 것 같다. 후일 주님께서 우리에게 주시는 은총들은 매우 값진 것들이다. 주님은 우리들 자신이 얼마나 보잘것없는 존재인가를 깨닫게 하셔서 루시퍼(사탄)에게 일어났던 일이 우리에게 다시 일어나는 일이 없게 하신다.

19   오 나의 주님! 당신이 가는 곳이면 심지어는 십자가의 죽음을 죽으셨던 그 언덕까지도 따라가려는 결의를 가진 영혼을 위해 당신은 언제나 더 유익한 일만을 하십니다. 당신의 능력이 우리에게 주어질 때 우리는 비로소 십자가를 질 수 있습니다.

자신 안에 이런 결의가 있음을 깨닫는 자들은 누구든지 아무것도 두려워할 필요가 없다. 그렇다. 그 같은 영적인 사람들은 아무것도 두려워할 것이 없는 것이다. 이미 하나님과 조용한 대화를 나누며 세상이 주는 쾌락을 포기하는 단계에까지 이르는 자들은 전혀 낙심할 필요가 없다. 우리가 해야 할 더 큰 작업이 이제 끝난 것이다. 그러므로 이제 주님을 찬양하고 자신을 사랑하는 자들은 결코 실망시키지 않으시는 주님의 선하심을 신뢰하자.

〈하나님이 하고자 하시는 일을 우리에게
  하실 수 있도록 허용하자.〉

이제 당신의 상상의 눈을 감고, 주님이 그토록 짧은 시간에 이 사람에게 관심을 기울이신 이유가 무엇이며, 그렇게 많은 세월이 지났는데도 내게는 아무런 감흥도 주시지 않은 까닭이 무엇인가 묻지 말라. 다만 모든 일이 우리를 한층 더 유익하게 하기 위한 것임을 믿자. 주님께서 원하시는 곳으로 우리를 데리고 가도록 허용하자. 우리는 우리 자신의 소유가 아니다. 우리는 그에게 속해 있다.

주님은 우리에게 충분한 자비를 허락하셨으므로 우리가 그분의 정원을 가꾸며 그 정원 주인에게 더욱 가까이 나가는 것을 기뻐하신다. 주님은 분명히 우리에게 가까이 와 계신다. 이 식물들과 꽃들 가운데 일부에게 물을 주어 자라게 하는 한편, 어떤 꽃들에게는 그렇게 하지 않은들 그것이 나와 무슨 상관이 있겠는가?

　오 주여! 당신의 뜻을 이루소서. 나의 덕을 잃지 않게 하소서. 주님이 내게 무언가를 주신다면 그것은 전적으로 주님의 선하심에 근거한 것입니다. 오 주여! 당신이 고난을 받으셨기 때문에 저도 고난받기를 원합니다. 모든 면에 저를 통하여 당신의 뜻을 이루소서. 당신의 사랑처럼 고귀한 선물이 다만 위로받기 위한 목적에서 당신을 섬기는 자에게 주어지지 않게 하소서.

20　지난날 나의 경험으로 미루어 볼 때 이같이 결연한 자세로 기도의 길을 가기 시작하는 사람은 기쁘거나 슬프거나, 큰 위로가 있거나 위로가 없거나 이미 상당한 거리의 여행을 해온 셈이다. 아무리 비틀거려도 다시 뒤로 후퇴할지도 모른다는 두려움에 사로잡혀서는 안 된다.

　이 영혼의 건물은 굳건한 토대 위에서 건축이 시작되었다. 우리가 하나님의 사랑을 원하며 그 사랑 안에서 위로받기를 원하지만, 그 사랑이 눈물이나 부드러움이 주는 어떤 기쁨 따위를 의미하는 것은 아니다. 오히려 하나님의 뜻은 의로움과 강인한 마음으로, 또 겸손한 태도로 섬기는 것을 뜻한다. 우리가 어떤 봉사를 하지 않더라도, 우리는 모든 것을 받고 아무것도 잃지 않을 것이다.

〈하나님은 우리의 강인함을 재확인하시기 위해 위로하신다.〉

21　나처럼 약하고 힘이 없는 불쌍한 여인에겐 지금처럼 하나님의 위로를 받아야만 고난을 견뎌낼 수 있으며 이것은 곧 주님을 기쁘시게 할 것이다.

　이른바 하나님의 종들이라고 자처하며 탁월하고 학식과 재능이 풍부한 자들이 법석을 떨면 나는 매우 마음이 뒤숭숭해진다. 왜냐하면 그들에겐 헌신의 마음이 결여되어 있기 때문이다. 내 말은 그들이 하나님이 주시는 헌신을 받아들이지 않거나 존중하지 않는다는 의미가 아니다. 왜냐하면 하나님께서는 그들에게 헌신의 마음을 주는 경우도 있기 때문이다. 그러나 그들에겐 헌신의 마음이 없어도 지치는 법이 없다. 주님께서 주시지 않았기 때문에 필요하지 않다고 그들은 생각하며, 자신들이 자신들을 통제해야 한다고 생각한다. 그들은 위로받기 위한 욕망이 잘못된 것이라고 믿고 있다. 이 같은 사실을 나는 보고 겪었다. 그들은 자신들이 벌이는 소동이 불완전함, 영(靈)의 자유의 결여, 무엇인가를 성취할 수 있는 용기의 결여를 가리킨다는 사실을 알아야 한다.

〈그리스도인다운 삶을 살기 시작하는 시초에 십자가를 받아들이라.〉

22 나는 초신자들에게 지나칠 정도로 용기를 강조하고 싶지는 않다. 다만 나는 초신자들이 처음에 자유와 아울러 결의도 갖추어야 함을 말하고 싶은 것뿐이다. 용기를 특히 강조하는 것은 다른 신자들을 염두에 둔 것이다. 많은 사람들이 시작만 해놓고 끝을 맺지 못한다. 이것은 그들이 처음부터 십자가를 회피하려 들기 때문이다. 그들이 하는 일이 아무것도 없다는 것을 생각하면서 그들은 낙심한다. 지성(知性)이 작업을 중단하면, 그들은 그것을 용납하지 못한다. 지성이 그 작업을 중단할 때, 무슨 일이 일어나고 있는지 깨닫지 못할지라도, 비로소 그들의 의지는 강화되고 재확인된다.

23 우리는 주님이 이런 무능력에 무관심하다고 생각해선 안 된다. 우리가 생각하기엔 잘못된 일처럼 느껴질지는 모르지만 그렇지 않다. 주님께선 우리 자신들보다도 우리의 좌절과 우리의 타락한 성품에 대해 잘 아신다. 주님은 이 영혼들이 언제나 주님에 관해 생각하며 또한 그를 사랑하기를 원하고 있다는 사실을 아신다. 주님이 원하시는 것은 바로 초신자들이 가지고 있는 그런 결단이다.

〈육체적인 고통〉

우리가 우리 자신들에게 가하는 다른 고통들은 다만 영혼을 불안하게 만들 뿐이다. 이전에 한 시간도 채 기도하지 못하던 영혼이 이제는 네 시간 동안이나 기도할 수 있게 되기도 한다. 그런데 한 시간조차도 기도할 수 없는 무능력은 대개 육체적인 질서가 파괴된 데 기인한다.

　나는 육체적인 고통을 많이 겪어본 사람이다. 나는 내가 한 말이 참되다는 확신을 가지고 있는데, 그 이유는 그 문제에 관하여 오래 생각해왔고, 후엔 영적인 지성을 소유한 자들과 많은 대화를 나누기도 했었기 때문이다. 감옥에 갇혀 있는 우리의 가련하고 작은 영혼은 육체의 불행을 나누어 갖는다. 그러므로 날씨가 변하거나 육체적 조건이 변하면 그것은 영혼에까지도 영향을 끼친다. 영혼은 끊임없이 신체적으로 고통을 받으면 자신이 원하는 일을 할 수 없게 된다. 이때 우리가 영혼을 들볶으면 볶을수록 영혼이 입는 피해는 커지고 오래 간다. 그러므로 우리의 몸이 병들었는지 아닌지에 대해 신중한 주의가 늘 필요하다. 가련한 영혼이 질식당해서는 안 된다.

　이런 식으로 고통을 당하는 자들이 때로 육체적으로 병들었기 때문임을 인식하자. 기도하는 시간에 변화가 이루어져야 하며 이 변화는 그 이후의 며칠 동안 계속되지 않으면 안 된다. 이 고통스러운 체험을 그들이 계속할 수 있도록 허용하라. 하나님을 사랑하는 영혼이 그런 불행 속에서 살아야 한다는 것은 큰 비극이다. 그 영혼의 욕구가 좌절되기 쉬운데 그 까닭은 그들의 육체가 병들어 있기 때문이다.

〈당신의 신체적 건강에 주의하라.〉

24　이미 말한 바와 같이 우리는 매우 주의하지 않으면 안 된다. 그 까닭은 악마가 활동하고 있기 때문이다. 영혼이 할 수 없는 일을 행하도록 영혼을 괴롭히는 것이 항상 좋은 일이 아니듯이 정신적으로 크게 불안해하고 낙심하는 사람에게 기도를 포기하도록 하는 것도 똑같이 좋은 일이 아니다. 우리가 살아가면서 해야 할 일은 그밖에도 많다. 자비를 베푼다든지 영적인 독서를 하는 것이 그것이다. 그러나 이런 일들보다 더 시급하고 중요한 일이 있다. 그것은 하나님에 대한 사랑에 근거하여 몸을 돌보는 일이다. 그 이유는 몸이 건강하면 영혼에도 매우 큰 유익을 주기 때문이다. 당신의 영적인 안내자가 충고하는 대로 친구와 대화를 나누거나 시골길을 걷는 등

의 신체적인 운동을 계속하라.

　이 모든 일을 해나갈 때 경험은 매우 큰 도움이 된다. 왜냐하면 그것은 우리에게 적절한 것이 무엇인지 가르쳐 주기 때문이다. 어떤 상황에서든지 하나님을 섬겨야 한다. 하나님의 멍에는 쉽다(마 11:30). 그러므로 영혼을 너무 강요하지 않는 것이 좋다. 왜냐하면 영혼을 부드럽게 다루어야 장기적으로 크게 발전을 할 수 있기 때문이다.

25　이제 앞에서 말한 충고로 되돌아가자. 두말할 필요도 없이 그 누구도 낙심하거나 고통을 받거나 메마르거나 휴식을 얻지 못하거나 생각의 혼란 속에 빠져서는 안 된다.

〈십자가를 두려워 말라.〉
　누구든지 영혼의 자유를 얻고 항상 고난 속에 빠져 있고 싶지 않다면 십자가를 두려워하지 않는 마음으로 출발하는 것이 필요하다. 그는 곧 주님께서 십자가를 지는 방법을 가르쳐 준다는 사실을 알게 될 것이다. 그는 만족을 얻을 것이며 무슨 일에서든지 유익을 얻을 것이다. 분명한 것은 세상이 메말라 있어도 우리가 세상에 물을 부어 습하게 하지는 못한다는 사실이다. 진실로 우리는 게을러져서는 안 된다. 물이 발견되는 곳이면 어디서든지 물을 길어야 한다. 왜냐하면 이런 방법을 통해서 주님이 우리의 덕목들을 증진시키기를 원하시기 때문이다(「자서전」, XII).

　우물로부터 물을 긷기 위해서는 노력이 필요하듯이 헌신의 초기에 어느 정도 우리의 노력이 필요하다. 우리를 위해 주님의 고난을 생각하고 묵상할 때 우리 마음엔 동정심이 일어나며 그 같은 성찰로부터 우러나오는 슬픔과 눈물은 감미로움을 안겨준다. 우리가 바라는 소망에 관해 생각하고 주님께서 우리에게 주신 사랑을 묵상하며 죽음을 이기고 부활하신 사건을 기억할 때, 우리 안엔 전적으로 영적인 것만도 아니요 그렇다고 해서 전적으로 감각적인 것만도 아닌 기쁨이 솟아오른다. 그러나 그 기쁨은 우리의 영혼을 소생시키며, 그 슬픔은 우리를 구속(救贖)한다.

우리가 이 우물로부터 물을 길어야 하는 이유는 무엇일까?

우리 주님은 사마리아 여인에게 "다시는 목마르지 않는 생수"(요 4:13)에 관해 말씀하셨다. 진리 그 자체이신 그분이 다시는 목마르지 아니하리라는 말씀을 하셨을 때 그것은 얼마나 진실한 언급인가. 세상에 있는 것들에 대한 어떤 자연적인 목마름보다도 이 목마름은 우리가 상상할 수 있는 것보다 훨씬 큰 것이다.

〈참된 갈증은 하나님을 향한 것이다.〉

그러면 참된 목마름은 과연 어떤 유형의 것인가? 영혼은 그 참된 목마름이 큰 가치가 있다는 것을 알며, 또 그것이 우리에게 고통을 안겨준다는 것도 안다. 그 목마름만 채워진다면 다른 목마름은 해소된다. 그 목마름은 세상일에 대한 목마름을 질식시켜 버리고 마는 불 같은 목마름이다. 하나님은 그 목마름을 채워 주시지만 계속해서 목마름이 끊어지지 않도록 하시는데 그것은 하나님의 은총이다. 왜냐하면 그럴 때 영혼은 이 물을 다시 마시려는 더 큰 욕망을 새롭게 가지기 때문이다.

〈물에는 세 가지 속성이 있다.〉

물에는 다른 여러 가지 속성도 있겠으나 세 가지 중요한 속성을 빠뜨릴 수 없다.

1. 물은 시원하게 한다.

물의 첫 번째 속성은 시원하게 하는 것이다. 아무리 더워도 물을 한번 몸에 퍼부으면 열기는 싹 가시고 만다. 큰 화재가 났을 때, 그것은 산불이나 들불이 아닌 한 물을 뿌리면 진화된다.

오 나의 하나님! 이 불 속에 물을 부으면 부을수록 더 강하게 타오르는 것이 있음은 얼마나 놀라운 일인가. 그 불은 강하고 강력한 불이다. 그 불은 다른 어떤 것과도 성격이 다른 불이다. 만일 내가 과학자라면 이 불을 한 번 규명해 보고 싶다. 그 요소들이 어떤 특징을 함유하고 있는지를 내가 안다면 나는 그것을 더 훌륭하게 설명할 수 있을 텐데. 오히려 나는 그 불에 관하여 이야기하는 것으로 만족해야만 한다. 나는 그 불을 어떻게 다루어야 하는지 잘 모르겠다.

그러나 자매들이여, 하나님께서 이 물을 그대들에게 긷도록 허용하시면 그대들은 이제 막 그 물을 마시는 사람과도 같이 그 물을 보고 기뻐한다. 또한 그대들은 진정한 하나님의 사랑이 세상의 모든 요소들보다도 더 우월한 것임을 체험하게 될 것이다.

물은 땅에서 나온다. 그 물이 하나님의 사랑이라는 이 불을 끄지 않을까 두려워하지 말라. 이 불은 세상의 통제를 받지 않는다. 불과 물은 정반대인 듯이 보이지만 사랑의 상징인 불은 절대적인 주인이다. 그 불은 물에 종속되지 않는다.

자매들이여, 내가 이 책에서 기도에 관해 특히 많은 이야기를 하고 있는 것을 이상히 여기지 말라. 나는 다만 그대들이 기도의 자유를 얻기를 갈망할 따름이다. [여기서 테레사의 글은 약간 혼선을 빚는다. 그러나 그녀가 말하고자 하는 것은 기도의 샘물이 하나님의 사랑이라는 불과 결합되어 있으며 이런 결합은 그 무엇으로도 끌 수 없는 거룩한 열정을 발한다는 점이다.] 이 물은 세상에 대한 애착과는 철저히 무관하다. 그런 결합은 온 세상을 불길로써 사로잡기 때문에 영혼이 세상적인 일들 때문에 더럽혀지는 법이 없다.

2. 물은 정결하게 한다.

물이 지닌 두 번째 특징은 더러운 것을 깨끗이 한다는 점이다. 만일 물이 없으면 이 세상은 어떻게 변할까? 이 "생수", 하늘의 물, 정결한 물은 얼마나 그 정결하게 하는 효력이 큰지 아는가? 우리가 그 물을 단 한번이라도 마시기만 하면 그 물은 영혼을 정결하게 하며 죄악을 깨끗이 씻어준다. 이미 언급한 바와 같이 하나님은 영혼이 오물과 불행으로부터 자유롭게 되는 것을 허용하시면서 정결하게 하는 작업 이외에는 결코 이 물을 사용하지 말도록 경고하신다.

그럼에도 불구하고 다른 위로는 땅 위를 흐르는 물로부터 얻는다. 그 위로는 샘물의 근원에서 마심으로써 얻는 것이 아니다. 그 물에는 항상 불결한 것들이 함유되어 있다.

나는 이것을 기도라고 하고 싶지 않다. 우리가 아무리 열심히 깨끗해지려고 애를 써도 우리 영혼은 우리의 의지와는 무관하게 어느 정도의 불결함은 항상 간직하게 된다. 우리가 소유하고 있는 악한 성품과 연약한 육체는 이런 불결함의 원인이 되기도 한다.

조금 더 이 문제에 관해 설명해 보자. 우리는, 세계의 본질은 무엇이며 어떻게 하면 모든 일이 끝나 다시는 그것들의 유혹과 자극을 받지 않아도 될까 등의 문제에 관해 공상을 하곤 한다. 우리 스스로가 받아들이지 않아도 우리의 생각은 쉽게 우리가 애착을 갖고 있는 것들에게 끌려간다. 우리는 얼마 동안은 그것들로부터 자유로워지고 싶어 하지만 우리는 우리 주위의 세계에 관한 생각으로 정신이 산만해진다. 세계는 앞으로 어떻게 될 것이며, 우리가 해온 일은 무엇이며, 우리가 원하는 것은 무엇인가 하는 생각에 사로잡힌다. 그런 것들로부터 우리가 자유로울 수 있도록 도와주는 일들에 관해 생각할 땐 또 다른 위험에 처하고 만다.

그러므로 우리는 두려움을 가져야 한다. 주님 자신도 조심하셨다. 주님은 우리가 우리 자신을 신뢰하는 것을 원하지 않으신다. 주님은 우리의 영혼을 너무나 귀중하게 생각하시기 때문에 영혼이 세상일에 빠져 큰 해를 입는 것을 허용하지 않으신다. 그는 즉각 그를 데려다가 가까이 두시며 더 많은 진리를 보여주시면서 우리가 수십 년 동안 생활하면서 얻은 것보다 더 명료한 지식을 주신다. 우리의 시야는 자유롭지 못하다. 우리가 길을 걸을 때 먼지는 우리가 앞을 보지 못하게 만든다. 그러므로 주님께서 친히 우리가 알지 못하는 중에 우리의 여행을 끝까지 인도하신다.

3. 물은 갈증을 만족시킨다.

물의 세 번째 속성은 갈증을 만족시키며 풀어 준다는 점이다. 갈증이란, 우리가 필요로 하며, 만일 충족되지 않을 땐 우리를 파멸시키는 것을 가리킨다. 우리가 원하면 우리를 충족시켜 주다가도 지나치게 마시면 생명을 파손시키는 것은 얼마나 이상한 일인가? 탄원하는 일에 푹 파묻혀 버린 사람에게서 이런 현상이 나타난다.

오 나의 주님! "이 생수" 안에 몰입되어 있는 사람보다 더 복 있는 사람이 어디 있습니까! 정말 그 일이 가능할까? 그렇다. 그것은 가능하다. 하나님에 대한 사랑과 욕망은 본성이 감당할 수 없는 단계에까지 성장할 수 있다. 내가 알고 있는 어떤 사람은[아마도 이것은 테레사 자신을 가리키는 것 같다] "이 생수"를 너무나 풍부하게 받아 하나님이 도와주시지 않으면 모든 감각을 상실하고 만다.

그러나 지극히 높으신 하나님으로부터 나오는 것은 하나도 불완전한 것이 없기 때문에 그분이 주시는 것은 모두 우리를 유익하게 한다는 점을 염두에 둘 필요가 있다. 그러므로 그것은 아무리 풍부하게 받아 마셔도 체하는 법이 없다. 하나님께 속한 것엔 잉여분이란 없다. 하나님이 많이 주시면 영혼은 많이 마실 수 있도록 되어 있다. 이것은 어떤 물질을 담는데 필요한 유리잔을 자기 마음대로 만들어 내는 유리 세공업자와도 같다. 이 물을 갈망하는 것은 우리 자신에게서 나오는 욕망과는 달라서 전혀 아무런 결점도 없다. 그 욕망이 선한 것은 주님의 도우심이 있기 때문이다.

우리는 참 어리석다. 물이 감미롭고 즐거운 것인데도 우리는 그것만으로는 만족할 수 없다고 생각한다. 그러면서도 우리는 그것을 끊임없이 바란다. 그런데 물에 대한 욕망이 계속 성장하면 우리를 죽이는 수가 있다.

〈열심을 주의하라.〉

격렬한 갈증을 가진 자는 매우 주의해야 한다. 그에게 시험이 찾아오기 때문이다. 그가 갈증 때문에 죽지는 않겠지만 자신이 아무리 신체적인 해를 입지 않으려고 애를 써도 건강을 잃을 수가 있으며 그것이 외적으로 나타날 수가 있다. 아무리 우리가 애써 감추려 해도 소용없는 때가 많다. 왜냐하면 그것은 곧 외부로 표출되기 때문이다. 그러나 이 격렬한 욕구가 우리에게 찾아오지 않도록 주의하자.

이것은 중요한 생각이다. 왜냐하면 당신은 아무리 기도 시간이 즐거워도 자꾸만 그 시간을 줄여야 할는지도 모르기 때문이다. 육체의 힘이 쇠약해지기 시작할 때, 우리에게 두통이 찾아올 때, 우리는 기도를 중단해야 한다. 모든 일에 분별하는 것이 필요하다.

딸들이여, 내가 이처럼 애를 써가면서 설명하는 이유가 무엇인지 이해할 수 있겠는가? 이 하늘의 샘으로부터 생수를 마실 때 우리가 얻는 이익에 관해서 내가 그렇게 힘주어 이야기한 이유가 무엇인가?

내가 기도와, 기도할 때 겪는 어려움에 관하여 장황한 설명을 늘어놓는 이유는 당신이 기도하다가 시련과 고통을 만날 때 불평하지 않게 하기 위한 것이며, 지치지 않고 용기 있게 앞으로 나아가게 하기 위한 것이다. 이미 말한 것처럼, 아마도 당신이 우물에 도착하면 당신이 해야 할 일이란 허리를 굽히고 계속해서 물을 마시는 것뿐이다. 자칫하면 당신이 모든 것을 포기하고 이 이득을 잃고는, 당신 자신은 기도라는 산정에 도달할 힘이 없으며 기도할 만한 가치가 없는 존재라고 느낄지도 모른다.

주님이 우리 모두를 어떻게 초청하셨는가를 기억하라. 그분은 진리이므로 의심할 이유가 하나도 없다. 만일 이 잔치가 모든 사람에 대한 공식초청이라면 주님은 아예 우리를 부르지도 않으셨을 것이다. 만일 부르셨다고 해도 "내가 네게 마실 것을 주겠다"는 따위의 말을 하지 않았을 것이다. 오히려 주님은 이렇게 말씀하셨을 것이다. "수고하고 무거운 짐 진 자들아 다 내게로 오라 내가 너희를 쉬게 하리라"(마 11:28). "목마르거든 내게로 와서 마시라." 주님은 모든 사람에게 아무런 조건 없이 말씀하신다. 그러므로 도중에서 늑장부리지만 않으면 생수가 부족해 쩔쩔매는 상황은 벌어지지 않을 것이다. 우리에게 많은 것을 약속하신 주님께서 은혜로써, 찾아야 할 이 생수를 찾도록 허용하셨음을 기억하라(「완전에 이르는 길」, XIX).

3. 물레방아 혹은 회상의 기도

1 지금까지는 우리가 우물에서 물을 길어야 할 때 정원에 물을 주기 위해 필요한 힘과 힘든 노고에 대하여 이야기했다. 그러면 이제 두 번째 물을 얻는 방법에 관해 이야기해 보자. 포도원의 주인이 이 방법을 준비했다. 양동이가 부착된 이 물레방아를 이용하면 정원사는 힘을 덜 들이면서, 때로는 쉬기도 하면서 충분한 물을 얻을 수 있다. 지금 나는 이 방법을 서술해 보려고 한다. 나는 이 비유를 소위 정적 혹은 명상의 기도라고 부르고 싶다.

2 여기서 영혼은 회상하기 시작한다. 회상의 주제는 거룩한 일들이며, 영혼 자체의 능력만으로 회상작용이 가능한 것은 아니다. 때때로 물레방아 그 자체가 지칠 수가 있다. 그것은 영혼이 생각을 하다가 지치는 것과 같은 이치이다. 그러나 이 두 번째 단계의 물판은 높은 곳에 있기 때문에 구태여 끌어올릴 필요가 없다. 다시 말해, 영혼이 물에 가까우면 가까울수록 영혼에겐 더욱더 많은 은총이 부여된다는 말이다.

〈이 단계의 기도에서는 의지가 하나님의 뜻에 더 가까워진다.〉

3 이런 유형의 기도에서는 영혼의 제반 기능들이 훨씬 더 유기적으로 통합되므로 더 큰 기쁨과 만족을 누릴 수 있다. 그 기능들은 상실되지도 잠들지도 않는다. 의지는 자신도 모르는 사이에 하나님의 뜻에 복종한다. 의지는 하나님만이 의지를 통제하도록 허용하는데 그 까닭은 하나님은 사랑하는 이를 어떻게 하면 사로잡을 수 있을지 그 방법을 잘 알고 계시기 때문이다.

오 나의 주 예수여! 여기 있는 우리에게 보여주신 당신의 사랑은 얼마나 큰 것인지요. 그 사랑이 우리의 사랑과 만날 때 그것은 우리로 하여금 당신 외에는 그 누구도 사랑하지 못하도록 강요하십니다.

4   다른 두 가지 기능[즉, 지성과 기억]이 의지를 도우면 그것은 좋은 열매를 맺는다. 그러나 종종 의지가 동의를 해도 이 두 가지 기능은 기도에 큰 방해거리가 될 수 있다. 그럴 땐 이 두 가지 기능에 거리낄 필요 없이 조용한 열매를 맺기 위해 기도를 계속해야 한다. 만일 지성과 기억이 의지의 통제를 받지 않는다면 그것들은 길을 잃을 수도 있다. 그때 그것들은 마치 모이에 만족하지 못하는 비둘기들처럼 되고 말 것이다. 비둘기 키우는 사람이 주는, 힘들이지 않고도 먹을 수 있는 먹이를 거부하는 것과 조금도 다를 것이 없는 셈이다. 그 비둘기들은 다른 곳으로 먹이를 찾아 나섰다가 마침내는 먹이가 아주 찾기 어려운 것을 알고 다시 돌아오게 될 것이다. 이처럼 의지를 떠난 지성과 기억도 마침내는 되돌아와, 의지가 영혼이 즐길 수 있도록 주는 먹이를 다시 찾을 것이다.

5   주님께서 그들에게 먹이를 주실 때 그들은 하던 일을 중단해야 한다. 그렇지 않으면 스스로 먹이를 찾아야 한다. 그들은 의지를 유익하게 하는 것이 그 본래의 기능임을 염두에 두어야 한다.

때때로 기억이나 상상력이 의지를 대표하기를 바란다면 의지가 크게 손상을 입을 것이다. 그러므로 내가 말한 태도를 기억해 두는 것이 좋을 것이다.

⟨이 기도의 단계에서는 모든 일이 위로의 이유가 된다.⟩
이 단계에서는 일어나는 일들이 모두 최대한의 위로를 가져온다. 수고도 매우 가벼운 것이어서 한참 동안 기도를 계속해도 지칠 줄 모른다. 그 까닭은 이 무렵 오성(悟性)의 활동이 매우 부드럽게 진행되어 우물에서 물을 끌어올릴 때보다 더 많은 물을 끌어올리는 것이 가능하기 때문이다. 하나님이 주시는 눈물은 기쁨의 눈물이다. 우리가 눈물을 흘리는 것은 우리 자신의 노력의 결과가 아니다.

6   이 같은 큰 축복과 은총의 물을 받아 마실 때 기도자의 덕목들은 그 이

전 기도의 단계보다 훨씬 더 크게 성장한다. 영혼은 이제 슬픔을 딛고 일어나 영광의 기쁨에 관하여 조금씩 알게 된다. 이 물은 덕목들이 더 잘 자라도록 해주며, 모든 덕의 근원이시며 참된 덕이신 하나님 자신에게 영혼이 더 가까이 가도록 도와준다. 주님은 자기 자신을 영혼에게 전달하기 시작하여 영혼이 주님 자신의 행동방법을 경험하길 원한다.

7 　일단 영혼이 이 단계에 도달하면 세상일에 대한 욕구는 급격히 감퇴된다. 잠시 동안이라도 땅 위에서 이 기쁨을 경험해서는 안 된다는 뚜렷한 의식이 생긴다. 눈 깜짝할 시간 동안이라도 재물, 권세, 명예, 쾌락이 그런 기쁨을 주도록 허용해서는 안 된다. 그것은 진정한 만족이며 영혼은 자신의 욕구가 충분히 채워졌다는 사실을 알게 된다.

　땅 위에 사는 우리들은 우리가 어디서 만족을 찾아야 할는지 거의 깨닫지 못하는 경우가 많다. 우리는 쉽게 좌절하는 경향이 있다. 그러나 이 경험에는 좌절이 있을 수 없다. 시간이 지나버려 과거의 사건을 돌이킬 수 없다는 사실을 영혼이 발견할 때 좌절이 찾아오는 법이다. 게다가 영혼이 그 방법을 모른다는 사실은 사태를 더욱 악화시킨다. 영혼이 회개와 기도로 말미암아 자신의 몸이 산산조각 나는 경험을 하고, 온갖 엄격한 훈련을 다 받을지라도, 주님께서 허락하시지 않는 한 모든 일이 다 쓸모없는 것이 되고 만다. 지극히 자비로우신 하나님은 자신이 영혼 가까이 있으므로 그 영혼이 구태여 하나님에게 소식을 보낼 필요가 없다는 점을 알려 주실 것이다. 영혼은 그분께 직접 이야기할 수 있다. 이 이야기는 그렇게 큰 소리로 외칠 필요는 없는 것이다. 왜냐하면 주님은 이미 가까이 와 계시기 때문이다. 주님께서는 입술의 움직임까지도 아시는 분이시다.

〈이 단계에서의 기도는 영혼을 기쁨으로 가득 채운다.〉

8 　이 말을 구태여 할 필요가 없는데 그 이유는 하나님이 항상 우리를 이해하시며 우리와 함께 계시기 때문이다. 그러나 우리의 대왕이시며 주님이신 하나님은 자신이 우리를 이해하시며 우리와 항상 함께 하실 뿐만 아니라

영혼 안에서 특별한 방법으로 역사하시기를 원하신다는 사실을 우리에게 알려 주고 싶어하신다. 주님께서 보여주기를 원하시는 것들은 모두 그가 영혼에게 주시는 내적인 혹은 외적인 만족을 통해 찾아온다. 그는 또한 이 기쁨과 지상의 행복 및 즐거움이 어떻게 다른가를 보여주고 싶어하신다. 이 기쁨은 우리의 죄로 말미암아 생긴 구멍을 채워 주는 것 같다.

9   이런 만족은 영혼의 가장 은밀한 부분에서 감득(感得)된다. 영혼은 그 기쁨이 어디에서 오는 것인지, 어떤 방법으로 그것을 바라고 그것을 얻기 위해 기도해야 하는지 잘 모른다. 영혼은 단번에 만족을 발견하고도 영혼이 발견한 것이 도대체 무엇인지 모른다.

나도 그것을 설명할 수 없는데 그 까닭은 그렇게 많은 것을 설명하려면 학식이 필요하기 때문이다. 여기서는 다만 특별은총과 일반은총의 차이를 설명하는 것으로 만족해야만 하겠다. 그 이유는 이 두 가지를 구별하지 못하는 자들이 많기 때문이다. 주님도 영혼이 기도를 통하여 특별 은총의 실재를 직접 눈으로 보는 것을 원하신다.

학문은 다른 많은 것들을 설명하는데 필요하다. 유감스럽게도 학식이 없는 나는 이것들을 정확하게 설명할 수가 없다. 그러나 내가 말한 내용들은 학식이 있는 자들에 의해 검토될 것이므로 걱정하지는 않는다. 영의 문제뿐만 아니라 신학의 문제에 있어서 내가 실수를 범할 수 있다. 그러나 내가 쓴 글은 신학의 전문가들의 검토를 거치게 되므로 잘못된 부분은 그들이 수정해 주리라 믿는다.

〈우리 영혼은 하나님을 위한 정원이 되어야 한다 — 창 2:15〉

13   이제 우리의 과수원 혹은 꽃의 정원으로 다시 돌아가 나무들이 꽃잎을 내기 위해 얼마나 풍부하게 즙으로 가득 차 있는지를 살펴보기로 하자. 이곳에서 곧이어 과일이 열리고 꽃이 피며 식물이 향기를 발하게 될 것이다.

나는 이런 식의 설명을 대단히 좋아하는데 그 이유는, 나의 영혼을 정원으로 간주하고 주님이 나와 함께 거닌다는 생각을 하면 큰 기쁨이 찾아오기 때문이다. 나는 주님께 이제 막 피기 시작한 덕목의 작은 꽃들이 향기를 더욱 발하게 되며 또한 향기를 오래도록 보존해 주어서 주님께 영광이 되게 해 달라고 간구했다. 나는 나 자신을 위해서는 아무것도 간구한 것이 없다. 나는 주님에게 주님이 원하는 꽃들을 꺾어 가시라고 요구했다. 그 이유는 이미 더 나은 꽃들이 피기 시작했기 때문이다.

14   "꺾는다"는 것은 특히 영혼이 이 정원에 대하여 아무런 생각도 하지 않고 있을 경우를 염두에 두고 한 말이다. 그때 모든 것은 메마르고 또 물을 댈 수 있는 희망조차 보이지 않는다. 영혼 안에 진정 어떤 덕이 있었는지 그림자나 흔적조차 찾아볼 수 없게 된다.

　　이것이 혹독한 시련을 겪게 되는 이유이다. 불쌍한 정원사는 자신이 정원을 가꾸고 물을 주기 위해 겪었던 온갖 수고들이 아무 쓸모가 없었던 것이라고 생각한다. 이때 잡초가 무성해지며 모든 화초는 뿌리째 뽑히고 만다. 하나님께서 은총의 물이 흐르지 못하도록 막으시면 우리들이 제아무리 노력해도 소용없는 일이다. 우리들은 아무것도 아니요, 한 걸음 더 나아가 없는 것만도 못하다는 의식이 자리 잡게 되며 우리는 큰 겸손을 얻게 되고 꽃들은 신선하게 자라간다(「자서전」, XIV).

〈열매 맺힌 정원에서 누리는 안식과 새로워짐〉

　　이제 본론으로 다시 돌아가 보자. 이 같은 영혼의 정적과 회상은 인격의 제반 기능들이 부드럽게 휴식을 취하고 큰 기쁨을 누릴 때 찾아오는 만족감과 평화를 통해 감지된다. 앞으로 크게 전진하지 않았음에도 불구하고 영혼은 이제 아무것도 더 이상 바라고 싶은 것이 없는 듯한 느낌을 갖게 된다. 그리하여 사도 베드로와도 같이 이곳에 초막 셋을 짓자는 이야기를 한다(마 17:4).

　　이 영혼은 감히 움직이거나 요동하지 못한다. 왜냐하면 그 영혼이 받은 축복이 혹시 손으로부터 빠져나가지 않을까 하는 두려움에 사로잡히기 때문이다. 그 영혼은 빈번히 숨을 쉴 수 있었으면 하고 바라기도 한다. 그 가련한 작은 영혼은 그 영혼 혼자만의 힘으로는 이 축복을 가져올 수 없음을 깨닫는다. 주님께서 원하시는 기간만 지나면 단 한순간도 이 축복을 간직하는 것이 불가능해진다.

2   이미 말한 바와 같이 회상할 때 영혼의 기능들이 작동을 중단하는 것은 아니다. 그러나 영혼은 하나님으로 만족을 느끼기 때문에, 또 그 기능들이 불안정한 상태에 있어도 의지는 하나님과 연합되어 있으므로 정적과 평화는 깨어지지 않는다. 사실상 의지는 점진적으로 지성과 기억을 작동시켜 회상을 가능하게 한다. 의지가 그 기능을 완전히 작동하지 않더라도 그 의지는 하나님의 뜻에 완전히 몰입되어 있기 때문에 지성과 인식의 두 기능이 아무리 기를 써도 의지의 만족과 기쁨을 빼앗지 못한다. 별다른 노력을 기울이지 않아도 의지는 점차 도움을 받아 하나님의 작은 사랑의 불꽃을 꺼뜨리지 않는다.

3   주님께서 내게 은총을 주셔서 이런 상태를 잘 설명해 줄 수 있다면 주님이 얼마나 기뻐하실까. 많은 영혼들이 그 상태에 도달하지만 그것을 초월하는 영혼은 거의 없다. 이것이 누구의 잘못 때문인지 나는 잘 모르겠다. 다만 하나님이 실수하는 것이 아닌 것만은 분명하다. 주님은 영혼에게 이 단계에 도달할 수 있는 은총을 일단 주시기만 하면 우리 자신들의 어떤 결함이 없는 한 더 많은 은총을 주시는 일에 실패하지 않으신다.

〈이 상태에서 당신이 어떻게 은총을 받았는가를 기억하라.〉

이 단계에 도달한 영혼이 자신이 처한 입장이 얼마나 존엄한 것이며 주님의 은총이 있는 곳임을 깨닫는 것이 필요하다. 또한 이 단계는 땅에 속하지 않았다. 왜냐하면 그의 선하심은 그 영혼을 하늘의 시민으로 삼는 것을 기뻐하시기 때문이다. 영혼 그 자체에 어떤 결함이 있다고 해서 이 축복까지 중단되는 법은 없다. 그러나 영혼이 여기서 뒤로 후퇴하면 그것은 불행한 일이다. 뒤로 후퇴한다는 것은 나락으로 굴러 떨어지는 것을 의미한다. 하나님이 나를 도우시지 않았다면 나도 같은 운명에 빠졌을지도 모른다. 대개 이런 후퇴는 심각한 잘못 때문에 오는 일이 많다. 반드시 어떤 악한 일을 많이 범해야만 그렇게 많은 선을 떠나는 것이 가능한 것은 아니다.

〈당신이 굴러 떨어지지 않도록 주의하라.〉

5 그러므로, 우리 주님의 사랑에 힘입어 내가 간청하는 것은 주님께서 그 영혼들에게 은혜를 주셔서 이 상태에 도달할 수 있게 해 달라는 것이다. 그들에게 겸손하고 거룩한 생각을 주셔서 그들이 다시 애굽의 고기 가마 곁으로 돌아가지 않게 하소서. 제가 지난 날 그랬던 것처럼 연약함과 죄와 불행한 성품으로 말미암아 굴러 떨어지거든 그들이 상실한 선을 마음속에 기억하게 하소서. 그들에게 그들의 현재 상황을 의심하는 마음을 주시고 주님을 경외하는 마음으로 걷게 하소서.

그들이 만일 이렇게 의심에 사로잡힌다면 정말 다행스러운 일이다. 만일 그들이 기도로 되돌아가지 않는다면 그들의 상황은 더욱더 악화될 것이다. 은총으로부터 떨어졌다는 말은 우리가 그렇게 많은 선으로부터 유익을 얻은 그 길을 증오하는 것을 뜻한다. 나는 그런 영혼들에게 이야기를 하고 있는 것이다. 이런 은혜들을 받기 시작한 영혼들은 마땅히 죄짓지 않도록 크게 주의해야 하지만, 그렇다고 해서 그들이 하나님을 격동하게 하거나 죄 속에 한 번도 빠져들어서는 안 된다는 말을 하는 것은 아니다. 우리는 모두 불쌍한 영혼들에 지나지 않는다.

〈기도를 중단하지 마라.〉

내가 강력하게 충고하고 싶은 것은 기도하는 습관을 결단코 포기하지 말라는 것이다. 왜냐하면 기도하는 가운데 우리는 우리가 하는 일이 어떤 성격의 일인지 이해할 수 있으며, 주님께 회개를 하고 새로운 힘을 얻을 수 있기 때문이다. 당신이 기도를 중단하면 당신은 심각한 위험 속에 빠져들어가는 것임을 인식해야 한다. 나는 다만 내가 경험했던 일에 근거해서 말하고 있는 것이므로 내가 하는 말이 과연 내가 충분히 소화하고 있는 것인지 잘 모르겠다.

⟨마음이 떠들썩해질 수 있다.⟩

9 이처럼 고요한 기도가 계속되는 동안 부드럽고 아무런 떠들썩함이 없이 기도하는 일 이외에 내가 할 수 있는 일이 무엇이겠는가. 떠들썩함이라고 내가 말한 것은 지성을 이용하여 이리저리 왕래하면서 많은 말과 의미를 찾고 이 선물에 대하여 감사를 표현하며 죄와 잘못을 자꾸 쌓아 마침내는 주님이 주신 선물조차 무의미하게 만들어 버리고 마는 것을 뜻한다. 모든 것이 정신없이 움직인다. 지성은 열심히 생각하며 기억은 서둘러 과거의 일들을 기억해 낸다.

이런 기능들은 번번이 나를 지치게 만든다. 나의 기억력은 매우 빈약한데도 나는 그것을 통제하지 못한다. 고요하고 지혜롭게 우리의 의지는 강요에 의해서 하나님과 어떤 관계를 맺는 것이 바람직한 일이 아님을 이해해야 한다. 우리의 노력이란 것도 사실은 커다란 뭉치의 나뭇단을 부주의하게 사용하는 것과도 같아서 이 작은 불씨를 질식시킨다. 우리는 이 사실을 인식하고 이렇게 말해야 한다. "주여! 이제 제가 할 일은 무엇입니까? 한낱 일개 종인 제가 주님과 무슨 관계를 갖겠습니까 — 땅이 하늘과 어떻게 교류할 수 있을까요." 아니면 다른 사랑의 표현이라고 언명된 것은 진리라는 지식에 근거하고 있는 것이다. 그러므로 지성에 주의를 할 필요가 없다. 그것은 갈아 가루로 만드는 맷돌과도 같다.

10 의지(will)가 지성(intellect)에게 자신이 획득한 열매의 일부분을 전달하고자 한다면, 또는 의지가 지성에게 기억을 시키고자 노력한다면 그 노력은 성공을 거둘 수 없을 것이다. 종종 의지가 지성과 합일을 이루어 의지가 휴식을 취하고 있는 동안 지성은 극도의 무질서에 빠질 수 있기 때문이다.

의지는 지성의 꽁무니를 따라가기보다는 지성을 홀로 놓아 두어야 하며, 지혜로운 꿀벌처럼 그 선물을 회상하고 즐겨야 한다. 만일 꿀벌이 한 마리도 벌집에 안 들어가고 다른 벌들의 꽁무니만 졸졸 따라다닌다면 어떻게 꿀이 모아질 수 있겠는가? 결과적으로 특히 지성이 예리할 때 영혼이 주의하지 않으면 많은 것을 잃게 될 것이다. 영혼이 자신을 성찰하면서 이유들을 찾을 때 그것은 즉각 그 영혼이 하는 말이나 사상의 탐구가 선한 것처럼 보이기만 하면 무언가 선한 일을 하고 있는 것이 아닌가 하는 환상에 사로잡힐 것이다.

11 영혼이 성찰을 통해서 인식해야 할 한 가지 유일하고 정당한 이유는 하나님 자신의 선하심 이외에는 그 어떤 이유도 존재하지 않는다는 점이다. 우리가 그토록이나 하나님께 가까이 있음을 깨닫게 하시며, 주님께 자비를 간구할 수 있는 기도의 능력을 주시는 하나님의 뜻은 과연 무엇일까? 하나님이 계신다는 사실을 확실히 믿으면서 우리는 그분의 은사를 요청할 수 있으며, 교회와 우리의 기도를 요청한 자들을 위해 기도할 수 있다.

〈학문은 다만 그리스도를 섬겨야 한다.〉

13 그러므로 그 같은 정적의 기도를 드리는 시간에 우리 영혼을 쉬게 하자. 학문을 일단 제쳐 놓으라. 학문이 주님을 위해 요긴하게 쓰이는 때가 올 것이다. 학문은 고귀한 것이다. 그것은 어떤 다른 보물과도 바꿀 수 없는 것이다. 그러나 학문은 주님을 섬기는 목적으로만 사용되어야 한다. 이럴 때 비로소 학문은 유용하다.

무한히 지혜로우신 그분 앞에서는 겸손에 관하여 조금 공부하고 단 한 번의 겸손한 행위를 하는 것이 세상의 모든 지식을 합친 것보다 더 가치 있다. 겸손은 추론을 요구하지 않는다. 다만 우리가 무엇인가, 곧 우리는 하나님 앞에서 보잘것없는 미미한 존재에 지나지 않는다는 사실을 알 것을 요구할 뿐이다. 주님은 그분 앞에서 우리가 무지함을 고백할 것을 요구하시며, 사실 우리는 무식한 존재들이다. 주님께서 우리가 어떤 존재인가를 개의치 않고 우리가 그분께 가까이 있도록 길을 열어 놓기 위해 스스로 겸비해지셨음을 기억하라.

14 지성을 자극하여 감사의 기도를 드리게 할 수 있다. 그러나 의지는 고요하게 — 세리와도 같이 눈을 하늘로 들지도 못한 채(눅 18:13) — 지성이 온갖 수식어를 다 사용해서 늘어놓는 감사보다도 더 효율적인 감사를 드린다.

마지막으로, 이 단계에서는 기도서의 사용, 혹은 욕구나 능력이 있을 경우에 할 수 있는 자발적인 육성의 기도를 완전히 포기해 버릴 필요는 없다. 요구된 기도가 큰 문제일 경우엔 상당한 노력이 없인 기도하기 어렵다.

〈참된 정적을 분별해 내라.〉

나는 일단 하나님이 헌신의 마음을 주시기만 하면 이런 정적이 하나님의 성령으로부터 나온 것인지, 아니면 우리 자신의 노력의 산물인지 쉽게 판별할 수 있다고 확신한다. 우리들은 우리들 자신의 노력을 통해서 정적의 기도를 계속 하고 싶어한다. 우리가 스스로 정적을 조작해내면 아무런 효력도 거둘 수 없고 다만 메마름 뒤쪽으로 재빨리 사라져 버리고 말 것이다. 만일 그것이 사탄으로부터 온 것이라면 성숙한 영혼은 곧 분별해 낼 것이다. 그 까닭은 그런 정적은 다만 근심거리만을 남겨 놓기 마련이며 겸손함은 거의 낳지 못할 뿐만 아니라 나쁜 성품을 조작해 내기 쉽기 때문이다. 이것은 하나님으로부터 나오는 기도가 생산해 내는 것과는 정면으로 배치된다. 그것은 지성 안에 빛을 던져주지 않으며, 진리 안에 항상 거하는 마음을 생성해 내지 못한다.

16 그러나 영혼은 충고를 받은 그대로 생각과 욕망을 하나님에게만 집중시키고 하나님으로부터 즐거움과 감미로움을 받고자 한다면 사탄이 아무런 해도 끼치지 못할 것이다. 사탄은 아무것도 얻지 못한다. 오히려 하나님은 그 영혼 안에 기쁨을 줌으로써 사탄에게 많은 것을 잃게 만들 것이다. 이 기쁨은 영혼을 자극할 것이다. 왜냐하면 그 영혼은 하나님이 그 기쁨을 주

신다고 생각하기 때문이다. 그 영혼은 빈번히 주님께 대한 열망을 이기지 못해 기도하는 시간을 가질 것이다.

만일 그 영혼이 겸손한 영혼이요, 쾌락을 추구하거나 쾌락에 관심이 있는 영혼이 아니라면, 무엇보다도 십자가를 기쁘게 지고 갈 수 있는 신자라면 악마가 제공하는 위로에 별다른 주의를 기울이지 않을 것이다. 그 영혼은 하나님의 영으로부터 오는 위로를 무시할 수 없게 될 것이며, 무시하기는커녕 오히려 존중히 여기게 될 것이다. 사탄이 제시하는 것은 모두 사탄 자신을 닮은 것이다. 그것은 전부 거짓말에 지나지 않는다. 이 위로와 기쁨 안에서 영혼이 겸손해지는 것을 일단 사탄이 알고 나면(이 경험 안에는 많은 겸손이 있음이 분명하며 기도와 위로 가운데 그 영혼은 겸손해지기 위해 노력해야만 한다), 그는 그렇게 자주 다시 나타나는 일은 없을 것이다. 왜냐하면 자신이 나타나면 손해를 본다는 사실을 잘 알고 있기 때문이다.

17 이 외에도 여러 가지 다른 이유들 때문에 나는 물을 긷는 첫 번째 방법에 관해 이야기하면서 영혼이 기도를 시작할 때 온갖 유형의 쾌락으로부터 초연해지는 것이 매우 중요하다는 점을 강조했다. 영혼이 결단력 있는 신앙의 면모를 보여 주려면 선한 군사와 같이 그리스도의 십자가를 지고 갈 수 있어야 하며, 아무런 보수도 바라지 않고 왕을 섬길 수 있어야 한다. 마침내 그의 시야가 참되고 영원한 나라와 주님의 궁극적 승리를 지향하게 되리라는 것을 그는 확신하게 된다.

〈하나님의 영이 우리의 삶의 주도권을 잡는다.〉

22 하나님의 성령이 작용하면 겸손과 회개의 행위를 끌어내기 위해 어떤 힘을 추구할 필요가 없게 된다. 왜냐하면 주님은 우리가 우리의 빈약한 노력에 의해 획득할 수 있는 것과는 매우 다른 방법으로 그런 요소들을 공급해 주시기 때문이다.

거짓된 겸손은, 우리 주님께서 우리에게 주셔서 우리를 당혹하게 만드는 빛으로부터 유래한 참된 겸손과는 도저히 비교할 수 없다. 하나님께서 주시는 지식은 우리 자신이 선하지 않다는 사실을 인식시킨다. 은총이 크면 클수록 이 지식도 늘어난다.

어떤 시련이 찾아와도 기도를 중단하지 않도록 강한 기도에의 욕구를 불어넣어 주는 분은 하나님이시다. 하나님은 영혼 모든 일에 관여한다. 영혼은 겸손하고 두려운 마음으로 가득 찰 때 안도감을 느끼며 구원을 받는다. 하나님은 영혼으로부터 모든 굴욕적인 공포를 몰아내며, 덜 성숙하고 신뢰성 있는 믿음을 부여한다. 이렇게 해서 영혼은 훨씬 덜 이기적인 사랑, 즉 하나님을 향한 사랑이 꽃피고 있음을 인식하게 된다. 선을 향유하기 위해서는 많은 고독의 시간들이 필요하다.

23   결론적으로 말해서, 이 같은 정적의 기도는 모든 축복의 시발점이다. 꽃은 이제 만발하기에 거의 부족함이 없는 상태에 이른다. 영혼은 이 같은 사실을 아주 분명하게 알게 되므로 하나님이 함께 하시지 않는다는 따위의 이야기는 이제 전혀 설득력을 발휘하지 못한다. 다만 영혼 그 자체 안에서 결함과 불완전함을 발견하는 때 비로소 영혼은 모든 것을 두려워하기 시작한다. 영혼의 두려움에 빠지는 것은 좋은 일이다. 그러나 어떤 영혼들은 이 기도가 가능한 한 모든 두려운 일들을 경험함으로써 오기보다는 하나님으로부터 온다고 생각함으로써 더욱더 많은 유익을 얻는다. 누군가가 천성적으로 사랑과 은혜가 풍부하다면 그는 하나님이 주신 은총을 생각하면서, 영벌의 협박에 사로잡히기보다는 하나님께로 돌아갈 것이다. 나는 여전히 죄인임에도 불구하고 이런 일이 나에게 일어났던 것이다(「자서전」, XV).

4. 관개수로 혹은 시냇물로부터 물을 얻기

이제 세 번째 물 공급에 관하여 이야기해 보자. 이것은 관개수로 혹은 강으로부터 물을 공급받는 것이다. 이 방법으로 물을 공급받으려면 물길을 끌어올 때 어느 정도 안내가 필요하긴 하지만 훨씬 적은 노력을 기울이고도 정원에 물을 줄 수 있다.

〈세 번째 단계의 기도를 드릴 때 하나님은 모든 일을 하신다.〉

1 이 단계에서 주님은 정원사를 도와 정원사 스스로가 모든 일을 하도록 돕는다. 이 단계에서 영혼의 기능들은 자신들도 의식하지 못하는 순간에 잠들어 버려 자신들이 어떻게 작용하고 있는지조차 깨닫지 못한다. 그 이전에 체험했던 것보다 훨씬 큰 위로, 감미로움, 기쁨을 맛본다. 은총의 바다가 영혼의 입 있는 부분까지 차오른 것이다. 은총의 바다는 너무 충만하여 영혼은 그 안에서 무엇을 해야 할지 알지 못한다. 영혼이 최고의 영광을 즐기려는 욕망을 가질 뿐이다.

나는 그것을 어떻게 달리 묘사할 수 있는지 또 어떻게 설명해야 하는지 잘 모르겠다. 영혼은 입을 열어 말을 해야 하는지 아니면 잠잠해야 하는지, 웃어야 하는 건지 울어야 하는 건지 종잡지 못한다. 이 기도는 영광스러운 어리석음이요 거룩한 미침으로 이런 단계에서라야 참된 지혜를 획득할 수 있다. 영혼에게는 가장 즐거운 향유의 방법이기도 하다.

2 사실상 주님이 나에게 이 같은 풍요한 기도의 상태를 주신지 약 5~6년이 지났다. 그것에 관하여 어떻게 묘사하는 것이 좋은지 잘 모르겠다. 그러므로 나는 여기서 이 상태에 관하여 왈가왈부하고 싶지는 않다. 이 상태에서 기능들의 완전한 통합 같은 것은 없었는 데도 불구하고 이 단계에서의 기도는 그 이전 단계의 기도보다 훨씬 훌륭한 것이었다. 그 이전 기도의 단계와 이 단계가 어떤 점에서 다른지 정확하게 구분하거나 이해할 수 없다는 것이 나의 솔직한 고백이다.

3 그러나 신부님이 나로부터 기꺼이 도움을 받으려는 겸손한 태도를 보여 주어 나는 크게 용기를 얻었다. 성찬식을 끝낸 후 주님은 나에게 이 요구를 주셨다. 내가 감사기도를 드리고 있을 때 주님은 갑자기 나의 감사를 중지시키시면서, 이 두 단계의 기도들 사이에는 어떤 차이점이 있으며 그것을 어떤 방법으로 설명해야 하며 영혼이 이 단계에서 할 일은 무엇인가를 가르쳐 주셨다. 물론 나는 놀랐으나 곧 이해할 수 있었다.

종종 나는 이 사랑에 당황한 채 취해 버리곤 했다. 그러나 나는 그것의 성격을 도저히 이해할 수 없었다. 그것은 하나님의 역사였음이 분명했으나 하나님이 이 기도의 단계에서 어떻게 역사하셨는지 이해할 수 없었다. 영혼의 기능들은 거의 완전히 하나님과 연합되어 있었고 하나님께 몰입해 있었으므로 작용할 수가 없었다. 이제는 그것을 이해할 수 있게 되어 무엇보다도 기쁘다. 나를 그토록이나 사랑하신 주님께 찬양드린다!

〈그런 기도는 하나님께 전적으로 몰입함을 뜻한다.〉

4 이 단계에서의 영혼의 제반 기능들은 철저하게 집중되어 있으므로 그것들은 다만 하나님에 관해서만 묵상할 뿐이다. 우리가 미혹당하지 않는 한 그것들 가운데 어느 하나가 감히 움직일 수 없으며 그것들이 움직이도록 자극을 줄 수도 없다. 설사 미혹당한다 하더라도 그렇게는 안 될 것이다. 이 단계에서는 구태여 오밀조밀하게 생각하지 않아도 하나님을 찬양하는 말들이 많이 떠오른다. 분명히 여기서는 지성이 아무런 역할도 하지 못한다. 영혼은 마치 제정신이 아닌 듯이 들떠서 찬양의 소리를 발하고자 할는지도 모른다.

드디어 꽃이 만개(滿開)하는 것이다. 마침내 향기를 토하기 시작한다.

5 이 상태에서 모든 사람들이 영혼을 바라보고 영혼의 축복을 깨닫게 된다. 그리하여 마침내 그들은 하나님을 찬양하고, 그 영혼으로 하여금 한층 더 하나님을 높이 찬양하는 계기를 만들어 준다. 하나님은 그들이 그 영혼이 누리는 기쁨에 동참하게 하셨다. 하나님의 기쁨은 그 영혼이 누리는 기

쁨보다 훨씬 더 큰 것이다. 내 생각엔 복음서에 등장하는 여인이 모든 이웃사람들을 불러 모으는 것과도 유사한 것 같다(눅 15:9). 찬양받을 만한 영혼을 지닌 다윗도 하프를 켜면서 하나님을 찬양할 때 같은 경험을 했으리라. 나는 이 놀라운 왕을 무척 존경한다. 특히 나와 같은 죄인들이 그 같은 경험을 했으면 하는 것이 나의 간절한 바람이다.

〈그런 기도는 하나님을 전적으로 찬양하는 것이다.〉

6 오 주님! 이 상태에 있는 영혼의 의무는 무엇입니까? 혀가 수백 개나 있어서 끊임없이 하나님을 찬양하려고 하는 것이 이 영혼의 바람이다. 그 영혼은 수천 가지나 되는 거룩한 방법으로 자신의 어리석음을 말하면서 영혼의 소유주를 기쁘게 하는 방법을 발견하려고 애쓴다.

내가 아는 어떤 사람은[아마도 테레사 자신을 가리키는 것 같다] 시인이 아니면서도 즉흥적으로 의미가 깊고 고통을 실감 나게 표현하는 시들을 쓰곤 했다. 그 시들은 그녀 자신이 이해한 내용이 아니다. 그토록 감미로운 고통이 종종 더 큰 축복을 가져온다는 사실을 알고 있던 그녀는 그런 방법으로 하나님께 불평을 토로했다. 그녀는 자신이 고통중에 느끼는 기쁨을 보여주기 위해서라면 영혼과 육체가 모두 산산조각으로 찢어져도 감사할 것이다. 주님을 위해 고통받는 것을 통해 감미로움을 느끼지 못한다면 그녀는 어떻게 그 고통을 감당할 수 있었겠는가? 순교자들이 고문을 당할 때 순교자들 자신이 한 일은 거의 없거나 아주 없다. 왜냐하면 그들은 영혼의 힘은 자기 자신이 아닌 다른 근원에서 나오는 것임을 잘 알고 있었기 때문이다.

7 그러나 영혼이 감각을 사용하여 근심과 염려를 다시 함으로써 한 번 더 세상으로 돌아가 삶을 영위할 때 그 영혼이 당하는 고통은 어떤 것이겠는가? 선한 즐거움으로 가득 찬 주님께서 귀양살이를 하고 있는 영혼에게 주시는 기쁨이 얼마나 큰 것인지는 도저히 나의 표현력이 짧아 다 나타낼 수 없다. 그것은 과장된 이야기가 아니다. 오 주여! 당신께 찬양드립니다. 모든

피조물이 당신을 영원히 찬양합니다(시 150:6;「자서전」, XVI).

〈하나님 자신이 영혼의 정원사이다.〉

1   이런 기도의 방법에 대해서는 이미 충분한 논의가 이루어졌다. 또한 하나님이 영혼 안에서 하시는 일에 관하여 영혼이 이야기해야 할 내용에 대해서도 충분한 논의가 되었다. 이제 주인이 정원사의 일을 대신 해 주면서 영혼에게 휴식을 준다. 놀랍게도 의지는 은총에 복종한다. 은총은 영혼의 열매인 동시에 열매는 은총에 의지한다. 그때 비로소 진정한 지혜가 영혼 안에서 이루시고자 하는 일들을 이룰 수 있다. 여기엔 분명히 용기가 필요하다. 이 기쁨은 워낙 큰 것이므로 영혼은 이제 육체로부터 빠져나올 지점에 이르게 된다. 그것은 얼마나 복된 죽음인가!

내가 말하고자 하는 것은 이처럼 차원 높은 기도의 단계에서는, 하나님이 그의 사역을 행하신다는 것을 지성의 소모가 없어도 그 영혼은 이해한다는 것이다. 영혼은 다만 주님이 얼마나 선한 정원사이시며, 주님은 이제 막 향내를 발하기 시작한 꽃향기를 맡는 것 이외에는 아무런 다른 것도 요구하지 않는다는 사실을 깨닫고 놀랄 뿐이다. 하나님이 영혼을 이 단계까지 올려놓으시면 영혼은 향기를 발할 뿐만 아니라 그 이상의 일도 할 수 있다. 이것들은 영혼에 끼치는 결과들이다.

이 단계에서는 풍부한 양의 물이 공급된다. 왜냐하면 정원사가 바로 창조주, 즉 물의 창조주이기 때문이다. 그가 조금도 더럽혀지지 않은 물을 퍼부어 준다. 그 불쌍한 영혼이 20년 동안 갖은 노력을 다 기울여서도 이룩할 수 없었던 일을 하늘의 정원사는 단숨에 이룩하는 것이다.

〈당신도 모르는 것을 타인에게 주지 말라.〉

과실이 자라 익을 때가 되면, 또 주님이 원하기만 하면 영혼은 정원에서 나는 것으로 양육될 수 있다. 그러나 주님은 영혼이 먹고 강건해질 때까지는 얼매를 타인에게 나누어 주는 것을 허용하지 않으신다. 만일 주님께서 허용하시기만 하면 영혼은 아무런 이윤도 받지 않은 채 다른 사람들에게 맛보도록 나누어 주거나 자기 돈으로 사서 줍는지도 모른다. 그러다 보면 영혼 그 자체는 바싹 말라 죽어 버리고 만다. 특히 학자들에게 이 같은 현상이 적용될 수 있다. 나는 겨우 설명하는 문제를 두고 쩔쩔매지만 그들은 한 걸음 더 나아가 적용하는 문제를 붙들고 씨름한다.

마지막으로, 이제 덕목들은 이전의 정적의 기도의 단계보다 더 강화된다. 영혼은 덕목들을 경시하지 않는다. 왜냐하면 영혼은 전과는 달라졌는데 이런 변화가 어떻게 가능할 수 있는지 잘 모르기 때문이다. 영혼은 향기를 발하므로써 큰 일들을 수행해가기 시작한다. 주님은 영혼의 꽃이 만발하여 덕의 꽃을 피워 주기를 기대한다. 그러나 영혼은 수십 년 동안이나 그런 덕들을 소유하지 못했었음을 안다. 영혼은 하늘의 정원사가 그 덕들을 어느 한순간에 부여해 준 것을 잘 안다.

여기서 이 영혼은 지난날 그 어느 때보다도 더 크고 깊은 겸손을 갖추게 된다. 영혼은 다만 주님의 은총에 동의하고, 의지로써 그것들을 받아들인다.

5   이런 기도의 상태는 영혼 전체가 가장 독특하게 하나님과 연합된 것처럼 생각된다. 그러나 주님은 영혼의 여러 기능들에도 여유를 주어 자신이 지금 수행하고 있는 많은 일들을 이해하고 기뻐하도록 허용한다.

이때 의지는 은총과 연합을 이루어 은총의 포로가 되었음을 보여준다. 그러면서도 의지는 기뻐하는 것이다. 영혼은 의지가 홀로 깊은 정적 속에 있음을 본다. 그러나 지성과 기억은 너무도 자유로워 일상적인 일들을 돌아보며 자선행위에 참여하기도 한다.

〈행동과 명상의 기도〉

6   이 기도는 정적의 기도와 동일한 것처럼 보이기는 하지만 사실은 정적의 기도와는 다르다. 정적의 기도에서 영혼은 의도적으로 자극되거나 움직이지 않고 다만 주인의 발 밑에 앉아 있는 마리아의 거룩한 쉼을 보고 즐

거움을 누린다. 그러나 이 세 번째 단계의 기도를 하는 영혼은 마르다처럼 활동적일 수도 있다.

그러므로 영혼은 활기 있는 삶과 명상적인 삶을 동시에 영위한다. 그 영혼은 자선행위에 참여하거나, 평범한 일상사에 분주하거나, 영적인 독서를 할 수도 있다. 그러나 영혼은 완전히 그 자신의 주인은 아니다. 그 영혼은 영혼의 최선의 부분이 어딘가 다른 곳에 있다는 것을 명백히 이해한다. 그 것은 마치 우리가 지금 한편에서 열심히 이야기를 나누고 있는데 또 다른 사람이 다른 곳에서 영혼과 속삭이고 있는 것과 같다. 우리는 어느 쪽에도 완전히 주의를 집중할 수 없다.

우리는 이 기도를 매우 명료하게 느낀다. 이 기도를 체험하는 자는 깊은 만족과 행복을 맛본다. 그것은 영혼이 일상적인 일로부터 벗어나 고독한, 혹은 여유 있는 시간을 갖게 될 때, 깊은 정적에 도달하기 위한 훌륭한 준비과정이다. 이 단계의 영혼은 이제 식욕이 충분히 충족되어 더 이상 아무 음식도 필요하지 않은 사람과도 같다. 그는 자기에게 제공되는 것들을 빠짐없이 먹지는 않겠지만, 그렇다고 아주 맛있는 요리가 제공될 때 그것을 거부할 만큼 배부른 상태는 아니다.

이제 이 영혼은 세상에서 아무런 만족도 찾지 않으며 세상 안에서 아무런 쾌락도 발견하지 못한다. 왜냐하면 이 영혼은 그 안에 더 큰 만족, 하나님께 대한 더 큰 기쁨, 하나님과 함께 있을 때 맛보게 되는 더 큰 욕구가 있기 때문이다(「자서전」, XVIII).

5. 샘으로부터 얻는 물

내가 지금까지 이야기한 내용들은 뒤죽박죽인지도 모르겠다. 나는 글을 쓰면서도 내용이 종잡기 어려운 것이 될까봐 걱정을 많이 했다. 하여간 내가 말하고자 한 내용은 영적인 위로를 어떻게 받을 수 있을까 하는 것이며, 그 위로들이 때때로 어떻게 우리의 걱정과 결합되는가에 관한 것이다 [수로를 통해 흐르는 물이 오염될 수 있듯이]. 그 걱정은 갑작스런 흐느낌을 초래할 수도 있다. 어떤 사람들은 죄어드는 느낌을 받다가 마침내 도저히 통제하기 어려운 가슴의 통증을 맛보기도 하며, 어떤 이들은 격렬한 코피를 쏟기도 하고 이와 비슷한 징후들을 만들어내기도 한다.

〈정적의 기도〉

내가 이야기한 "하나님으로부터 오는 위로", "정적의 기도"는 좀 성격이 다른 것이다. 당신들 중에 이 기도를 경험해 본 사람은 그 차이를 알 수 있으리라.

이것을 좀 더 잘 이해하기 위해서 그 바닥이 물로 가득 찬 두 물통을 우리가 바라보고 있다고 가정해 보자[여기서 테레사가 머리에 그리고 있는 것은 무어인들의 전형적인 스페인 가옥에서 정원에 사용되는 커다란 두 개의 장식용 대리석 물통을 뜻한다]. 이 비유가 영적인 실재를 설명하는 데 가장 적합하다고 본다. 구태여 이런 비유를 드는 까닭은 내게 지식이 별로 없고 내가 그나마 가지고 있는 능력이라고 해봐야 별로 유익한 것이 못되기 때문이다. 그러나 나는 이 점이 아주 중요하다는 사실을 잘 알고 있기 때문에 비유라도 사용해서 그 차이점을 설명해 주고 싶다. 나는 이 점에 대해 다른 그 무엇보다도 주의 깊게 관찰해 왔다.

이제 이 두 물통 안엔 여러 가지 방법으로 물을 채워 넣을 수 있다. 한 가지 방법은 몇 개의 수관(水管)을 통해 인위적인 기술을 이용하여 물을 채우는 것이다. 그러나 다른 하나의 방법은 물이 솟아오르는 샘의 근원에 그것을 장치하는 것이다. 그렇게 되면 아무런 소리도 없이 조용한 가운데 물을 채울 수 있다. 만일 그 샘에 물이 풍부하다면 그 양동이를 가득 채우고 나서도 계속하여 많은 양의 물을 흘려보낼 것이다. 여기서는 어떤 기술도, 어떤 수로(水路)도 불필요하다. 왜냐하면 물은 언제나 쉬지 않고 흐르기 때문이다.

여기서 이제 차이점이 생긴다. 수관을 통해 오는 물은 우리가 직접 명상을 실시함으로써 부드러움과 쾌락을 얻는 세 번째 단계의 기도를 의미한다. 이런 요소들은 피조물들을 묵상함으로써 우리의 생각으로부터 이끌어 낼 수 있다. 간단히 말해서, 우리가 부지런하게 노력함으로써 그런 생각들을 얻을 수 있다. 우리 스스로가 생각을 채우면 그것들이 소리를 내는 것이다.

〈네 번째 단계의 기도〉

그런데 물을 그런 근원에서 얻지 말고 다른 근원에서 얻는다고 생각해 보자. 그 다른 근원이란 곧 하나님이다. 우리에게 어떤 특별한 은총을 주시는 것이 주님의 뜻이며 주님이 기뻐하시는 일이라면, 주님의 임재에는 우리 안에 큰 평화와 정적과 감미로움이 뒤따른다. 이런 일이 어디서 발생하며 어떻게 일어나는지는 잘 모르겠다. 이 같은 만족과 즐거움은, 세속적인 즐거움을 가슴으로 느낄 수 있는 것처럼 느껴지는 것은 아니다. 적어도 처음엔 그렇다. 후에 그 물통에 물이 가득차고 나면 이 물은 모든 저택과 건물들 위로 넘쳐흐르기 시작하다가 마침내는 몸에까지 도달한다. 그러므로 그 물은 하나님 안에서 발원하여 우리 안에서 끝난다. 분명히 이 물을 맛보고 체험한 사람은 겉사람까지도 이런 위로와 감미로움을 만끽한다.

이 글을 쓰면서 내 마음속에 떠오르는 성구가 있다. "주께서 내 마음을 넓히소서"(시 119:32). 이런 팽창은 마음 안에서 발생하는 것이라기보다는 진정으로 깊이 있는 좀 더 내면적인 부분으로부터 발생한다고 생각된다. 그것은 영혼 그 자체의 중심이 되어야 한다. 그 같은 놀라운 비밀이 내 안에 있음을 발견한다. 그 비밀들은 나를 놀라게 한다. 그러나 그런 비밀들이 그밖에도 얼마나 많은가!

오 나의 주, 나의 하나님! 당신은 참으로 위대하신 분이십니다. 우리가 그래도 당신에 관해 어느 정도 알고 있다고 생각하다니, 우리는 참으로 어리석은 목동들과 같습니다. "내가 아무것도 아니다"라는 표현은 상대적으로 주님이 그 만큼 크신 분임을 의미합니다. 우리가 주님의 행위 안에서 보는 위대한 표적들은 참으로 놀라운 것입니다. 그러나 우리는 우리 스스로 그것들에 관해서 별로 아는 것이 없음을 고백하지 않을 수 없습니다.

〈그런 기도가 영혼에 주는 효과〉

1   다시 앞에 말한 성경 구절로 돌아가 보자. 마음을 넓히라는 것은 우리에게 어느 정도 도움을 줄 수 있다. 분명한 사실은 하늘에서 발원한 이 물이 내가 앞에서도 말한 바 있는 우리 깊은 내면으로부터 흘러나오기 시작할 때, 그것은 우리 안에 퍼지기 시작하면서 내면적인 팽창을 초래한다는 점이다. 그것은 말로 형언하기 어려운 축복을 주는데 영혼은 자신이 축복을 받고 있다는 사실조차 깨닫지 못하는 것이다. 그 영혼이 체험하는 향기는 내면 깊숙한 곳에 자리 잡은 향로로부터 피어오르는 감미로운 향내와도 같다. 우리는 그 빛을 볼 수 없을 뿐만 아니라 그 빛이 있는 장소조차 파악할 수 없다. 그러나 그 향연(香煙)과 열은 영혼 구석구석까지 침투한다. 빈번히 그 효력은 몸 전체로 퍼진다.

이제 내 말을 어느 정도 이해할 수 있으리라고 생각된다. 아무런 열기도 냄새도 느낄 수 없다. 그 까닭은 그 향연이 이런 감각적인 경험보다는 좀 더 미묘한 것이기 때문이다. 내가 거듭거듭 이야기를 하는 이유는 내 말을 조금 더 잘 이해해 달라는 뜻이다. 그러나 이런 체험을 해본 일이 없는 사람들도 실제로 그런 일이 일어난다는 점을 인정하지 않으면 안 된다. 그 일이 발생하는 것은 분명히 볼 수 있다. 내가 말하는 내용들보다 더 확실하게 영혼은 그것을 느낄 수 있다. 그것은 우리가 상상하거나 추구하거나 획득할 수 있는 성질의 것이 아니다. 그것은 인위적인 재료를 가지고 만든 것이 아니다. 그것은 정결한 정금 곧 하나님의 지혜를 가지고 만든 것이다. 이 상태에서는 영혼의 여러 기능들이 하나로 통합되지 않으나 일어나는 일을 보고 놀라움에 사로잡힌다.

　이런 내면의 경험들에 관하여 서술하는 내용들이 앞에서 말한 내용과 일치하지 않는 느낌을 받을지도 모르겠다. 그럴 수밖에 없는 것은, 내가 내 책(자서전)을 쓴 이후 15년이나 지났기 때문이다. 그 이후 주님께서는 이 문제들에 관해서 더 분명한 깨달음을 주셨다. 그때나 지금이나 나는 이 모든 일에 실수할 수도 있다. 그러나 실수에 대한 두려움 때문에 내가 겪은 체험에 대해서 거짓말을 할 수는 없다. 하나님의 긍휼히 여김을 받을 수만 있다면 천 번을 죽으라고 해도 죽을 것이다. 나는 다만 내 자신이 이해한 경험에 관하여 정확히 말하고 있을 뿐이다.

　의지는 하나님의 뜻과 합일되는 때가 있는 것 같다. 그러나 이 같은 기도, 그리고 기도에 뒤따라오는 행위의 결과에 의해서만 경험의 진정성을 시험할 수 있다. 경험의 진정성을 시험할 때 이보다 더 나은 방법은 없다. 그런 은총을 받은 사람이 그 은총의 본질을 이해하고 뒤로 물러서지만 않는다면 주님은 또 다른 은총을 그에게 주실 것이다.

　그러므로 나의 딸들이여! 이런 기도의 방법을 터득하기를 소원하고 또 실제로 그런 기도를 드리도록 힘쓰라. 이미 말한 것처럼 영혼은 주님이 주시는 은총을 완전히 이해하지 못한다. 또한 그것은 주님에게로 더 가까이 이끄는 사랑을 알지 못한다. 우리가 그런 은총을 어떻게 얻을 수 있는가를 안다는 것은 확실히 바람직한 일임이 분명하다. 그러므로 이제 나는 그 은총을 받는 방법에 관해 이야기하고 싶다.

　이 기도가 가져오는 효과들은 많은데 그 가운데 몇 가지만 언급해 보겠다. 그런데 이 기도가 시작되기 거의 직전에 행해지는 또 다른 유형의 기도가 있다. 다른 곳에서 그 기도에 대해 언급한 바 있긴 하지만 여기서 한 번 더 간단히 그 기도에 대해 말해 보자.

　그것은 "회상의 기도"인데, 나는 그 기도가 하늘로부터 왔다고 생각한다. 그 기도는 영혼이 어둠 속에 있는 것이나 눈을 감고 있는 것이나 어떤 외적인 일을 하는 것을 용납하지 않는다. 우리가 원하지 않는데도 우리의 눈이 감기고 고독을 원하게 되는 때가 있다. 어떤 인위적인 조작이 없어도 그것은 내가 방금 말한 기도 때문에 세워지는 건물과도 같다.

　그때 감각들과 모든 외면적인 일들은 영혼을 사로잡지 못하며, 마침내 영혼은 잃었던 것을 회복할 수 있게 된다. 영혼이 자신 속에 찾아오고, 때때로 그것은 영혼을 초월한다. 이런 표현으로는 아무것도 설명하기가 어렵다. 내가 나 자신의 경험을 말로써 표현할 수 있는 범위 안에서만 당신이 나를 이해할 수 있다는 것을 생각하면 매우 답답한 마음을 금할 수 없다. 아마 나 이외에 그 누구도 그것을 진정으로 이해하지 못할 것이다(「내면의 성」, IV, 3장).

〈다른 사람들을 위한 삶이 가져오는 열매〉

2　이 네 번째 단계에서는 어떤 감각이 존재하지 않는다. 다만 열매가 있을 따름이다. 그러나 어떤 열매가 주어졌는가도 깨닫지 못한 상황이다. 여기서 열매가 있다는 표현은 모든 선을 그 자체 안에 포함하고 있는 모종의 선(善)을 뜻하는 것으로 이해된다. 그러나 이 선이 무엇인지도 알 수 없다. 영혼의 감각들은 모두 이 열매 안에 포함되어 있는데, 그 감각들은 내면적으로든 외면적으로든 그 밖의 다른 것을 마음대로 섬길 수 없다.

〈기쁨의 농도가 짙어진다.〉

3　이런 단계에서 감각들은 자신들이 느끼는 큰 기쁨의 증거들을 표현한다. 그러나 이 상태에서는 영혼의 즐거움이 비교할 수 없을 정도로 커지는 반면 그것을 표출하려고 하는 힘은 훨씬 작아진다. 이 열매를 드러낼 수 있는 힘이 육체나 영혼에 없는 것이다. 표출한다는 따위의 일은 영혼이 안식을 누리는데 큰 방해거리, 고통거리, 골칫거리로 느껴진다. 이 단계에서의 기도가 모든 기능들의 연합이라면 비록 영혼이 원해도 영혼의 모습을 드러낼 수 없는 것이다.

4　지금 말하는 연합이 어떻게 나타났으며 그 본질은 무엇인지 나는 설명할 능력이 없다. 신비주의적 신학이 그것을 설명하지만 나는 그 학문에서

사용하는 용어들을 알아들을 수 없다. 나는 마음이 무엇이며, 마음은 혼 또는 영과 어떻게 다른 것인지 이해하지 못한다. 내 생각엔 이 세 가지가 다 똑같은 것 같다. 다만 내가 아는 것은 영혼이 때때로 타오르는 불 또는 불꽃처럼 저절로 튀어 나오는 일이 있다는 것뿐이다. 종종 이 불은 격렬하게 타오르며 불꽃은 하늘 높이 올라가는 일이 있다. 그러나 불과 불꽃이 서로 다른 것은 아니다. 한 불에서 불꽃이 타오르는 것뿐이다. 당신은 학식이 있는 사람이므로 이 문제를 더 잘 이해할 것이다. 그러나 나는 이 이상 더 앞으로 나가기가 어렵다.

〈하나님과 연합함은 불과 같다.〉

5 내가 설명하고자 하는 것은 영혼이 하나님과 연합할 때 영혼이 무엇을 느끼느냐 하는 것이다. 그 연합이 무엇이냐 하는 것은 이미 분명히 밝혀졌다. 그것은 두 개의 독특한 것들이 하나가 되는 것이다. 오 나의 주님! 당신은 얼마나 선하신 분입니까. 오 나의 하나님, 당신께 영원히 찬양드립니다. 모든 피조물들이여! 우리를 지극히 사랑하사 귀양살이하고 있는 우리의 영혼과 교제를 나누며 또한 이야기할 수 있도록 허락하신 주님을 찬양하라. 그들이 선한 영혼이라 할지라도 그들이 큰 아량과 친절을 베푼다면 그것은 주님의 도우심 때문이다. 한 마디로 말해서 그것은 주님의 인자하심이다(「자서전」, XVIII).

〈영혼의 확장〉

"회상의 기도"에 관해 이야기하기 위해 나는 주님으로부터 이 기도를 허락받은 영혼들이 어떤 결과와 표징들을 보여주는가 하는 문제는 다루지 않았다. 분명히 영혼의 영역은 확장된다. 샘에서 솟아나오는 물은 넘쳐흐르는 법이 없다. 그 대신 샘은 물이 많이 유입되면 유입될수록 그 지반이 더 커지는 장치를 갖추고 있다. 이런 유형의 기도도 마찬가지다. 하나님은 영혼 안에서 더욱더 많은 일들을 행하시는 동시에 영혼이 하나님께서 주시는 모든 것을 잘 보존하며 또한 그것들에 적응할 수 있게 하신다.

〈하나님을 섬기는 것은 두려움으로부터 자유를 가져다준다.〉

이와 같이 영혼이 부드럽게 움직이며 내면적으로 확장될 때 전보다 더 자유로운 마음으로 하나님을 섬길 수 있다. 영혼은 더욱더 많은 자유를 갖게 된다. 영혼이 지옥을 두려워하여 좌절하는 일은 일어나지 않는다. 물론 영혼은 하나님을 거역했다는 더 큰 두려움을 느끼게 되지만 굴욕적인 두려움으로부터는 해방되며 하나님을 향유할 것이라는 확신이 생긴다. 지난날 그랬던 것처럼 금욕의 훈련을 지나치게 쌓음으로 말미암아 건강을 잃을지도 모른다는 두려움이 이제는 사라지며, 하나님 안에서는 무슨 일이든지 다 할 수 있다고 생각한다. 영혼은 이전 그 어느 때보다도 영적인 훈련에 대한 욕구가 강해진다.

고통에 대한 두려움도 이젠 크게 완화되는데 그 까닭은 영혼이 좀 더 살아 있는 신앙을 가지고 있기 때문이다. 영혼이 하나님을 위해 그 고통들을 참아내면 주님께서는 영혼에게 고통을 인내 가운데 참아낼 수 있는 은혜를 주신다. 때로 영혼은 그 고통들을 요구하기도 한다. 왜냐하면 영혼은 하나님을 위해 무엇인가 하고자 하는 열망에 사로잡히기 때문이다. 영혼이 주님의 위대하심을 더 잘 깨달으면 깨달을수록 영혼 자신을 더 악한 존재로 평가한다.

하나님이 주시는 기쁨이 어떤 것인가를 잘 아는 그 영혼은 세상이 주는 즐거움은 거기에 비교하면 다만 먼지에 지나지 않는다고 생각한다(빌 3:8). 그러므로 영혼은 이 일을 위해 영혼 자신을 더 엄격하게 통제하게 된다. 한 마디로 말해서, 영혼이 좌절에 빠져 하나님을 한 번 더 거역하지 않으려면 모든 덕목에서 성숙해져야 하며 더욱 발전하려는 노력을 중단해서는 안 된다. 만일 그런 노력을 중단하면 그가 제아무리 덕과 묵상에서 높은 위치에 올라섰다 하더라도 모든 것을 상실할지도 모른다(「내면의 성」, IV, 3장).

〈영혼은 세상의 쾌락을 경멸한다.〉

하늘로부터 내려오는 물은 정원 전체를 물로써 풍부하게 채우며 충족시킨다. 필요할 때마다 주님이 물을 공급해 주시면 정원사는 아주 편할 것이다. 겨울이 없이 일 년 내내 동일한 계절이 계속된다면 열매와 꽃이 떨어지는 일은 없을 것이다. 정원사는 정원에서 항상 기쁨에 싸여 있을 것이다. 그러나 현세에서는 불가능한 일이다. 우리는 한 가지 물 공급이 중단되면 빨리 다른 공급원을 찾아내야 한다. 하늘의 물은 정원사가 별로 기대하지 않을 때도 내려오는 일이 많다.

14 하나님을 찾는 영혼은 지나칠 정도로 감미로운 기쁨으로 일종의 황홀경 속에 빠져 들어간다. 숨쉬는 것과 모든 육체적인 힘이 쇠잔해 버려 마침내는 손을 움직이는 것조차 고통스러워진다. 자기도 모르게 눈을 감는다. 눈을 떠도 눈앞에 아무것도 안 보일 것 같은 느낌을 받는다. 읽는 일도 불가능한데, 그 까닭은 글자들이 아물거려 판독을 할 수 없기 때문이다. 귀로 소리를 듣긴 하지만 무슨 소리를 들었는지 감을 잡을 수 없게 된다. 감각은 영혼의 열매를 방해할 뿐이다. 오히려 그것은 영혼을 상하게 만든다. 말하려는 노력도 아무런 쓸모가 없는 것이 되고 마는데 그 이유는 도저히 단어를 생각해 낼 수 없기 때문이다. 생각해 냈다가도 그것을 말로써 표현할 만한 힘이 없다. 모든 육체의 힘은 쇠약해가지만 영혼의 힘은 더욱 증가되어 마침내 더욱 큰 희락의 열매를 맛보게 된다. 외면적으로 맛볼 수 있는 기쁨도 크고 뚜렷하게 인식된다.

15 이 기도는 아무리 오래 계속해도 해(害)가 없다. 적어도 나에게 아무 해도 끼치지 않았다. 기도를 시작할 무렵 내가 아무리 아팠다가도 기도 때문에 병이 더 악화된 경우는 한 번도 없었던 것으로 기억된다. 오히려 기도하고 나면 더 나아졌던 것이다. 그렇게 큰 축복을 동반한 그 기도가 어떻게 해를 끼칠 수 있겠는가? 외적인 효과도 아주 뚜렷하게 나타나곤 했다. 그 기도는 우리가 신체적인 제반 기능을 가지고 기뻐하지 않도록 기능들을 박탈해간다. 그 목적은 우리가 그것들을 좀 더 확실하게 포기하도록 만들기 위해서이다.

⟨이 기도는 빨리 지나간다.⟩

16 그 기도는 처음엔 매우 빨리 지나가 외적 표징에 의해서나 감각을 상실함에 의해서나 인식되지 않는다. 그러나 풍부히 넘쳐흐르는 은총에 근거하여 살펴볼 때 그곳에 밝고 강렬한 태양빛이 있음이 분명하다. 왜냐하면 영혼은 거기에만 들어서면 녹아 버리고 말기 때문이다. 내 생각엔 그 시간은 아무리 긴 것 같아도 영혼의 기능들이 황홀경에 있는 경우에는 굉장히 짧게 느껴진다. 아마 30분쯤 지났으려니 생각했는데 알고 보니까 굉장히 긴 시간이 지나간 것이다. 그 같은 황홀경에 몰입해 있으면서 시간이 길다고 느껴 본 적이 없다.

이것은 진실이다. 황홀경이 얼마나 오래 지속되었는가를 아는 것은 극도로 어렵다. 왜냐하면 모든 감각이 그 기능을 제대로 발휘하지 못하기 때문이다. 그러나 어느 정도의 기간이 지난 후엔 곧 여러 가지 기능들 가운데 하나가 회복된다. 끝까지 기능을 잃지 않는 것은 의지이다. 다른 두 기능은 재빠르게 의지를 방해하기 시작한다. 의지가 캄캄하면 다시 다른 기능들이 표면으로 부각된다. 잠시 동안 잠잠하다가 다시 회복되는 것이다.

17 이런 방법으로 기도하는 중에 상당한 시간이 지나간다. 두 기능이 이 거룩한 술맛을 보고 취해 잠들어 버리면 그 기능들은 신속히 자신들을 포기하고 더욱더 몰입된다. 그것들은 의지를 뒤따라오면서 셋이 함께 기뻐한다. 그러나 이처럼 완전히 몰입하는 상태는 다른 상상력과 결합되어 ─ 이때는 상상력조차도 완전히 휴식한다 ─ 다만 잠시 동안만 지속될 뿐이다. 영혼의 기능들은 그 이후 몇 시간 동안이나 회복되지 않은 상태에 머물러 있지만 하나님은 때때로 그 기능들을 자기 자신에게로 이끌어 가신다.

⟨그 같은 기도는 말로 형언하기 어렵다.⟩

18 이제 영혼이 내면적으로 느끼는 것을 묘사해 보자. 그것을 아는 자는 한 번 그것을 묘사해 보라. 그것을 이해하기도 어려운데 하물며 묘사하는 것은 얼마나 더 어렵겠는가?

내가 이 글을 쓰려고 했을 때 나는 내가 방금 이야기하고 있던 기도를 막 끝내고 일어서려던 참이었다. 나는 영혼이 그때 무엇을 하고 있었는가에 관하여 생각하고 있었다. 주님께서는 내게 이렇게 말씀하셨다. "내 딸아! 영혼을 더욱 늦추어라. 그리고 영혼이 내게 더 가까워지도록 배려하라. 이제 산 것은 영혼 자신이 아니라 바로 나다"(갈 2:20). 영혼은 이해하지 못하는 것을 인식할 수 없으므로 이해를 중단함으로써 이해한다.

내가 말할 수 있는 것은 이 상태의 영혼은 하나님께 가까이하는 것이 그 특징이라는 점이다. 이 사실을 믿지 않으면 안 되는 어떤 강한 신념이 생긴다. 이제 모든 기능들은 실패하고 중단되어 그것들의 활동을 추적하는 것조차 어렵게 된다. 영혼이 어떤 주제에 대해 명상을 하게 되면 영혼의 기억은 즉각 사라져 버린다. 이전에 아무런 생각도 하지 않았던 것 같은 상태에 있게 된다. 책을 읽어도 읽는 책의 내용을 기억할 수도, 그 책의 내용에 머물러 있지도 못한다. 소리 내서 기도할 때와 똑같다.

20   내가 이런 경험들을 하기 시작했을 때 나는 한 가지 사실을 모르고 있었다. 나는 하나님이 만물 안에 계신다는 사실을 깨닫지 못하고 있었던 것이다. 하나님이 내게 그토록 가까이 계시는 것처럼 생각되었는데도 이 일이 불가능하다고 생각했다. 그분이 살아 계신다는 사실을 믿지 않는 것도 내 마음대로 되지 않았다. 하나님의 현존을 나는 분명히 느끼고 있는 것 같았다. 어떤 배우지 못한 사람들은 하나님은 다만 은총을 통해서만 존재하신다고 나에게 말하곤 했다. 나는 그 말을 믿을 수 없었는데 그 까닭은 내겐 하나님 자신이 현존해 계신다는 의식이 뚜렷했기 때문이다.

그러므로 나는 좌절에 빠졌다. 이런 회의로부터 나를 구출해 준 것은 도미니쿠스회에 속한 아주 학식이 높은 어느 수사였다. 그는 하나님이 현존하신다는 것, 하나님이 우리와 어떻게 교류하시는가 하는 것을 나에게 말해 주었다. 이것은 내게 큰 위로가 되는 말씀이었다.

21   하늘로부터 내려오는 이 물 — 주님의 가장 큰 은총 — 은 항상 영혼 안

에 최상의 열매를 남겨 놓는다(「자서전」, XVIII).

〈마음의 커다란 부드러움이 초래하는 것〉

1 연합의 기도가 끝나면 영혼 안에는 아주 큰 부드러움이 남게 된다. 이 부드러움은 너무 큰 것이어서 영혼 스스로가 통제하기 어려운 것이다. 그것은 고통으로부터 오는 것이 아니라 기쁨의 눈물로부터 오는 것이다. 영혼은 미처 깨닫지도 못한 상태에서 기쁨의 눈물 속에 빠져든다. 어떻게, 언제 울었는지도 모른다. 아무리 물을 가져다 부어도 더욱 뜨겁게 타오르는 불길은 영혼에게 큰 기쁨을 가져다준다. 나는 내가 미지의 어떤 언어로 이야기하고 있는 듯한 느낌이 든다. 사실 그렇기도 하다.

2 종종 나는 이 기도가 끝나고 난 뒤에도 쉽게 정신을 가다듬지 못하고 내가 꿈을 꾸고 있는 것이 아닌지, 내가 느낀 축복이 진정 나의 것인지 알지 못할 때가 많았다. 나는 아무런 고통도 없이 격렬하고 급격하게 흐르는 눈물의 홍수에 빠진 채 하늘로부터 구름이 내려와 그 홍수를 덮어주는 듯한 느낌을 받았다. 이것은 꿈이 아니었다. 그런 느낌이 재빠르게 나를 엄습해 오면 그것은 시작을 뜻했다. 이제 영혼은 용기로 충만해져서 하나님을 위해서라면 몸이 산산조각 나는 한이 있어도 그 안에서 큰 위로를 받을 수 있었다.

〈영웅적인 결단이 생김〉

3 이때는 결의의 때이다. 이때 영혼은 영웅적인 결단을 내리며 선한 욕구들에 대한 살아 있는 활력을 공급받으며 세상에 대한 증오가 시작될 뿐만 아니라 세상의 허무함을 분명히 인식한다. 영혼은 이전의 기도의 단계에서 했던 것보다 훨씬 더 크고 높은 진보를 이룩한다. 영혼은 더욱더 겸손하게 성숙해 간다. 그 까닭은 이 은총을 얻는 일이나 얻은 것을 보존하는 일은 영혼 그 자체의 어떤 노력으로부터 가능한 일이 아님을 그 영혼이 잘 알기 때문이다. 영혼은 영혼 자신을 아주 보잘것없는 존재로 간주한다. 강렬한

태양빛이 방 안에 비쳐 들어오면 거미줄까지도 모습을 감추지 못한다. 그것처럼 은총을 받은 영혼은 자기 자신이 얼마나 불행한 존재인가를 잘 안다. 이 영혼에게 자기기만이라는 용어는 아주 생소하게 느껴지는 것이다. 이제 영혼 그 자체의 눈은 영혼이 할 수 있는 일이 얼마나 보잘것없는 것이며 지금까지 해온 일이 무엇인가를 주의 깊게 살핀다.

  그 영혼은 오로지 주님과만 거한다. 그가 할 수 있는 일이 주님을 사랑하는 일 이외에 그 무엇이 있을 수 있겠는가? 강요당하지 않는 한 그것은 듣지도 보지도 못한다. 그런 것들은 영혼과는 아무 상관이 없는 것이다. 그 영혼이 지난날 영위했던 삶의 양식과 하나님의 크신 자비하심은 너무도 뚜렷하게 대조된다. 이제는 영혼이 영혼의 인식 능력을 가지고 음식을 구걸하러 다닐 필요가 없다. 왜냐하면 이제 영혼은 기왕에 준비되어 있는 것을 먹고 성찰할 수 있기 때문이다. 영혼 그 자체만을 두고 평가한다면, 그것은 분명히 지옥에 가야 마땅하며 형벌을 받아도 조금도 지나치지 않다.

4 이 기도가 주는 선한 효과는 얼마동안 영혼 안에 거한다. 이제 그 영혼은 열매가 자기 자신의 소유가 아니라는 점을 깨닫는다. 영혼은 그 열매를 다른 사람들과 나누어 갖는데 그래도 그 영혼 자신이 잃는 것은 하나도 없다. 영혼은 자신이 하늘의 보화들을 보호하고 있는 영혼임을 나타내는 증거들을 보여주기 시작하며, 그 증거들을 다른 사람들에게 전달하기를 원한다. 그 영혼은 자신만이 그 증거들을 소유한 유일한 사람이 되지 않게 해 줄 것을 하나님께 간청한다.

  영혼은 무의식 중에 혹은 어떤 일을 의식적으로 행하지 않고도 이웃에게 유익을 끼치기 시작한다. 그 꽃들이 발하는 향기가 너무나 강해서 이웃사람들은 영혼에게 열심히 접근하려는 욕구를 강하게 느낀다. 그들은 이 영혼이 덕으로 가득 차 있음을 안다. 그들은 그 영혼의 열매를 알며 그것이 얼마나 맛이 있는가를 안다. 그들은 그 영혼이 그 열매를 먹는 것을 도와준다.

5   이 땅이 환난, 핍박, 연약함, 기타 다른 불안 때문에 파헤쳐질 경우, 그 영혼의 도움이 없이 그토록 높은 단계에 올라갈 수 있는 사람은 매우 드물다. 그 영혼이 사욕을 추구하는 마음을 제어하면 그 영혼은 훨씬 더 많은 양의 물을 마실 수 있을 것이며 결코 마르지 않을 것이다.

그러나 다만 황폐하고 가시덤불로 덮인 땅이(내가 시작할 때 말했던 것처럼) 죄를 피하지 않으면 그 땅은 그처럼 큰 은총을 받을 만한 자격이 없는 황폐한 땅이 되고 말 것이다. 그 땅은 다시 말라 버리고 말 것이다. 정원사가 게으르면, 또 선하신 주님이 비를 내려 주시지 않으면 그 정원은 황폐해 버리고 말 것이다. 내게도 그런 일이 여러 번 일어나 놀란 적이 있다. 내가 이것을 직접 체험하지 않았더라면 나 자신도 그런 일이 일어나리라고는 믿지 않았을 것이다.

6   내가 이 글을 쓰는 목적은 나처럼 연약한 영혼을 위로하기 위해서이다. 그들도 하나님의 능력에 대한 믿음을 포기하지 않았으면 하는 것이 나의 바람이다. 주님께서 그들을 이처럼 높은 기도의 단계까지 끌어올리신 후에 그들이 타락한다 하더라도 그들이 완전히 포기하지 않는 한 실망해서는 안 된다. 회개의 눈물은 모든 것을 얻는다. 단 한 방울의 물이 또 다른 축복을 가져올 수 있는 것이다.

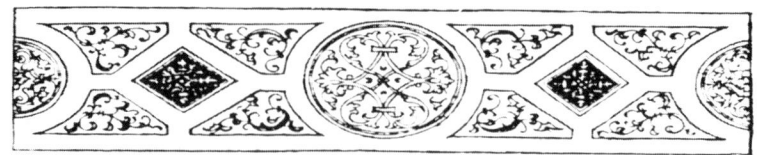

5

내면의 성(城):
하나님의 임재를 위한 많은
처소들로서의 내적 생명

제1부

일곱 번째 편지: 존경하는 돈 알론소 벨라스퀘즈 주교님께

아 지금 나의 영혼이 향유하고 있는 고요함과 평온함을 주교님께 알려 드릴 수만 있다면 얼마나 좋겠습니까! 나는 지금 하나님을 너무도 풍성하게 향유하고 있답니다. 마치 하나님은 나의 영혼에게 당신을 소유할 권리를 주신 것 같습니다. 마치 어떤 주인이 그의 종에게 일정 기간 지난 후에 큰 영지(領地)를 소유하고 그로부터 소작료를 받을 수 있는 합법적인 권리를 준 것처럼 말입니다. 그러나 그때까지 그는 단지 자신에게 주어진 권리에 대한 약속을 향유할 수 있을 뿐입니다.

그러나 이러한 권리를 준 자에 대한 감사로 그는 지금 그 영지를 향유하기를 바라지 않습니다. 그는 자신이 그것을 향유할 자격이 없다고 생각합니다. 그는 단지 그러한 소유권을 준 주인을 섬기기를 바랄 뿐입니다. 아무리 많은 고난과 시련이 따른다고 하더라도 말입니다. 때때로 그는 만일 자신이 그를 섬길 수만 있다면 많은 고난과 시련조차도 아주 작은 것이라고 생각하기까지 합니다. 설령 그것이 세상 끝날까지 계속된다고 하더라도 말입니다. 실제로 그런 사람은 세상의 고통에 속박되지 않습니다. 설령 그가 많은 고통을 겪는다 하더라도, 그것은 단지 외적으로 그렇게 보이는 것일 뿐입니다. 왜냐하면 그의 영혼은 이를테면 주권자가 거하며 통치하는 성(城)이기 때문입니다. 그러므로 그의 영혼은 어떤 근심과 걱정도 갖지 않습니다.

그러나 이러한 안전이 그 영혼을 하나님을 거스르는 것에 대해 큰 두려움을 갖는 것으로부터 면제시켜 주는 것은 아닙니다. 실제로는 그러한 두려움과 염려를 크게 증가시킵니다. 모든 것 안에서 그 영혼은 하나님의 영광을 바라보며 어떻게 그의 뜻을 가장 잘 이룰 수 있는지 생각합니다. 그 영혼은 하나님을 영화롭게 하기를 간절히 열망합니다.

성 삼위의 임재와 마찬가지로 내면의 평화 역시 계속됩니다. "우리가 그에게 가서 거처를 그와 함께 하리라"라는 말씀처럼, 성 삼위는 우리 안에 거하십니다(요 14:23). 그는 은혜로 말미암아 그렇게 하실 뿐만 아니라 또한 영혼으로 하여금 이러한 임재를 인식하도록 만듭니다. 이러한 임재로 말미암은 복된 결과를 어떻게 다 필설로 형언할 수 있겠습니까!

이러한 임재는 영혼이 극심한 병에 눌릴 때를 제외하고는 거의 대부분의 시간 동안 일어납니다. 때로 하나님은 영혼으로 하여금 아무런 내적 위로도 없이 고통을 당하도록 그냥 내버려 두는 것처럼 보입니다. 그러나 결코 그렇지 않습니다.

거기에는 분명한 하나님의 뜻이 있습니다. 영혼이 하나님의 뜻에 온전히 순복할 때, 그것은 죽는 것도 바라지 않고 사는 것도 바라지 않을 것입니다. 그것이 바라는 것은 오직 하나님을 보는 것입니다.

나아가 이러한 성 삼위의 임재는 영혼에 강력한 권능으로 나타납니다. 신랑과 멀리 떨어져 있는 슬픔조차 사라지게 만들 정도로 말입니다. 만일 살면서 그를 더 많이 섬기는 것이 그의 뜻이라면, 살고자 하는 열망은 계속될 것입니다. 나의 바람은 오직 다른 영혼들로 하여금 그를 더 많이 사랑하도록 이끄는 도구가 되는 것입니다. 그리고 모든 방법을 통해 그를 찬미하는 것입니다. 설령 아주 짧은 시간밖에 그렇게 하지 못한다 하더라도,

나는 그것이 영원한 영광을 즐기는 것보다 훨씬 더 유익하다고 생각합니다.

당신의 무익한 여종, 예수의 테레사

첫째 처소 : 하나님 앞에서 자기를 실현시키기 위한 기도.

제1부 : 영혼의 아름다움과 존귀함.

오늘 주님과 더불어 교제하는 동안, 나는 무슨 말을 할 것인지 그리고 나에게 주어진 의무를 어떻게 순종하며 이행할 수 있을지에 대해 아무 생각도 할 수 없었습니다. 그러다가 문득 그에 대해 글로 쓰고자 하는 생각이 떠올랐습니다.

〈우리 각자의 영혼은 성(城)과 같다.〉

우리 영혼은 하나의 다이아몬드나 혹은 최소한 매우 영롱한 하나의 수정으로 만들어진 성(城)과 같다는 생각이 떠올랐습니다. 그 안에는 많은 처소들이 있습니다. 마치 하늘에 많은 처소들이 있는 것처럼 말입니다. "내 아버지 집에 거할 곳이 많도다 그렇지 않으면 너희에게 일렀으리라 내가 너희를 위하여 거처를 예비하러 가노니"(요 14:2). 이것을 깊이 묵상할 때, 우리는 의인의 영혼이 바로 낙원이라는 사실을 깨닫게 됩니다. 그리고 하나님은 그 안에서 기쁨을 취하십니다. "사람이 거처할 땅에서 즐거워하며 인자들을 기뻐하였느니라"(잠 8:31). 만일 그가 강하시고 지혜로우시며 거룩하시며 선하신 왕이라면, 여러분은 그가 기뻐하시는 처소가 어떤 종류의 처소일 것이라고 생각합니까? 아름다움과 존귀함에 있어, 그러한 영혼과 비교할 수 있는 것은 아무것도 없습니다. 이것은 가장 예리한 지성을 가진 사람조차 거의 깨달을 수 없는 신비입니다. 그가 자신의 지성으로 하나님을 깨달을 수 없는 것처럼 말입니다. 그러나 하나님은 우리에게 당신께서 우리를 "그의 형상을 따라 그의 모양대로" 창조하셨다고 말씀하십니다(창 1:26).

만일 이것이 정말로 사실이라면, 우리는 이러한 성(城)의 아름다움을 아무리 많이 이해한다 하더라도 결코 충분히 이해하지 못할 것입니다. 왜냐하면 설령 영혼이 단지 그의 피조물일 뿐이며 또 그것들 사이에 마치 창조주와 어떤 피조물 사이의 차이와 같은 차이가 있다 하더라도, 하나님이 그것을 자신의 형상을 따라 만들었다는 사실은 우리가 영혼의 웅장한 아름다움과 존귀함의 개념을 결코 완전하며 충분하게 깨달을 수 없음을 의미하기 때문입니다.

우리 자신의 허물로 말미암아 우리가 스스로에 대해 이해하지 못하거나 혹은 우리가 누군지 실제로 이해하지 못하는 것은 참으로 불행한 일이 아닐 수 없습니다. 어떤 사람이 자신이 누구냐는 질문을 받았을 때 "내가 누군지, 나의 아버지와 어머니가 누군지, 내가 어느 나라 사람인지" 아무것도 알지 못한다고 대답하는 것은 너무나 이상한 일이 아닙니까?

〈하나님 앞에서 스스로를 알아야만 하는 필요성〉

만일 이것이 정말로 너무나 이상한 일이라면, 우리에게 있어 자신이 누군지 발견하고자 아무런 시도도 하지 않는 것은 훨씬 더 이상한 일이 아닙니까? 우리는 자신이 영혼을 소유하고 있음을 당연한 것으로 받아들입니다. 왜냐하면 우리의 신앙이 그렇게 말하기 때문입니다. 그러면서 우리는 우리의 내적 생명이 실제로 어떤 종류의 것인지 그리고 누가 거기에 살고 있는지 그리고 그것이 실제로 얼마나 고귀한 것인지 거의 생각하지 않습니다. 그리하여 우리는 영혼의 아름다움을 보존하기 위한 노력을 거의 기울이지 않습니다. 그렇게 하는 대신 우리의 모든 관심은 성(城)의 외벽을 치장하는 따위의 외적인 것에 초점이 맞추어집니다. 다시 말해서 우리는 육체에 초점을 맞추는 것입니다.

그러므로 이러한 성 즉 우리의 영혼에 많은 방들이 있다는 사실을 깊이 묵상하십시오. 어떤 방은 위층에 있으며, 어떤 방은 아래층에 있으며, 또 어떤 방은 측면에 있습니다. 그러나 하나님과 영혼 사이에 가장 친밀한 교제가 이루어지는 주된 처소는 중앙에 있습니다.

이러한 비유를 마음에 깊이 새기십시오. 왜냐하면 하나님은 여러분에게 은총을 베푸시기 위해 이와 같은 비유를 사용하시기를 기뻐하실 것이기 때문입니다.

〈하나님은 당신의 위대함을 나타내기 위해 은총을 베푸신다.〉

만일 어떤 사람이 하나님이 사람들에게 은총을 베푸시는 것을 기뻐하지 않는다면, 나는 그런 사람은 실제로 자기 이웃을 위한 겸손과 사랑의 큰 필요 가운데 서 있다고 확신합니다. 하나님이 우리에게 주신 것과 같은 은총을 어떤 사람에게 주시는 것을 볼 때, 도대체 어떻게 우리가 기뻐하지 않을 수 있단 말입니까? 때로 하나님은 당신의 하시는 일을 나타내기 위해 사람들에게 은총을 베푸십니다. 요한복음 9장에서 소경의 눈을 뜨게 해 주실 때 말씀하셨던 것처럼 말입니다. "예수께서 대답하시되 이 사람이나 그 부모의 죄로 인한 것이 아니라 그에게서 하나님이 하시는 일을 나타내고자 하심이라"(3절). 그가 그들에게 이러한 은총을 베푸시는 것은 그들이 다른 사람들보다 더 거룩해서가 아니라 당신의 위대하심을 나타내시기 위해서입니다. 이러한 사실은 우리는 바울 사도와 막달라 마리아의 경우에서도 발견합니다. 이와 같이 우리는 그가 만드신 자들 안에서 그를 찬미할 수 있습니다.

어떤 사람들은 "어떻게 그것이 가능할 수 있습니까? 그것은 연약한 자들을 실족시키는 일이 아닙니까?"라고 물을는지 모릅니다. 결코 그렇지 않습니다. 도리어 그것은 그러한 은총을 받은 사람들로 하여금 그것을 주신 자를 더 많이 사랑하도록 자극하며 고취하는 결과가 될 것입니다.

어쨌든 나는 여러분 가운데 그와 같이 생각할 사람은 아무도 없을 것이라고 믿습니다. 왜냐하면 여러분 모두가 하나님이 우리에게 그의 사랑의 더 큰 증거를 주시는 것을 알고 또 믿기 때문입니다. 그러나 만일 어떤 사람이 이것을 믿지 않는다면, 그는 자신의 경험 속에서 그것을 발견하지 못할 것입니다. 왜냐하면 우리 주님은 그가 하시는 일이 제한되는 것을 결코 바라지 않으시기 때문입니다. 그러므로 자매들이여, 그러한 생각이 여러분의 마음을 사로잡지 못하게 하십시오.

〈여러분 자신 안으로 들어가라.〉

　우리의 아름답고 복된 성(城)으로 돌아갑시다. 이제 우리는 어떻게 우리가 그 안으로 들어갈 수 있는지 생각해 보아야만 합니다. 어쩌면 이 말은 여러분에게 우스꽝스러운 이야기처럼 들릴는지 모릅니다. 왜냐하면 만일 이 성이 영혼이라면, 그 안으로 들어갈 필요가 없는 것은 너무도 명백한 사실이기 때문입니다. 영혼이 성(城) 자체이기 때문이니까 말입니다. 이것은 마치 어떤 방 안에 있는 사람에게 그 방으로 들어가라고 말하는 것과 마찬가지로 우스꽝스러운 일입니다. 그러나 여러분은 거기에 많은 방들이 있으며 또 이 방과 저 방 사이에 큰 차이가 있다는 사실을 이해할 필요가 있습니다. 왜냐하면 많은 영혼들이 파수꾼들이 있는 성벽 근처에서 살면서 성 안으로 들어가는 일에는 전혀 관심을 기울이지 않기 때문입니다. 그들은 그 안에 무엇이 있는지, 그리고 거기에 누가 살고 있는지, 그리고 거기에 어떤 방들이 있는지 알고 싶어 하지 않습니다. 여러분은 많은 경건서적들을 통하여 "영혼으로 하여금 그 자신 안으로 들어가도록 격려하는" 글을 많이 읽었을 것입니다. 내가 지금 말하고 있는 것도 정확하게 그것입니다.

　어떤 분으로부터 기도하지 않는 영혼은 마치 중풍에 걸려 마비된 몸과 같다는 말을 들은 적이 있습니다. 그 몸에는 손과 발이 달려 있지만 그러나 그러한 것들은 무용지물에 불과합니다. 마찬가지로 외적인 일에만 사로잡혀 어떻게 자신 안으로 들어갈 수 있는지에 대해 전혀 생각할 줄 모르는 연약한 영혼들이 있습니다. 실제로 그러한 영혼들은 성벽에 붙어 있는 벌레들과 거의 비슷하게 됩니다. 하나님과 거룩한 교제를 할 수 있는 복된 본성을 받았음에도 불구하고, 그러한 영혼들은 그러한 것에 전혀 주의를 기울이지 않습니다. 마치 뒤를 돌아보다가 소금기둥이 된 롯의 아내처럼, 이러한 영혼들은 자신들의 가련한 상태를 깨닫고 고치려고 하지 않는 가운데 딱딱한 소금기둥으로 변할 것입니다(창 19:26).

〈기도를 통해 들어가라.〉

　이 성(城)으로 들어가는 문은 기도와 관상(觀想)입니다. 지금 나는 침묵

기도와 소리 내어 하는 기도 모두에 대해 말하고 있습니다. 만일 어떤 사람이 자신이 지금 간구하며 기도하고 있는 대상에 대해 생각하지 않는다면, 실제로 그는 전혀 기도하고 있지 않은 것입니다. 그는 계속해서 입술을 움직이고 있을는지 모르지만, 그러나 그것이 전부입니다. 물론 이런 것들에 대해 전혀 주의를 기울임이 없이 기도하는 것이 때로 가능할 수 있습니다. 그러나 그것은 이미 그러한 것들에 대해 사전에 충분히 생각한 경우에만 한정됩니다. 만일 어떤 사람이 거룩하신 하나님께 기도하면서 마치 종들에게 말하는 것처럼 한다든지 혹은 무의미한 말을 계속해서 반복하는 가운데 자신이 제대로 기도하고 있는지 전혀 생각하지 않는다면, 나는 그가 실제로 기도하고 있다고 믿지 않습니다.

하나님이여, 부디 우리로 하여금 이와 같은 방식으로 기도하지 않도록 도우소서! 나의 자매들이여, 여러분 가운데 어느 누구도 이렇게 기도하지 않기를 바랍니다. 항상 자신의 내면을 살피면서 기도하십시오. 이것이야말로 그와 같은 잘못된 기도로부터 스스로를 지키는 가장 좋은 방법입니다.

〈항상 자신의 내면을 살펴라.〉

지금 세속적인 일들 가운데 깊숙이 매몰된 어떤 사람들을 상상해 보십시오. 그들은 선한 계획을 가지고 있으며, 때때로 스스로를 주님께 맡기기도 합니다. 그러나 그들은 자신의 영혼의 상태에 대해 별로 주의를 기울이지 않습니다. 그들은 수많은 일들로 분주하며, 그렇기 때문에 한 달에 고작 몇 번 기도할 뿐입니다. 일반적으로 그들은 거의 대부분의 시간을 자신의 세속적인 일들을 생각하는데 사용합니다. 그들의 마음은 그러한 일들에 거의 대부분 매몰되어 있습니다. "네 보물 있는 곳에 네 마음도 있느니라"라는 우리 주님의 말씀처럼 말입니다(마 6:21). 이들에게 있어 자신을 올바로 알고 또 자신들이 영적으로 올바로 자라고 있지 않음을 깨닫는 것은 매우 중요합니다.

그렇지만 어쨌든 이들은 첫 번째 방 혹은 가장 낮은 방에 들어갑니다. 그러나 거기에는 그 성의 아름다움을 보지 못하도록 그리고 내적인 평온을 누리지 못하도록 방해하는 것들이 많이 있습니다. 그들은 단지 그곳에 들어간 것으로 자신들의 일을 충분히 했다고 느낍니다.

나의 딸들이여, 여러분은 주의 선하심으로 인해 자신이 이런 부류의 사람들 가운데 하나가 아니라고 생각할는지 모릅니다. 그리고 지금까지 내가 한 말은 여러분과 무관하다고 생각할는지 모릅니다. 그렇지만 내 말을 깊이 새겨 보십시오. 그리고 기도와 관련한 내면의 문제들에 대해 깊이 관상(觀想)해 보십시오. 설령 여러분에게 여러 가지 개인적인 체험들이 있다 하더라도, 여러분에게도 이와 같은 문제들이 얼마든지 관련될 수 있다는 사실을 잊지 마십시오.

제2부 : 영혼 안에 있는 죄의 추악함.

앞으로 더 나가기 전에, 나는 여러분이 이 성을 바라보는 것이 얼마나 멋진 광경인지 생각해 보기를 바랍니다. 그것은 동방으로부터 온 진주처럼 찬란한 아름다움으로 빛납니다. 그것은 생명수 강가에 심겨진 생명나무입니다. "그는 시냇가에 심은 나무가 철을 따라 열매를 맺으며 그 잎사귀가 마르지 아니함 같으니 그가 하는 모든 일이 다 형통하리로다"(시 1:3).

〈오직 하나님의 임재만이 우리 영혼을 참되게 만든다.〉

그러므로 영혼이 또다시 죄 가운데 떨어지는 것은 얼마나 비극적인 일입니까! 이것보다 더 캄캄한 어둠은 결코 없습니다. 그러나 여러분은 그와 관련하여 오직 한 가지를 알 필요가 있습니다. 그것은 이것입니다. 즉 의의 태양이신 주님이 영혼에게 자신의 모든 아름다움과 광채를 주었다 하더라도, 그는 여전히 영혼의 중심에 계신다는 사실입니다. 그러나 만일 죄가 행해진다면, 그것은 마치 그가 거기에 계시지 않는 것과 마찬가지입니다. 이것은 정말로 그러합니다. 마치 수정이 빛을 반사하는 것처럼, 영혼이 그를 향유할 수 있다 하더라도 말입니다.

이와 같은 상태에 있을 때, 영혼은 아무런 유익도 얻지 못할 것입니다.

죄 가운데 떨어진 영혼이 도대체 무슨 영광을 얻을 수 있단 말입니까? 설령 그 영혼이 어떤 선한 일을 행할 수 있다 하더라도 말입니다. 죄는 은혜의 원리 안에 그 근원을 가지지 않습니다. 우리의 덕(德)의 근원은 오직 하나님입니다. 그로부터 분리되는 것은 우리가 어떤 방법으로도 그를 기쁘시게 할 수 없음을 의미합니다. 실제로 죄를 범하는 사람은 어둠의 화신(化身)인 마귀를 기쁘게 할 뿐입니다. 그리하여 가련한 영혼은 어둠 자체가 됩니다.

주님은 나에게 영혼에게 있어 죄 가운데 있는 것이 무엇과 같은지 보여 주시기를 원하셨습니다. 만일 사람들이 실제로 죄 가운데 떨어지는 것이 어떤 것인지 깨닫는다면, 그들은 죄를 범하는 것이 정말로 불가능하다는 사실을 발견하게 될 것입니다. 최소한 고의적으로 죄를 범하는 것은 불가능할 것입니다. 설령 영혼이 가장 혹독한 시험을 당한다 하더라도 말입니다. 주님은 나에게 모든 사람이 이러한 사실을 깨닫기를 바라는 강한 열망을 주셨습니다. 나의 딸들이여, 부디 주님이 여러분에게도 이러한 상태 가운데 있는 모든 사람들을 위해 기도하고자 하는 간절한 열망을 주시기를 바랍니다. 그 행실과 존재 전체가 완전히 어둠이 되어버린 사람들 말입니다.

〈하나님의 내적 임재는 샘과 같다.〉

깨끗한 샘으로부터 흘러나오는 모든 강들을 생각해 보십시오. 그것들은 얼마나 깨끗하고 상쾌합니까! 이와 같이 영혼은 은혜의 상태 가운데 있습니다. 이러한 생명의 샘으로부터 흘러나오는 모든 강들은 하나님과 사람 앞에 가장 즐겁고 상쾌하며 아름답습니다. 그러나 만일 어떤 강이 이러한 샘으로부터 흘러나오지 않았다면, 거기에는 아무런 상쾌함도 없을 뿐만 아니라 또한 거기서는 어떤 열매도 맺지 못할 것입니다. 이 샘은 영혼으로 하여금 마르지 않도록 지켜주며 또한 좋은 열매를 맺도록 도와줍니다.

반면에 스스로를 고의적으로 이러한 샘으로부터 분리시킨 영혼은 오직 더럽고 악취 나는 물줄기가 흘러들어와 고인 썩은 웅덩이 안에 심겨질 수 있을 뿐입니다. 그러나 우리는 이 샘과 이 눈부신 태양은 ― 즉 영혼의 중심은 ― 그 광채와 영광을 잃지 않음을 분명히 깨달아야만 합니다. 이러한 것들은 항상 남아 있으며, 아무것도 이러한 아름다움을 빼앗을 수 없습니다. 그러나 만일 어떤 사람이 수정을 검은 천으로 덮는다고 생각해 보십시오. 그러면 설령 태양이 그 위에 비춘다 하더라도, 그것은 수정 위에 아무런 영향도 끼치지 못할 것입니다.

예수 그리스도의 피로 구속받은 영혼들이여, 자신을 알고 또 스스로를 긍휼히 여기십시오! 이러한 사실을 아는 당신이 수정으로부터 더러운 찌꺼를 제거하려고 시도하지 않는 것이 도대체 어떻게 가능할 수 있단 말입니까? 여러분의 삶이 끝났을 때, 여러분은 더 이상 이러한 빛을 향유하는 자리로 돌아오지 못할 것이라는 사실을 기억하십시오.

오 예수여! 이러한 빛으로부터 분리되고 또 그것을 빼앗긴 영혼을 보는 것은 얼마나 슬픈 일입니까! 그러한 영혼의 방들은 얼마나 쓸쓸하며 비참합니까! 그러한 영혼의 감각들은 얼마나 혼란하며 무질서합니까! 그러한 방들 안에서 사는 사람들은 얼마나 불쌍합니까! 그러한 영혼의 기능들은 얼마나, 보아도 보지 못하며 들어도 듣지 못하는 맹인과 귀머거리와 같습니까! 어떤 나무가 마귀들이 있는 곳에 심겨졌을 때, 거기에서 무슨 열매가 맺을 수 있겠습니까?

언젠가 어떤 경건한 사람이 이렇게 말하는 것을 들은 적이 있습니다. "나는 어떤 사람이 죄 가운데 악을 행하는 것에 대해서보다 도리어 악을 행하지 않는 것에 대해 더 놀랍니다." 아 하나님이여! 부디 긍휼 가운데 우리를 이토록 큰 악으로부터 구원하소서! 우리가 이 땅의 삶을 살아가는 동안, 죄는 정말로 악(evil)이라는 이름을 받기에 합당합니다. 왜냐하면 그것은 오로지 우리에게 악들(evils)만을 가져다줄 뿐이기 때문입니다. 나의 딸들이여, 여러분이 마땅히 두려워해야 할 것이 바로 이것입니다. 그리고 우리는 하나님께 그것으로부터 우리를 자유롭게 해 달라고 간절히 기도해야만 합니다. 왜냐하면 그가 성을 지키지 아니하시면 그것을 지키는 자의 모든 수고는 결국 헛될 뿐이기 때문입니다. "여호와께서 집을 세우지 아니하시면 세우는 자의 수고가 헛되며 여호와께서 성을 지키지 아니하시면 파수꾼의 깨어 있음이 헛되도다"(시 127:1). 우리 자신의 모든 수고는 결국 헛될 뿐입니다.

〈하나님이여 우리의 죄를 우리에게 보이소서!〉
앞에서 언급한 사람은 또 내게 이렇게 말했습니다. "하나님은 나에게 죄 가운데 빠져 있는 나의 영혼의 비참한 상태를 보여주심으로써 나에게 두 가지 은택을 주셨습니다." 첫째는 하나님을 거스르는 것에 대한 극도의 두려움이었습니다. 그리하여 그는 하나님께 자신을 붙들어 달라고 끊임없이 간구했습니다. 그는 계속해서 일어나는 두려운 악을 볼 수 있었습니다.

〈하나님만이 우리의 선(善)의 근원이시다.〉
두 번째 은택은 자신 안에 있는 겸손을 증진시킬 수 있도록 그것을 볼 수 있는 거울을 얻은 것이었습니다. 왜냐하면 그는 우리가 행하는 선이 우리 자신으로부터 말미암는 것이 아니라 우리 영혼의 나무가 심겨진 샘으로부터 말미암는다는 사실을 알고 있었기 때문입니다. 우리의 행동에 빛과 열기를 가져다주는 것은 이러한 태양입니다. 그는 이러한 사실이 자신에게 분명하게 나타났다고 말했습니다. 그리하여 그는 어떤 선을 행할 때마다 항상 하나님이 자신의 모든 선의 근원이라는 사실을 되새겼습니다. 그는 하나님 없이는 아무 일도 할 수 없음을 알았습니다. "나는 포도나무요 너희는 가지라 그가 내 안에, 내가 그 안에 거하면 사람이 열매를 많이 맺나니 나를 떠나서는 너희가 아무 것도 할 수 없음이라"(요 15:5). 그로 하여금 하나님을 찬미하도록 이끈 것은 바로 이것이었습니다. 어떤 선한 행동을 했을 때, 그는 그것이 자신으로부터 나온 것이라고 결코 생각할 수 없었습니다.

그러므로 자매들이여, 만일 여러분이 이 두 가지를 기억한다면, 여러분이 이 글을 읽느라 사용한 시간과 내가 이 글을 쓰느라 사용한 시간은 결코 헛되지 않을 것입니다.

〈기도가 어떻게 우리에게 영향을 끼치나?〉

여러분에게 이러한 내면의 일들을 잘 설명해 주는 일은 나에게 있어 매우 중요한 일입니다. 뿐만 아니라 그것은 또한 여러분에게도 매우 중요합니다. 왜냐하면 우리는 "기도는 너무도 좋은 것"이라는 말을 항상 듣기 때문입니다. 우리는 정해진 규칙에 따라 매일같이 많은 시간 동안 기도하지만, 그럼에도 불구하고 우리는 이에 대해 충분한 설명을 듣지 못합니다. 우리가 기도 가운데 무엇을 할 수 있는지 그리고 어떻게 우리 주님이 영혼 안에서 그의 초자연적인 역사(役事)를 행하시는지에 대해 우리는 거의 듣지 못합니다.

이러한 사실을 생각할 때, 우리에게 있어 이러한 내면의 성(城)을 들여다보는 것은 큰 위로가 될 것입니다. 육신적인 사람들은 그러한 것들에 대해 거의 깨닫지 못합니다.

〈하나님은 우리의 생명의 중심에 계신다.〉

자, 이제 많은 방들로 이루어진 우리의 성으로 돌아갑시다! 이러한 방들이 모두 한 줄로 나란히 정렬되어 있다고 상상하지 마십시오. 그렇게 하는 대신 여러분의 주의(注意)를 왕이 거하는 중앙의 방에 고정시키십시오. 그 방은 마치 팔메토(palmetto)라 불리는 키 작은 야자나무와 같습니다. 그 나무는 많은 외피들로 싸여 있으며, 그 속에 부드럽고 향긋한 부위(部位)가 있습니다. 그래서 그 부위를 먹기 위해서는 그것을 싸고 있는 외피들을 모두 벗겨내야만 합니다. 이와 마찬가지로 중앙의 방을 여러 개의 아름다운 방들이 둘러싸고 있습니다.

영혼에 대해 말할 때, 우리는 항상 그것을 거대한 구체(球體)처럼 생각해야 합니다. 우리는 조금의 과장도 없이 그렇게 말할 수 있습니다. 왜냐하면 영혼의 용량(容量)은 우리가 생각할 수 있는 것보다 훨씬 더 크기 때문입니다. 이러한 왕궁 안에 있는 태양은 자신의 빛을 그 모든 부분에 비춥니다.

제5장 내면의 성(城): 하나님의 임재를 위한 많은 처소들로서의 내적 생명 제1부   203

⟨자신을 아는 지식의 방⟩

　기도하는 영혼에게 있어 그 왕궁 내부에 제한되는 것을 느끼지 않는 것은 매우 중요합니다. 영혼으로 하여금 위층과 아래층과 측면에 있는 모든 방들을 자유롭게 걸어다니게 하십시오. 왜냐하면 하나님은 여러분에게 너무도 큰 존귀를 주셨기 때문입니다. 어느 한 방에 지나치게 오랫동안 머물러야만 한다고 느끼지 마십시오. 만일 그것이 자신을 아는 지식의 방이 아니라면 말입니다. 여러분은 바로 이 방으로부터 시작해야만 합니다. 만일 우리가 안전하며 평평한 길로 계속해서 나아가며 여행할 수 있다면, 우리에게 날개가 도대체 무슨 필요가 있겠습니까? 그렇게 하는 대신 자신을 아는 지식 가운데 나아가기 위해 모든 노력을 다합시다. 그러나 만일 우리가 하나님을 알고자 추구하지 않는다면 우리는 스스로를 완전하게 알지 못한다는 것이 나의 생각입니다. 나는 우리가 하나님의 존귀함을 볼 때 비로소 자신의 비천함을 깨닫게 된다고 믿습니다. 그의 정결하심을 바라볼 때, 비로소 우리는 우리 자신의 불결함을 보게 될 것입니다. 그의 겸손을 깊이 생각할 때, 비로소 우리는 우리가 겸손으로부터 얼마나 멀리 떨어져 있는지 깨닫게 될 것입니다.

⟨영혼은 육신적인 일들에 의해 더럽혀진다.⟩

　여러분은 첫째 처소 안에 왕의 처소로부터 빛이 거의 들어오지 않는 것을 발견할 것입니다. 그 처소는 아주 깜깜하지는 않다 하더라도 그러나 상당 부분 어두컴컴합니다. 영혼이 죄 가운데 있을 때처럼 말입니다. 이것은 그러한 처소의 잘못이 아니라 거기에 뱀이나 도마뱀이나 독사 등과 같은 나쁜 것들이 많이 있기 때문입니다. 그러한 악한 것들이 영혼 안에 들어와서 영혼으로 하여금 빛을 깨닫지 못하도록 가로막습니다. 그것은 마치 그 눈이 진흙으로 덮여 있어 거의 눈을 뜰 수 없는 어떤 사람이 태양이 비취는 장소 안으로 들어가는 것과 같습니다. 실제로 그 내부는 매우 밝지만 그러나 그는 그것을 즐기지 못합니다. 왜냐하면 뱀이나 도마뱀이나 독사 등과 같은 장애물들이 그의 눈을 가리고 자신들 외에 아무것도 보지 못하게 만들기 때문입니다.

나는 어떤 사람들의 영혼의 상태가 바로 이와 같다고 생각합니다. 그들의 영혼은 설령 나쁜 상태까지는 아니라 하더라도 어쨌든 세속적인 것들과 그것의 영광에 너무나 매몰되어 있습니다. 그리하여 그러한 영혼은 자신의 아름다움을 보지도 못하고 즐기지도 못합니다. 왜냐하면 뱀과 같은 악한 것들이 그렇게 하는 것을 가로막고 있기 때문입니다. 그 영혼이 이러한 많은 장애물들을 피하는 것은 거의 불가능해 보입니다.

〈둘째 처소에 들어가는 조건〉

만일 영혼이 둘째 처소에 들어가기를 바란다면, 그는 불필요한 모든 일을 버리고자 애써야 합니다. 만일 그렇게 하지 않는다면, 그는 성(城)의 내실(內室)로 결코 들어가지 못할 것입니다. 대신에 그는 그가 이미 있는 그리고 여전히 위험 가운데 노출된 첫째 처소 가운데 그대로 남아 있을 것입니다. 그곳에 있으면서 거기에 있는 악한 짐승들에게 물리지 않는 것은 거의 불가능한 일입니다.

나의 딸들이여, 이미 그러한 올무들로부터 벗어나 은밀한 처소까지 깊숙이 들어온 우리가 우리 자신의 잘못으로 말미암아 또다시 그와 같은 악한 짐승들이 있는 장소로 되돌아갈 수 있다는 사실을 기억하십시오. 하나님으로부터 많은 은총을 받았음에도 불구하고 죄로 말미암아 이와 같은 비참한 상태로 떨어진 사람들이 얼마나 많습니까!

여기 수도원에서 우리는 외적인 위험들과 관련해서는 자유롭습니다. 그렇지만 마음의 내적인 문제들에 있어서도 그럴까요? 만일 우리가 내적인 문제들에 있어서도 자유롭다면, 우리 주님이 얼마나 기뻐하시겠습니까! 그러므로 나의 딸들이여, 외적인 모든 염려로부터 스스로를 지키십시오. 이 성 안에 마귀들로부터 완전히 자유로운 장소는 거의 없다는 사실을 기억하십시오.

그렇습니다. 어떤 방들의 경우 그곳을 지키는 파수꾼들이 — 즉 우리의 기능들이 — 어느 정도 싸울 힘을 가지고 있는 것은 사실입니다. 마귀는 스스로를 빛의 천사로 가장(假裝)함으로써 우리를 속이려고 합니다. 그러나 우리가 마귀의 간계를 분별할 때, 우리는 부주의하게 되지 않을 것입니다. 우리에게 해(害)를 끼치기 위해 그가 할 수 있는 일은 많이 있습니다. 왜냐하면 그는 우리가 미처 깨닫지 못하는 사이에 슬그머니 들어와 우리에게 온갖 해를 끼칠 수 있기 때문입니다.

정말로 마귀는 소리 없이 들어오는 강도와 같습니다. 그러므로 우리에게는 처음부터 그를 분별할 줄 아는 지혜가 필요합니다. 이 부분을 좀 더 충분하게 살펴보도록 합시다.

〈사탄의 속임수〉

예를 들어, 사탄은 어떤 자매에게 고행(苦行)을 위한 큰 열망을 불러일으킬 수 있습니다. 그녀는 스스로를 괴롭힐 때 외에는 결코 안식을 누릴 수 없다고 느낍니다. 이것은 좋은 출발일 수 있습니다. 그런데 수도원장이 임의로 고행을 해서는 안 된다는 명령을 내렸다고 가정해 보십시오. 그러나 마귀는 그 자매에게 고행은 너무나 좋은 것이라서 아무런 거리낌 없이 할 수 있다고 생각하도록 만듭니다. 그러면 그녀는 수도원의 규칙을 어기면서까지 은밀하게 그리고 심지어 건강을 잃으면서까지 마귀의 속삭임에 스스로를 내줄 수 있을 것입니다. 그렇다면 여러분은 선한 것이 마침내 악으로 끝나는 것을 분명히 보게 될 것입니다.

또 마귀는 거룩함을 추구하는 큰 열심과 함께 또 다른 것을 불어넣을 수 있습니다. 그러한 열심 자체는 선하지만 그러나 그것이 다른 것과 묘하게 뒤엉킬 수 있습니다. 예컨대 어떤 자매를 상상해 보십시오. 그녀에게 다른 자매들이 범하는 모든 사소한 잘못들은 매우 심각한 잘못으로 보일 수 있습니다. 그럴 때 그녀는 그러한 것들을 보면서 매우 비판적인 마음을 갖게 되고 마침내 그것을 수도원장에게 고합니다. 반면 그녀는 자신의 종교적인 열심으로 인해 자기 자신의 잘못은 보지 못합니다. 한편 다른 자매들은 그녀 안에서 일어나는 것을 이해하지 못하기 때문에 그녀의 뜨거운 열심을 받아들일 수 없습니다.

〈공동체 안에서의 사랑의 파괴〉

이 모든 것 안에서 마귀가 노리는 것은 결코 작은 것이 아닙니다. 실제로 그것은 서로에 대한 사랑을 싸늘하게 식게 만듭니다. 이것은 공동체 안에서 큰 해악을 끼칩니다. 나의 딸들이여, 참된 온전함은 하나님에 대한 사랑과 이웃에 대한 사랑으로 이루어지는 사실을 기억하십시오. 이러한 두 가지 계명을 더 잘 지킬수록, 우리는 더 온전해질 것입니다. 우리의 모든 규칙과 규약들은 우리로 하여금 이러한 두 가지 계명을 더 잘 지킬 수 있도록 만들어주기 위한 것입니다. 그러므로 우리 공동체에 해악을 끼칠 수 있는 그러한 분별없는 열심을 피합시다. 그리고 우리 모두 먼저 스스로를 살피는 사람이 됩시다.

이러한 상호간의 사랑은 너무나 중요합니다. 따라서 나는 여러분이 결코 그것을 잊지 말기를 바랍니다. 그것은 다른 사람들의 영혼의 내면에 대해서는 거의 알지 못하면서 오로지 그들의 사소한 문제에 지나치게 집착함으로 말미암습니다. 그런 사람은 자신의 마음의 평안을 잃을 뿐만 아니라 또한 다른 사람들의 평안을 깨뜨릴 것입니다.

마귀는 또한 수도원장에 대해서도 이와 같은 시험의 올무를 던질 수 있습니다. 이런 경우 시험은 한층 더 위험할 것입니다.

〈거룩해지고자 하는 열망 속에는 많은 분별력이 요구된다.〉

그러므로 큰 분별력이 반드시 필요합니다. 만일 규칙과 규약들이 깨뜨려진다면, 그것은 결코 가볍게 지나쳐져서는 안 됩니다. 그것은 수도원장에게 알려져야만 합니다. 왜냐하면 깨어진 규칙과 규약들은 반드시 바로잡혀져야만 하기 때문입니다. 또 자매들 사이에 어떤 심각한 잘못들이 발견되었음에도 불구하고 그냥 지나쳐진다면, 설령 그것이 시험이 될 수 있다는 두려움 때문이었다 하더라도 그것 자체가 시다.

그러므로 우리는 마귀에게 속지 않도록 큰 주의를 기울일 필요가 있습니다. 마귀는 이런 방식으로 큰 승리를 얻을 수 있으며, 공동체 안에서 서로 수군거리는 병폐를 만들 수 있습니다. 그러므로 우리는 마귀의 간계를 분별할 줄 아는 지혜를 가져야만 합니다. 하나님의 영광을 위해 세워진 수도원은 결코 서로 수군거리는 장소가 되어서는 안 됩니다. 우리 수도원은 마땅히 침묵의 장소가 되어야만 합니다. 우리는 선한 것을 굳게 지켜야만 합니다.

둘째 처소 : 하나님의 성품에 대한 관상(觀想)과
스스로를 순복시켜야 할 필요성.

인내의 중요성

이제 둘째 처소에 들어가는 영혼들에 대해, 다시 말해서 어떤 영혼들이 거기에 들어가는지 생각해 보도록 합시다.

이곳은 이미 기도하기를 시작하고 또한 첫째 처소에 계속해서 머물러 있어서는 안 된다는 사실을 깨달은 자들과 관련됩니다. 동시에 이들은 이러한 두 번째 단계에 계속해서 머물면서 결코 첫째 단계로 되돌아가지 않겠다는 충분한 결심까지는 가지고 있지 않습니다. 왜냐하면 이들은 죄의 기회를 피하지 않기 때문입니다. 죄의 기회를 피하지 않는 것은 매우 위험할 수 있습니다. 그렇지만 이들은 짧은 기간 동안이라도 뱀 따위의 악독한 짐승들로부터 피하기를 꾀한다는 점에서 큰 은혜를 받은 자들입니다. 그들은 그러한 것들로부터 도망치는 것이 좋은 일임을 깨닫습니다.

어떤 면에서 이들은 첫째 처소에 있는 자들보다 훨씬 더 힘든 시간을 가집니다. 그렇지만 위험은 훨씬 적습니다. 왜냐하면 이들은 지금 자신들의 위치를 이해하고 있기 때문입니다. 이들에게는 성 안으로 더 깊숙이 들어가고자 하는 큰 소망이 있습니다.

〈둘째 처소에 거하는 것은 훨씬 더 많은 노력을 요구한다.〉

둘째 처소에 거하는 것이 더 많은 노력을 함축하는 이유는 무엇일까요? 그것은 첫째 처소에 있는 자들은 마치 듣지도 못하고 말하지도 못하는 자들과 같기 때문입니다. 말하지 않는 어려움을 견뎌야만 하는 상황을 생각해 보십시오. 듣지도 못하고 말하지도 못하는 자들의 경우보다 듣기는 하지만 그러나 말할 수는 없는 자들, 다시 말해서 둘째 처소에 거하는 자들의 경우가 그러한 상황을 견디기 훨씬 더 힘들 것입니다. 이들은 자신들을 부르는 주님의 음성을 들을 수 있습니다. 이들은 주님이 거하시는 곳으로 더 가까이 나아가고 있습니다. 우리 주님은 얼마나 좋은 이웃입니까! 그의 긍휼과 선하심은 얼마나 큽니까! 설령 우리가 예전의 유희와 세상적인 일들과 즐거움과 팔고 사는 일에 계속해서 탐닉한다 하더라도, 그리고 여전히 죄 가운데 넘겨진다 하더라도, 그럼에도 불구하고 우리 주님은 계속해서 우리를 붙잡고 계시면서 끊임없이 우리를 자신에게 나아오라고 부르십니다. 그의 음성은 너무나 달콤합니다. 그리하여 우리의 가련한 영혼은 그의 명령을 즉시 행할 수 없음으로 인해 슬픔에 사로잡힙니다. 바로 이것이 내가 이러한 영혼이 주의 음성을 들을 수 없는 영혼보다 더 큰 고통을 당한다고 말하는 이유입니다.

  나는 지금 그가 우리에게 어떤 규정된 방식으로 말씀하시고 또 부르신다고 말하고 있는 것이 아닙니다. 도리어 그의 부르심은 선한 사람들과의 대화를 통해서나 혹은 설교를 통해서나 혹은 경건서적을 읽는 것을 통해서나 혹은 다른 여러 방법을 통해서 옵니다. 그의 부르심은 때로 질병이나 혹은 역경을 통해 올 수도 있습니다. 그의 부르심은 또한 우리가 기도하는 동안 그가 우리에게 가르쳐준 특별한 진리를 통해 올 수도 있습니다. 우리는 기도시간을 그렇게 귀하게 여기지 않는다 할지라도, 주님은 그것을 너무도 귀하게 여기십니다.

  그러므로 나의 자매들이여, 이러한 은총을 가볍게 여기며 낙심하지 마십시오. 설령 여러분이 우리 주님과 즉각적으로 교통하지 못한다 하더라도 말입니다. 우리 주님은 오랜 시간 기다리는 방법을 아십니다. 특별히 우리가 정직한 열망으로 인내하고 있는 것을 보실 때 말입니다. 이 땅에서 가장 필요한 것이 바로 이것입니다. 왜냐하면 우리는 인내로 말미암아 많은 것을 얻기 때문입니다.

  〈악한 공격은 한층 더 격렬하다.〉
  그러나 마귀가 이 땅에서 가하는 공격은 수만 가지 다른 방식으로 더 두려울 수 있으며 또한 첫째 처소에서보다 영혼에 더 큰 슬픔을 가져다줄 수 있습니다. 거기 즉 첫째 처소에서 영혼은 말하지도 못하고 듣지도 못합니다. 혹은 적어도 아주 조금밖에 듣지 못하며 아주 조금밖에 대적하지 못한 채 승리의 모든 소망을 포기합니다. 그러나 둘째 처소에서 이해력과 각종 기능들은 훨씬 더 풍성해지며 예리해집니다. 그래서 영혼은 무기들이 부딪히며 포탄이 터지는 소리를 듣지 않을 수 없습니다.

여기에서 마귀들은 또다시 영혼에게 뱀들 즉 이 세상에 속한 것들을 보여줍니다. 마귀들은 세상에 속한 즐거움들이 마치 영원한 가치를 갖는 것처럼 꾸밉니다. 그들은 계속적으로 영혼에게 다른 사람들이 우리에 대해 어떻게 생각하는지 일깨워줍니다. 그들은 우리에게 우리의 친구들과 친척들에 대해 일깨워줍니다. 그들은 우리에게 우리의 내핍(耐乏)과 자기훈련의 삶으로 인해 우리의 건강이 망가지게 될 것을 기억하라고 말합니다. 왜냐하면 여기의 처소에 들어가기를 열망하는 영혼은 항상 금욕적인 삶을 열망하기 시작하기 때문입니다. 이와 같은 여러 가지 방식으로 그들은 우리 앞에 장애물을 놓을 것입니다.

〈이성(理性)과 믿음과 생각의 도움〉

오 예수여! 마귀들은 우리의 가련한 영혼에 얼마나 큰 혼란을 가져다줍니까! 우리가 계속해서 앞으로 나아갈 수 있는지 혹은 전에 있던 처소로 되돌아가야만 하는지 알지 못하는 것은 얼마나 비참한 일입니까!

반면 이성(理性)은 영혼에게 이 땅의 모든 것들은 하찮은 가치밖에는 가지고 있지 않은 것이라고 말해줍니다. 믿음은 영혼에게 영혼을 위해 충분한 것을 가르쳐줍니다. 생각은 이 모든 것들이 어떻게 종말에 이를 것인지 나타내면서 영혼에게 그로부터 모든 즐거움과 쾌락을 끌어낸 자들이 결국 다 죽었음을 일깨워줍니다. 때때로 그들은 갑작스럽게 죽고 속히 잊혀졌습니다. 한때 크게 형통했던 자들이 지금은 땅 속에 있습니다. 그들의 무덤을 보면서 우리는 그들의 몸이 지금 벌레들로 가득한 것을 떠올립니다. 이와 같이 생각은 영혼에게 많은 것을 일깨워줍니다.

⟨의지와 깨달음의 도움⟩

의지(意志)는 영혼으로 하여금 사랑의 하나님을 사랑하도록 이끕니다. 의지는 사랑의 하나님에게 돌아오기를 좋아합니다. 의지는 영혼에게 사랑의 하나님이 결코 그를 떠나지 않으며 항상 그를 기다리면서 그에게 생명과 존재를 주심을 특별히 일깨워줍니다. 또 깨달음의 기능이 들어와 영혼으로 하여금 하나님보다 더 좋은 친구를 결코 발견하지 못할 것임을 알도록 도와줍니다. 세상은 거짓과 속임으로 가득 차 있습니다. 마귀가 제시하는 즐거움들은 거짓과 고통과 근심으로 가득 차 있습니다. 그러므로 깨달음은 영혼에게 이 성(城)밖에는 결코 안전과 평안이 없다는 확신을 줍니다. 그것은 영혼에게 예전의 처소로 돌아가지 말 것을 일깨워줍니다. 왜냐하면 이곳에 온갖 좋은 것들이 가득하기 때문입니다.

영혼이 이곳에서 자신이 필요로 하는 모든 것을 발견할 수 있는 것은 얼마나 복된 일입니까! 특별히 영혼이 그 모든 것들과 함께 그것들을 주신 주인을 소유할 때 말입니다. 그렇다면 어째서 탕자처럼 이곳을 떠나 방황하며 돼지의 쥐엄열매를 먹는단 말입니까?

이러한 사실을 생각하는 것은 영혼으로 하여금 마귀들을 이기도록 돕습니다. 그러나 오 나의 주 하나님이여! 우리는 얼마나 자주 어리석은 습관 속으로 떨어지곤 합니까! 그리고 얼마나 많은 사람들이 그러한 습관을 따름으로 말미암아 파멸되고 맙니까! '믿음이 말하는 것' 보다 '눈에 보이는 것' 을 열망함으로 말미암아 우리의 믿음은 질식되고 맙니다. 그리고 마침내 우리는 이와 같이 눈에 보이는 어리석은 것들을 좇는 자들을 덮치는 불행을 보게 됩니다.

이러한 불행의 원인은 뱀과 도마뱀과 독사 등과 같은 악독한 것들입니다. 만일 어떤 사람이 독사에 물리면, 그의 몸 전체가 독에 의해 부풀어오를 것입니다. 여기의 경우도 마찬가지입니다. 그럼에도 불구하고 우리는 그에 대해 경계하지 않습니다. 그렇지만 독사에게 물렸음에도 불구하고 죽지 않는 것과 우리를 치료할 약이 있는 것은 큰 은총입니다. 분명 영혼은 그러한 때 많은 고통을 겪을 것입니다. 특별히 마귀가 그 영혼이 계속해서 영적으로 진보(進步)할 준비가 되어 있는 것을 볼 때 말입니다. 지옥의 모든 권세들은 그 영혼을 다시금 예전의 상태로 되돌리고자 서로 합력(合力)할 것입니다.

〈우리에게는 하나님의 도우심이 필요하다.〉

오 나의 주여! 이 땅에서 주의 도우심은 절대적으로 필요하나이다! 왜냐하면 그것이 없이 우리는 아무것도 할 수 없기 때문이나이다. 그러므로 주의 긍휼 가운데 영혼이 속임을 당해 다른 길로 가지 않도록 지키소서. 영혼으로 하여금 자신의 모든 복이 악한 무리로부터 피하는 것에 있다는 사실을 깨닫도록 도우소서. 그러므로 의의 길로 행하는 자들과 더불어 교제하는 것은 매우 중요합니다. 같은 처소에 있는 사람들뿐만 아니라 왕에게 더 가까이 있는 처소에까지 나아간 사람들과 더불어 말입니다. 이런 사람들과 교제하는 것은 영혼에게 있어 계속해서 앞으로 나아가는데 큰 도움이 될 것입니다.

영혼은 스스로를 독사에게 물리도록 허락하지 않겠노라고 굳게 결심할 필요가 있습니다. 그가 첫째 처소로 되돌아가느니 차라리 목숨을 버리겠노라고 굳게 결심한 것을 볼 때, 마귀의 유혹은 곧 그칠 것입니다. 이와 같이 영혼은 항상 스스로를 굳게 지켜야 합니다. 이와 같은 공격으로 인해 넘어지지 않도록 말입니다.

〈마음을 굳게 하라.〉

그러므로 정신을 차리십시오. 그리고 싸우러 나갔을 때 물을 마시기 위해 무릎을 꿇은 사람들처럼 하지 마십시오. "이에 백성을 인도하여 물가에 내려가매 여호와께서 기드온에게 이르시되 누구든지 개가 핥는 것 같이 혀로 물을 핥는 자들을 너는 따로 세우고 또 누구든지 무릎을 꿇고 마시는 자들도 그와 같이 하라 하시더니"(삿 7:5). 그리고 마음을 굳게 하십시오. 왜냐하면 여러분은 지금 모든 마귀들과 더불어 싸우기 위해 나아가고 있기 때문입니다. 십자가보다 더 좋은 무기는 결코 없습니다. 여러분은 이 땅에 속한 것들을 영적인 은총으로 생각해서는 안 됩니다. 그토록 고귀하고 값비싼 집을 지음에 있어 이 땅에 속한 것들은 매우 초라하며 보잘것없는 재료들입니다. 만일 우리가 그러한 모래 위에 집을 세우기 시작한다면, 그 집은 마침내 모두 무너지고 우리는 항상 고통과 유혹 가운데 시달리게 될 것입니다. 하늘로부터 만나가 내려오는 곳은 여기의 처소가 아니라 앞에 있는 처소입니다. 거기에 이를 때 비로소 영혼은 자신이 갖기를 갈망하는 모든 것을 가질 것입니다. 왜냐하면 영혼은 오직 하나님의 뜻을 행하며 하나님을 기쁘시게 하는 것만을 갈망하기 때문입니다.

〈그리스도를 위한 고난〉

설령 우리가 온갖 불완전한 것들과 장애물들로 가득하다 하더라도 그리고 우리가 행하는 덕(德)들이 너무나 미숙하다 하더라도, 그럼에도 불구하고 우리가 기도의 즐거움을 열망하기를 부끄러워하지 않는 것은 정말로 이상한 일입니다. 나의 자매들이여, 이것이 결코 여러분에게 일어나지 않도록 하십시오. 그렇게 하는 대신 여러분의 신랑이 짊어지신 십자가를 끌어안으십시오. 그리고 그 십자가가 또한 여러분이 짊어져야 할 것임을 깨달으십시오. 그를 위해 기꺼이 고난을 짊어지십시오. 그러면 여러분은 가장 완전한 자유를 갖게 될 것입니다. 그 외의 다른 모든 것들은 단지 부차적인 중요성만을 가질 뿐입니다. 만일 우리 주님이 여러분에게 그러한 것들을 허락하신다면, 그 모든 것으로 인해 그에게 진심으로 감사하십시오.

〈그의 뜻에 순종함〉

여러분은 자신이 모든 외적인 시험들을 능히 대적할 수 있을 정도로 충분히 마음을 굳게 했노라고 생각할는지 모릅니다. 만일 하나님이 여러분에게 내적인 은총들을 허락해 주시기만 한다면 말입니다. 그러나 우리에게 필요한 것을 가장 잘 아시는 분은 바로 우리 주님이십니다. 우리에게 무엇을 주실지에 대해, 주님은 누구의 조언도 필요로 하지 않습니다. 왜냐하면 그는 "너희 구하는 것을 너희가 알지 못하는도다"(마 20:22)라고 당당하게 말씀하실 수 있는 분이기 때문입니다. 그러므로 기도를 시작하는 자들은 무엇보다도 굳은 마음으로 자신의 뜻을 하나님의 뜻에 일치시키도록 최선을 다해야 합니다.

참된 영성(靈性)은 전적으로 하나님의 뜻 안에 놓여 있습니다. 그리고 우리의 모든 영적 진보(進步) 역시 그 안에 놓여 있습니다. 이것을 더 온전하게 행할수록, 우리는 주님으로부터 더 많이 받을 것이며 그의 길로 더 많이 나아가게 될 것입니다. 참된 영적 진보에 있어 특별한 비법 같은 것은 존재하지 않습니다. 왜냐하면 우리의 완전한 행복은 내가 앞에서 묘사한 것, 즉 하나님의 뜻을 행하는 것에서 발견되기 때문입니다.

〈낙심하지 말라.〉

그러나 만일 우리가 하나님이 우리의 뜻을 행하시기를 바란다면, 그리고 우리가 생각하는 대로 우리를 이끄시기를 바란다면, 그것은 얼마나 터무니없는 바람입니까! 그렇게 하지 맙시다. 도리어 힘써 우리가 할 수 있는 일을 행합시다. 그리고 우리 주님이 때로 우리를 번거롭게 하도록 허락하신 악독한 짐승들을 경계하도록 힘씁시다. 실제로 그러한 짐승들은 때로 우리를 괴롭힙니다. 그리고 우리에게는 그들을 쫓아낼 수 있는 능력이 없습니다. 그가 이러한 짐승들로 하여금 우리를 물도록 허락하시는 때도 있습니다. 그리고 우리를 영적인 메마름 상태로 그냥 내버려 두시는 때도 있습니다. 그렇게 함으로써 우리로 하여금 나중에 그러한 것들을 피하는 방법을 배우도록 말입니다. 이와 같은 방식으로 그는 우리가 그를 슬프게 한 것에 대해 회개하고 있는지 시험하기를 바라십니다.

그러나 때로 넘어진다 하더라도 낙심하지 마십시오. 더 중요한 것은 그럼에도 불구하고 계속해서 앞으로 나아가는 것입니다. 하나님은 그러한 넘어짐까지도 사용하셔서 우리를 위해 선(善)을 이루십니다. 하나님은 독사에 물린 자들을 위해 해독제를 준비하십니다. 그의 해독제는 정말로 큰 효과가 있습니다.

설령 우리가 우리의 비참한 상태를 알지 못했다 하더라도, 염려할 필요 없습니다. 자신의 집에서조차 쉴 수 없는 것보다 더 나쁜 일이 무엇이겠습니까? 만일 우리가 우리 자신의 집에서 쉴 수 없다면, 우리가 다른 사람의 집에서 쉴 수 있는 소망을 가질 수 있습니까? 그러나 우리가 항상 함께 살아야만 하는 가장 친밀하며 성실한 친구들과 친척들이 ― 이것은 영혼의 기능들을 의미합니다 ― 우리에게 싸움을 거는 것처럼 보입니다. 그러나 사랑하는 나의 자매들이여, 우리 주님이 말씀하셨던 것처럼 여러분에게 평강이 있기를 바랍니다(요 20:21). 내 말을 믿으십시오. 설령 우리가 우리 자신의 집에서 평강을 누리지 못하고 또 그것을 발견하고자 애쓰지도 않는다 할지라도, 우리는 다른 사람의 집에서 그것을 발견하게 될 것입니다.

⟨그리스도의 고난 안에서 평강을 누려라.⟩

그리스도께서 우리를 위해 흘리신 피로 말미암아 이제 이러한 싸움이 우리 안에서 그치게 하십시오. 나는 아직까지 자신의 영혼 안으로 들어가기 시작하지 않은 사람들에게 간청합니다. 그리고 자신의 영혼 안으로 들어가기 시작한 사람들은 그러한 싸움으로 인해 예전 상태로 다시 되돌아가지 않도록 조심해야 합니다. 여러분은 두 번째 넘어지는 것이 첫 번째 넘어지는 것보다 더 나쁜 일이라는 사실을 깨달아야만 합니다. 왜냐하면 그것이 여러분을 궁극적인 파멸로 이끌 수 있기 때문입니다.

그러므로 여기의 처소에 거하는 자들은 자신의 믿음의 기초를 자기 자신이 아니라 하나님의 긍휼 위에 놓아야 합니다. 그러면 그들은 하나님이 어떻게 자신들을 하나의 처소로부터 다른 처소로 이끄는지 보게 될 것입니다. 그리고 하나님은 그들을 여기의 악독한 짐승들이 건드리거나 공격할 수 없는 그리고 도리어 그들이 그러한 짐승들을 모두 정복하며 비웃을 수 있는 나라에 놓으실 것입니다. 그러면 그들은 심지어 이생에서조차 훨씬 더 좋은 것들을 상상할 수 있는 이상으로 향유하게 될 것입니다.

⟨고요히 관상하라.⟩

관상(觀想)은 오직 고요함 가운데 행해질 수 있을 뿐입니다. 여기에서 나는 이에 대해 더 이상 이야기하지 않을 것입니다. 다만 한 가지 이야기하고 싶은 것은 더 성숙되고 경험이 많은 사람들에게 묻는 것이 여러분에게 매우 중요한 일이라는 사실입니다. 그렇지만 우리가 우리를 가르칠 수 있는 사람을 찾을 수 없는 경우도 있습니다. 이런 때에 특별히 중요한 것은 기도와 관상(觀想)을 포기하지 말라는 것입니다. 만일 우리가 기도생활을 포기한다면, 주님은 우리가 우리의 유익을 위해 행하는 모든 것을 돌이키실 것입니다. 기도를 포기하는 잘못을 고치는 치료제로서 다시 기도하기를 시작하는 것보다 더 좋은 것은 없습니다. 그렇게 하지 않으면 영혼은 매일같이 조금씩 계속해서 약화되어갈 것입니다. 나는 여러분 모두 이것을 잘 깨닫기를 바랍니다.

〈기도 없는 삶은 쓸모없다.〉

기도 없이 천국에 들어갈 수 있다고 생각하는 것이나 자신을 아는 지식 없이 자신 안으로 들어갈 수 있다고 생각하는 것은 전적으로 어리석은 생각입니다. 우리 주님은 "나로 말미암지 않고는 아버지께로 올 자가 없느니라"(요 14:6)라고 말씀하시면서, 곧바로 "나를 본 자는 아버지도 보았느니라"(9절)라고 덧붙이셨습니다. 만일 우리가 그리스도를 바라보지 않고 또 그에게 얼마나 큰 빚을 졌는지 생각하지 않는다면, 도대체 어떻게 우리가 그를 알 수 있으며 또한 그를 위해 일할 수 있겠습니까? 이러한 것들 없이 믿음이 도대체 무슨 가치를 가질 수 있겠습니까? 만일 그러한 것들이 그리스도의 공로와 연결되지 않는다면, 그러한 것들이 도대체 무슨 가치를 가질 수 있겠습니까? 뿐만 아니라 우리는 무엇이 우리로 하여금 주님을 사랑하도록 자극하는지 알 수 없습니다. 우리는 그가 우리를 위해 얼마나 비싼 값을 치렀는지 알아야만 합니다. 주님은 "종이 그 주인보다 크지 못하다"(마 10:24)고 말씀하셨습니다. 우리는 그의 영광을 향유하기 위해 일해야 합니다. 그리고 이러한 이유로 인해 우리는 또한 기도해야 합니다. 그럴 때 우리는 시험 가운데 떨어지지 않을 것입니다. "시험에 들지 않게 깨어 기도하라 마음에는 원이로되 육신이 약하도다"(마 26:41).

셋째 처소 : 선하며 모범적인,
그러나 여전히 자기중심적인 삶의 속임수.

제1부 : 삶의 도덕적 불확실성.

하나님의 선하심으로 말미암아 이러한 싸움에서 승리하고 인내로써 세 번째 방에 도달한 자들에게 우리는 무슨 말을 할 것입니까? 그들에게 "여호와를 경외하는 자는 복이 있도다"(시 112:1)라는 말 외에 달리 무슨 말을 할 것입니까?

그러한 말씀의 의미를 깨닫는 것은 결코 작은 은총이 아닙니다. 진실로 우리는 그런 사람을 "복이 있다"고 말할 수 있습니다. 그로부터 돌이키지 않는 한 그의 구원은 안전합니다.

〈양심의 안전〉

자매들이여, 여기에서 여러분은 이전의 싸움에서 승리한 것이 얼마나 중요한 일인지를 알게 됩니다. 왜냐하면 우리 주님은 마침내 여기까지 도달한 영혼을 결국 양심의 안전에 이르게 할 것이기 때문입니다. 이것은 결코 작은 축복이 아닙니다. 여기에서 내가 "양심의 안전"(security of conscience)이라고 말한 것은 사실은 틀린 표현입니다. 왜냐하면 이 땅의 삶 가운데 안전은 없기 때문입니다. 그러므로 거기에는 "만일 그가 자신이 출발한 길로부터 다른 길로 빗나가지 않는다면"이 전제되고 있는 것입니다.

원수들이 자신의 문 앞에 살고 있기 때문에 잠을 잘 때든지 혹은 음식을 먹을 때조차도 무기를 내려놓을 수 없는 사람들을 생각해 보십시오. 그와 같은 삶을 사는 것은 얼마나 슬픈 일입니까! 그들은 원수들이 자신들의 약한 부분을 갑작스럽게 기습 공격하지 않을까 항상 두려워합니다.

오 나의 주 하나님이여! 당신은 우리가 그와 같은 슬픈 삶을 살기를 바라시나이다. 왜냐하면 우리가 그와 같은 상태로부터 벗어나기를 열망하는 가운데 항상 그것을 위해 기도하기를 바라시기 때문입니다. 만일 우리가 그 안에서 사는 것이 당신의 뜻이라면, 우리는 그렇게 할 것이나이다. 나의 하나님이여, 도마가 말한 것처럼 우리로 하여금 당신과 함께 죽게 하소서(요 11:16). 왜냐하면 당신 없이 사는 것은 영원히 죽는 것 외에 아무것도 아니기 때문입니다.

나의 딸들이여, 그러므로 우리는 복 받은 자로서의 완전한 안전을 향유하기를 위해 항상 기도해야 합니다. 만일 어떤 사람이 하나님을 잃어버릴지 모른다는 두려움에 둘러싸여 있다면, 그에게 무슨 기쁨이 있겠습니까? 심각한 죄 가운데 떨어진 영혼이 그와 같지 않습니까?

〈내주하시는 그리스도 없이 우리에게 안전은 없다.〉

나의 딸들이여, 이 글을 쓰는 동안 나는 어떻게 써야 할지 그리고 어떻게 살아야 할지 알지 못하는 두려움에 강렬하게 붙잡혀 있었습니다. 나는 종종 이와 같은 상태에 있곤 했습니다. 그러므로 나의 딸들이여, 주님이 항상 내 안에 사시도록 기도해 주십시오. 그렇지 않으면 나의 삶 속에 무슨 안전이 있겠습니까? 나의 이러한 말로 놀라지 마십시오. 만일 내가 내 자신의 잘못으로 인해 이러한 거룩함을 잃어버린다면, 내가 무엇을 할 수 있겠습니까? 나는 하나님이 더 이상 나를 돕지 않으셨다고 불평할 수 없습니다. 나는 눈물과 착잡한 마음 없이 이것을 말할 수 없습니다.

이것은 어려운 순종입니다. 그러나 주님이 그렇게 이끌어 주시기를 기원합니다. 그러면 그것이 여러분에게 유익한 것이었음이 온전히 드러날 것입니다. 또 가련한 죄인인 나를 위해 우리 주님께 기도해 주십시오. 나는 오직 그의 긍휼만을 붙잡을 수 있을 뿐입니다. 나에게는 그의 긍휼을 의지하며 그의 아들의 공로를 붙잡는 것 외에 다른 아무것도 없습니다. 나의 죄와 연약함에도 불구하고 주님은 우리 수도원을 정결하게 지켜 주셨습니다.

〈스스로 만족하지 말라.〉

그러나 여러분에게 한 가지 경고하고자 합니다. 그것은 지나치게 자만하지 말라는 것입니다. 다윗이 얼마나 거룩한 사람이었는지 생각해 보십시오. 그럼에도 불구하고 솔로몬은 어떤 사람이 되었습니까? 여러분이 수도원에서 참회의 삶을 사는 것을 지나치게 대단하게 생각하지 마십시오. 여러분이 항상 하나님에 대해 말하며 매일같이 기도하며 세상일로부터 멀찌감치 떨어져 있다고 해서 과도한 자만심을 갖지 마십시오. 그 모든 것들은 너무나 좋은 것들이지만, 그러나 우리가 더 이상 두려움을 가지지 않아도 되는 충분한 이유가 되는 것은 아닙니다. 도리어 "여호와를 두려워하는(fear) 자에게 복이 있도다"와 같은 말씀을 계속해서 마음으로 되뇌이십시오(시 112:1, 한글개역개정판에는 "경외하는"으로 되어 있음).

〈셋째 처소에서의 훈련〉

셋째 처소에 들어간 영혼들에 대해 이야기로 다시 돌아갑시다. 이것은 결코 작은 은총이 아닙니다. 실제로 그들이 이제까지의 난관들을 극복한 것은 매우 특별한 은총입니다. 세상에는 우리 주님의 선하심으로 인해 그의 위엄을 추호도 손상시키기를 바라지 않는 영혼들이 많이 있다고 나는 믿습니다. 그들은 죄 가운데 떨어지는 것으로부터 스스로를 지킵니다. 그들은 영적인 훈련을 사랑합니다. 그들은 기도와 관상(觀想)으로 많은 시간을 보냅니다. 이와 같이 행함으로써 그들은 스스로를 잘 지키며, 이웃들에게 자비를 실천합니다. 그들은 규칙적으로 행동하며, 스스로를 잘 다스립니다.

이것은 매우 바람직한 상태입니다. 이러한 영혼들은 마지막 처소로 능히 들어갈 수 있을 것입니다. 만일 그들이 계속해서 앞으로 나아가고자 한다면, 우리 주님은 그들이 그렇게 하는 것을 결코 물리치지 않을 것입니다. 왜냐하면 이것은 주님이 모든 종류의 은총을 베풀 만한 훌륭한 상태이기 때문입니다.

〈영적 견고함의 원인들〉

오 예수여! 당신은 우리에게 특별히 당신이 가장 큰 시험을 이긴 것과 같은 강함과 견고함을 주시기를 간절히 바라시나이다! 모든 사람이 마땅히 그것을 바라야만 합니다. 실제로 우리 모두가 그것을 바란다고 말합니다. 그러나 만일 우리 주님이 영혼을 온전하게 소유하기 위해 그 이상의 어떤 것을 요구한다면, 틀림없이 많은 사람들이 머뭇거릴 것입니다. 마치 주님께 나아와 온전하게 되는 방법을 물었던 부자 청년처럼 말입니다(마 19:16-22). 실제로 셋째 처소에 대해 말하기 시작했을 때부터 나의 마음속에는 여기의 부자 청년이 자리 잡고 있었습니다. 왜냐하면 우리는 그와 정확하게 똑같기 때문입니다. 일반적으로 이것이 우리가 오랫동안 기도를 쉬게 되는 원인입니다. 물론 다른 원인들도 마찬가지로 있을 수 있다 하더라도 말입니다. 나는 지금 많은 선한 영혼들을 격렬하게 괴롭히는 내면의 시험에 대해 말하고 있는 것이 아닙니다. 이러한 시험들로부터 우리 주님은 항상 경건한 자들을 건지십니다. 주님은 또한 낙심과 다른 감정적인 연약함으로부터 고통당하는 자들에게 그렇게 하십니다. 실제로 그 모든 일들 가운데 우리는 하나님으로 하여금 판단자(判斷者)가 되게 하셔야 합니다.

그러나 개인적으로 나는 내가 말한 것이 통상적으로 벌어지는 일임을 믿습니다. 왜냐하면 그러한 영혼들은 아무것도 자신을 죄로 이끌지 못한다는 사실을 깨닫기 때문입니다. 그들은 심지어 사소한 죄까지도 고의적으로 행하지 않으며, 자신의 삶을 잘 이끌어갑니다. 이러한 태도로 그들은 우리 왕이 거하는 처소로 들어가는 문이 그들에게 닫히는 것을 결코 묵묵히 받아들일 수 없습니다. 그들이 스스로를 그의 종으로 생각할 때 말입니다. 그러나 왕이 이 땅에 계실 때조차 모든 종들이 그의 침실에 들어간 것은 아닙니다.

제2부 : 메마른 기도생활.

〈낙망 가운데 떨어진 그리스도인들〉

나는 셋째 처소에 도달한 많은 영혼들을 알고 있습니다. 그들은 오랫동안 영적으로나 육체적으로나 이와 같이 올바르며 훌륭하게 질서 잡힌 삶의 방식으로 살아왔습니다. 그들은 세상에 대한 완전한 통제력을 얻었거나 혹은 지금 세상으로부터 완전하게 분리된 것처럼 보입니다. 하나님은 그들에게 작지 않은 시련들을 보내셨습니다. 그 과정에서 그들의 마음은 낙망되며, 평안을 잃어버리며, 메마르게 되었습니다. 나는 그들에 대해 염려하는 마음을 갖지 않을 수 없었습니다. 그렇지만 그들에게 어떤 충고를 주는 것은 쓸모 없는 일처럼 보입니다. 왜냐하면 그들은 오랫동안 영적인 삶을 실천해 오는 가운데 실제로 다른 사람들을 가르칠 수 있기 때문입니다. 심지어 그들은 자신들이 낙망을 느끼는 것을 매우 정당하게 생각하기까지 합니다.

　나는 이러한 사람들을 격려해 줄 수 있는 방법을 발견할 수 없습니다. 오직 그들의 괴로움에 대해 함께 슬퍼해 줄 수 있을 뿐입니다. 내가 그들을 더 비참하게 만들고 있음을 알았을 때, 나는 그들로 인해 정말로 큰 슬픔을 느꼈습니다. 그들과 더불어 논쟁을 벌이는 것은 아무 쓸모 없는 일입니다. 왜냐하면 그들은 계속해서 마음에 괴로움을 품고 있기 때문입니다. 그들은 자신이 하나님을 위해 고통을 당하고 있다고 생각합니다.

　그들은 실제로 그것이 자신들의 불완전함에 기인한다는 사실을 깨닫지 못합니다. 우리는 그들이 경험하는 것에 대해 전혀 놀라지 않습니다. 나는 격동된 감정은 속히 지나갈 것이라고 생각합니다. 왜냐하면 하나님은 종종 자신의 택하신 자들이 스스로의 비참함을 의식하기를 원하시고, 그래서 잠시 동안 그들로부터 도움의 손길을 거두시곤 하기 때문입니다. 그러나 가장 중요한 것은 우리 자신의 한계를 빨리 깨닫는 것입니다. 그들은 자신들이 여전히 땅에 속한 중요하지 않은 것들로 인해 탄식하고 있음을 깨달아야 합니다. 그러므로 나는 그들이 이와 같은 연약함 가운데 겸손의 큰 유익을 얻는 것은 하나님 편에서의 큰 은혜라고 생각합니다.

〈그들은 실제로 하나님 앞에서 겸손을 경험하지 않는다.〉

　그러나 불행하게도 이것은 내가 지금 말하고 있는 사람들의 경우가 아닙니다. 설령 그들이 이론적으로는 이러한 이상(理想)을 기쁘게 받아들인다 하더라도, 그러나 실제로 그것을 스스로 경험하지는 않습니다. 그러므로 하나님이 우리를 시험하시기 전에 먼저 우리 자신이 스스로를 시험해 보도록 하십시다. 왜냐하면 우리가 스스로에 대해 어느 정도 미리 아는 것은 매우 중요한 일이기 때문입니다.

〈그들은 실제로 하나님을 의지하지 않는다.〉
자녀나 혹은 유산을 남겨줄 사람이 없는 어떤 부자를 상상해 보십시오. 그에게 자신을 위해서나 혹은 자신의 집을 관리하기 위해 필요한 것들은 부족하지 않습니다. 그에게는 쓰고도 남을 충분한 것들이 있습니다. 그럼에도 불구하고 만일 그가 저녁에 먹을 빵 한 조각조차 가지고 있지 않은 것처럼 걱정하며 요동한다면, 그것은 얼마나 우스꽝스러운 일이겠습니까! 물론 그가 가난한 사람들에게 물질을 나누어주기를 바라기 때문에 염려하고 있는 것일 수도 있습니다. 그러나 나는 하나님이 이와 같이 자비를 베푸는 행동을 하는 것보다 차라리 그의 행하시는 일에 스스로를 맡기면서 영혼의 평강을 누리는 것을 더 원하신다고 생각합니다.

이 사람은 스스로를 하나님께 맡길 수 없습니다. 왜냐하면 주님이 그를 거기까지 이끄시지 않았기 때문입니다. 좋습니다. 그러나 그는 자신이 자유의 영을 결여하고 있음을 깨달아야만 합니다. 그는 주님이 무엇을 요구하든 그것을 기꺼이 드릴 수 있게 되기 위해 스스로를 준비시켜야 합니다.

〈그들은 실제로 희생적이지 않다.〉
또 쓰고도 남을 만큼의 풍족한 재물을 가진 어떤 사람을 상상해 보십시오. 우리 주님은 자기의 것을 나누어줄 때 더 풍족하게 될 것이라고 말씀하셨습니다. 만일 그가 다른 사람들에게 무엇인가를 나누어줄 기회가 생긴다면, 그는 그러한 기회를 붙잡아야만 합니다. 그러나 만일 그가 오로지 더 많은 재물을 얻는 일에만 골몰한다면, 그런 사람은 결코 왕이 거하는 처소로 들어가지 않을 것입니다.

⟨그들은 오로지 자신의 명성을 얻기만을 바란다.⟩
 그들은 결국 어떤 모양으로든 경멸을 당하거나 혹은 명성을 잃을 것입니다. 하나님은 종종 그들에게 그러한 시험을 잘 감당하도록 은혜를 베푸십니다. 왜냐하면 하나님은 사람들로 하여금 다른 사람들에게 덕을 끼치는 사람이 되도록 돕기를 기뻐하시기 때문입니다. 하나님은 이와 같이 행하심으로써 그들이 소유한 덕(德)이 대수롭지 않은 것으로 여겨지지 않도록 하십니다. 또 하나님이 그들을 도우실 것은 그들이 하나님을 섬겼기 때문입니다. 그러나 그들은 쉬지 못합니다. 왜냐하면 그들은 자신들이 행하기를 원하는 것을 행할 수 없거나 혹은 자신들의 감정을 통제할 수 없기 때문입니다.
 세상에! 이들은 전에 주님이 어떻게 고난을 당하셨는지 관상(觀想)하며 고난을 감내하는 것이 얼마나 선한 일인지 생각하던 바로 그 사람들이 아닙니까! 그들은 다른 사람들도 자신들처럼 훈련된 생활을 하기를 바랐던 사람들이 아닙니까! 하나님은 그들이 지금 자신들을 고통스럽게 하는 것들에 대하여 그것이 다른 사람들의 잘못이라고 생각하는 것을 금하십니다. 왜냐하면 그들은 여전히 스스로를 매우 훌륭한 사람들로 생각하고 있기 때문입니다.
 자매들이여, 여러분은 내가 지금 두서없이 말하고 있다고 생각할는지 모릅니다. 그리고 내가 지금 말하는 것이 자신에게 해당되지 않는다고 생각할는지 모릅니다. 물론 우리 수도원에 그와 같은 일은 없습니다. 왜냐하면 우리는 재물을 추구하며 열망하지 않기 때문입니다. 또 어느 누구도 우리에게 특별한 해악을 끼치지 않습니다. 그래서 여러분은 이러한 비유들이 우리와 전혀 관련이 없다고 생각할 수 있습니다.

⟨스스로를 이런 사람들과 비교하라.⟩
 이러한 예(例)들이 우리와 직접적으로 관련되지 않는 것은 사실입니다. 그러나 우리는 그로부터 많은 추론과 적용점들을 끌어낼 수 있습니다. 왜냐하면 여러분은 그러한 비교를 통해 스스로를 발견할 수 있기 때문입니다. 설령 여러분이 그 모든 것을 이미 완전하게 버렸다 하더라도 말입니다. 이것과 정확하게 똑같지는 않다 하더라도 여전히 우리를 시험하는 크고 작은 일들이 계속해서 일어날 수 있습니다.

　이러한 문제는 통상적인 종교적 습관들과는 직접적으로 관련되지 않지만 그러나 어떤 덕을 실천한다든지 혹은 우리 자신의 의지를 하나님의 의지에 순복시키는 등의 일에는 직접적으로 관련됩니다. 그것은 또한 우리의 삶을 그의 뜻에 일치시키며, 우리의 뜻이 아니라 그의 뜻을 구하는 데에도 직접적으로 관련됩니다. 우리는 아직 이러한 단계의 겸손에까지는 이르지 못했을 수 있습니다. 그러므로 그것을 계속해서 연습합시다. 왜냐하면 그것은 우리의 상처를 싸매는 기름이기 때문입니다. 만일 우리가 참으로 겸손하다면, 우리의 의사(醫師)이신 주님은 합당한 때에 오셔서 우리를 고치실 것입니다.

〈어떤 사람들의 진보는 매우 느리다.〉

　그런 사람들이 실천하는 수도적(修道的) 삶은 그들의 삶과 마찬가지로 잘 균형이 맞추어져 있습니다. 그들은 우리 주님을 섬기기 위한 훈련을 간절히 열망합니다. 여기에 잘못된 것은 아무것도 없습니다. 그들은 자신들의 건강을 해치지 않는 방식으로 매우 분별 있게 행합니다. 그들이 스스로의 건강을 해칠 것이라는 두려움을 갖지 마십시오. 왜냐하면 그들은 매우 분별 있는 사람들이기 때문입니다. 그들의 사랑은 아직 그들의 이성(理性)을 압도하기에 충분할 만큼 뜨겁지 않습니다.

　그렇지만 우리가 항상 달팽이의 속도로 하나님을 섬기는 것으로 만족해서야 되겠습니까! 이런 상태로는 우리가 잃어지지 않는 것만으로도 다행일 것입니다. 나의 딸들이여, 만일 우리가 일주일 만에 한 나라로부터 다른 나라에 도달할 수 있다면, 여러분은 그러한 여행이 모든 바람과 눈과 홍수와 험한 길에도 불구하고 권할 만한 것이라고 생각하지 않습니까? 혹은 그런 여행은 속히 끝내는 것이 더 낫다고 생각하지 않습니까? 왜냐하면 우리 앞에 이 모든 장애물들이 있고 또한 뱀의 위험이 있기 때문입니다. 나는 이 모든 것들에 대해 여러분에게 많은 말을 할 수 있습니다. 어쨌든 나는 이것보다 더 나아가기를 바랍니다. 그렇게 하지 못한 것으로 인해 종종 두려워한다 하더라도 말입니다.

〈어떤 사람들은 소심함으로 인해 넘어진다.〉

소심한 마음으로 두려워하며 나아갈 때, 우리는 모든 곳에서 걸림돌들을 발견할 것입니다. 왜냐하면 우리는 모든 것을 두려워함으로써 담대하게 앞으로 나아가지 않기 때문입니다. 그러나 이런 태도로 우리는 결코 앞으로 나아갈 수 없습니다.

그러므로 자매들이여, 하나님에 대한 사랑으로 말미암아 계속해서 앞으로 나아가도록 스스로를 격려합시다. 그리고 우리의 모든 이유들과 두려움들을 그의 손에 맡깁시다. 우리를 그토록 속히 사로잡는 이와 같은 자연적인 연약함을 잊읍시다. 우리의 육체의 모든 문제는 윗사람들로 하여금 돌보도록 맡깁시다. 왜냐하면 그것은 그들의 일이기 때문입니다. 우리의 임무는 주님을 향해 열심히 여행하는 것입니다. 자신의 건강에 대해 지나치게 염려하지 마십시오. 염려한다고 도대체 무엇이 나아지겠습니까? 나는 오랜 경험을 통해 우리의 진보(進步)가 몸과는 아무런 상관도 없다는 사실을 분명히 압니다.

내가 지금 언급하고 있는 여행은 큰 겸손을 요구합니다. 그리고 우리로 하여금 앞으로 나아가지 못하도록 가로막는 것은 그러한 겸손의 결핍입니다. 우리는 자신은 단지 몇 걸음 앞으로 나아갔을 뿐인 반면 다른 자매들은 훨씬 더 많이 전진했다고 생각할 수 있습니다.

〈겸손이 없이 우리의 영적 삶은 계속해서 제자리이다.〉

겸손이 있을 때, 우리의 상태는 최고의 상태가 될 것입니다. 그러나 만일 겸손이 결핍되어 있다면, 우리는 여전히 지금의 상태로 남아 있을 것이며 수만 가지 고난과 괴로움을 겪을 것입니다. 완전한 자기부인이 없을 때, 지금의 상태는 매우 힘들며 고통스럽습니다. 우리는 우리 자신의 인간적인 괴로움의 진흙과 함께 힘겹게 걸어가야만 합니다.

주님은 여기의 처소에서조차 우리에게 풍성한 상급을 베푸십니다. 왜냐하면 그는 항상 우리가 바랄 수 있는 것보다 훨씬 많은 것을 주시기 때문입니다. 특별히 그는 우리에게 영적 고요함을 허락하십니다. 이러한 고요함은 우리가 이 땅의 즐거움과 오락으로부터 얻을 수 있는 것보다 훨씬 더 큰 것입니다. 그러나 나는 그가 때때로 우리로 하여금 앞에 있는 처소에서 일어나고 있는 일을 보도록 초청하는 것보다 그래서 우리가 그곳에 들어갈 준비를 하게 되는 것보다 더 큰 축복은 결코 없다고 생각합니다.

〈하나님의 위로는 겸손 가운데 나타난다.〉

여러분에게 위로와 영적인 즐거움은 같은 것처럼 보일 수 있습니다. 그러면 내가 그것을 구별한 이유가 무엇이겠습니까? 나에게 둘 사이에 큰 차이가 있는 것처럼 보입니다. 내가 틀렸을 수 있습니다. 그러나 넷째 처소에 대해 말할 때, 나는 이에 대해 말할 것입니다. 왜냐하면 그때 나는 주님이 거기에 거하는 자들에게 주시는 위로에 대해 말할 것이기 때문입니다.

하나님이 넷째 처소로 데려가는 영혼들에게 큰 위로가 임합니다. 반면 자신들이 이미 모든 것을 가지고 있다고 생각하는 사람들에게는 혼돈이 임합니다. 만일 영혼들이 겸손하다면, 그들은 감사를 드리는 쪽으로 움직이게 될 것입니다. 그러나 만일 겸손이 결핍되어 있다면, 그들은 특별한 이유도 없이 내면의 염증을 느낄 것입니다. 영적 성숙과 그 상급은 영적인 즐거움에 있지 않고 도리어 사랑이 자라는데 있습니다. 우리의 행동의 의로움과 진실함은 이 위에 근거합니다.

〈우리는 어떻게 내적 축복을 경험하나?〉

내적 축복에 대해 말하는 것에는 무슨 유익이 있습니까? 또 우리는 어떻게 그러한 축복들을 발견할 수 있습니까? 이에 대해 나는 아무것도 알지 못합니다. 그러므로 나에게 이러한 주제에 대해 글을 쓰라고 명령한 자에게 물어 보십시오. 나는 윗사람들과 논쟁을 벌이지 않을 것입니다. 왜냐하면 그렇게 하는 것은 나에게 어울리지 않는 일이 될 것이기 때문입니다. 나는 단지 그들에게 순종할 것입니다. 내가 진실로 여러분에게 말할 수 있는 것은 이것입니다. 즉 이러한 축복들 가운데 아무것도 갖고 있지 않으며 또 그러한 것들을 경험으로 알지 못하며 또 죽을 때까지 알 것을 기대하지 않음에도 불구하고 그에 대해 글을 쓰는 것은 나에게 큰 위로를 줄 뿐만 아니라 또한 나로 하여금 하나님께 큰 찬미를 드리도록 이끈다는 사실입니다. 만일 하나님이 나와 같은 가련한 영혼에게 이와 같이 행하셨다면, 하물며 선하며 겸손한 영혼들이야 얼마나 더 그분을 찬미하며 그분께 영광을 돌릴 것입니까! 이 책이 쓰여짐으로 인해 단 한 사람이 하나님을 찬미하게 된다 하더라도, 그것은 얼마나 좋은 일입니까! 이와 같이 우리는 우리가 잃어버리는 기쁨과 행복에 대해 우리 자신의 허물을 통해 더 잘 배울 수 있습니다.

그러나 우리가 이러한 축복들을 얻기 위해 수고하는 것이 전혀 중요하지 않다고 상상하지 마십시오. 주님은 공의로우시며, 모든 것을 가장 잘 아십니다. 만일 그가 어떤 길을 막으신다면, 그는 필경 다른 길을 여실 것입니다. 그러나 비밀은 깊이 숨겨져 있습니다. 그가 행하는 모든 일이 우리에게 있어 최선일 것입니다. 추호의 의심의 그림자도 없이 말입니다.

〈하나님께 순종하라.〉

우리가 이러한 상태에 이르게 되는 것은 주님의 선하심으로 말미암은 것입니다. 그는 우리에게 큰 긍휼을 베푸셔서 우리를 그러한 상태로 데려가십니다. 동시에 그것은 기꺼이 그분께 더 온전한 순종을 드리기를 간절히 열망하는 사람들에게 가장 큰 유익을 가져다줍니다.

〈영적 인도자의 지혜로운 조언을 구하라.〉

사람들에게 있어 이런 일을 위해 찾아갈 수 있는 사람이 있는 것은 매우 중요합니다. 그럴 때 그들은 범사에 그들 자신의 생각을 따르지 않게 될 것입니다. 왜냐하면 그렇게 할 때 통상적으로 그들은 스스로를 속이며 또 스스로에 대해 많은 해악을 끼치기 때문입니다. 그들은 그들 자신과 비슷한 상황에 처한 사람을 찾아가서는 안 됩니다. 왜냐하면 그런 사람은 그들을 이 세상에 속한 것들로부터 떼어놓으려고 애쓰기보다 단순히 입에 발린 말을 하기 쉽기 때문입니다. 그렇게 하는 대신 그들은 세상의 속임수를 잘 아는 사람을 찾아가야만 합니다. 그러한 것들을 이미 잘 아는 사람과 이야기함으로써 그들 역시도 세상의 속이는 것들을 더 잘 분별할 수 있게 될 것입니다. 그럼으로써 처음에 불가능한 것처럼 보였던 것이 가능하게 됩니다. 다른 사람들이 그 일을 어렵지 않게 행하는 것을 볼 때 말입니다. 불가능한 일로 생각했던 것을 어떤 사람이 성공적으로 행하는 것을 볼 때, 그들은 큰 격려를 받습니다. 그가 하늘을 나는 것을 봄으로써 그들도 하늘을 날고자 시도할 수 있게 됩니다. 설령 처음에는 높이 날 수 없다 하더라도, 마침내 그들은 인도자의 모범을 통해 조금씩 높이 날게 될 것입니다.

　그들은 하나님을 거스르지 않고자 굳게 결심할 수 있습니다. 그러나 더 중요한 것은 하나님을 거스를 위험을 무릅쓰지 않는 것입니다. 왜냐하면 그들은 첫째 처소에 너무나 가깝게 있어서 쉽게 그곳으로 돌아갈 수 있기 때문입니다. 만일 그들이 견고한 기초 위에 서 있지 않다면 말입니다. 그러므로 그들은 이미 고난 가운데 훈련을 통과한 자들의 인도를 받을 필요가 있습니다. 이러한 사람들은 세상의 폭풍에 익숙합니다. 이들은 그러한 것들을 두려워하거나 세상의 쾌락을 좇는 것이 얼마나 불필요한 일인지 잘 압니다. 이들은 자칫 세상의 쾌락으로 돌아갈 수도 있었지만, 그러나 스스로를 굳게 지켰습니다. 또 마귀는 이들을 넘어뜨리기 위해 수많은 폭풍을 일으켰지만, 그러나 이들은 그 모든 것을 통과하며 승리를 거두었습니다. 그럼으로써 이들은 그와 같은 길을 따라오는 많은 사람들을 기꺼이 도울 준비가 되어 있습니다.

〈자신의 일에 신경을 쓰라.〉

　다른 사람의 허물에 신경 쓰지 말고 우리 자신의 허물에 신경을 씁시다. 그런대로 질서 잡힌 삶을 사는 사람들은 범사에 쉽게 충격을 받는 경향이 있습니다. 그러나 우리는 우리에게 충격을 주는 사람들로부터 매우 중요한 교훈들을 배울 수 있습니다. 진실로 우리의 외적 태도와 행동은 실제보다 더 그럴듯하게 나타날 수 있습니다. 그러나 가장 중요한 것은 이것이 아닙니다. 우리는 모든 사람들이 우리의 길을 따라 여행할 것을 기대해서는 안 됩니다. 또 우리는 그들에게 영적인 길을 가리키려고 시도해서는 안 됩니다. 우리 자신도 잘 모르면서 말입니다.

자매들이여, 설령 하나님이 우리에게 다른 사람들을 돕고자 하는 큰 열망을 주셨다 하더라도, 우리가 많은 실수를 범할 수 있다는 사실을 항상 기억하십시오. 그러므로 최선의 길은 우리의 규칙이 가리키는 방향을 따르는 것입니다. 다시 말해서, 항상 침묵과 소망 가운데 살고자 노력하십시오. 우리 주님은 자신이 사랑하는 영혼들을 돌보실 것입니다. 그러므로 만일 우리가 그에게 기도하기를 게을리하지 않는다면, 우리는 그의 도우심으로 말미암아 힘차게 앞으로 나아가게 될 것입니다. 그의 이름을 영원히 송축합시다!

6

내면의 성(城)

제 2 부

넷째 처소 : 고요한 기도, 살아 계신 하나님과의
개인적인 만남의 시작.

제1부: 관상(觀想)기도의 유익

이제 넷째 처소에 대해 이야기하고자 합니다. 여기에서 나는 특별히 성령의 도우심을 간절히 탄원합니다. 왜냐하면 이제부터 초자연적인 주제들에 대해 다루기 시작할 것이기 때문입니다. 만일 주님이 이러한 주제를 다루어주시지 않는다면, 이것을 설명하는 것은 매우 어려운 일이 될 것입니다. 14년 전 주님은 내게 특별한 은총을 베푸셔서 나로 하여금 이러한 주제를 깨닫도록 이끄셨습니다. 그때 이러한 것들을 배우고 경험했다 하더라도, 주님이 어떤 영혼들에게 허락하시는 은총을 설명하는 것은 여전히 어려운 주제입니다. 그러므로 지금도 이 일을 주님이 떠맡으시기를 간절히 바랍니다.

넷째 처소는 왕의 거처에 더 가까이 있기 때문에 그 아름다움 역시 더 큽니다. 그곳은 묘사할 말을 찾을 수 없을 정도로 너무도 아름답습니다. 이에 관해 이미 경험한 사람들은 내가 지금 말하고 있는 것을 잘 이해할 것입니다.

여기의 처소 즉 넷째 처소에 도달하기 위해 이전 처소에 어느 정도 오랫동안 머무는 것이 필요할 수 있습니다. 설령 이에 대한 절대적인 규칙은 없다고 하더라도 말입니다. 왜냐하면 우리 주님은 자신이 기뻐할 때 그리고 자신이 기뻐하는 방법으로 그리고 자신이 기뻐하는 자들에게 은총을 베푸시기 때문입니다. 이것은 그 자신의 선물이기 때문에 어느 누구에게도 불의를 행하는 것이 아닙니다.

뱀과 같은 악한 짐승들은 넷째 처소에 거의 들어오지 않습니다. 설령 들어온다 하더라도, 영혼에게 해를 끼치기는 고사하고 도리어 유익을 끼치는 결과가 될 것입니다. 나는 넷째 처소의 기도의 상태 즉 고요한 기도 가운데 그것들이 들어오는 것이 도리어 더 유익하다고 생각합니다. 왜냐하면 아무런 유혹도 없을 때 도리어 영혼은 하나님이 주시는 위로를 덜 생생하게 체험할 것이기 때문입니다. 그러므로 나는 영혼이 항상 똑같은 상태에 있는 것이 안전하다고 생각하지도 않으며, 또한 하나님의 영이 항상 동일한 상태에 있다고도 생각하지 않습니다.

〈위로의 본질〉

여기에서 나는 위로와 영적 즐거움 사이의 차이를 논의할 필요를 느낍니다. 우리는 주님께 드리는 관상(觀想)과 간구를 통해 "위로"를 경험할 수 있습니다. 이것은 우리 자신의 본성으로부터 나옵니다. 물론 하나님이 그 과정 가운데 어떤 역할을 맡으시기는 하지만 말입니다. (모든 일 안에서 여러분은 하나님의 역할을 이해해야 합니다. 왜냐하면 그것이 없이 우리는 아무것도 할 수 없기 때문입니다.)

이러한 "위로"는 우리가 행하는 선행으로부터 나오며, 그것을 우리는 우리 자신의 노력으로 얻었다고 생각합니다. 우리가 이런 방식으로 행한 것에 대해 만족을 느끼는 것은 정당합니다. 우리는 세상에서 우리에게 일어날 수 있는 많은 일들로부터 동일한 만족을 얻을 수 있습니다.

예를 들어 어떤 사람은 갑자기 많은 재물을 얻을 수 있습니다. 그런가

하면 사랑하는 사람을 갑자기 만나기도 하며, 사업에 큰 성공을 거둠으로써 모든 사람으로부터 칭송을 받기도 합니다. 그런가 하면 어떤 여인은 죽은 줄 알았던 남편과 아들이 살아서 돌아오는 경험을 하기도 합니다. 나는 이러한 경험들 속에서 사람들이 큰 기쁨의 눈물을 흘리는 것을 종종 보았습니다. 실제로 나 자신도 때로 이런 경우가 있습니다. 나는 이러한 일들을 통해 즐거운 위로가 임하는 것처럼 또한 하나님의 일들을 통해서도 마찬가지라고 생각합니다. 물론 후자의 경우가 훨씬 더 고상하며 고귀한 것이기는 하지만 말입니다. 그렇지만 전자의 것들 역시 나쁜 것이 아닙니다. 어떤 사람들에게 기도에 있어서의 즐거운 위로는 인간적인 본성(human nature) 안에서 시작됩니다. 비록 하나님 안에서 끝난다 하더라도 말입니다.

우리는 이것을 "영적인 즐거움은 물론 하나님 안에서 시작되는 것이지만 그러나 인간적 본성이 그것을 느끼며 향유할 수 있다"는 말로 요약할 수 있습니다. 앞에서 언급한 경우들처럼 말입니다. 오 예수여! 어떻게 이것을 좀 더 잘 설명할 수 있을까요! 이것은 명백한 차이이지만, 그러나 나는 이것을 잘 설명할 수 있는 지식을 가지고 있지 못합니다. 주여, 나를 도우소서!

〈영적 즐거움의 본질〉

마음이 쓰라린 눈물을 흘리는 것을 상상해 보십시오. 아마도 그것은 여러 가지 욕망들의 결과일 것입니다. 나는 이러한 마음의 욕망들에 대해 많이 알지 못합니다. 만일 내가 좀 더 많이 안다면, 아마도 나는 육신의 욕망과 우리 자신의 본성으로부터 무엇이 나오는지에 대해 좀 더 분명하게 설명할 수 있을 것입니다. 그러나 나는 매우 우둔합니다. 아, 내가 마치 경험한 것처럼 잘 설명할 수 있다면 얼마나 좋겠습니까! 지식과 배움은 범사에 큰 도움이 됩니다.

그러나 이러한 상태에 대한 내 자신의 경험은 ― 지금 나는 관상(觀想)을 통해 오는 기쁨과 위로에 대해 말하고 있습니다 ― 만일 내가 욕망으로 인해 울기 시작했다면 머리가 극도로 아파질 때까지 멈출 수 없었다는 것입니다. 설령 내가 죄로 인해 그렇게 했다 하더라도, 같은 일이 일어났을 것입니다. 그때 나의 주님이 나에게 큰 은총을 허락해 주셨습니다. 나는 어떤 것과 다른 것 사이의 차이와 관련한 주제 안으로 들어가기를 원하지 않습니다. 또 어떤 것이 다른 것보다 더 나은지 살피기를 원하지 않습니다. 왜냐하면 이러한 것들을 생각할 때 종종 눈물이 흐르고 또한 우리 자신의 본성과 기질의 도움으로 욕망들이 일어나기 때문입니다. 그러나 앞에서 말한 것처럼 욕망들은 그것들의 본질과 상관없이 마침내 하나님 안에서 끝납니다.

대부분의 경우 넷째 처소에 거하는 영혼들은 경건한 감정을 가진 영혼들입니다. 왜냐하면 이러한 영혼들은 거의 계속적으로 깨달음을 가지고 일하며 또한 자신들의 관상(觀想) 가운데 경건한 감정을 사용하기 때문입니다. 그들이 이렇게 행하는 것은 정당합니다. 왜냐하면 그들이 경험하는 것은 그 이상 아무것도 없기 때문입니다. 또한 그들이 사랑의 행동을 하며, 하나님을 찬미하며, 그의 선하심과 다른 속성들을 즐거워하며, 그의 존귀와 영광을 열망하는 것은 참으로 선한 일입니다. 우리는 이 모든 일을 최선의 방법으로 행할 수 있습니다. 그리고 이러한 행동들은 의지를 강력하게 고취할 것입니다. 그러나 그들은 우리 주님이 그들에게 그러한 마음을 주실 때 그들의 통상적인 관상(觀想)을 끝마치기 위해 그러한 것들을 버려두지 않도록 조심해야 합니다.

제2부 : 관상(觀想)에 있어서의 혼란의 경험.

〈어째서 생각은 그토록 자주 혼란에 빠지나?〉

때로 나는 생각의 혼란으로 인해 심각한 혼돈에 빠지곤 합니다. "생각"과 "깨달음"이 서로 다른 것이라는 사실을 경험으로 이해하게 된 것은 불과 4년 전입니다. 나는 이에 대해 어떤 학자에게 물었으며, 그는 내가 옳다고 대답했습니다. 그것은 나에게 큰 격려가 되었습니다. 깨달음은 영혼의 기능들 가운데 하나입니다. 반면 생각은 일반적으로 매우 빨리 날아다닙니다. 오직 하나님만이 그것을 억제할 수 있을 정도로 말입니다. 하나님은 때로 어떤 의미에서 우리가 몸으로부터 분리되는 것처럼 보이는 방식으로 우리와 연합함으로써 그렇게 행하십니다. 그러나 나는 어떻게 영혼의 기능들이 하나님 안에서 이루어지는지, 그리고 다른 한편 생각은 어째서 그토록 활발하게 자극되고 고취되는지 알 수 없었습니다.

〈많은 고통은 우리의 내면의 삶에 대한 불평 때문에 온다.〉

오 주여! 우리가 무지(無知)의 결과로서 겪는 많은 것들을 생각하소서! 그 가운데 가장 나쁜 것은 우리가 당신에 대해 생각할 때 더 많이 알 필요가 있음을 깨닫지 못하고 그럼으로써 그것을 아는 사람들에게 묻지 않는 것이나이다. 실제로 우리는 물을 것이 있다는 생각조차 가지고 있지 않습니다. 바로 이것이 우리가 두려운 시험을 겪어야만 하는 이유입니다. 왜냐하면 우리는 우리 자신을 이해하지 못하기 때문입니다. 많은 경우 우리는 그 자체로는 전혀 잘못된 것이 아닌 것에 대해 염려하면서 종종 그것을 매우 잘못된 것으로 생각합니다.

바로 이것이 기도하는 사람들 가운데 많은 사람들에게 고통이 임하는 이유입니다. 그리고 그들은 내적인 시련으로 인해 불평하는 가운데 낙망에 빠집니다. 그들의 건강은 쇠하며, 그들은 심지어 기도를 완전히 포기해 버리기까지 합니다. 왜냐하면 그들은 우리 안에 내면의 세계가 있음을 깨닫지 못하기 때문입니다. 우리는 천체의 운행을 막을 수 없는 것과 마찬가지로 우리 자신의 생각을 억제할 수 없습니다. 그러고 나서 영혼의 기능들이 따르며, 우리는 하나님 앞에서 우리가 잃어졌으며 시간을 낭비했다고 생각합니다.

마음이 성(城)의 주변부에서 수많은 악한 짐승들로부터 고통을 당하는 동안, 영혼은 하나님이 계신 곳과 매우 가까이 있는 처소에서 하나님과 완전히 연합될 수 있습니다. 우리는 이로 인해 당황해서도 안 되며, 싸움을 포기하게 만드는 마귀의 유혹에 넘어져서도 안 됩니다. 이런 시험과 불안의 시기(時期)는 대부분 우리가 스스로를 이해하지 못하는 사실로부터 옵니다.

⟨나의 편두통 경험⟩

심지어 이 글을 쓰고 있는 동안에도 나는 내 머릿속에서 요란한 소리와 함께 벌어지고 있는 일에 대해 생각하고 있습니다. 그것은 나로 하여금 이 글을 쓰는 것을 거의 불가능하게 만듭니다. 내 머릿속에서 마치 급류가 쏟아져 내려가는 것 같은 요란한 소리가 들립니다. 또 내 귓속에서가 아니라 머리 윗부분에서 수많은 새들이 시끄럽게 지저귀는 것 같습니다. 흔히 영혼의 가장 고상한 부분이 자리 잡고 있는 것으로 여겨지는 부분 말입니다. 나는 오랫동안 그러한 부분에 있었습니다. 왜냐하면 이와 같은 영혼의 강력한 운동은 매우 격렬한 종류의 것으로 보이기 때문입니다.

이에 대해 좀 더 상세하기 이야기하기를 바라지만, 그러나 지금은 그렇게 하기에 적당한 때가 아닙니다. 설령 주께서 나에게 이런 두통(頭痛)을 주심으로써 내가 이러한 일들을 더 잘 이해할 수 있게 되었다 하더라도, 나는 결코 놀라지 않을 것입니다. 왜냐하면 내 머릿속에서의 이러한 모든 소동은 기도를 방해하지 않을 뿐만 아니라 내 영혼의 평온과 사랑에도 아무런 영향을 끼치지 않기 때문입니다.

그렇지만 만일 영혼의 가장 고상한 부분이 정말로 머리의 윗부분에 있다면, 그렇다면 어째서 영혼은 방해를 당하지 않는 것일까요? 나는 이에 대해 알지 못합니다. 그러나 나는 내가 말하고 있는 것이 사실이라는 것을 압니다. 기도하는 동안 기능들이 정지(停止)되지 않을 때, 나는 고통을 당합니다. 그러나 기능들이 정지될 때, 나는 어떤 고통도 느끼지 못합니다. 기능들이 다시 되살아날 때까지 말입니다. 만일 이러한 경험이 나로 하여금 기도를 포기하도록 강요한다면, 그것은 매우 두려운 일이 될 것입니다.

제3부 : 하나님에게 주의를 집중하는 관상기도.

⟨목자는 자신의 음성을 아는 자들을 부르신다.⟩

내가 '성을 지키는 자들'이라고 부른 감각들과 기능들이 성 밖으로 나가 오랜 시간 동안 성의 모든 좋은 것들을 극도로 싫어하는 외인(外人)들과 어울리는 것을 상상해 보십시오. 그들은 자신들이 많은 것을 잃었음을 깨닫고 다시 성으로 돌아옵니다. 그러나 실제로 그들은 성으로 다시 들어오지 않습니다. 왜냐하면 이제 스스로 만든 습관을 이기기가 무척 어렵기 때문입니다. 그러나 그들은 더 이상 반역자로 간주되지 않습니다. 그리하여 그들은 성 주변에서 어슬렁거립니다. 성(城) 안 깊숙한 처소에 거하는 위대한 왕은 그들의 선한 기질을 인식하고, 긍휼 가운데 그들을 다시금 자신에게로 이끌기를 바랍니다. 선한 목자처럼, 그는 그의 양들로 하여금 그의 음성을 알도록 만듭니다. 그들이 겨우 알아들을 수 있는 음조(音調)로 말입니다. "자기 양을 다 내놓은 후에 앞서 가면 양들이 그의 음성을 아는 고로 따라오되"(요 10:4). 그가 이렇게 하는 것은 그들이 길을 잃은 채 방황하지 않고 본래의 처소로 돌아오도록 하기 위함입니다. 이러한 목자의 부르심은 그들이 즉시로 모든 외적인 것들을 버리고 성으로 되돌아오게 만드는 강력한 힘을 가지고 있습니다.

우리 자신 안에서 하나님을 찾을 때, 우리는 그분을 가장 효과적으로 발견할 것입니다. 성 아우구스티누스를 생각해 보십시오. 그는 여러 곳에서 하나님을 찾았지만 그러나 마침내 자신 내부에서 그분을 발견했습니다(고백록 10. 27). 하나님이 우리에게 그런 은총을 허락하시는 것은 큰 축복입니다. 단순히 '영혼 안에 존재하는 자로서의 하나님'에 대해 생각하는 것으로 말미암아 그분께 대한 깨달음을 얻을 수 있을 것이라고 상상하지 마십시오. 이것은 좋은 습관이며 또한 훌륭한 관상방법입니다. 왜냐하면 그것은 이러한 진리 즉 하나님이 우리 안에 계시다는 진리 위에 기초하기 때문입니다. 그러나 내가 여기에서 의미하는 것은 이것이 아닙니다. 왜냐하면 모든 사람이 우리 주님의 도우심으로 말미암아 이것을 행할 수 있기 때문입니다.

지금 내가 말하는 기도는 매우 다른 성격의 기도입니다. 여기에서 기도하고 있는 사람들을 보십시오. 나는 그들이 언제 여기에 들어왔는지 그리고 어떻게 목자의 부르심을 들었는지 말할 수 없습니다. 분명 그의 부르심은 귀로 말미암아 오지 않았을 것입니다. 왜냐하면 외적으로 들을 수 있는 부르심은 없었기 때문입니다. 그렇게 하는 대신 그들의 내면에서 달콤한 생각이 떠올랐을 것입니다. 이 길을 따라 가는 사람들에게 종종 떠오르는 것처럼 말입니다. 나는 이것을 어떻게 더 잘 설명할 수 있을지 알지 못합니다.

⟨하나님은 세상으로부터 분리된 자들에게 고요한 기도를 주신다.⟩

우리는 이것을, 자기 자신 안으로 쏙 들어가 버리는 거북이에 비유할 수 있습니다. 이러한 비유를 사용하는 사람들은 의심의 여지 없이 그것을 잘 이해할 것입니다. 왜냐하면 거북이는 자신이 원할 때마다 자신 안으로 쏙 들어가곤 하기 때문입니다. 그러나 이것은 내가 말하는 관상(觀想)과 다릅니다. 하나님이 오직 우리의 능력 안에서 우리에게 이런 은총을 주시기를 기뻐하십니다. 나는 하나님이 그것을 허락하실 때마다 오직 이미 이 세상의 것들로부터 벗어난 사람들에게만 허락하신다고 생각합니다. 나는 그들이 실제로 그러하다고 말하지 않습니다. 왜냐하면 아마도 그들은 실제적으로 그러한 상태까지 도달하지 못했을 것이기 때문입니다. 그렇지만 그들은 바라는 것이나 사모하는 것에 있어 그러합니다. 하나님이 그들을 특별히 내면의 문제를 살피도록 초청하신 이래로 말입니다.

그러므로 나는 우리가 스스로를 그분께 온전히 드려야만 한다고 믿습니다. 하나님은 자신이 부르신 자들에게 이것뿐만 아니라 다른 많은 선물들을 주셨습니다. 그러므로 이것을 경험한 사람들은 마땅히 그분을 찬미해야 합니다. 왜냐하면 그러한 은총을 깨닫고 그로 인해 감사를 드리는 것은 매우 합당한 일이기 때문입니다. 그럴 때 그들은 다른 은총들에 대해서도 합당한 감사와 찬미를 드릴 수 있게 될 것입니다.

⟨내적 생명 가운데 하나님의 음성을 들어라.⟩

이와 관련하여 우리에게 필요한 것은 주님이 우리에게 내적으로 말씀하시는 것을 주의 깊게 듣는 것입니다. 그러한 일과 관련하여 우리는 우리의 이성(理性)의 능력을 사용하려고 생각해서는 안 됩니다. 다만 주님이 영혼 안에서 일하고 계시는 것을 발견하고자 애써야 합니다. 왜냐하면 만일 그가 우리에게 황홀경(ecstasies)을 주시지 않는다면, 나는 어떻게 생각이 억제될 수 있는지 이해할 수 없기 때문입니다. 이것은 우리에게 유익을 가져다주기보다 도리어 해를 가져다주기 쉽습니다. 설령 이것이 영적인 사람들 사이에서 종종 논의되는 문제라 하더라도 말입니다.

어떤 사람이 내게 알칸타라의 위대한 수도사 페트루스(Friar Peter of Alcantara)의 책 한 권을 소개해 주었습니다. 나는 그가 정말로 위대한 성자(聖者)라고 믿습니다. 그는 상당한 설득력을 가지고 있었을 뿐만 아니라 또한 내면의 문제에 대해 매우 해박한 지식을 가지고 있었습니다. 그 책을 읽어보면 여러분은 그가 내가 말한 것과 동일한 것을 말하는 것을 발견할 것입니다. 설령 표현은 다소 다르다 하더라도 말입니다. 어쨌든 우리는 그의 책으로부터 우리의 사랑이 항상 깨어 있는 상태로 지켜져야 한다는 사실을 배울 수 있습니다(그의 책 *The Treatise of Prayer and Meditation* II. pp. 113-114를 보십시오).

〈존재와 행함(being and doing)〉

내가 틀렸을 수도 있지만, 그러나 내면의 문제들에 대한 나의 의견은 다음과 같은 개념들 위에 기초합니다. 첫째 개념은, 이와 같은 영적 행동에 있어 가장 많이 행하는 사람은 가장 적게 생각하고, 또 가장 적게 행하기를 바라는 사람이라는 개념입니다. 우리가 행해야 하는 모든 것은 구하는 것입니다. 마치 가난한 사람들이 부유한 황제에게 구하는 것처럼 말입니다. 그러므로 우리는 머리를 숙이고 겸비하게 기다려야 합니다. 그가 은밀한 방법으로 우리의 구하는 것을 들을 때, 우리는 조용히 있어야 합니다. 왜냐하면 그는 우리로 하여금 자신 곁에 더 가까이 서도록 허락하시기 때문입니다. 깨달음과 함께 일하는 것을 삼가는 것은 잘못된 일이 아닐 것입니다. 만일 우리가 그렇게 할 수 있다면 말입니다. 그러나 만일 우리가 왕이 우리의 구하는 것을 들었는지 혹은 그가 우리에게 주의를 기울이고 있는지 확신할 수 없다면, 그렇다면 우리는 어리석은 자들처럼 행동해서는 안 됩니다. 만일 영혼이 이러한 기도를 스스로 끌어내고자 한다면, 그것은 참으로 어리석은 일입니다. 왜냐하면 그렇게 할 때 기도는 훨씬 더 메마르게 되기 때문입니다. 그리고 생각은 전혀 생각하지 않으려고 노력하는 것을 통해 더 혼란하게 될 것입니다. 도리어 주님은 우리가 그에게 간절히 구하기를 그리고 우리가 그 앞에 있음을 기억하기를 바라십니다. 그는 우리에게 합당한 것이 무엇인지 아십니다.

동시에 나는 이러한 문제들에 있어 인간의 노력이 어느 정도 효력이 있다고 스스로를 설득할 수 없습니다. 그가 정해 놓은 한계 때문에 말입니다. 그는 우리 자신의 능력 안에 있는 다른 많은 문제들에 있어서는 이렇게 행하지 않으셨습니다. 비록 그가 우리를 돕기는 하시지만 말입니다. 우리는 여러 가지 금욕적인 훈련이나 기도나 다른 선한 일들 가운데 이러한 예(例)들을 발견할 수 있습니다.

〈평안을 누려라.〉

두 번째 개념은 이러한 내면의 일들이 모두 온유하며 평화로운 일들이라는 개념입니다. 억지로 행하는 것은 유익보다 해를 더 많이 유발합니다. 여기에서 "억지로"라는 표현으로 내가 의미하는 것은 우리가 무엇인가를 행하고자 스스로를 강제하는 것입니다. 예를 들어 숨을 참는 것은 "억지로" 행하는 일입니다. 그러므로 여러분 자신의 문제에 대해 주의를 기울이지 말고 영혼을 하나님의 손에 그냥 내버려 두십시오. 하나님이 기뻐하시는 대로 행하시도록 말입니다. 하나님의 뜻에 전적으로 순복하십시오.

〈마음을 편안하게 가져라.〉

세 번째 개념은 생각하는 것을 그치기 위해 영혼이 행하는 모든 노력이 도리어 생각을 더욱 각성시키고 더 많이 생각하도록 만들게 될 것이라는 개념입니다.

〈하나님의 영광을 구하라.〉

네 번째 개념은 하나님의 눈에 가장 중요하고 또 하나님을 가장 기쁘시게 하는 것은 우리 자신과 우리의 유익과 우리의 즐거움들은 모두 잊어버리고 오직 그의 영광과 존귀만을 바라보는 것이라는 개념입니다. 그렇지만 도대체 어떻게 사람이 자신을 완전히 잊고 그러한 것들을 의식하지 못하게 될 수 있단 말입니까?

〈우리의 생각을 하나님의 생각에 동화시켜라.〉

깨닫는 일을 그치게 하시기를 원하실 때, 하나님은 그것을 다른 방식으로 사용하시고 영혼의 지식을 우리가 스스로 얻을 수 있는 것보다 훨씬 더 높은 수준으로 조명(照明)하십니다. 그리고 하나님은 그것을 동화(同化)의 상태로 이끄십니다. 이러한 상태 속에서 영혼은 우리 자신의 노력의 결과보다 훨씬 더 잘 훈련됩니다. 우리 자신의 노력은 단지 모든 것을 망쳐놓을 뿐입니다. 하나님은 우리에게 우리가 활용할 수 있는 기능들을 주셨습니다. 그렇기 때문에 그러한 기능들에다가 마법을 걸려고 애쓸 필요가 없습니다. 하나님이 그것들에게 더 좋은 것을 주실 때까지 그것들로 하여금 자신의 일을 하게 하십시오.

〈하나님의 임재로 말미암아 마음의 짐을 가볍게 하라.〉

주님이 넷째 처소로 인도하시기를 기뻐하신 영혼은 지금까지 내가 말한 대로 행동하기 위해 최선을 다할 것입니다. 마찬가지로 우리는 모든 광범위한 이성(理性)적 추론으로부터 깨달음을 지키고자 노력해야 합니다. 우리는 깨달음을 중지해서도 안 되며, 생각을 그쳐서도 안 됩니다. 영혼에게 있어 자신이 하나님의 임재 안에 있다는 사실을 기억하고 이 하나님이 누군지 깨닫는 것은 매우 좋은 일입니다. 그렇지만 영혼으로 하여금 그것이 무엇인지 이해하고자 애쓰게 하지 마십시오. 영혼으로 하여금 억지로 노력하게 하지 마십시오. 영혼으로 하여금 몇 마디 사랑의 말을 하는 것 외에는 아무것도 행하지 말게 하십시오. 설령 우리가 생각을 중단하려고 애쓴다 하더라도, 그것은 고작 짧은 시간 동안만 그렇게 할 수 있을 뿐입니다.

〈하나님을 거스르지 않도록 조심하라.〉

하나님을 거스르는 기회에 스스로를 노출시키지 않도록 조심하십시오. 왜냐하면 영혼은 아직까지 젖조차 떼지 않은 어린아이와 같기 때문입니다. 그러므로 만일 영혼을 어머니의 품으로부터 떼어놓는다면, 결국 영혼은 죽고 말지 않겠습니까? 하나님의 은총을 받았다 하더라도 기도를 버린 사람들의 상태가 바로 이와 같습니다. 만일 그들이 속히 돌이키지 않는다면, 그들은 더 나쁜 상태로 나아갈 것입니다.

〈마귀의 공격〉

우리는 이렇게 되는 것을 마땅히 두려워해야 합니다. 그리고 나는 이런 상태로 떨어진 사람들을 몇 명 알고 있습니다. 그들은 자신들의 친구이신 하나님을 떠남으로써 이런 상태로 떨어지고 말았습니다. 나는 사전에 그들에게 그러한 상황을 피할 것을 경고했습니다. 왜냐하면 마귀는 은총을 더 많이 받은 영혼들일수록 더 많이 대적하고자 애쓸 것이기 때문입니다. 마귀는 그러한 영혼들이 자신에게 더 많은 해를 끼칠 것이라는 사실을 잘 압니다. 왜냐하면 그들은 많은 사람들을 자신들과 같은 상태로 이끎으로써 하나님의 교회에 큰 유익을 가져다줄 것이기 때문입니다. 마귀는 그들 안에서 하나님의 특별한 은총을 봅니다. 바로 이것이 그가 그들을 그토록 격렬하게 공격하는 이유입니다.

자매들이여, 우리가 아는 한 여러분은 이러한 위험으로부터 자유롭습니다. 그렇지만 부디 하나님이 여러분을 교만과 헛된 영광으로부터 지켜주시기를 기원합니다. 그리고 마귀로 하여금 이런 은총을 흉내 내지 못하도록 지켜주시기를 기원합니다. 그들이 흉내 내는 것은 가짜이며, 우리는 그것을 능히 분별할 수 있을 것입니다. 왜냐하면 그것은 영적인 결과를 산출하지 못하기 때문입니다. 그것이 산출하는 것은 오히려 정반대의 결과입니다.

〈관상(觀想)의 삶을 극단까지 몰고 가지 말라.〉

그러나 나는 여러분에게 내가 다른 곳에서 말한 위험에 대해 경고하기를 원합니다. 그들은 오랫동안 관상의 삶을 살았던 사람들이며, 특별히 여자들 가운데 그런 사람들이 많습니다. 그들은 본래 체질적으로 약한 사람들이거나 혹은 극심한 금욕적 삶을 통해 약해진 사람들이었습니다. 이런 사람들은 신비한 위로를 받을수록 더 쇠약해져 갑니다. 그들은 건강을 잃습니다. 내면의 기쁨을 더 많이 느낄수록 그들은 육체적인 쇠약함과 무기력함과 나른함 속에 더 많이 빠집니다. 실제로 그들의 육체적 상태는 계속해서 나빠져 갑니다. 그러면서 그들은 자신들이 경험하는 것을 일종의 황홀경 같은 것이라고 생각합니다. 그러나 그것은 명백한 어리석음입니다. 그것은 우리의 시간을 낭비하는 것과 건강을 망치는 것 외에 아무것도 아닙니다.

어떤 사람들은 신적인 것들에 대해 감각하거나 지각하지도 못하면서 여덟 시간 동안이나 이런 상태를 계속 유지합니다. 이들이 온전한 건강을 회복하는 방법은 이러한 무분별한 고행을 버리고 적절한 음식을 먹고 충분한 잠을 자는 것입니다. 이들은 자신과 다른 사람들을 그릇된 길로 인도합니다. 설령 그렇게 할 의도는 없었다 하더라도 말입니다. 나는 마귀가 종종 이와 같은 방법을 사용한다고 믿습니다.

〈지혜로운 조언을 받으라.〉

만일 어떤 경험이 하나님으로부터 왔다면, 그것은 영혼에 어떤 무기력함도 가져다주지 않을 것입니다. 왜냐하면 하나님과 가까이 있을수록 영혼은 더욱더 강해질 것이기 때문입니다. 만일 어떤 무기력함 같은 것이 있다면, 그것은 아주 짧은 시간 동안만 지속될 것입니다. 물론 어떤 경우 영혼이 몰입상태에 빠질 수 있습니다. 그렇다 하더라도 우리는 우리의 몸까지 정복당하지는 않을 것이라는 사실을 기억할 필요가 있습니다. 그러므로 이와 같은 종류의 경험을 하게 될 때, 그 모든 것을 여러분의 영적 인도자에게 알리십시오.

〈자신의 몸을 돌보라.〉

그러므로 그와 같은 상태로 지나치게 오랜 시간 기도하지 말고, 휴식을 취하며 기분전환을 하십시오. 여러분의 건강이 정상적으로 회복될 때까지 충분한 식사를 하고 충분한 수면을 취하십시오. 그러나 만일 어떤 사람의 건강상태가 이러한 종류의 기도를 하기가 적당하지 않을 정도로 연약하다면, 그는 하나님이 자신을 이와 같은 종류의 일로는 부르시지 않았음을 확신할 필요가 있습니다.

〈때로 하나님과 함께 하지 않는 시간을 받아들여라.〉

수도원에는 온갖 종류의 사람들이 다 모여 있습니다. 그러므로 각각의 사람들에게는 여러 가지 다른 임무를 주어 바쁘게 하십시오. 그럼으로써 그들로 하여금 자신이 홀로 남겨져 있지 않음을 확신하게 만드십시오. 그렇게 하지 않으면 그들의 건강은 완전하게 망가지게 될 수 있습니다. 이것은 그들에게 매우 좋은 훈련이 될 것입니다. 주님은 그들이 자신과 직접적으로 함께 하지 않는 시간 동안 어떻게 행하는지 보심으로써 자신에 대한 그들의 사랑을 시험하십니다. 그리고 그런 시간을 통해 주님은 그들의 건강을 회복시키시기를 기뻐하십니다.

〈지나치게 순진하지 말라.〉

지식과 상상력에 있어 연약한 사람들도 있을 것입니다. 그들은 자신들이 상상하는 모든 것을 실제로 본다고 믿을 정도로 순진할 수 있습니다. 그러나 이런 상태 가운데 있는 것은 매우 위험합니다. 우리는 이에 대해 나중에 좀 더 상세하게 다루게 될 것입니다. 지금까지 나는 여기의 처소 즉 넷째 처소에 대해 충분하게 이야기했습니다. 이곳은 자연적인 것과 초자연적인 것이 교차하는 곳입니다. 그렇기 때문에 마귀는 여기에서 더 많은 해를 끼칠 수 있습니다. 그러나 이곳에서 우리 주님은 마귀에게 큰 활동공간을 허락하지 않으십니다. 주의 이름이 영원히 찬미를 받으소서. 아멘.

다섯째 처소 : 하나님과 연합된 상태에서의 기도.

제1부 : 하나님의 임재의 체험.

〈내가 신비한 체험과 내 자신의 반응을 구별하지 못함.〉

사랑하는 자매들이여, 어떻게 내가 여러분에게 여기의 다섯째 처소에서 발견되는 보화와 부요와 즐거움들을 설명할 수 있을까요? 나는 여기의 처소에 대해 아무 말도 하지 않는 것이 더 낫겠다고 생각하는 유혹을 받습니다. 그에 대해 묘사할 수 있는 적절한 방법이 없기 때문에 말입니다. 지성(知性)은 그에 대해 이해할 수 없으며, 어떤 비유를 통해서도 그것을 충분히 설명할 수 없습니다. 왜냐하면 이 땅에 속한 것들 가운데 그것과 비유할 만한 것이 마땅치 않기 때문입니다.

오 나의 주여! 당신의 종들에게 잘 설명할 수 있도록 내게 빛을 비추소서. 당신은 자신의 종들이 이러한 즐거움들을 향유하기를 기뻐하시나이다. 그들로 하여금 스스로를 빛의 천사로 가장하는 마귀에게 속임을 당하지 않도록 빛을 비추소서. 그들이 바라는 모든 것은 당신을 기쁘시게 하는 것이나이다.

〈소수의 사람들만이 그와 같은 신비한 경험을 한다.〉

오직 소수의 사람들만이 여기의 다섯째 처소에 들어갑니다. 사람들의 수준은 매우 다양합니다. 그러므로 이전의 처소들에 들어가는 자들은 매우 많지만, 그러나 나는 오직 소수의 사람들만이 여기의 처소를 경험할 것이라고 믿습니다. 부름을 받은 자는 많으나 택함을 받은 자는 적습니다(마 22:14).

설령 우리 모두가 이곳 갈멜수도회의 엄격한 규칙 가운데 기도와 관상(觀想)의 삶을 살도록 부름 받았다 하더라도, 나는 오직 소수의 사람들만이 그것의 풍성한 보화 속으로 들어간다고 생각합니다. 외적으로 우리는 이 모든 것들에 깊이 착념할 수 있습니다. 그러나 여기의 처소에 도달할 수 있는 상태가 되기 위해 우리는 더 많은 것을 필요로 합니다. 그러므로 우리는 아주 조금만큼도 태만할 여유가 없습니다.

〈하나님의 임재의 큰 보화를 추구하라.〉

그러므로 나의 자매들이여, 우리가 이 땅에서 어느 정도 하늘을 향유할 수 있도록 우리 주님께 열심히 구하십시오. 그러면 주님은 우리에게 그의 은혜를 허락하시고 우리에게 그 길을 보여주실 것입니다. 그리고 주님은 우리 영혼에 힘을 주셔서 우리로 하여금 우리 안에 감추어진 보화를 찾을 때까지 계속해서 내면의 땅을 팔 수 있도록 도우실 것입니다. 나는 이것을 여러분에게 설명하기를 원합니다. 우리 주님이 나로 하여금 그렇게 할 수 있도록 도우시기를 기뻐하신다면 말입니다. 주의 이름을 송축합시다!

〈하나님은 우리의 모든 것을 원하신다.〉

그러나 나의 딸들이여, 우리가 말하는 이러한 대상을 얻기 위해 깊이 생각하십시오. 하나님은 여러분이 어떤 것을 뒤로 감추는 것을 원치 않으십니다. 그것이 작은 것이든 큰 것이든 상관 없이 말입니다. 그는 우리의 모든 것을 원하십니다. 우리가 온전한 기도에 도달했는지 여부를 분별함에 있어 이것보다 더 큰 증거는 없습니다. 온전한 기도를 꿈꾸는 상태처럼 생각하지 마십시오. 지금 내가 "꿈"이라는 표현을 사용한 것은 영혼이 이를테면 비몽사몽의 상태에 있기 때문입니다. 그것은 잠든 것도 아니고 깨어 있는 것도 아닌 것처럼 보입니다. 그러나 이러한 꿈속에서 영혼은 하나님께 대하여 완전히 깨어 있습니다. 세상적인 것들에 대해서나 우리 자신에 대해서는 잠자고 있으면서 말입니다. 실제로 이러한 짧은 시간 동안 영혼은 거의 무감각하며 아무것도 생각할 수 없습니다.

아, 하나님의 놀라운 비밀이여! 나는 여러분에게 이러한 비밀에 대해 좀 더 잘 설명해 주기를 원합니다. 그러나 나는 결코 성공하지 못할 것을 압니다. 그러므로 나는 어리석은 것들만 말하게 될 것입니다. 그렇지만 나는 그것이 꿈이 아니라고 분명히 말했습니다. 이전 처소에서, 영혼에 실제로 무슨 일이 일어났는지, 그것이 무엇을 바라는지, 그것이 잠자고 있는지, 그것이 하나님으로부터 왔는지, 마귀가 스스로를 빛의 천사로 가장했는지 등은 의문으로 남습니다. 한 마디로 영혼은 수많은 의문을 가집니다.

〈세속적인 것들은 여기에 들어올 수 없다.〉

여기의 다섯째 처소에는 악독한 것들이 들어올 수 있는 공간이 많지 않습니다. 작은 도마뱀들조차도 마찬가지입니다. 그것들은 몸집이 아주 작기 때문에 어느 곳이든 슬그머니 들어올 수 있습니다. 그것들은 은연 중 작은 생각들을 던집니다. 그렇지만 그것들은 종종 매우 골치 아픈 존재가 될 수 있습니다. 그러나 이러한 도마뱀들은 설령 아무리 작다 하더라도 여기의 처소에 들어올 수 없습니다. 왜냐하면 여기에는 이러한 선(善)을 방해할 수 있는 생각이 없기 때문입니다.

〈마귀는 들어오지도 못하고 해를 끼치지도 못한다.〉

하나님과 참으로 연합한 영혼에 나는 마귀가 들어올 수도 없고 해를 끼칠 수도 없다고 감히 말합니다. 어떤 영혼이 하나님과 연합할 때, 마귀는 감히 접근하지 못합니다. 뿐만 아니라 마귀는 이러한 비밀을 깨달을 수 없습니다. 마귀가 우리의 생각을 알 수 없는 것은 분명한 사실입니다. 그렇다면 하물며 그가 어떻게 이러한 연합의 심오한 비밀을 깨달을 수 있겠습니까?

저주받은 자가 우리를 해할 수 없는 것은 얼마나 복된 일입니까! 이와 같은 영혼은 많은 축복을 얻습니다. 왜냐하면 하나님이 그 안에서 일하시기 때문입니다. 우리에게 좋은 것을 주시기를 그토록 바라시는 자가 도대체 무엇을 주지 않으실 것입니까?

내가 볼 때 여러분은 아직까지 만족되지 않은 것으로 보입니다. 여러분은 이러한 내면의 문제들을 살피는 것이 매우 어렵다고 생각할 수 있습니다. 내가 지금까지 이야기한 것이 그것을 경험한 사람들에게는 충분할 수 있습니다. 그렇지만 나는 여러분에게 더 분명한 증거를 제시하기를 원합니다. 그리고 그로 말미암아 여러분은 그것이 하나님으로부터 왔음을 확신할 수 있게 될 것입니다. 왜냐하면 하나님은 오늘 내 마음에 확실한 증거를 가져다주셨기 때문입니다.

어려운 문제들에 대해 나는 항상 "그것은 나에게 이러저러하게 보인다"(it seems to me)라는 표현을 사용합니다. 왜냐하면 내가 틀렸을 수 있기 때문입니다. 나는 뛰어난 학자들이 제시하는 것을 기꺼이 받아들일 준비가 되어 있습니다. 그들 자신은 이러한 문제들을 경험하지 못했지만 그럼에도 불구하고 그들의 의견은 매우 중요합니다. 왜냐하면 그들은 위대한 학자들이기 때문입니다. 하나님은 그들을 자신의 교회를 비추는 빛으로 간주하십니다. 하나님은 그들에게 여러 가지 진리들을 펼치시고 그들로 하여금 그것을 깨닫게 하십니다. 만일 그들이 부도덕한 사람들이 아니고 참된 하나님의 종들이라면, 그들은 그의 크심에 결코 놀라지 않을 것입니다. 왜냐하면 그들은 그의 능력이 우리가 구하거나 생각할 수 있는 것보다 더 넘치도록 능히 행하실 수 있다는 사실을 알기 때문입니다. "우리 가운데서 역사하시는 능력대로 우리가 구하거나 생각하는 모든 것에 더 넘치도록 능히 하실 이에게"(엡 3:20).

〈하나님 안에서 많은 열매를 맺는 자들〉

나는 박식한 학자들과 많은 교류를 나누었을 뿐만 아니라 또한 중간 정도의 학식을 가진 자들과도 어느 정도 교류를 나누었습니다. 이들로부터 나는 하나님이 더 많은 것을 행할 수 있으며 또한 그는 자신이 만든 사람들에게 자신을 나타내기를 기뻐하셨으며 또 여전히 기뻐하신다는 것을 믿지 않는 사람들은 스스로 은혜를 받을 수 있는 문을 굳게 닫을 것이라는 사실을 배웠습니다.

나의 자매들이여, 이러한 일이 여러분에게 일어나지 않게 하십시오. 그렇게 하는 대신 하나님이 훨씬 더 많은 것을 행할 수 있음을 믿으십시오. 하나님으로부터 은총을 전달받은 자들이 선한지 혹은 악한지 생각하지 마십시오. 하나님은 이에 대해 모든 것을 아십니다. 그러므로 우리 쪽에서의 개입은 불필요합니다. 오직 겸비하며 단순한 마음으로 그를 섬기십시오. 그리고 그의 이적과 기사로 인해 그를 찬미하십시오.

다시 처음으로 돌아갑시다. 하나님이 참된 지혜의 실재를 좀 더 쉽게 각인시키기 위해 바보로 만든 영혼을 생각해 보십시오. 이러한 상태에 있는 한, 그런 영혼은 볼 수도 없고 들을 수도 없으며 깨닫지도 못합니다. 이러한 상태의 기간은 항상 짧습니다. 그리고 영혼에게 그것은 실제보다 더 짧게 보입니다. 하나님은 그러한 영혼의 내면에 자신을 심으십니다. 그럼으로써 그 영혼으로 하여금 자신이 하나님 안에 있으며 하나님이 자신 안에 계심을 믿지 않을 수 없도록 만드십니다. 이러한 진리는 그 안에 깊이 뿌리를 내림으로써 오랜 세월이 흐른다 하더라도 그 영혼은 결코 그것을 잊지 못할 것입니다. 그러나 이것은 그 안에 남아 있는 결과들과 내가 나중에 말하게 될 것으로부터는 완전히 별개입니다. 지금 중요한 것은 그것의 확실성입니다.

어떻게 영혼은 이러한 진리를 알거나 혹은 깨닫습니까? 나의 대답은 영혼은 그때는 그것을 알지 못했지만 그러나 나중에 그것을 분명하게 알게 되었다는 것입니다. 왜냐하면 이것은 막연한 환상(vision)이라기보다 오직 하나님만이 그 안에 심으실 수 있는 확실한 것(certitude)이기 때문입니다. 나는 하나님이 그의 임재와 능력과 본질에 의해 모든 곳에 계신다는 사실을 알지 못하는 어떤 사람을 알고 있었습니다. 그러나 하나님으로부터 받은 특별한 체험에 의해 그녀는 그것을 굳게 믿게 되었습니다. 그리고 위에서 언급한 중간 정도의 학식을 가진 사람들 가운데 한 사람이 하나님은 오직 자신의 은혜가 있는 곳에 계신다고 대답했습니다. 그러나 진리가 그녀 안에 너무나 강하게 새겨져 있었기 때문에 그녀는 그것을 믿지 않았습니다. 나중에 그녀는 다른 사람들에게 물었으며, 그들은 그녀에게 큰 위로가 되는 진리를 말해 주었습니다.

그러나 이러한 확실한 것이 어떤 유형적인 형태를 가진다고 생각하지 마십시오. 하나님은 오직 자신의 신성(神性)으로 말미암아 존재하시지 그와 같은 유형적인 방식으로 존재하시지 않습니다. 그러면 우리가 보지 못하면서 어떻게 확신을 가질 수 있습니까? 나는 모릅니다. 왜냐하면 그것은 그의 일이기 때문입니다. 그러나 내가 말하는 것이 진리임을 나는 확실히 압니다. 이러한 확신을 가지고 있지 않는 사람에 대하여, 나는 그의 영혼이 하나님과 연합하는 경험을 하지 못했다고 말할 수 있습니다.

〈이러한 경험을 받아들이고 분석하지 말라.〉

이 모든 주제들과 관련하여 우리는 어떻게 그것이 가능한지 그 이유를 알고자 추구해서는 안 됩니다. 왜냐하면 우리의 이해력은 그것을 깨달을 수 없기 때문입니다. 그렇다면 어째서 우리가 이런 일로 헛된 수고를 하며 스스로를 괴롭힐 필요가 있단 말입니까? 전능자가 그렇게 행하셨음을 아는 것으로 충분합니다. 이와 관련하여 "왕이 나를 포도주 창고로 이끌어 들이시니"라는 아가(雅歌)의 표현을 생각해 보십시오(아 1:4; 2:4). 그 책은 그녀가 스스로 갔다고 말하지 않습니다. 그 책은 또한 그녀가 사방으로 사랑하는 자를 찾아 헤매었다고 우리에게 말해줍니다. "이에 내가 일어나서 성 안을 돌아다니며 마음에 사랑하는 자를 거리에서나 큰 길에서나 찾으리라 하고 찾으나 만나지 못하였노라"(3:2). 나는 여기의 "포도주 창고"라는 표현을 우리 주님이 우리를 데려가기를 기뻐하시는 장소를 의미하는 것으로 취합니다. 그러나 우리는 우리 자신의 노력으로는 거기에 들어갈 수 없습니다. 그가 우리를 그곳으로 데려가셔야 하며, 그 자신이 우리 영혼의 중심으로 들어오셔야 합니다.

우리는 여기에서 놀라운 사실을 발견할 수 있습니다. 그는 우리의 의지가 어떤 역할을 맡는 것을 원하지 않습니다. 왜냐하면 의지는 이미 그에게 완전히 순복했기 때문입니다. 뿐만 아니라 그는 모두 잠들어 있는 우리의 감각들과 기능들의 문이 그에게 열리기를 바라지도 않습니다. 왜냐하면 그는 문을 사용하지 않고 영혼의 중심에 들어오실 것이기 때문입니다. 부활 후 "너희에게 평강이 있을지어다"(요 20:19)라고 말씀하시면서 제자들에게 오셨을 때처럼 말입니다. 나중에 다루게 될 마지막 처소에서, 여러분은 우리 주님이 영혼이 자신을 향유하는 것을 얼마나 간절히 바라시는지 보게 될 것입니다.

나의 딸들이여! 만일 우리가 우리 자신의 추악함과 비천함을 바라본다면 그리고 만일 우리가 그토록 위대한 주님의 여종이 될 자격이 없음을 진실로 깨닫는다면, 우리는 정말로 크고 놀라운 일들을 보게 될 것입니다. 왜냐하면 그의 놀라운 일들은 모든 이해를 넘어서기 때문입니다. 그의 이름을 영원히 찬미합시다! 아멘.

제2부 : 하나님으로부터 더 많이 받기 위한 영혼의 성장.

여러분은 내가 여기의 다섯째 처소에 대해 이미 모든 것을 다 말했다고 생각하는지 모릅니다. 그러나 말해야 할 것이 아직 많이 남아 있습니다. 신비한 연합과 관련하여, 나는 더 이상 아무것도 덧붙일 수 없다고 생각합니다. 그러나 영혼이 하나님의 은총을 위해 스스로를 준비시킬 때, 그 안에서 하나님이 행하시는 것에 대해 말하여져야 할 것이 많이 있습니다. 영혼의 상태를 더 잘 설명하기 위해, 나는 그러한 목적에 적합한 비유를 사용할 것입니다. 설령 주님이 행하시는 이 일이 우리가 아무것도 행할 수 없는 일이라 하더라도, 그럼에도 불구하고 우리 자신의 성향이 그로 하여금 우리에게 이러한 은총을 베푸시도록 하는데 큰 기여를 할 수 있습니다.

〈누에의 비유〉
여러분은 비단이 만들어지는 놀라운 방법에 대해 잘 알 것입니다. 그것은 하나님 외에 누구도 창안할 수 없는 방법입니다. 그것은 작은 후추열매만한 곤충의 알로부터 옵니다. 나는 그에 대해 본 적은 없습니다. 다만 들었을 뿐입니다. 그러므로 여기에 어떤 오류가 있다면, 그것은 나의 것이 아닙니다. 날씨가 따뜻해지고 뽕나무에 새잎이 피기 시작할 때, 그 알은 꿈틀거리기 시작합니다. 누에는 충분히 자랄 때까지 뽕나무 잎을 먹습니다. 그리고 충분히 자란 누에는 그 작은 입으로 비단을 뽑아내기 시작하며, 스스로를 딱딱한 고치로 만듭니다. 마침내 누에는 죽고, 그것으로부터 아름다운 흰나비가 나옵니다.

도대체 누가 이토록 신비로운 일을 믿을 수 있겠습니까? 그러나 이것은 실제로 행해지는 방법입니다. 실제적인 증거가 없이, 누에나 벌과 같은 이성(理性) 없는 피조물들이 그토록 열심히 우리의 유익을 위해 수고하는 것을 우리의 이성(理性)이 도대체 어떻게 깨달을 수 있었겠습니까? 실제로 누에는 이 일을 하는 가운데 죽습니다. 자매들이여, 이것을 깊이 관상(觀想)해 보십시오. 여러분은 누에의 예화를 통해 우리 하나님의 놀라운 지혜를 깨닫게 될 것입니다.

만일 우리가 모든 피조물들의 특성을 깨닫는다면, 그러면 우리는 무엇을 해야 합니까? 이러한 놀라운 일들을 깊이 관상(觀想)할 때, 우리가 이토록 지혜로운 왕의 신부가 된 것을 즐거워하는 것은 너무나 합당한 일이 아닙니까?

〈우리에 대한 하나님의 도우심〉

이제 다시 돌아와 누에의 비유를 우리 자신에게 적용해 보도록 합시다. 누에는 성령의 온기(溫氣)로 말미암아 우리 주님이 모든 사람들에게 주시는 일반적인 은총과 자기 교회에 남기신 은혜의 수단들을 사용하기 시작할 때 꿈틀거리기 시작합니다. 그러한 은혜의 수단들은 설교를 듣는 것뿐만 아니라 정기적으로 성례를 행하는 것과 좋은 책을 읽는 것을 포함합니다. 왜냐하면 이러한 것들은 죄와 게으름으로 죽은 영혼에게 강력한 도움이 되기 때문입니다. 이렇게 하여 누에는 충분히 자랄 때까지 살아 꿈틀거리며 선한 관상(觀想)으로 스스로를 부양(扶養)하기 시작합니다. 지금 우리에게 중요한 것은 바로 이것입니다. 나머지는 훨씬 덜 중요합니다.

〈그리스도 안에서의 우리의 생명〉

충분히 자랐을 때, 마침내 누에는 비단을 뽑아내기 시작합니다. 그리고 동시에 자신이 살 집을 짓기 시작합니다. 이 집은 그리스도를 의미합니다.

골로새서 3장 3절은 우리의 생명이 그리스도 안에 "감추어졌다고" 말합니다. 그러므로 그리스도는 우리의 생명입니다.

〈어떻게 하나님은 우리의 노력을 증대시키나?〉

나의 딸들이여, 여기에서 우리는 하나님의 도우심으로 말미암아 우리가 할 수 있는 일을 행하는 법을 배울 수 있습니다. 왜냐하면 그분 자신이 우리의 처소이기 때문입니다. 누에가 비단을 뽑아내듯이, 우리는 이 처소를 뽑아냅니다. 하나님이 우리의 처소이며 우리가 우리 자신의 거할 장소로서 그 처소를 세울 수 있다고 말할 때, 자칫 나는 우리가 하나님으로부터 무엇인가를 취할 수 있다든지 혹은 하나님에게 무엇인가를 더할 수 있다고 말하는 것으로 오해될 수 있습니다. 그러나 우리는 하나님에게 무엇인가를 더할 수도 없고 뺄 수도 없습니다. 그러나 우리는 우리 자신으로부터 무엇인가를 취한다든지 혹은 우리 자신에게 무엇인가를 더할 수 있습니다. 작은 누에들이 그렇게 하는 것처럼 말입니다. 우리가 할 수 있는 모든 일을 행할 때, 하나님은 실제로는 아무것도 아닌 우리의 보잘것없는 수고들을 그의 위대하심과 연합시키실 것입니다. 하나님은 그와 같은 우리의 작은 수고들에게 높은 가치를 부여할 것입니다. 마찬가지로 우리 주님은 우리의 작은 고난들을 그가 당하신 큰 고난과 연합시키고 그 모든 것을 하나로 만들 것입니다.

〈자기 사랑(self-love)을 버려라.〉

그러므로 나의 딸들이여, 속히 이 일을 실행하며 고치를 뽑아냅시다. 우리 자신의 의지나 자기 사랑은 모두 옆으로 내려놓고 말입니다. 그리고 땅에 속한 일에 집착하지 맙시다. 고행과 금욕과 기도와 순종과 다른 모든 선한 일들을 실천합시다. 우리의 지식을 따라 행합시다. 그리고 우리의 의무와 관련하여 우리가 받은 지침들을 따라 행합시다. 이러한 누에로 하여금 죽게 하십시오. 위하여 지음을 받은 모든 일을 행한 후, 그것으로 하여금 죽게 하십시오. 그때 여러분은 우리가 어떻게 하나님을 볼 수 있는지 알게 될 것입니다. 그때 우리는 우리 자신이 하나님의 위대하심에 연합된 것을 보게 될 것입니다. 누에가 자신의 고치 안에 있는 것처럼 말입니다. 내가 "우리가 하나님을 볼" 것이라고 말한 것을 주목하십시오. 우리가 하나님을 보는 것은 우리가 이러한 종류의 연합을 깨닫는 분량에 비례합니다.

〈자아의 죽음을 통해 변화된 삶〉

이제 무엇이 이러한 누에가 되는지 생각해 봅시다. 지금까지 내가 이야기한 것을 곰곰이 생각해 보십시오. 하나님과 연합된 상태에서의 기도 가운데 세상에 대해 충분하게 죽자마자, 그것은 흰나비로서 나옵니다.

오, 하나님의 놀라운 위대하심이여! 영혼은 하나님의 위대하심과 연합하여 짧은 시간 만에 — 기껏해야 30분 정도 만에 — 얼마나 놀라운 모습으로 변화되어 나옵니까! 진실로 영혼은 자신을 알지 못합니다. 징그러운 누에와 아름다운 나비는 얼마나 다릅니까! 영혼은 자신을 위해 예비된 축복이 얼마나 엄청난 것인지 상상할 수 없습니다.

〈하나님을 예배하기 위해 자유롭게 됨〉

이제 영혼은 하나님을 찬미하기를 열망하는 자신을 발견합니다. 영혼은 하나님을 위해서라면 천 번이라도 기쁘게 죽을 수 있습니다. 계속해서 영혼은 기꺼이 큰 고통을 견디며 고난당하기를 열망하는 자신을 발견합니다. 영혼은 금욕과 고독을 열망하며 또한 모든 사람이 하나님을 알기를 열망합니다. 그리고 이런 이유로 영혼은 사람들이 하나님을 거스르는 것을 볼 때 깊이 탄식합니다. 다음 처소에서 우리는 이러한 주제를 좀 더 상세히 다룰 것입니다. 왜냐하면 설령 여기의 처소와 다음 처소의 경험이 거의 비슷하다 하더라도, 그것의 효과는 다음 처소의 경우에서 훨씬 더 큰 힘을 갖게 되기 때문입니다.

〈하나님에 대한 참된 열망이 곧 그에 대한 참된 예배이다.〉

여기의 작은 나비가 쉬지 않고 계속해서 날갯짓을 하는 것을 보십시오. 그것은 마치 어디에 앉아 쉴지 알지 못하는 것 같습니다. 그것이 처음 자신이 나온 곳으로 다시 되돌아갈 것입니까? 결코 그럴 수 없습니다. 왜냐하면 그것은 우리의 능력 안에 있지 않기 때문입니다. 하나님이 다시 우리에게 이러한 은총을 주시기를 기뻐하실 때까지 말입니다.

오 주여! 이제 이러한 영혼은 새로운 싸움을 싸우기 시작할 것이나이다! 누가 이것을 상상할 수 있겠습니까? 그토록 놀라운 축복을 받은 후에 말입니다. 한 마디로, 우리는 살아 있는 한 계속해서 십자가를 져야만 합니다. 여기의 처소에 도달한 자는 이제 가만히 앉아 쉬며 즐거워할 것입니까? 만약에 그렇게 생각하는 사람이 있다면, 나는 그것이 그가 아직 여기의 처소에 도달하지 못했음을 보여주는 증거라고 생각합니다.

〈기도와 분투를 야기하는 영적 불만족〉

이 말이 곧 다섯째 처소에 도착한 자들은 평안을 누리지 못할 것을 의미하는 것은 아닙니다. 물론 그들은 깊은 평안을 누릴 수 있습니다. 그들이 겪는 여러 가지 고난들은 도리어 그들 안에 평안과 만족을 가져다줍니다. 세상의 일들에 의해 야기된 불만족은 세상을 떠나고자 하는 열망을 불러일으킵니다. 그러나 이것은 영혼을 위로하기에 충분하지 않습니다. 왜냐하면 그 모든 것에도 불구하고 영혼은 아직까지 하나님의 뜻에 온전히 순복하지 않기 때문입니다. 그러나 영혼은 하나님의 뜻에 일치되게 행동하는 일에 실패하지 않습니다. 설령 많은 눈물과 큰 슬픔과 함께 그렇게 한다 하더라도 말입니다. 모든 때에 영혼은 슬픔의 눈물과 함께 기도합니다. 아마도 이러한 고통은 어느 정도 세상에서 하나님이 망령되이 여김을 당하는 것을 봄으로부터 야기되는 것으로 보입니다. 더욱이 영혼은 많은 영혼들이 멸망을 당하는 것으로 인해 고통을 당합니다. 원수들뿐만 아니라 이교도들까지도 말입니다.

〈변화된 자아〉

아, 하나님의 크고 위대하심이여! 불과 몇 년 전만 하더라도 아니 심지어 며칠 전만 하더라도 나는 오로지 나 자신밖에는 생각하고 있지 않았습니다. 그러나 지금 나의 영혼은 다른 사람들을 위한 슬픔과 근심에 빠져 있습니다. 설령 내가 종말에 대해 열심히 관상(觀想)한다 하더라도, 나는 지금 나의 영혼이 느끼는 것과 같은 강렬한 느낌을 결코 가질 수 없을 것입니다.

하나님이여, 나를 도우소서! 만일 내가 하나님을 거스르는 큰 죄와 나의 형제자매들이 살고 있는 비참한 삶을 관상(觀想)하는 일에 많은 시간을 사용할 수 있다 하더라도, 그 모든 것이 우리에게 충분합니까? 그렇지 않습니다. 나의 딸들이여, 결코 그렇지 않습니다. 이것은 우리 주님의 도우심으로 말미암아 여기에서 느껴지는 고통이 아닙니다. 우리는 이러한 일들을 깊이 생각함으로 말미암아 우리의 슬픔을 심화시킬 수 있습니다. 그러나 그러한 고통은 영혼의 가장 깊은 부분까지 침투하지도 못하고 도달할 수도 없습니다.

그러면 이러한 슬픔은 무엇입니까? 그것은 어디로부터 옵니까?

〈오직 하나님을 향한 존재의 은사〉

앞에서 나는 한 신부(新婦)에 대해 언급하면서, 하나님이 어떻게 그녀를 포도주 창고에 놓으시고 그녀에게 은혜를 베푸셨는지 이야기했습니다(아 2:4). 그렇습니다. 이것이 여기의 상황입니다. 하나님의 손에 완전히 맡겨지고 또 그의 사랑에 포로가 된 영혼은 하나님이 그분의 기쁘신 뜻대로 자신에게 행하시는 것 외에는 아무것도 알지도 못하고 또 바라지도 않습니다. 내가 이해하는 한, 하나님은 이러한 은총을 자신의 소유로 택하신 영혼 외에는 다른 어떤 영혼에게도 결코 주지 않을 것입니다. 하나님은 영혼이 그의 인침을 받고 여기를 떠나는 것을 기뻐하십니다. 왜냐하면 여기에서 영혼은 단지 그 위에 인이 찍힌 밀랍에 불과하기 때문입니다. 밀랍은 스스로 인을 찍을 수 없습니다. 그것은 다만 인이 찍히는 수동적인 대상일 뿐입니다. 또 그것은 부드럽지만, 그러나 이러한 목적으로 스스로를 부드럽게 만들 수 없습니다. 다만 그것은 그 위에 인이 찍히도록 그대로 놓여 있을 뿐입니다.

〈하나님은 우리로부터 모든 것을 취하신다.〉

오, 하나님의 선하심이여! 모든 값은 그가 치르셨습니다. 그는 오직 우리의 의지(意志)를 요구하십니다. 밀랍은 어떤 저항도 하지 않습니다. 자매들이여, 여러분은 우리 하나님이 여기에서 우리를 위해 무엇을 행하시는지 압니다. 우리 영혼은 자신이 그의 소유임을 이미 압니다. 하나님은 영혼에게 그의 아들이 이 땅에서 가지셨던 것과 동일한 형상을 주셨습니다. 그것은 얼마나 큰 은총입니까?

우리 주님보다 여기의 삶을 떠나기를 더 간절히 바랐던 자가 누구이겠습니까? 그는 최후의 만찬 자리에게 이렇게 말씀하셨습니다. "이르시되 내가 너희와 함께 이 유월절 먹기를 원하고 원하였노라"(눅 22:15). 자신이 이제 겪게 될 고통스러운 죽음이 그에게 극심한 슬픔과 두려움을 가져다 준 것이었겠습니까? 결코 그럴 수 없습니다. 왜냐하면 그러한 고통보다 영혼들이 구원받기를 바라는 그의 간절한 열망이 훨씬 더 컸기 때문입니다.

〈한량없이 큰 그리스도의 사랑〉

어떤 영혼이 하나님이 훼방을 당하는 것을 볼 때 느끼는 고통보다 더 큰 고통을 나는 알지 못합니다. 실제로 그 영혼은 계속해서 그것을 보는 것보다 차라리 죽기를 바랄 것입니다. 우리 주님과 비교할 때 보잘것없기 짝이 없는 이러한 영혼이 죄에 대해 그토록 참을 수 없는 고통을 느낀다면, 하물며 우리 주님은 그에 대해 얼마나 더 큰 고통을 느끼겠습니까? 자기 아버지에 대해 행해지는 악독한 죄들을 항상 바라보며 이 모든 고통을 느낄 때, 그의 삶은 어떤 삶이었겠습니까? 나는 이러한 고통들이 그가 실제적으로 느꼈던 육체적 고통들보다 훨씬 더 컸을 것이라고 굳게 믿습니다.

그리스도께서 자신의 죽음으로 산 우리의 구속을 바라볼 때 느꼈던 기쁨이 얼마나 컸을지 생각해 보십시오. 뿐만 아니라 아버지의 뜻을 행할 때의 기쁨 또한 얼마나 컸겠습니까? 의심의 여지 없이 그러한 기쁨은 그의 고통을 크게 감소시켰을 것입니다. 이것은 세상에서 사람들이 사랑으로 말미암아 큰 고통을 기꺼이 감내하는 것과 유사합니다. 사랑이 클수록 느껴지는 고통의 크기는 작아질 것입니다. 그들은 기꺼이 큰 고통을 감내하기를 주저하지 않습니다. 왜냐하면 그 모든 것이 그들에게 작게 느껴지기 때문입니다. 그렇다면 아버지의 뜻에 순종하기 위해 겪어야만 하는 고통을 그는 얼마나 작게 느꼈겠습니까? 오, 하나님의 뜻을 행하는 고통의 위대한 기쁨이여!

반면 많은 영혼들이 계속해서 하나님을 대적하며 지옥으로 떨어지는 것을 바라보는 것은 그에게 말할 수 없는 고통이었을 것입니다. 나는 그것이 이 세상의 그 어떤 고통보다도 더 큰 고통이었을 것이라고 믿어 의심치 않습니다.

제3부 : 그리스도와 우리 사이의 약혼(約婚)의 증거들

이제 하나님이 이러한 상태 가운데 있는 영혼에게 주시는 것을 살펴보도록 합시다. 우리는 우리 주님을 섬기는 일과 자기 자신을 아는 지식에 있어 계속해서 자라가야 합니다. 왜냐하면 만일 영혼이 더 이상의 은혜를 받지 않고 이미 다 이룬 것처럼 계속해서 자라가는 일에 무관심하며 하늘로 향한 길로부터 돌이킨다면, 그것은 마치 나비가 되지 못한 채 죽어버리는 누에와 같습니다. 하나님은 우리에게 주어진 큰 은혜가 헛되이 끝나지 않기를 바라십니다.

〈중요한 것은 순종이다.〉

그러므로 자매들이여, 더 많은 덕(德)을 얻고 계속해서 자라가기 위해 온전한 순종 가운데 하나님의 율법을 범하지 않겠노라고 굳게 결심하십시오. 나는 하나님으로부터 특별한 은총을 받은 사람들과 나아가 모든 사람들에게 말합니다.

〈하나님의 뜻과 나의 뜻 사이의 참된 연합〉

지금까지 내가 말한 모든 것에도 불구하고, 나에게 여기의 다섯째 처소는 여전히 어느 정도 모호하게 보입니다. 여기에 들어가는 사람은 많은 유익을 얻습니다. 그렇기 때문에 하나님으로부터 초자연적인 은총을 받지 못한 자들은 스스로를 소망 없는 존재로 간주하지 않는 것이 좋습니다. 우리 주님의 도우심으로 말미암아 참된 연합은 쉽게 얻어질 수 있습니다. 만일 우리가 단지 우리의 뜻을 하나님의 뜻과 연합시키기만 한다면 말입니다.

우리 가운데 얼마나 많은 사람들이 "우리는 아무것도 바라지 않으며 이러한 진리를 위해 기꺼이 죽을 것이나이다"라고 말할 수 있습니까? 다시 말하거니와, 이렇게 말할 수 있을 때 우리는 우리 주님으로부터 이러한 은총을 받은 것입니다. 또 다른 희한한 연합을 추구하지 마십시오. 왜냐하면 가장 소중한 것은 지금 내가 말하고 있는 이것으로부터 오기 때문입니다.

이것은 얼마나 바람직한 연합입니까! 이러한 연합을 얻은 영혼은 얼마나 복됩니까! 그런 영혼은 이 땅에서 풍성한 위로를 받을 것입니다. 그리고 이 땅의 어떤 악(惡)도 그 영혼을 괴롭히지 못할 것입니다. 질병이나 가난이나 어떤 사람의 죽음조차도 그 영혼을 괴롭게 하지 못할 것입니다. 하나님의 교회가 아쉬워하는 사람의 죽음을 제외하고 말입니다. 그런 영혼은 우리 주님이 이러한 주제를 가장 잘 아신다는 사실을 분명히 압니다.

나의 딸들이여, 누에는 필연적으로 죽어야만 한다는 사실을 기억하십시오. 이것은 여러분이 반드시 치러야 할 비용입니다. 왜냐하면 우리 자신이 새로운 생명을 살고 있음을 볼 수 있을 때 비로소 죽음은 좀 더 쉽게 오기 때문입니다. 우리의 지금의 의무는 이를테면 우리 자신의 누에를 죽이기 위해 현재의 삶을 계속해서 사는 것입니다. 이것은 우리에게 훨씬 더 큰 비용을 요구할 것이지만, 그러나 거기에는 상급이 따를 것입니다. 그러므로 만일 여러분이 승리를 얻는다면, 여러분의 보상은 훨씬 더 커질 것입니다. 그렇지만 여러분은 하나님의 뜻과 이러한 실제적인 연합의 가능성을 의심해서는 안 됩니다. 이것은 내가 평생 동안 열망해 온 연합입니다. 이것은 내가 나의 주님께 계속해서 간구해 온 연합입니다. 왜냐하면 그것은 가장 참되며 안전한 연합이기 때문입니다.

〈은밀한 죄까지도 죽여라.〉

아, 그러나 우리 가운데 얼마나 적은 사람들만이 여기에 도달합니까! 영혼이 하나님을 거스르지 않고자 주의하며 모든 일을 행했다고 생각하면서 종교적인 삶 속으로 들어감에도 불구하고 말입니다. 아, 얼마나 많은 벌레들이 마치 요나의 박넝쿨을 갉아먹는 벌레처럼 우리의 덕(德)들을 갉아먹을 때까지 발견되지 않은 채 남아 있습니까!(욘 4:6, 7). 이러한 벌레들은 자기 사랑, 자기 존중, 이웃에 대한 사랑의 결핍, 자신처럼 이웃을 사랑하지 않는 것 등입니다. 우리가 우리의 책임을 다하며 아무런 죄도 범하지 않을 때조차도, 우리는 여전히 하나님의 뜻과 완전하게 연합되기 위해 우리에게 요구된 것으로부터 멀리 떨어져 있습니다.

〈하나님의 뜻을 아는 것은 무엇인가?〉

나의 딸들이여, 여러분은 하나님의 뜻이 무엇이라고 생각합니까? 그것은 우리가 전적으로 완전하게 됨으로써 그와 하나가 되는 것이 아니겠습니까? 우리 주님이 기도하셨던 것처럼 말입니다. "내게 주신 영광을 내가 그들에게 주었사오니 이는 우리가 하나가 된 것 같이 그들도 하나가 되게 하려 함이니이다"(요 17:22). 우리가 이러한 상태에 도달하는 것으로부터 얼마나 멀리 떨어져 있는지 생각해 보십시오. 나는 지금 큰 슬픔과 함께 이 글을 쓰고 있습니다. 왜냐하면 지금까지 지나온 과정 가운데 너무나 많은 허물들이 있었기 때문입니다. 하나님에게 있어 이러한 목적을 위해 우리에게 새로운 은총을 주실 필요는 없습니다. 왜냐하면 우리에게 길을 보여주기 위해 자기 아들을 주신 것으로 충분하기 때문입니다.

예를 들어, 나의 아버지나 혹은 나의 형제가 죽는다고 가정해 봅시다. 그런 경우 내가 하나님의 뜻과 일치되도록 조금도 슬퍼해서는 안 된다고 생각하지 마십시오. 또 만일 병이나 어떤 고통이 임했을 때, 내가 그러한 것들을 즐겁게 감당해야만 한다고 생각하지 마십시오. 만일 우리가 그렇게 한다면, 그것은 좋은 일입니다. 철학자들은 얼마나 자주 이와 같은 문제들에 있어 이와 같은 방식으로 행동하곤 합니까! 그들은 정말로 지혜로운 자들입니다.

그러나 여기에서 주님은 우리에게 단지 두 가지만을 요구하십니다. 그것은 우리가 하나님을 사랑하고 이웃을 사랑해야 한다는 것입니다. 이것은 우리가 이루고자 애써야 하는 목표입니다. 왜냐하면 이러한 율법을 준수함으로 말미암아 우리는 그의 뜻을 행하며 그 결과로 그와 더불어 연합될 것이기 때문입니다. 그렇지만 우리는 이러한 두 가지를 온전히 행하는 것으로부터 얼마나 멀리 떨어져 있습니까! 우리가 이런 상태에 도달할 수 있도록 주님이 우리에게 더 큰 은혜를 허락하시기를 기원합니다.

〈이웃사랑의 표적〉

우리가 정말로 하나님을 사랑하는지 여부를 보여주는 가장 확실한 표적은 우리가 우리의 이웃을 사랑하는 것입니다. 우리는 우리가 하나님을 사랑하는지 여부를 알 수 없습니다. 심지어 그에 대한 강력한 증거를 가지고 있는 경우에도 말입니다. 그러나 우리는 우리가 우리의 이웃을 사랑하는 것에 비추어 그러한 사실을 분별할 수 있습니다.

만일 여러분이 이웃사랑의 길로 더 많이 나아갔다면, 여러분은 하나님 사랑의 길로 더 많이 나아간 것입니다. 하나님의 사랑을 받은 자는 필연적으로 이웃을 사랑할 것이며, 하나님 사랑이 증가할수록 이웃사랑도 그에 비례하여 증가할 것입니다. 이에 대해 나는 어떤 의심도 가지고 있지 않습니다.

우리는 항상 이러한 사실을 마음에 새길 필요가 있습니다. 만일 우리가 이웃사랑을 온전히 추구한다면, 우리는 모든 것을 이루게 될 것입니다. 우리의 악하고 부패한 본성을 생각해 보십시오. 그럼에도 불구하고 우리의 본성이 하나님의 사랑의 뿌리로부터 오지 않았다면, 우리는 결코 이웃사랑을 온전히 실천하지 못할 것입니다. 자매들이여, 이것은 너무도 중요한 문제입니다. 그러므로 가장 작은 일들에 이르기까지 우리 자신을 더 잘 알도록 힘씁시다.

⟨우리가 행하며 바라는 모든 것은 사랑과 조화를 이루어야만 한다.⟩

우리는 항상 자신을 올바로 직시하며 스스로에 대해 헛된 망상에 빠지지 않도록 조심해야 합니다. 자신의 덕(德)에 대해서도 마찬가지입니다. 마귀는 얼마나 교활합니까! 만일 그가 우리 주위를 천 번을 돎으로써 우리로 하여금 우리가 실제로 가지고 있지 않은 어떤 덕을 가지고 있다고 믿게 만들 수 있다면, 그는 기꺼이 그렇게 할 것입니다. 그런 생각이 매우 큰 해악을 끼칠 수 있다는 점에서 그는 옳습니다. 그런 허구의 덕은 항상 헛된 영광과 연결됩니다. 반면 하나님으로부터 말미암은 덕은 헛된 영광으로부터 자유롭습니다.

때로 우리는 자신의 허물을 감추기에 급급해하면서도 스스로는 자신이 매우 겸손하다고 생각하는 사람들을 봅니다. 그들은 얼마나 어리석습니까! 하나님이여, 우리를 이러한 어리석은 행태로부터 구원하여 주소서!

⟨기도의 기술들은 불충분하다.⟩

때로 우리는 자신들이 몰두하고 있는 기도의 종류를 이해하고자 그리고 자신들의 생각을 다른 데로 돌리지 않음으로써 자신들이 경험하고 있는 뜨거운 감정을 조금도 잃지 않고자 진지하게 애쓰는 사람들을 봅니다. 그런 사람들을 볼 때, 나는 그들이 실제로 하나님과의 연합을 얻는 방법을 아주 조금밖에는 이해하지 못한다는 사실을 분명히 깨닫습니다. 그들은 모든 문제가 그와 같은 훈련에 있다고 생각합니다.

⟨사랑은 행동에 있다.⟩

그러나 자매들이여, 결코 그렇지 않습니다! 우리 주님은 행동을 바라십니다. 만일 여러분이 어떤 자매가 병든 것을 본다면 그리고 여러분이 어떤 방식으로든 그녀의 병을 완화시켜줄 수 있다면, 그렇게 하느라 시간을 소비하는 것을 아까워하지 마십시오. 만일 그녀가 고통 가운데 있다면, 그녀와 함께 슬퍼하십시오. 그리고 필요하다면 여러분의 음식을 그녀에게 주어 먹게 하십시오. 그녀 자신을 위해서라기보다 주님의 뜻을 위해 그렇게 행하십시오. 이것이 그의 뜻과의 참된 연합입니다.

〈사랑은 시기하지 않는 것이다.〉

어떤 사람의 이름이 높이 칭송되는 것을 들을 때, 시기하지 마십시오. 차라리 여러분이 칭송을 받는 것보다 그가 칭송받는 것을 더 기뻐하십시오. 만일 여러분이 겸손하다면, 이것은 쉬워질 것입니다. 왜냐하면 겸손할 때, 여러분은 사람들의 칭송을 거북하게 느낄 것이기 때문입니다. 그러나 다른 사람이 칭송을 받는 것을 기뻐하는 것은 정말로 놀랍고 멋진 일입니다. 그리고 어떤 사람 안에서 허물을 발견할 때, 우리는 그것이 마치 우리 자신의 허물인 양 슬퍼해야 합니다. 그럴 때 우리는 그것을 다른 사람들에게 감추고자 애쓰게 될 것입니다.

그러므로 우리 주님께 이웃에 대한 이러한 완전한 사랑을 허락해 달라고 간구하십시오. 오직 그에게만 간구하십시오. 왜냐하면 그는 여러분에게 여러분이 바랄 수 있는 훨씬 이상으로 주실 수 있기 때문입니다. 여러분은 여러분 자신의 뜻을 따르기보다 범사에 여러분의 자매의 뜻이 이루어지게 해야 합니다. 설령 이로 인해 여러분의 권리의 일부를 잃는다 하더라도 말입니다. 여러분은 다른 사람들의 유익을 구하는 가운데 여러분 자신의 유익을 잊어야만 할 수도 있으며, 다른 사람들을 기쁘게 하기 위해 여러분 자신의 기쁨을 빼앗겨야만 할 수도 있습니다. 그럼에도 불구하고 그렇게 하십시오. 설령 여러분의 자아가 강하게 저항한다 하더라도 말입니다.

기회가 있을 때마다 이웃의 시련을 덜어주기 위해 여러분 자신이 그것을 짊어지고자 애쓰십시오. 이웃을 사랑하는 일에 아무런 비용도 들지 않을 것이라고 상상하지 마십시오. 도리어 참된 사랑에는 많은 비용이 요구된다는 사실을 기억하십시오. 우리 주님을 생각하십시오. 그가 우리를 죽음으로부터 자유롭게 하기 위해 치른 비용이 무엇이었는지 생각해 보십시오. 그것은 그 자신이 십자가 위에서 가장 고통스러운 죽음을 담당한 것이 아니었습니까?

제4부 : 우리의 약혼의 기도의 삶.

여기의 처소에서의 영적 연합은 마치 세상에서 두 사람이 결혼하려고 할 때 일어나는 일과 유사합니다. 그들이 제일 먼저 고려하는 사항은 그들이 서로에게 피차 적합한지 그리고 그들이 서로 좋아하는지 그리고 그들이 서로 사랑하는지 하는 것입니다. 그리하여 그들은 서로에 대해 더 잘 알기 위해 다시 만납니다.

여기의 영적 연합도 마찬가지입니다. 상호간에 동의(同意)가 있으며, 영혼이 자신의 분깃의 축복을 분명하게 이해하며, 범사에 자신의 신랑의 뜻을 행하려고 굳게 결심합니다. 그럴 때, 주님은 그녀가(즉 영혼이) 그렇게 결심한 것을 알고 기꺼이 그녀를 취하고자 할 것입니다. 그리고 그는 그녀가 자신을 더 잘 알기를 바라면서 그녀를 자신과 연합시킬 것입니다.

〈약혼은 사랑 가운데 경험된다.〉

모든 일은 아주 짧은 시간에 끝납니다. 왜냐하면 주고받는 모든 것은 이제 마지막에 이르렀기 때문입니다. 그리고 유일하게 필요한 것은 영혼이 은밀한 방식으로 자신이 취해야만 하는 신랑이 누구인지 보는 것이기 때문입니다. 그러나 만일 영혼이 자신의 감각과 기능들을 사용한다면, 영혼은 그것이 지금 아주 짧은 시간에 깨달은 것을 천 년이 지나도 깨달을 수 없을 것입니다.

영혼은 신랑에게 완전하게 매혹을 당합니다. 그리하여 그녀는(즉 영혼은) 이러한 신적 약혼을 깨뜨리지 않고자 자신이 할 수 있는 모든 일을 합니다. 왜냐하면 만일 그녀가 그에 대해 무관심하게 되고 그 마음이 그로부터 멀어지게 된다면, 그녀는 모든 것을 잃게 될 것이기 때문입니다. 실제로 그녀의 손실은 그가 그녀에게 준 은총만큼 클 것입니다. 그러므로 신자(信者)의 영혼들이여, 간절히 당부하노니 그에게 무관심하지 마십시오. 그리고 죄의 모든 기회들을 피하십시오. 왜냐하면 영혼은 심지어 이러한 상태 가운데에서조차 그러한 기회들에 스스로를 노출시킬 정도로 연약하기 때문입니다. 더 이상의 위험이 없어지게 되는 것은 오직 결혼이 완성된 이후입니다. 그리고 그것은 다음 처소에서 이루어질 것입니다.

〈마귀는 이러한 약혼을 깨뜨리고자 애쓸 것이다.〉

마귀는 혼인을 방해하고자 자신이 할 수 있는 모든 노력을 다할 것입니다. 왜냐하면 그가 모든 노력을 포기하는 것은 영혼이 스스로를 신랑에게 완전하게 드리는 것을 본 이후이기 때문입니다. 그 전까지 마귀는 결코 자신의 노력을 포기하지 않을 것입니다.

나의 딸들이여, 내가 이 말을 하는 것은 이러한 상태에 도달할 높은 영성(靈性)을 가진 사람들이 종종 마귀의 시험으로 넘어지곤 하는 것을 보았기 때문입니다. 이러한 목적을 위해 마귀는 지옥의 모든 권세들을 동원할 것입니다. 왜냐하면 만일 그가 한 영혼을 얻을 수 있다면, 그는 또한 전체 무리를 얻게 될 것이기 때문입니다. 그는 이러한 일에 있어 많은 경험을 가지고 있습니다.

〈스스로를 지키기 위해 기도하라.〉

이로부터 우리는 우리가 가장 큰 주의를 기울여야 할 것이 무엇인지 배우게 됩니다. 무엇보다도 우리는 계속해서 하나님께 우리를 그의 손 안에서 안전하게 지켜달라고 간구해야 합니다. 우리는 하나님이 우리를 떠날 때 즉시로 나락으로 떨어지게 될 것이라는 사실을 한시도 잊어서는 안 됩니다. 우리는 결코 우리 자신을 신뢰해서는 안 됩니다. 그것은 너무도 어리석은 일입니다.

뿐만 아니라 우리는 우리가 덕(德)에 있어 진보(進步)하고 있는지 살피며 걸어가야 합니다. 그러는 가운데 우리가 앞으로 나아가고 있는지 아니면 뒤로 퇴보하고 있는지 주의 깊게 살펴야 합니다. 이것은 특별히 이웃을 사랑하는 일과 다른 일반적인 일들 가운데서도 마찬가지입니다. 우리가 이러한 일들 가운데 주님께 빛을 비추어 달라고 간구한다면, 우리는 즉시로 우리가 진보하고 있는지 혹은 퇴보하고 있는지 발견하게 될 것입니다. 여러분은 하나님이 여기까지 데려온 영혼이 그의 손으로부터 쉽게 떨어진다든지 혹은 마귀가 큰 노력을 기울이지 않고 쉽게 그 영혼을 다시 붙잡을 수 있다고 상상해서는 안 됩니다. 결코 그렇지 않습니다. 우리 주님은 결코 그렇게 되도록 내버려 두지 않을 것입니다. 또 그렇게 되지 않도록 우리 주님은 영혼에게 여러 가지 내적인 경고들을 주실 것입니다.

〈계속해서 앞으로 나아가라.〉

이 모든 이야기의 결론은 우리가 계속해서 앞으로 나아가도록 항상 노력해야 한다는 것입니다. 만일 영혼이 앞으로 나아가기를 멈춘다면, 마귀는 즉시로 그를 올무에 떨어뜨리려고 애쓸 것입니다. 그러므로 앞으로 나아가지 않는 것은 매우 나쁜 표적입니다. 왜냐하면 하나님의 배필이 되기로 결심한 영혼, 그리고 이미 그와 더불어 친밀한 교제를 나누는 영혼은 결코 또다시 잠자리에 누워 깊은 잠에 빠지지 않을 것이기 때문입니다.

나의 딸들이여, 만일 여러분이 우리 주님이 자신의 배필로 택한 영혼들을 위해 행하신 일을 알고자 한다면, 여러분은 이제 여섯째 처소에 대해 살펴보아야만 합니다. 그러면 여러분은 우리가 그를 위해 행하는 모든 일과 그를 위해 감당하는 모든 고난이 얼마나 작은 것인가 하는 것을 알게 될 것입니다. 내가 주님으로부터 이 글을 쓰도록 명령받은 것도 바로 이러한 목적을 위한 것이었습니다. 우리는 하늘의 상급을 바라보면서 이 땅의 하찮은 즐거움들을 잊어야만 합니다. 우리 주님이 벌레와 같은 우리에게 자기 자신을 주신 것은 얼마나 큰 긍휼인지 생각해 보십시오. 이와 같은 사랑에 불탈 때, 우리는 우리의 눈을 그의 위대하심에 고정시키고, 우리의 달려갈 길을 힘차게 달릴 것입니다.

〈하나님이여, 나로 하여금 계속해서 이 글을 쓸 수 있도록 도우소서!〉

부디 하나님이 나로 하여금 이 어려운 주제를 잘 풀어 설명할 수 있도록 도우시기를 기원합니다. 나는 만일 하나님이 나의 펜을 인도하시지 않는다면 이 글을 쓰는 것이 불가능하다는 사실을 잘 압니다. 만일 이 글이 여러분에게 별다른 도움이 되지 않는다면, 나는 주님께 나로 하여금 더 이상 이 글을 쓰도록 내버려 두지 말아 달라고 간절히 탄원합니다. 왜냐하면 나에게는 주의 이름이 높임을 받으시는 것 외에 다른 목적이 없기 때문입니다.

그러므로 이 땅에서조차 풍성한 상급을 베푸시는 주님을 더욱 힘써 섬기도록 노력합시다. 그가 장차 하늘에서 우리에게 주실 것을 바라볼 때, 지금 우리를 둘러싸고 있는 모든 수고와 위험들은 이제 더 이상 우리를 괴롭게 하는 것이 되지 못할 것입니다. 우리에게 있어 주 하나님을 위해 일하는 것은 얼마나 큰 즐거움입니까! 부디 하나님이 우리로 하여금 더욱 힘써 그를 섬기도록 도우시고 이끄시기를 기원합니다. 아멘.

7

내면의 성(城)
제 3 부

여섯째 처소 : 친밀한 연합의 기도와 그리스도와의 약혼.

제1부: 더 많은 고난을 포함하는 더 큰 영적 은총들.

이제 성령의 도우심으로 "여섯째 처소" 즉 신랑을 위해 상처를 입은 처소에 대해 이야기하도록 합시다. 영혼은 고독을 더욱 간절히 추구하는 가운데 자신을 어지럽게 만드는 모든 것을 버리고자 애씁니다. 영혼은 신랑의 환상(vision)으로 너무나 강렬하게 인쳐짐으로써, 이제 영혼이 바라는 모든 것은 그러한 환상을 다시금 향유하는 것입니다. 나는 이러한 기도 가운데 보여지는 어떤 것도 "환상"으로 합당하게 불릴 수 없다고 주장합니다. 왜냐하면 그것은 상상으로 말미암은 어떤 것이 아니기 때문입니다. 다만 내가 그것을 환상으로 부르는 것은 단지 내가 사용한 비교 때문입니다.

영혼은 이제 다른 신랑은 결코 선택하지 않겠다고 결심합니다. 그러나 신랑은 결혼을 완성하고자 하는 영혼의 열망에 대해서는 무관심한 것처럼 보입니다. 이것은 영혼이 약혼 후 더 간절히 열망하기를 신랑이 바라기 때문입니다. 왜냐하면 신랑은 그것이 모든 것을 능가하는 축복이 되기를 바라기 때문입니다. 나의 딸들이여, 이러한 큰 축복과 비교할 때 다른 모든 것은 아주 사소한 중요성밖에는 갖지 않습니다.

〈항상 하나님을 가까이 하라.〉

오 나의 하나님이여! 우리는 마지막 일곱째 처소로 들어갈 수 있기 전에 내적으로나 외적으로나 얼마나 많은 고통을 겪어야만 합니까! 그에 대해 생각할 때, 나는 종종 두려워하지 않을 수 없습니다. 만일 우리가 사전에 그러한 강렬한 고통을 예상했다면, 우리에게 있어 그것을 기꺼이 감당하고자 결심하는 것은 지극히 어려운 일이었을 것입니다. 그렇지만 나는 여러분에게 이러한 고통에 대해 이야기하는 것이 합당하다고 생각합니다. 아마도 모든 영혼이 이러한 길로 인도되지는 않을 것입니다. 진실로 하늘에 속한 것들을 향유하는 자들이 이 땅의 시련들로부터 자유롭게 살 수 있는지는 다소 의문이기는 하지만 말입니다.

〈사람들이 주는 상처〉

나는 이러한 시련들에 대해 이야기함으로써 비슷한 상태 가운데 있는 영혼들에게 위로를 줄 수 있음을 깨닫습니다. 만일 그들이 하나님이 그러한 은총을 베푸는 자들 안에서 벌어지고 있는 것을 이해할 수 있다면 말입니다. 그렇지 않으면 영혼은 모든 것을 잃었다고 생각할 수도 있습니다. 나는 이러한 고통들이 일어나는 순서대로 이야기를 진행시켜 나가지 않을 것입니다. 다만 나의 기억에 떠오르는 대로 이야기를 진행시켜 나갈 것입니다.

첫째로, 나는 사람들이 어떤 영혼을 보고 입술을 비쭉이며 비방하는 것으로부터 시작하고자 합니다. 사람들이 자신을 보며 악한 말을 할 때, 영혼은 고통 가운데 탄식하게 됩니다. 그들은 "그녀는(즉 영혼은) 자신이 대단한 성자(聖者)나 되는 줄로 착각해!"라고 말합니다. 그런가 하면 "그녀는 단지 모든 사람이 자신보다 덜 영적으로 보이게 하기 위해 극단까지 가고 있는 중이야. 실제로는 그들이 그녀보다 훨씬 더 나은 그리스도인임에도 불구하고 말이야!"라고 말하기도 합니다.

이와 같이 그녀가 친구라고 생각했던 사람들이 입술을 비쭉이며 그녀에게 악한 말을 합니다. 실제로 그들은 그 모든 것이 마귀로부터 온다고 확신합니다. 그러면서 그들은 그녀가 동일한 방식으로 파멸된 사람들이 이미 경험한 동일한 목적지에 도착하게 될 것이라고 수군거리며 말합니다. 그들은 그녀가 자기 자신뿐만 아니라 다른 사람들까지 그릇된 길로 인도한다고 비방합니다. 그리하여 그들은 그녀를 경멸하면서, 그녀의 등 뒤에서 계속해서 험담을 합니다.

나는 실제로 이와 같은 모든 비방과 험담을 경험한 어떤 사람을 압니다. (그녀는 테레사 나 자신입니다.) 그녀에게 위에 언급한 모든 일들이 일어났습니다. 그녀는 의지할 사람이 아무도 없음으로 인해 몹시 두려웠습니다. 그러나 가장 나쁜 것은 이러한 시련들이 속히 끝나지 않는다는 것입니다. 그러한 시련들은 평생 동안 계속됩니다. 그리하여 사람들은 이와 같은 비방과 험담으로 인해 일종의 "사회적" 유배(social exile)에 처해집니다.

아마도 여러분은 "그렇지만 그녀에 대해 좋게 말한 사람들도 분명 있었을 거예요"라고 말할 것입니다. 나의 딸들이여, 그러나 그녀의 행동을 실제로 선하다고 믿은 사람은 극소수였습니다. 그것을 싫어한 사람들은 매우 많았던 반면 말입니다.

이것은 우리를 두 번째 시험으로 이끕니다. 그것은 사람들이 우리에 대해 선한 말을 하는 것과 관련되는 시험입니다. 이것은 앞에서 언급한 것보다 더 나쁠 수 있습니다. 왜냐하면 만일 우리 안에 어떤 선한 것이 있다면, 영혼은 그것이 어떤 방식으로든 우리 자신의 것이 아니라 하나님의 선물일 수밖에 없음을 매우 분명하게 알기 때문입니다. 실제로 영혼은 불과 얼마 전까지 자신이 가장 비참한 파산에 떨어지고 깊은 죄의 수렁 가운데 빠져 있었음을 압니다. 그러므로 그러한 말은 영혼에게 견딜 수 없는 고통이 됩니다. 최소한 처음에는 말입니다. 그리고 나중에 여러 가지 이유들로 인해 완화되기 시작할 수 있다 하더라도 말입니다.

〈고통을 견딤〉

고통이 완화되는 첫 번째 이유는 우리가 사람들의 말에 대해 그다지 주의를 기울이지 않을 수 있게 되는 것입니다. 두 번째 이유는 "내 육체 안에 선한 것이 거하지" 않음에도 불구하고 선한 것이 발견되는 것은 진실로 그의 선물이라는 사실입니다. 그러므로 영혼은 자기 자신이 아닌 다른 사람 안에서 선(善)을 본 것처럼 찬미를 터뜨릴 수 있습니다. 세 번째 이유는 어떻게 다른 사람들이 하나님이 그들에게 주신 은총을 인식함으로 말미암아 도움을 받았는지를 봄으로써 영혼이 자기 자신의 덕을 높이 평가할 수 있게 되는 것입니다. 네 번째 이유는 영혼이 자신의 영광이 아니라 하나님의 영광과 존귀를 소중히 여기기 때문에 이제 다른 사람들에게 상처를 준 그러한 말들이 더 이상 자신에게 상처를 입히지 못할 것이라고 생각하게 되는 것입니다. 그러므로 영혼은 자신의 평판에 대한 관심으로부터 자유로워집니다. 이제 영혼은 하나님의 영광이 높여지기만 한다면 무엇이 오든 개의치 않습니다.

〈자유는 다른 사람들의 그릇된 평가에 대한 우리의 무관심 안에 있다.〉
이상과 같은 이유들은 그와 같은 그릇된 평가로 말미암아 야기되는 고통을 줄여줍니다. 물론 어느 정도의 고통은 여전히 느껴진다 하더라도 말입니다. 영혼은 오직 자신에 대한 평가에 아무런 주의도 기울이지 않을 때 비로소 자유롭게 됩니다. 실제로 영혼이 아무 근거 없이 대중적으로 선한 찬사를 받는 것은 지금까지 이야기한 것보다 훨씬 더 큰 시험입니다. 일단 영혼이 자신에 대한 평가에 주의를 기울이지 않는 법을 배웠다면, 그것은 또 다른 시험들에도 역시 거의 주의를 기울이지 않게 됩니다. 이제 영혼은 그러한 시험들을 가장 즐거운 음악처럼 기뻐하며 바라볼 수 있습니다. 이것은 정말로 사실입니다. 왜냐하면 영혼은 그러한 과정을 통해 유익을 얻음으로써 예전보다 훨씬 더 강해졌기 때문입니다.

그러므로 영혼을 핍박하는 사람들은 결국 하나님의 뜻을 대적하는 것이 아닙니다. 실제로 하나님이 영혼에게 큰 유익을 주기 위해 이와 같은 시험들을 허락하신 것입니다. 영혼은 그러한 사실을 분명히 알고 그로 인해 하나님께 더 깊은 감사를 드릴 수 있습니다. 그리고 영혼은 그러한 시험들을 자신의 가장 좋은 친구들로 간주할 수 있습니다. 실제로 그들은 영혼에 대해 좋은 말을 해주는 사람들보다 더 좋은 친구들입니다.

〈하나님이 보내신 시험들〉

때로 우리 주님은 이와 같이 영혼을 슬프게 하는 것들을 보내십니다. 특별히 그 고통이 격렬할 때, 이것은 훨씬 더 가혹한 시험이 됩니다. 왜냐하면 세상에서 격렬한 고통보다 더 괴로운 것은 없기 때문입니다.

이러한 시험들은 영혼에게 외적으로 뿐만 아니라 내적으로 영향을 끼칩니다. 그와 같은 격렬한 육체적 고통 가운데 영혼이 어찌할 바를 알지 못하게 되는 방식으로 말입니다. 이러한 상태에서 영혼은 계속해서 그와 같은 고통을 당하는 것보다 차라리 즉시 순교하는 것을 기꺼이 선택할 것입니다. 그러나 감사하게도 하나님은 우리가 감당할 수 있는 이상의 고통을 허락하지 않으십니다. 그러므로 격렬한 시험은 오래 지속되지 않습니다. 더욱이 하나님은 먼저 우리로 하여금 그와 같은 시험을 감당할 수 있도록 인내를 주실 것입니다.

그러나 다른 종류의 고통들도 있습니다. 나는 40년 전에 주님이 이러한 은총을 허락하신 어떤 사람을 압니다. [그녀는 바로 테레사 자신이다 — 편집자] 그녀가 고통 없이 지낸 날은 단 하루도 없었습니다. 그것은 그녀가 감당해야만 했던 다른 시험들뿐만 아니라 특별히 그녀의 약한 육체적 건강 때문이었습니다. 그녀는 스스로를 매우 악하다고 생각했습니다. 그래서 그녀는 그 모든 고통을 자신이 마땅히 받아야 할 지옥의 두려움과 비교할 때 아무것도 아닌 것으로 생각했습니다.

아마도 우리 주님을 많이 슬프게 하지 않은 다른 사람들은 그에 의해 다른 길로 인도되었을 것입니다. 그러나 나는 항상 고통의 길을 선택했습니다. 왜냐하면 그렇게 함으로써 우리 주 예수 그리스도를 닮기를 바랐기 때문입니다. 설령 거기에 그것 외에 다른 유익이 없다 하더라도, 나는 기꺼이 그렇게 할 것이었습니다. 그러나 거기에는 물론 다른 많은 유익들이 있었습니다. 아, 이러한 내면의 고통을 내가 좀 더 적절하게 설명할 수만 있다면, 그래서 이 글을 읽는 사람들이 그것을 좀 더 잘 이해할 수 있게 된다면 얼마나 좋겠습니까! 그러나 그것은 불가능합니다.

〈오직 하나님만이 그러한 상황을 통제할 수 있다.〉

자매들이여, 때로 우울함과 침체의 상태에 빠져 있는 자신을 발견한다 하더라도, 그러나 다른 사람들은 이러한 상태에 대한 더 확실한 치료제를 가지고 있을 것이라고 생각하지 마십시오. 결코 그렇지 않습니다. 나에게 그것은 마치 죽음의 선고를 받은 사람들 앞에 세상의 모든 즐거운 것들을 놓는 것과 같은 것으로 보입니다. 그 모든 즐거운 것들이 그들에게 무슨 소용이 있겠습니까? 도리어 그들의 고통을 가중시키지 않겠습니까? 그것은 여기에서도 마찬가지입니다. 위로는 위로부터 와야만 합니다. 왜냐하면 이와 같은 상황에서 세상의 위로들은 아무런 소용이 없기 때문입니다. 하나님은 우리가 우리 자신의 비참한 형편을 깨닫고 자신을 우리의 왕으로 인정하기를 바라십니다.

〈외적인 것들 가운데 스스로를 살펴라.〉

이와 같은 우울함과 침체의 상태에서 여기의 가련한 인생이 무엇을 할 것입니까? 만일 그녀가 오랜 시간 그와 같은 상태 가운데 있다면 말입니다. 만일 그녀가 소리를 내어 기도한다면, 그것은 마치 그녀가 전혀 기도하지 않고 있었던 것처럼 보입니다. 이것은 그녀가 기도로부터 아무런 위로도 받지 못함을 의미합니다. 왜냐하면 그녀의 내적 존재가 그것을 경험하지 못하기 때문입니다. 소리를 내어 기도함에도 불구하고, 그녀는 심지어 자신이 무엇을 기도하고 있는지조차 깨닫지 못합니다. 지금은 관상기도를 위한 시간이 아닙니다. 왜냐하면 지금 그녀는 그러한 기도를 위한 능력을 가지고 있지 않기 때문입니다. 심지어 홀로 있는 것조차 그녀에게 큰 해를 끼치며, 그녀에게 또 다른 고통이 됩니다. 또 그녀는 누군가 옆에 있으면서 자신에게 말하는 것을 견딜 수 없습니다. 이러한 우울함과 침체의 상태를 극복하고자 아무리 애쓴다 하더라도, 그녀는 그것을 다른 사람들에게 감출 수 없습니다. 그런 상태 가운데 빠져 있는 영혼에게 있어 그것을 다른 사람들과 서로 나눌 수 있게 되는 것은 불가능합니다. 왜냐하면 그것은 이름조차 알 수 없는 영적인 고통이며 갈등이기 때문입니다. 그에 대한 최고의 치료제는 하나님의 긍휼을 바라면서 다른 사람들에게 사랑을 베푸는 등 외적인 일에 몰두하는 것입니다. 그의 긍휼은 그를 의지하는 자에게 결코 부족하지 않을 것입니다. 그의 이름을 영원히 송축합시다. 아멘.

마귀는 또 다른 종류의 외적인 시험들을 일으킬 수 있습니다. 그러나 나는 그에 대해 여기에서 길게 다룰 필요는 없다고 생각합니다. 왜냐하면 그러한 것들은 앞에서 언급한 격렬한 시험들과 비교할 때 아주 사소한 것들이기 때문입니다. 마귀들이 어떤 행동을 할지라도, 나는 그들이 앞에서와 같은 격렬한 방법으로 영혼을 혼란케 할 수 없다고 생각합니다. 왜냐하면 이성(理性)이 여전히 자유롭게 남아 있을 뿐만 아니라 또한 그들은 단지 우리 주님이 허락하신 것들만을 행할 수 있기 때문입니다. 그러므로 이성(理性)의 힘을 잃어버리지 않는 한, 모든 것은 앞에서 언급한 것과 비교할 때 아주 사소한 것들입니다.

이제 나는 여기의 여섯째 처소에서 견뎌야만 하는 또 다른 내면의 고통들을 다룰 것입니다. 뿐만 아니라 다른 종류의 기도들과 다른 종류의 주님의 은총들에 대해서도 이야기하고자 합니다. 이러한 것들 가운데 어떤 것은 다른 것들보다 견디기가 더 어렵습니다. 그러나 그것들이 고통이라고 불리는 것은 합당하지 못합니다. 우리는 그러한 것들을 고통이라는 이름으로 불러서는 안 됩니다. 도리어 그것들은 우리 주님의 큰 은총들입니다. 그러한 것들 가운데 있는 영혼은 자신이 큰 은총 가운데 있음을 압니다. 영혼이 일곱째 처소에 들어갈 준비가 되었을 때, 여러 가지 고통들이 옵니다. 나는 그것들 가운데 몇 가지를 언급할 것입니다. 그러나 그것들 모두를 다루는 것은 불가능합니다.

제2부 : 점점 커지는 자아에 대한 무관심.

우리는 우리의 작은 비둘기를 뒤에 남겨둔 것처럼 보이지만, 그러나 실제로는 그렇지 않았습니다. 왜냐하면 이러한 것들은 비둘기로 하여금 더 높이 날도록 만드는 고통들이기 때문입니다. 이제 주님 앞에서 신부(新婦)가 자기 자신을 다루는 방식을 살펴보도록 합시다.

명백히 신부는 전적으로 그에게 속합니다. 주님은 여러 가지 방법으로 신부로 하여금 자신을 열망하도록 만듭니다. 그리고 어떤 방법은 영혼이 그것을 깨닫지 못할 정도로 너무나 미묘합니다. 뿐만 아니라 영혼은 그것을 의식조차 하지 못합니다. 그러므로 그에 대해 어느 정도 경험을 한 사람들 외에는 아무에게도 그것을 설명할 수 없습니다. 왜냐하면 그것은 영혼의 중심으로부터 나올 때 너무나 미묘해서 내가 그것을 설명할 수 있는 방법을 알지 못하기 때문입니다. 그것들은 무엇과도 비교할 수 없습니다. 그것들은 우리 안에 있는 어떤 것과도 다르며, 앞에서 언급한 즐거움들과도 다릅니다.

〈하나님의 부르심〉

종종 우리 주님은 이를테면 우레 없이 번개에 의해 사람을 깨웁니다. 아무 소리도 듣지 못했음에도 불구하고, 영혼은 자신이 하나님에 의해 부름 받고 있음을 분명하게 인식합니다. 영혼에게 그것은 너무나 명백합니다. 오랜 시간 동안 계속해서 떨 정도로 말입니다. 특별히 처음에 그렇습니다. 또 영혼은 아무런 고통을 느끼지 않음에도 불구하고 신음소리를 발합니다. 왜냐하면 영혼은 자신이 가장 즐거운 상처를 입었음을 느끼기 때문입니다. 그러나 영혼은 어떻게 그렇게 되었는지 그리고 누구로 말미암아 그렇게 되었는지 알지 못합니다. 영혼은 그것이 소중한 은총임을 잘 압니다. 그리고 영혼은 그와 같은 상처가 치료되지 않기를 간절히 바랍니다. 영혼은 사랑의 말로 불평합니다. 그녀는(즉 영혼은) 그렇게 하는 것 외에는 달리 아무것도 할 수 없습니다. 왜냐하면 그녀는 그가 여기 임하여 계심을 알기 때문입니다. 비록 그가 자기 자신을 기꺼이 나타내지는 않는다 하더라도 말입니다.

이것은 크지만 그러나 즐거운 고통입니다. 이러한 고통을 겪지 않기를 바랐다 하더라도, 영혼은 그렇게 할 수 없었습니다. 뿐만 아니라 영혼은 이러한 임재 없이 남겨지기를 바랄 수도 없습니다. 왜냐하면 영혼에게 이러한 고통은 별다른 고통이 따르지 않는 고요한 기도보다 더 큰 즐거움을 주기 때문입니다.

자매들이여, 나는 지금 여러분에게 사랑의 작용을 이해시키기 위해 최선을 다하고 있습니다. 그러나 나는 어떻게 그렇게 할 수 있는지 알지 못합니다. 왜냐하면 사랑하는 자가 스스로를 숨기면서 동시에 영혼으로 하여금 자신이 그 안에 있음을 분명하게 인식하도록 만드는 것은 모순처럼 보이기 때문입니다. 그는 영혼이 의심할 수 없는 확실한 표적과 그녀(즉 영혼)가 듣지 않을 수 없는 분명한 휘파람소리로 그녀를 부르는 것처럼 보입니다. 왜냐하면 신랑이 그와 같이 영혼에게 말하는 것은 일곱째 처소에서이기 때문입니다. 다른 처소에 거하는 다른 모든 자들은 — 다시 말해서 감각들과 상상력과 기능들은 — 감히 움직이지 못합니다.

오 나의 하나님이여! 당신의 비밀은 얼마나 크신지요! 또 영적인 것들은 이 땅의 보이는 것들과 너무나 다르나이다. 사람은 결코 당신이 영혼 안에서 행하시는 이러한 은총을 설명할 수 없나이다.

⟨그것은 영혼에 상처를 입히는 "부르심"이다.⟩

영혼 안에 임하는 이러한 부르심은 너무도 강력하여 그 안에 열망과 갈망의 불을 붙입니다. 그러나 영혼은 무엇을 구할지 알지 못합니다. 왜냐하면 영혼은 하나님이 자신 안에 계심을 분명하게 깨닫게 되었기 때문입니다.

아마도 여러분은 만일 하나님이 영혼 안에 그토록 분명하게 거하신다면 그녀가(즉 영혼이) 무엇을 더 바랄 것이냐고 물을 것입니다. 영혼을 괴롭히는 것이 무엇입니까? 영혼이 무슨 더 큰 유익을 구할 수 있겠습니까? 이에 대해 나는 아무것도 말할 수 없습니다. 그러나 내가 분명히 말할 수 있는 것은 영혼이 고통을 느낀다는 것입니다. 이러한 고통은 심지어 가장 내부까지 관통합니다. 영혼에 상처를 준 자가 창을 거둘 때는 그가 영혼을 거의 갈가리 찢어발긴 때입니다.

〈그러나 그것은 즐거운 고통이다.〉

하나님을 불타는 화로(火爐)로 비유해 보도록 합시다. 하나의 작은 불꽃이 그곳으로부터 취하여져 영혼 위에 떨어집니다. 그리고 마치 시내산의 떨기나무처럼 불이 붙었으면서도 타지 않는다고 상상해 보십시오. 그러면 나는 영혼이 그로 인해 고통을 당하면서도 그러나 그 고통은 매우 즐거운 고통일 것이라고 생각합니다. 바로 이것이 불꽃과의 접촉이 가져다준 즐거운 고통의 경험입니다.

이러한 즐거운 고통은 실제로 고통이 아니기 때문에 그것은 계속해서 같은 강도(强度)로 지속되지 않습니다. 때로 상당 시간 계속되기도 하지만, 그러나 대부분의 경우 그것은 속히 끝납니다. 나는 그것이 인간의 노력에 의해 얻어지는 것이 아님을 확신합니다. 때로 상당 시간 계속된다 하더라도, 거기에는 오르내림이 있습니다. 다시 말해서 그것은 똑같은 강도로 계속되지 않습니다. 그럼에도 불구하고 그것은 영혼에 불이 붙여진 상태를 계속해서 유지시킵니다. 완전히 꺼질 때를 제외하고 말입니다. 그리고 난 후에 불꽃은 꺼지고, 그것은 고통의 열망과 함께 영혼을 떠납니다. 바로 이것이 그 불꽃이 일으키는 사랑의 고통입니다.

이러한 경험이 자연적인 것이라든지 혹은 우울한 마음에 의해 야기된 것이라든지 혹은 마귀의 미혹이나 환각의 결과라고 믿을 이유는 결코 없습니다. 이러한 경험은 오직 변할 수 없는 우리 주님으로부터만 올 수 있습니다. 이러한 경험의 결과는 황홀경적인 성격 때문에 우리가 그 진정성을 의심할 수 있는 다른 경건행위들의 결과들과는 다릅니다. 이러한 경험 속에서 모든 감각들과 기능들은 결코 중단되지 않습니다. 도리어 감각들과 기능들은 정신을 차리고 어떤 일이 진행되고 있는지 살핍니다. 이러한 과정 가운데 어떤 혼란도 일어나지 않습니다. 그것들은 즐거운 고통을 증가시키지도 않고 감소시키지도 않습니다. 하나님으로부터 이러한 경험을 받은 사람은 이 글을 읽으면서 이것을 충분히 이해할 것입니다. 그로 하여금 하나님께 감사하게 하십시오. 또 그는 혹시 이것이 미혹이 아닌지 전혀 두려워할 필요 없습니다.

또 그와 같은 경험을 가진 사람은 그것이 큰 특권이라는 사실을 깨닫고 하나님께 감사를 드려야 합니다. 그리고 마땅히 그는 하나님을 섬기는 일에 더욱 힘써야 합니다. 그는 그러한 경험의 유익한 결과를 보게 될 것이며, 계속해서 그와 같은 경험을 할 것을 기대하게 될 것입니다. 이러한 축복을 허락받은 한 사람은 그것을 향유하는 가운데 몇 년을 보냈습니다. 그녀는 오랜 세월 주님을 섬기는 가운데 겪은 큰 시험들을 충분히 가치 있는 일로 여겼습니다. 그의 이름을 영원무궁히 송축합시다. 아멘.

〈어떻게 그런 경험에 대해 확신할 수 있나?〉

아마도 여러분은 어떻게 사람이 그런 경험에 대해 그토록 확신할 수 있는지 의아하게 생각할 것입니다. 그러나 여러분은 다음과 같은 이유들로 인해 그것을 최고로 확신할 수 있습니다. 첫째 이유는 마귀는 영혼에게 결코 그와 같은 즐거운 고통을 줄 수 없다는 사실입니다. 실제로 그는 영적인 것처럼 보이는 어떤 즐거움을 줄 수 있지만, 그러나 그토록 강렬한 고통을 고요함과 즐거움과 연합시키는 것은 그의 능력을 넘어서는 일입니다. 마귀의 모든 능력은 단지 외적인 것일 뿐입니다. 그가 가져다주는 시험들은 결코 달콤할 수도 없으며 평온할 수도 없습니다. 그가 보내는 시험들은 항상 요란하며 소란스러울 뿐입니다. 둘째 이유는 이러한 즐거운 폭풍은 마귀가 권세를 행사하는 영역과는 전혀 다른 영역으로부터 일어난다는 사실입니다. 그리고 셋째 이유는 그 결과로 영혼에 큰 유익이 임한다는 사실입니다. 그와 같은 즐거운 고통의 결과 일반적으로 영혼은 하나님을 위해 기꺼이 그와 같은 고통을 감당하고자 결심하게 됩니다. 이것은 마귀로부터 오는 것일 수 없습니다. 영혼은 그러한 고통을 감당하기 위해 기꺼이 모든 세속적인 즐거움들을 버리고자 결심합니다.

〈그러한 경험은 참된 것이다.〉

그것은 결코 망상(妄想)이 아닙니다. 마귀는 결코 그러한 경험을 위조(僞造)할 수 없습니다. 종종 그렇게 하고자 애쓰기는 하지만 말입니다. 분명히 그렇지 않은 것을 그런 것처럼 보이게 할 수는 없습니다. 또 그와 관련한 마음의 자극 역시 참된 것입니다. 왜냐하면 우리는 그것을 분명하게 인지할 수 있기 때문입니다. 마치 우리의 귀가 큰 소리를 들을 수 있는 것처럼 말입니다. 어느 누구도 정신적인 우울함으로 그것을 분별하지 못하는 혼란에 빠지지는 않습니다. 우울함으로 야기된 망상은 단지 상상의 허구일 뿐입니다. 반면 이것은 영혼의 내면으로부터 나옵니다. 나도 오류를 범할 수 있습니다. 그러나 이러한 주제를 이해하는 사람으로부터 더 강력한 이유들을 들을 때까지, 나는 나의 생각을 굳게 견지(堅持)할 것입니다.

우리 주님에게는 영혼을 깨우는 다른 방법들이 있습니다. 예를 들어 어떤 사람이 소리를 내어 기도하며 어떤 내적인 것들에 대해 전혀 생각하지 않을 때 영혼에게 갑자기 그리고 즐거운 방식으로 불이 임하기도 합니다. 그것은 갑자기 가장 향기로운 향유(香油)와 마주침으로써 향기가 모든 감각들에 퍼지는 것과 같습니다. 물론 그것은 문자적인 향유가 아닙니다. 나는 단지 이것을 영혼이 갑자기 신랑을 만날 때 그녀에게 일어나는 자극을 전달하기 위한 하나의 비유로 사용하고 있을 뿐입니다. 이것은 영혼으로 하여금 어떤 영웅적인 행동을 위해 스스로를 준비시키며 또한 우리 주님께 찬미를 올려드리도록 자극합니다.

이러한 은총의 근원에 대해서는 이미 앞에서 다루었습니다. 그러므로 여기에서 다시 언급할 필요는 없다고 생각합니다. 어쨌든 우리는 이러한 은총에 대해 조금도 두려워할 필요가 없습니다. 다만 감사함으로 받으면 충분할 것입니다.

제3부 : 음성(locutions)을 듣고 깨어난 영혼

〈음성의 유형을 분별함〉

우리 주님에게는 영혼을 깨우는 또 다른 방법이 있습니다. 설령 이것이 앞에서 논의한 것보다 더 큰 은총처럼 보일 수 있다 하더라도, 그러나 그것은 더 위험한 것으로 드러날 수 있습니다. 그러므로 나는 이에 관해 비교적 상세하게 설명하고자 합니다. 영혼은 여러 가지 방식으로 음성을 듣고 깨어납니다. 이런 것들 가운데 어떤 것은 외부로부터 오는 것으로 보입니다. 반면 다른 것들은 영혼의 가장 깊은 곳으로부터 옵니다. 어떤 것들은 위로부터 오는 것으로 보이는 반면 다른 것들은 완전히 영혼 밖으로부터 마치 사람의 목소리로 말하는 것처럼 분명한 음성으로 들려질 수 있습니다.

〈거짓된 음성〉

때로 이런 것들은 상상(想像)이나 혹은 공상(空想)으로부터 말미암은 것일 수 있습니다. 특별히 우울함 가운데 빠져 있는 사람들 가운데 말입니다. 여기에서 내가 의미하는 사람들은 실제로 우울함 가운데 빠져 있는 사람들이나 혹은 미약한 사고력을 가진 사람들입니다. 우리는 이러한 두 유형의 사람들이 하는 말에 지나친 주의를 기울여서는 안 됩니다. 설령 그들이 우리에게 자신들이 보고 듣고 이해한다고 말할 것이라 하더라도 말입니다. 뿐만 아니라 우리는 그들이 받은 인상(印象)을 심각하게 받아들여서도 안 됩니다. 그렇게 하는 대신 우리는 그들을 병든 사람들로 바라보아야 합니다. 그들이 신뢰하는 수도원 상급자들은 그들에게 이러한 미혹들에 주의를 기울이지 말라고 충고해야 합니다. 왜냐하면 그것은 하나님을 섬기는 것과 무관하며, 또한 마귀는 지금까지 그런 방식으로 수많은 사람들을 속여 왔기 때문입니다. 그들을 더 큰 고통으로 이끌지 않을 방식으로 조심스럽게 다루십시오. 그들에게 그것이 정신적인 우울함이라고 말하는 것은 쓸모없는 일입니다. 왜냐하면 그들은 그런 말을 받아들이지 않을 것이기 때문입니다. 그들은 자신들이 실제로 보고 들었다고 주장할 것입니다. 왜냐하면 그것이 그들에게 너무나 생생하게 나타났기 때문입니다.

이것을 해결하는 방법은 그들로 하여금 자신들이 기도를 위한 시간을 적게 가졌음을 확신시키는 일입니다. 그리고 여러분은 가능한 대로 그들에게 이러한 미혹들을 중요하게 받아들이지 말도록 설득해야 합니다. 마귀는 종종 그들과 같은 약한 영혼들을 즐겨 미혹하곤 합니다. 그들 자신의 멸망을 위해서나 혹은 최소한 다른 사람들에게 해를 끼치기 위해서 말입니다. 병든 영혼이든 건강한 영혼이든, 누구든 이러한 미혹에 빠질 수 있습니다. 그러므로 그런 사람들은 속히 그러한 미혹으로부터 벗어나야만 합니다. 어쨌든 영혼은 지나치게 고통을 당하도록 내버려 두어져서는 안 됩니다. 왜냐하면 그럴 때 영혼은 실제로 스스로를 도울 수 없기 때문입니다.

〈음성의 유형들〉

이제 영혼이 경험할 수 있는 "강화"(講話, discourses)로 돌아가도록 합시다. 앞에서 언급한 것처럼 음성은 하나님으로부터 혹은 마귀로부터 혹은 자기 자신의 상상으로부터 올 수 있습니다. 나는 이러한 것들의 특징에 대해 언급하면서 동시에 여기의 "강화"들이 위험할 수 있을 때를 주목할 것입니다. 왜냐하면 기도의 사람들 가운데 그것을 경험하는 영혼들이 많기 때문입니다. 자매들이여, 나는 여러분이 설령 특별한 경험을 했다 하더라도 그로 인해 스스로를 더 우월한 존재로 여기지 말기를 경고합니다. 설령 그러한 것들이 하나님으로부터 온 것처럼 보인다 하더라도 말입니다. 왜냐하면 우리 주님께서도 종종 바리새인들에게 그와 같이 경고하셨기 때문입니다.

중요한 것은 우리가 그의 말씀으로부터 유익을 취하는 것입니다. 그러므로 성경과 정확하게 일치하지 않는 어떤 "강화"(講話)에도 주의를 기울이지 마십시오. 왜냐하면 그것은 사실상 마귀 자신으로부터 온 것이나 마찬가지이기 때문입니다. 그러한 말들은 실제로 단순히 여러분 자신의 미약한 상상(想像)으로부터 오는 것일 수 있습니다. 그럴 때 여러분은 그것을 자신의 믿음을 시험하는 유혹으로 간주해야 합니다. 그러므로 점차적으로 그치도록 항상 그러한 것들을 대적하십시오. 그러면 그러한 것들은 점차적으로 스스로 그칠 것입니다. 왜냐하면 그것들 자체로는 거의 아무런 능력이 없기 때문입니다.

⟨하나님으로부터 온 음성의 증거들⟩

이제 우리의 첫 번째 요점으로 돌아갑시다. 만일 음성이 하나님으로부터 온 것이 아니라면, 우리가 그것을 내부로부터 온 것으로 믿든 혹은 외부 세계로부터 온 것으로 믿든 그것은 조금도 중요하지 않습니다. 내가 보기에 그것이 가질 수 있는 가장 중요한 증거는 그러한 "강화들(講話, discourses)"이 가져오는 권위와 능력을 지각하는 것입니다. 나는 이에 대해 좀 더 분명하게 설명하고자 합니다. 예를 들어, 영혼은 이해의 메마름과 어둠을 경험함과 함께 고통과 내적 불안에 의해 완전히 압도될 수 있습니다. 설령 전체 세상과 세상의 모든 학자들이 함께 연합하여 영혼에게 슬퍼하지 않을 이유들을 말해준다 하더라도, 그 모든 노력에도 불구하고 영혼의 고통은 제거되지 않습니다. [여기서 지금 테레사는 자신의 경험을 말하고 있는 중이다.]

⟨첫째로, 그것은 영혼을 위로한다.⟩

영혼은 그녀의(즉 영혼의) 영적 인도자와 다른 사람들의 "그녀는 악한 영에 사로잡혔어"라는 말로 인해 괴로움을 당할 수 있습니다. 그러나 "내니 두려워 말라"는 한 마디 위로의 말을 들을 때, 영혼은 모든 괴로움으로부터 벗어나 즐거운 마음을 갖게 됩니다. 그리고 이것이 참된 경험임에 틀림없음을 확신하게 됩니다. 설령 큰 혼란 가운데 염려한다 할지라도, "잠잠하라, 모든 것이 잘 될 것이라"는 확증의 말을 들을 때 영혼은 세상에서 아무 염려 없이 견고하게 설 수 있습니다. 이러한 확증의 말은 여러 가지 상황에서 동일한 효과를 나타낼 수 있습니다.

⟨둘째로, 그것은 영혼에 경외심을 가져다준다.⟩

두 번째 표적은 영혼에 깊은 평안을 가져다줌으로써 영혼이 경건하며 평화로운 회상(回想) 가운데 하나님을 찬미하게 될 것이라는 사실입니다. 오 나의 주여! 만일 당신의 종들 가운데 한 사람이 던진 한 마디 말이 그렇게 큰 힘을 가진다면, 당신 자신이 영혼 안에 연합되며 또 그러한 사랑으로 말미암아 영혼이 당신께 연합되는 것은 얼마나 큰 힘을 가질 것이나이까?

⟨셋째로, 그것은 오랫동안 기억된다.⟩

세 번째 표적은 이러한 말들이 오랫동안 잊혀지지 않는다는 것입니다. 실제로 그것들은 결코 잊혀지지 않습니다. 그것은 세상에서 사람들이 하는 말들과는 전혀 다릅니다. 왜냐하면 사람들의 말은 우리 기억 위에 깊이 새겨지지 않을 뿐만 아니라 우리 역시도 그러한 것들에 그다지 큰 의미를 부여하지 않기 때문입니다. 그가 주시는 강화(講話)의 말들과 비교할 때 말입니다.

때로 그러한 말들의 실행 가능성에 대해 혹은 그것들이 참된 것으로 드러날 것인가 아니면 그릇된 것으로 드러날 것인가에 대해 의문이 일어나고, 그로 인해 영혼이 다소 흔들릴 수 있습니다. 그러나 영혼 자체 안에 다른 방식으로는 결코 채워질 수 없는 깊은 평안이 있습니다. 설령 모든 것이 자신이 들은 것과 반대되는 것처럼 나타난다 하더라도 말입니다. 몇 년이 지난다 하더라도 영혼은 하나님이 우리에게 전혀 알려지지 않은 다른 수단을 채택할 것을 계속해서 신뢰합니다.

그럼에도 불구하고 영혼은 자기 앞에 있는 수많은 장애물들을 바라볼 때 고통당하지 않을 수 없습니다. 왜냐하면 그러한 말을 들었을 때 갖게 되었던 확신은 이제 사라지고 새로운 의문들이 일어나기 시작하기 때문입니다. 그러면 이러한 말들은 마귀로부터 온 것입니까? 그렇지 않으면 그것들은 단순한 상상으로부터 온 것입니까? 그러나 영혼은 그 모든 의문과 두려움을 떨쳐 버립니다. 그리고 영혼은 진리를 위해 기꺼이 죽고자 합니다.

〈마귀의 음성과 상상의 음성〉

마귀와 관련하여 그리고 우리의 상상과 관련하여 두려워해야 할 것들이 많이 있습니다. 그러나 앞에 언급한 특징들이 나타난다면, 우리는 그것이 하나님으로부터 왔음을 확신하며 안식할 수 있습니다. 그러나 어떤 경우 다소 모호할 때도 있습니다. 이런 경우, 사람은 지혜로운 인도자로부터 조언을 받는 것 외에 아무것도 생각해서는 안 됩니다. 그리고 그것이 하나님으로부터 왔는지 아니면 그렇지 않은지에 대해 분명한 통찰력을 가지고 하나님께 물어야 합니다.

그것은 단순히 그것이 합리적인지 그렇지 않은지를 조사하는 문제가 아니라 그것이 그의 주인이 바라는 바인지 그렇지 않은지를 조사하는 문제입니다. 왜냐하면 핵심은 그가 명하시는 것에 순종하는 것이기 때문입니다. 만일 우리가 이것을 경험한다면, 우리는 우리의 영적 인도자로 하여금 하나님의 자리를 취하도록 허락할 수 없습니다. 이러한 말들이 하나님의 명령임이 분명할 때 말입니다. 이러한 말들은 우리로 하여금 용기를 갖도록 도와줄 것이며, 또한 우리 주님은 우리의 인도자에게도 말씀하실 것입니다. 하나님은 그로 하여금 이것이 자신의 영의 역사(役事)임을 깨닫게 하실 것입니다. 만일 하나님이 그렇게 하시기를 기뻐하신다면 말입니다. 그러나 만일 하나님이 그렇게 하시지 않는다면, 우리에게 더 이상의 책임은 없습니다. 어쨌든 우리가 들은 것과 다르게 행동하면서 우리 자신의 생각대로 움직이는 것은 매우 위험합니다. 그러므로 자매들이여, 나는 여러분에게 이와 같이 행동하지 않도록 주의할 것을 주의 이름으로 경고합니다.

〈다른 형태의 하나님의 음성: 환상〉

우리 주님이 영혼에게 말씀하는 또 다른 방법이 있습니다. 나는 실제로 그것이 하나님으로부터 온다고 어느 정도 확실하게 생각합니다. 그것은 환상으로 말미암아 말씀하는 것인데, 나는 이에 대해 나중에 이야기할 것입니다. 이것은 영혼의 내면에서 일어납니다. 그것이 영혼 안에서 들려지는 분명한 말씀인 것처럼, 그것은 또한 우리 주님 자신에 의해 말하여진 말씀입니다. 그리고 그것이 전달되는 방식은 영혼이 충분히 이해할 수 있는 친숙한 방식입니다. 환상 자체에 의해 야기되는 결과들을 생각할 때, 영혼은 이것이 결코 마귀의 역사(役事)일 수 없음을 절대적으로 확신하게 됩니다. 이러한 경험은 놀라운 결과들을 남기며, 그러한 결과들은 우리로 하여금 일어난 일이 사실임을 충분히 믿을 수 있도록 만듭니다.

〈그것이 단순한 상상이 아님을 나타내는 표적들〉

이것이 상상으로부터 나온 것이 아님은 곧 분명해집니다. 그것은 다음과 같은 이유들 때문입니다.

첫째로, 강화(講話)는 매우 명료합니다. 그것은 너무나 명확하여 영혼은 자기가 들은 것의 일점일획까지 기억합니다. 뿐만 아니라 영혼은 자신에게 주어진 말의 특별한 어투까지도 압니다. 비록 모든 것이 하나의 의미를 가진 것은 아닐 수 있다 하더라도 말입니다. 이와 대조적으로, 상상이나 망상 가운데 일어나는 것은 그렇게 명확하게 말하여지지 않습니다. 도리어 그것은 비몽사몽 간에 있는 사람에 의해 말하여진 것처럼 모호합니다.

둘째로, 그것은 전에 한 번도 생각해 보지 않은 것입니다. 여기에서 내가 의미하는 것은 그것이 예기치 않게 온다는 것입니다. 때로 하나님께 말하고 있을 때, 갑자기 우리의 생각을 통해 응답이 임하기도 합니다. 그런데 그것은 우리가 한 번도 생각해보지 않은 것입니다. 따라서 그것은 생각이나 상상에 의해 구성된 것일 수 없습니다.

셋째로, 하나님이 말씀하실 때, 우리는 단지 듣기만 할 뿐인 자와 같습니다. 반면 상상으로부터 일어나는 것은 마치 사람이 자신이 듣기를 바라는 것을 점차적으로 구성하는 것과 같습니다.

넷째로, 참된 강화(講話)의 말은 사람이 통상적으로 듣는 말들과는 근본적으로 차이가 납니다. 예를 들어, 우리는 참된 강화 속의 한 단어가 전체적인 의미 모두를 전달할 수 있는 사실을 생각할 수 있습니다. 그러나 사람의 지성(知性)은 결코 그렇게 할 수 없습니다.

다섯째로, 말씀이 들려질 수 있을 뿐만 아니라 그것을 듣는 방법이 우리에게 주어지는 것은 흔히 경험되는 일입니다. 나는 이것을 설명할 수 없습니다. 여기에는 말로 표현할 수 없는 깊음이 있습니다. 그것은 매우 세미한 것이며, 이로 인해 마땅히 우리 주님께 찬미가 돌려져야 합니다.

이러한 여러 가지 방법들과 관련하여 그리고 그것들 사이의 구별과 관련하여 매우 회의적인 사람들이 있습니다. 나는 특별히 그것을 경험을 통해 시험하고자 했던 한 사람을 알고 있습니다. [그것은 다름 아닌 테레사 자신이다.] 여전히 그것을 충분히 이해할 수 없는 사람들이 많이 있을 것입니다. 어쨌든 그녀는 그것들을 면밀하게 조사했습니다. 왜냐하면 우리 주님이 그녀에게 이러한 은총을 매우 자주 주셨기 때문입니다.

그녀가 가졌던 가장 큰 의문은 그것을 처음 경험할 때 그것이 자신의 상상 속에서 일어나는 일이 아닌가 하는 것이었습니다. 왜냐하면 강화(講話)가 마귀로부터 올 때, 우리는 그것의 근원을 훨씬 더 빨리 식별할 수 있기 때문입니다. 설령 그가 스스로를 빛의 천사로 가장하며, 수많은 간계로 우리를 속일 수 있다 하더라도 말입니다. 나는 마귀가 그의 음성을 통해 이와 같은 일을 행할 수 있음을 믿습니다. 그러나 그가 그것의 결과까지 위조할 수 있는 것은 아닙니다. 그는 영혼에 평안과 빛을 가져다주는 대신 오로지 갈등과 불안만을 가져다줄 뿐입니다. 그러므로 영혼이 겸손한 상태에 있을 때, 그는 영혼에게 아무런 해도 끼칠 수 없습니다.

만일 은총들과 선물들이 우리 주님으로부터 온다면, 영혼은 먼저 자신을 살필 필요가 있습니다. 만일 영혼이 그럴듯한 말을 들음에도 불구하고 그로 인해 겸비해지거나 혹은 경외심을 갖지 않는다면, 영혼은 그것이 하나님의 영이 아님을 확신해야 합니다. 왜냐하면 더 큰 은총이 주어질수록, 영혼은 스스로를 덜 존중하게 될 것이기 때문입니다. 영혼은 자신의 죄는 더 많이 기억하고 자신의 중요성은 잊게 될 것입니다. 영혼은 오직 하나님의 존귀와 영광을 구하는 일에 더욱 착념하게 될 것입니다. 또 영혼은 하나님의 뜻을 행하는 일을 소홀히 하지 않고자 더욱 주의를 기울이게 될 것입니다. 나아가 영혼은 자신이 은총을 받기에 합당한 것이 아니라 도리어 지옥에 떨어지기에 합당하다는 사실을 더욱 깊이 깨닫게 될 것입니다.

하나님으로부터 오는 은총은 이와 같은 결과들을 산출합니다. 그러므로 영혼은 이를 통해 자신이 받은 것의 근원을 분별할 수 있어야 합니다. 무엇보다도, 신실하신 우리 주님의 긍휼을 신뢰하십시오. 그는 마귀로 하여금 영혼을 미혹하도록 내버려 두지 않을 것입니다. 어쨌든 영혼은 항상 경외심 가운데 거하는 것이 최선입니다.

부디 우리 주님이 우리로 하여금 스스로를 잊고 오직 그만을 기쁘시게 하고자 애쓰게 하시기를 기원합니다. 아멘. 또 우리 주님이 여러분으로 하여금 내가 의도한 것을 올바로 이해할 수 있도록 이끄시기를 기원합니다. 그리고 이를 통해 이와 같은 은총을 받은 사람들이 큰 도움을 받을 수 있기를 바랍니다.

제4부 : 이러한 경험에 요구되는 큰 용기.

이 모든 노력과 시련들 가운데 가련한 나비는 도대체 어디에서 안식을 얻을 수 있습니까? 왜냐하면 그 모든 것들이 합력하여 신랑을 향유하고자 하는 그녀의 열망에 불을 붙이기 때문입니다. 주님은 영혼으로 하여금 여러 가지 방법으로 자신을 그녀의(즉 영혼의) 배필로 선택하는 용기를 갖도록 준비시킵니다.

아마도 여러분은 나의 이러한 말을 매우 불합리한 말로 생각할 것입니다. 어쩌면 나의 말을 비웃을는지도 모릅니다. 왜냐하면 여러분은 왕의 배필이 되기를 열망하는 여자에게 용기가 필요하다고 생각하지 않을 것이기 때문입니다. 물론 이 땅의 왕과 관련해서는 나도 그럴 것이라고 생각합니다.

그러나 하늘의 왕의 배필이 되는 데는 여러분이 상상할 수 있는 것보다 훨씬 더 많은 용기가 필요합니다. 왜냐하면 그와 같은 장엄한 사실 앞에서 우리의 본성은 너무나 미천하고 미약하기 때문입니다. 만일 하나님이 그러한 일을 위한 능력을 허락해 주지 않으셨다면, 나는 이것이 불가능했을 것이라고 생각합니다. 그러므로 그를 최고로 찬미합시다. 그는 우리로 하여금 자신을 알게 하시기를 기뻐하셨습니다. 아멘. 아멘.

제5부 : 환희라 불리는 "영(靈)의 비상(飛翔)"

내가 "영의 비상"이라고 부르는 두 번째 종류의 환희가 있습니다. 설령 그것이 일반적인 환희와 본질적으로 동일한 것이라 하더라도, 그러나 그것은 매우 다른 내적 방법으로 경험됩니다. 때로 영혼은 영이 엄청난 속도로 운행하는 것처럼 보이는 빠른 움직임을 의식합니다. 처음에 이것은 큰 두려움을 일으킬 수 있으며, 바로 이것이 내가 여러분에게 그와 같은 경험을 위해서는 실제적인 용기가 요구된다고 말한 이유입니다. 영혼을 우리 주님이 원하시는 대로 순복시킴과 함께 그의 손에 절대적으로 맡기는 것이 필요합니다.

그러한 경험을 거스를 수 있는 방법은 결코 없습니다. 하나님은 영혼이 자신의 손에 온전히 맡겨지고, 그럼으로써 더 이상 스스로의 권리를 갖게 되지 않기를 바라십니다.

하나님이라는 고요한 샘을 생각해 보십시오. 이러한 샘으로부터 물이 흘러내려 거대한 강을 이룹니다. 강은 조용히 흘러내려 가다가 마침내 엄청난 힘으로 거대한 물결을 일으킵니다. 이러한 거대한 물결에 여기의 작은 배가 높이 솟구칩니다. 이런 상황 속에서 배는 아무것도 할 수 없습니다. 물결이 거세게 휘몰아칠 때, 항해사나 선원은 배를 통제할 아무런 능력도 갖지 못합니다. 마찬가지로 이런 상황에서 감각들과 기능들은 전혀 통제될 수 없습니다.

자매들이여, 이 글을 기록하는 가운데 나는 이러한 경험들 가운데 스스로를 나타내시는 위대한 왕의 엄청난 능력을 생각하며 다시금 놀랍니다.

제6부 : 이러한 경험의 실제적인 결과들

이러한 장엄한 은총의 경험으로부터 영혼은 그러한 은총을 베푸시는 자를 온전히 향유하고자 간절히 열망하게 됩니다. 이러한 열망은 삶이 즐거운 고문(拷問)이 되고 영혼이 죽기를 간절히 바랄 정도로 강렬해집니다. 영혼은 계속해서 눈물을 흘리며 이 땅의 유배(流配)로부터 건져달라고 하나님께 간구합니다. 이생에서 영혼이 보는 모든 것은 그것을 피곤하게 합니다. 홀로 있는 가운데 영혼은 어느 정도 평안을 발견하지만, 그러나 그때 슬픔이 다시금 다가옵니다.

한 마디로 여기의 가련한 나비는 영구한 안식을 발견할 수 없습니다. 이러한 사실은 나비로 하여금 다시금 날개를 펼치도록 만듭니다. 그와 함께 즉시로 박해와 비방이 따릅니다. 두려워하지 않기를 바람에도 불구하고, 그녀는 그녀 자신에게 남겨지지 않습니다. 왜냐하면 두려움을 일으키는 것들이 많기 때문입니다.

〈이러한 경험 가운데 기도는 필수적이다.〉

한 쪽 측면에서 그녀가 영혼에 큰 평안이 있는 것처럼 보인다 하더라도 — 특별히 하나님과 함께 홀로 있을 때 — 다른 쪽 측면에서 그녀는 큰 고통 가운데 있습니다. 그녀는 자신이 마귀에 의해 속임을 당해 그토록 사랑하는 주님을 거스르게 되는 것을 두려워합니다. 그녀는 다른 사람들이 자신에 대해 어떻게 생각하며 어떻게 말하는지에 의해서는 거의 영향을 받지 않습니다. 그러므로 그녀는 모든 사람들에게 자신을 위해 기도해 줄 것을 요청하며, 주님께 자신을 다른 길로 인도해 주실 것을 간청하는 것 외에는 아무것도 하지 않습니다.

그러나 여러분은 그녀를 불쌍히 여길 필요가 없습니다. 왜냐하면 그녀는 주님의 능력을 힘입어 많은 십자가들을 감당할 수 있게 될 것이기 때문입니다. 그녀는 그렇게 행할 것을 결심합니다. 그녀는 그 모든 것을 감당하기를 열망합니다. 오 주여! 당신의 강한 손을 뻗으소서. 그녀로 하여금 자신의 삶을 헛된 일로 허비하지 말게 하소서. 당신의 크신 능력을 미천하며 연약한 여종에게 나타내소서. 그녀로 하여금 전심으로 당신을 찬미하게 하소서. 바로 이것이 그녀가 전심으로 열망하는 것이나이다. 한 영혼이 당신의 이름을 좀 더 높일 수 있다면, 그녀는 천 번이라도 기꺼이 죽을 것이나이다. 그녀는 당신을 위해 가장 작은 십자가도 감당할 자격이 없음을 너무나 잘 아나이다.

하나님은 영혼들에게, 이와 같이 가장 작은 일로도 그를 거스르지 않으며 가능하다면 가장 사소한 불완전함까지도 행하지 않고자 하는 최고의 열망을 주십니다. 오직 이 한 가지 이유 때문에라도, 그녀는 모든 사람으로부터 피할 것입니다. 그리하여 그녀는 광야에 사는 그리고 예전에 살았던 사람들을 부러워합니다. 한편으로 영혼은 다른 영혼으로 하여금 하나님을 찬미하도록 만드는 도구가 되기 위해 스스로를 세상의 한가운데로 던집니다. 한 사람의 여자로서, 그녀는 자신의 성(性)이 그렇게 하는 것에 장애가 되는 것으로 인해 슬퍼합니다. 그러므로 그녀는 큰 소리로 만군의 하나님을 선포할 수 있는 힘을 가진 사람들을 너무나 부러워합니다.

〈이러한 경험들 가운데 있는 영혼의 약함〉

아, 가련한 작은 나비여! 너는 너무나 많은 족쇄들에 묶여 있도다. 그러한 족쇄들이 너로 하여금 네가 바라는 대로 날도록 허락하지 않도다. 나의 하나님이여, 그녀를 긍휼히 여기소서! 그녀로 하여금 당신의 존귀와 영광을 위한 그녀의 간절한 열망을 이루도록 도우소서. 그녀의 보잘것없는 공로도 보지 마시고 그녀의 천부적인 타락성도 보지 마소서. 주여, 당신은 바다도 물러가게 하시고, 요단 강도 나누며, 불가능한 일도 능히 하실 수 있나이다.

이러한 열망들은 성숙한 백성들 안에서 일어납니다. 마귀는 그들로 하여금 자신들이 많은 경험으로 숙달된 전문가가 되었노라고 생각하도록 만들 수 있습니다. 그러므로 우리는 항상 두려움 가운데 행할 필요가 있습니다. 나는 마귀가 영혼을 고요함과 평온함으로 가득 차게 만들 수 있다고 믿지 않습니다. 도리어 그가 일으키는 감정들은 우리가 세상일로 요동할 때 경험하는 것과 같은 격렬한 것들입니다.

제7부 : 죄에 대해 더욱 민감해짐.

자매들이여, 어쩌면 여러분은 이러한 특별한 은총을 받은 영혼들은 그를 온전히 향유하는 가운데 예전의 죄를 슬퍼하며 두려워하는 따위의 일은 결코 없을 것이라고 생각하는지 모릅니다. 그러나 그렇게 생각할 수 있는 사람은 그와 같은 은총을 받지 못한 사람들입니다. 왜냐하면 만일 그와 같은 은총을 경험했다면, 그들은 내가 지금 말하고 있는 것을 이해했을 것이기 때문입니다. 어쨌든 여러분의 추측은 틀렸습니다. 왜냐하면 더 많은 은총을 받을수록 죄로 인해 슬퍼하는 것 역시 실제로 더 많아지기 때문입니다.

〈은혜받은 영혼은 무엇보다도 회개하는 영혼이다.〉
영혼은 자신이 받은 축복들보다 자신의 허물과 연약함에 대해 더 많이 생각합니다. 영혼에게 있어 하나님으로부터 아무리 큰 은총을 받았다 하더라도 자신이 종종 비참한 상태 가운데 있었음을 잊는 것은 불행한 일입니다. 설령 그것이 고통스러운 기억이라 하더라도, 여러 가지 측면에서 그것을 기억하는 것이 유익합니다. 우리가 이 땅에서 육체로 살아가는 한 항상 불완전함이 있을 것입니다.

〈이러한 고통은 하나님의 용서에 의해 증가된다.〉
이러한 고통은 우리 주님이 이미 우리의 죄를 용서해 주셨음을 기억하는 것에 의해 감소되지 않을 것입니다. 도리어 증가될 것입니다. 왜냐하면 지옥에 합당한 자에게 베풀어진 선하심과 긍휼하심을 바라보기 때문입니다. 나는 바로 이것이 베드로와 막달라 마리아가 견뎌야만 했던 큰 고통이었을 것이라고 생각합니다. 그들은 강렬한 사랑을 가지고 있었으며, 너무도 많은 은총을 받았으며, 하나님의 크신 위엄을 알았습니다. 그랬기 때문에 그들에게 있어 자신들의 죄를 기억하는 것은 더 큰 고통이었을 것입니다. 틀림없이 그들은 그러한 고통을 더욱 강렬하게 느꼈을 것입니다.

나아가 여러분은 이러한 큰 은총을 향유하는 사람은 우리 주 예수 그리스도의 인성(人性)의 비밀에 대해 깊이 묵상할 필요가 없을 것이라고 생각할지 모릅니다. 왜냐하면 이미 사랑 가운데 완전하게 점령되었기 때문에 말입니다. 그러나 하나님으로부터 그토록 큰 은총을 받은 영혼이 주님의 사랑의 그토록 보배로운 증거들을 기억하기를 잊는 것은 불가능한 일입니다. 영혼은 그러한 비밀들을 더욱 완전한 방식으로 깨닫습니다.

고요한 기도에 도달하기 시작하고 있는 영혼들이 사용하는 특별한 원리들과 방법들이 있습니다. 그들은 우리 주님이 거기에서 주신 달콤함과 즐거움을 향유합니다. 그들은 계속적으로 그러한 경험을 향유하며 즐거워합니다. 그렇지만 그들은 거기에 지나치게 빠져들어서는 안 됩니다. 왜냐하면 인생은 길고, 그 안에 수많은 난관들이 있기 때문입니다. 그러므로 그러한 난관들을 온전하게 감당하기 위해 우리는 우리의 모범이신 예수 그리스도와 그의 사도들과 성도들이 어떻게 그것을 감당했는지 생각해야 합니다.

우리 주님과 함께 하는 교제는 얼마나 즐거운 교제입니까! 우리는 결코 그와 같은 교제를 떠날 수 없습니다. 그러나 그와 함께 우리는 그의 고난에 대해 생각해야 합니다. 우리가 그의 고난을 알 때, 그는 가장 기뻐하십니다. 그로 인해 때로 우리가 기쁨과 즐거움을 잃는다 하더라도 말입니다. [여기에서 테레사는 관상(觀想)의 시간에 우리 주님의 수난에 대해 묵상하기보다 환희와 황홀경에 빠지는 것을 더 좋아하는 사람들에게 경고한다.]

제8부 : 환상을 추구하기를 열망하지 말라.

이제 나는 이러한 주제에 대해 더 이상 이야기하지 않을 것입니다. 다만 한 가지 여러분에게 조언하고자 하는 것은, 설령 하나님이 어떤 영혼들에게 이러한 은총을 베푸시는 것을 여러분이 안다 하더라도 여러분은 결코 하나님에게 그러한 은총을 구해서는 안 되며 또한 그가 여러분을 이와 같은 방식으로 인도하기를 바라서도 안 된다는 사실입니다. 왜냐하면 설령 그것이 여러분에게 바람직한 것처럼 보인다 하더라도 그러나 그것을 구하는 것은 합당한 일이 아니기 때문입니다.

〈환상을 추구하는 것은 교만이다.〉

첫째로, 그것은 여러분이 받을 자격이 없는 것을 바라는 것으로서 겸손과 배치되는 것입니다. 그러므로 나는 그러한 경험을 열망하는 자는 누구든지 좀 더 겸손할 필요가 있다고 믿습니다. 농사꾼은 왕이 되기를 바라지 않으며, 그런 일은 절대로 불가능하다고 생각합니다. 왜냐하면 그는 왕이 될 자격이 없기 때문입니다. 마찬가지로 겸손한 사람은 스스로 그와 같은 신적 은총을 받을 자격이 없다고 생각합니다. 나는 그러한 은총은 겸손한 마음을 가진 자 외에는 결코 주어지지 않을 것이라고 확신합니다. 이런 은총을 주시기 전에, 우리 주님은 우리로 하여금 먼저 스스로를 알게 하십니다. 우리는 우리의 영혼이 지옥에 떨어지지 않는 것만으로도 엄청난 은총이라는 사실을 진실로 깨달을 필요가 있습니다. 우리는 항상 그것에 감사해야 합니다.

〈그것은 미혹에 걸려들기 쉽다.〉

둘째로, 환상을 추구하는 사람은 자칫 미혹에 걸려들 위험에 빠지기 쉽습니다. 작은 문 하나가 열리는 것만으로도 마귀는 우리를 수천 가지로 미혹할 수 있습니다.

〈그것은 상상을 자극한다.〉

셋째로, 강한 열망과 생생한 상상력을 가진 사람은 자신이 원하는 것을 보고 들을 수 있습니다. 어떤 사람이 낮에 무엇인가를 강하게 열망할 때, 그는 밤에 그에 대해 꿈을 꾸게 될 것입니다.

⟨그것은 주제넘은 일이다.⟩

넷째로, 여러분에게 있어 무엇이 최선인지 알지 못하는 상태에서 스스로 최선을 선택하고자 열망하는 것은 매우 주제넘은 일입니다. 그렇게 하는 대신 여러분은 최선을 아시는 우리 주님께 모든 것을 맡겨야 합니다. 그로 하여금 그가 생각하기에 최선의 길로 여러분을 인도할 수 있도록 말입니다.

⟨그것은 고통을 가중시킨다.⟩

다섯째로, 환상의 결과로 생기는 고통은 여러분이 상상하는 것보다 훨씬 더 큽니다. 뿐만 아니라 그런 영혼이 견뎌야만 하는 고통의 종류 또한 매우 다양합니다. 여러분이 그러한 고통을 견딜 수 있을는지 여러분이 어떻게 알겠습니까?

⟨그것은 자칫 믿음을 잃게 만들 수 있다.⟩

여섯째로, 여러분은 그런 경험을 통해 큰 유익을 얻을 수 있을 것이라고 생각하지만 그러나 실제로는 큰 손실을 입을 수도 있습니다. 사울이 왕이 되었을 때, 이러한 일이 실제로 그에게 일어났습니다.

자매들이여, 여러분이 환상을 추구해서는 안 되는 이유는 이것들 외에도 많습니다. 여러분이 가장 확실하게 행해야 하는 것은 오직 하나님의 뜻을 추구하는 것입니다. 환상을 구하지 말고 하나님의 뜻을 구하십시오. 우리 자신을 온전히 그의 손에 놓읍시다. 그는 우리를 너무도 사랑하십니다. 굳은 마음으로 그의 사랑 안에 거할 때, 우리는 결코 잘못된 일을 행할 수 없습니다. 여러분은 또한 이런 종류의 은총을 받는 것이 더 큰 영광을 위한 공로가 되지 않는다는 사실을 알아야만 합니다. 도리어 그로 인해 우리는 더욱 힘써 그를 섬길 의무를 갖게 됩니다.

보잘것없는 피조물들에게 자신의 영광을 나타내시기를 기뻐하신 분에게 영원히 찬미를 돌립시다. 아멘.

일곱째 처소: 삶의 총체적인 이전(移轉)으로서의
예수와의 혼인의 기도.

제1부 : 무엇을 더 말할 수 있나?

자매들이여, 아마도 여러분은 영적인 길과 관련하여 이미 많은 것을 이야기했으므로 이제 덧붙일 것은 더 이상 아무것도 없을 것이라고 생각할 것입니다. 그러나 그렇게 생각하는 것은 큰 잘못입니다. 왜냐하면 하나님의 위대하심에 한계가 없는 것처럼 그의 사역(使役) 역시 그러하기 때문입니다. 도대체 누가 그의 놀라우심과 긍휼하심을 모두 이야기할 수 있단 말입니까? 그것은 불가능합니다. 그러므로 지금까지 이야기한 것으로 놀라지 마십시오. 왜냐하면 그 모든 것은 하나님에 관해 말하여질 수 있는 것의 극히 일부에 불과하기 때문입니다. 하나님은 한 사람에게[다시 말해서 테레사 자신에게] 이러한 것들을 전달하심으로써 우리에게 긍휼을 베푸시기를 기뻐하셨습니다. 그녀로 말미암아 우리는 그러한 것들을 알 수 있습니다. 그러나 하나님이 피조물들에게 자신을 전달하심을 더 많이 깨달을수록, 우리는 그의 위대하심을 더 많이 찬미하며 그러한 은총을 받은 영혼을 더 많이 존중하게 될 것입니다. 우리 주위에는 그런 영혼이 있습니다. 그렇지만 그런 영혼을 하나님의 형상을 따라 지음받은 피조물로서 존중하지 않기 때문에, 우리는 그 영혼에 담겨 있는 큰 비밀들을 깨닫지 못합니다.

그러나 만일 나의 펜을 인도하는 것이 그의 뜻이라면, 하나님이여 부디 여종에게 이 모든 것을 잘 설명할 수 있도록 은총을 베푸소서. 지금까지 나는 주님께 이러한 은총을 계속해서 간구해 왔습니다. 왜냐하면 그는 나의 유일한 바람이 그의 긍휼이 베풀어지는 것이라는 사실을 아시기 때문입니다. 자매들이여, 나는 그가 나를 위해서가 아니라 여러분을 위해 이러한 은총을 허락하실 것을 소망합니다. 그래서 우리 주님과 여러분의 영혼 사이의 영적 혼인이 얼마나 중요한 것인지 여러분이 깨닫게 되기를 바랍니다. 왜냐하면 그와 함께 많은 축복들이 따르기 때문입니다. 또 그것의 중요성을 올바로 깨달을 때, 여러분은 그 길 위에 아무런 장애물도 놓지 않게 될 것이기 때문입니다.

〈여기의 처소는 아직 탐사되지 않음.〉

위대하신 하나님이여, 보잘것없는 여종은 이 엄청난 주제를 말해야만 하는 사실 앞에 두려워 떨지 않을 수 없나이다. 나는 지금 큰 혼란 가운데 빠져 있나이다. 왜냐하면 여기의 일곱째 처소에 관해 몇 마디로 끝내는 것이 더 나은 것이 아닌지 확신하지 못하기 때문이나이다. 나는 이 글을 읽는 사람들이 나의 경험을 조롱하며 비방하는 것을 두려워하나이다.

그러나 모든 세상으로 하여금 나를 대적하여 외치라 하십시오. 만일 그로 인해 하나님이 찬미를 받으시고 그의 하시는 일이 좀 더 잘 이해될 수 있다면, 나는 그 모든 것을 기꺼이 감당할 수 있습니다. 나는 이 책이 다른 사람들에게 알려지기 전에 죽어도 좋습니다. 영원히 살아 계시며 또 영원히 살아 계실 그를 송축합니다. 아멘.

영혼이 주님을 위한 열망으로 가득 차 기꺼이 그를 위해 고난까지도 담당하고자 할 때, 주님은 그녀(즉 영혼)로 하여금 그의 일곱째 처소에 들어가도록 허락하십니다. 왜냐하면 그는 영적 혼인의 완성을 위해 그녀를 자신의 배필로서 영적으로 선택했기 때문입니다. 그는 하늘에 자신의 위엄이 거하는 처소를 가지고 계신 것과 마찬가지로 또한 영혼 안에도 처소를 가지고 계셔야만 합니다. 이것을 신성한 하늘(sacred heaven)이라고 부릅시다.

자매들이여, 잘 알지 못함에도 불구하고 일반적으로 우리는 우리가 보는 것 외에 다른 내면의 빛은 없으며 또 영혼 안에 어떤 어두운 부분이 있다고 생각합니다. 실제로 은혜의 상태 안에 있지 않은 영혼과 관련해서는 나는 기꺼이 그러한 의견을 받아들입니다. 왜냐하면 내가 첫째 처소에서 언급한 것처럼 그러한 영혼은 빛을 받을 수 없기 때문입니다.

〈영혼을 하나님 앞에 큰 신비로서 바라보라.〉

우리는 영혼을 별로 중요하지 않은 제한된 것으로 생각해서는 안 됩니다. 도리어 우리는 영혼을 아름다운 처소들을 많이 포함하고 있는 내면의 세계로서 생각해야 합니다. 우리 주님이 영혼에게 이와 같은 신적 혼인의 은총을 주시기를 기뻐하실 때, 그는 그녀(영혼)를 자신의 처소 안으로 데려가십니다. 주님은 그녀가 앞에서 언급한 연합의 기도 안에서 자신과 연합될 때 그녀에게 환희를 주십니다. 그때 영혼은 이 땅에 속한 자기 자신의 중심 안으로 들어가도록 부름 받는 것으로 느끼지 않습니다. 그녀는 하늘의 처소로 부름 받는 것으로 느낍니다.

그러나 실제로 어떤 일이 진행되는가 하는 것은 그다지 중요하지 않습니다. 중요한 것은 주님이 영혼을 자신과 연합시키는 것입니다. 그러나 회심의 순간 바울이 그랬던 것처럼, 영혼은 보지도 못하고 말하지도 못하게 됩니다(행 9:8, 사울이 땅에서 일어나 눈은 떴으나 아무 것도 보지 못하고 사람의 손에 끌려 다메섹으로 들어가서). 그리하여 영혼은 어떻게 그러한 은총이 주어졌는지 지각하지 못하게 됩니다. 영혼이 지각하는 것은 단지 자신이 하나님과 가까이 있음을 큰 기쁨으로 깨닫는 것뿐입니다. 그러나 주님이 영혼을 자신과 연합시킬 때, 영혼은 아무것도 깨닫지 못하고 알지 못합니다. 왜냐하면 모든 기능들이 완전하게 점령되었기 때문입니다.

〈삼위일체 하나님에 대한 믿음이 이 처소로 들어가는 입구이다.〉

그러나 여기의 일곱째 처소에서는 모든 것이 다릅니다. 우리의 유익을 위해 하나님은 우리의 눈으로부터 비늘을 제거하시기를 기뻐하십니다. 영혼으로 하여금 자신이 주신 은총을 알고 깨닫도록 하시기 위해서 말입니다. 그는 특이한 방법으로 이것을 행하십니다. 가장 거룩한 삼위일체 하나님이 삼위 안에서 영혼에게 스스로를 나타내시는 진리에 대한 믿음의 확신으로 말미암아, 영혼은 여기의 처소 안으로 들어갑니다. 마치 엄청난 광채의 구름에 덮인 것처럼, 영혼에 불이 붙습니다. 자신에게 주어진 놀라운 지식으로 말미암아, 영혼은 여기의 삼위가 서로 구별되면서 동시에 하나의 본질이며, 하나의 능력이며, 하나의 지식이며, 한 하나님이라는 사실을 깨닫습니다.

그러므로 우리가 믿음으로 보는 것을 여기에서 영혼은 이를테면 봄으로써 깨닫습니다. 설령 여기의 보는 것이 육체의 눈으로 보는 것은 아니라 하더라도 말입니다. 여기에서 삼위는 영혼에게 스스로를 전달합니다. 그리고 그렇게 함으로써 영혼으로 하여금 복음서에서 우리 주님이 다음과 같이 말씀하신 것을 깨닫게 만듭니다. "사람이 나를 사랑하면 내 말을 지키리니 내 아버지께서 그를 사랑하실 것이요 우리가 — 즉 아들과 아버지와 성령이 — 그에게 가서 거처를 그와 함께 하리라"(요 14:23).

오 나의 하나님이여! 이러한 말씀을 듣는 것과 그것의 의미를 실제로 깨닫는 것은 얼마나 다르나이까! 이것을 깨달은 영혼은 매일같이 놀라고 또 놀랄 것입니다. 왜냐하면 그러한 말씀이 항상 그를 떠나지 않을 것이기 때문입니다. 영혼은 그러한 말씀이 자신의 가장 깊은 곳에 있음을 분명히 압니다.

〈이러한 신비한 경험에도 불구하고 일상의 삶은 계속되어야 한다.〉

어쩌면 여러분은 영혼이 이러한 경험에 완전하게 점령됨으로 말미암아 이제 아무 일도 할 수 없게 되었을 것이라고 생각하는지 모릅니다. 그러나 반대로 영혼은 예전보다 하나님을 위한 일에 더 열심을 내게 됩니다. 영혼이 하나님을 버리지 않는 한, 하나님은 결코 영혼을 버리지 않을 것입니다. 왜냐하면 나는 하나님이 영혼에게 그의 임재의 가장 확실한 확신을 주신다고 믿기 때문입니다. 영혼은 하나님이 자신을 떠나지 않을 것과 자신에게 이러한 축복을 허락하신 것에 대한 큰 확신을 갖습니다. 하나님은 영혼으로 하여금 이런 확신을 잃어버리도록 내버려 두지 않을 것입니다.

〈이러한 교제는 더 큰 은총을 위해 영혼을 준비시킨다.〉

이러한 놀라운 교제로 말미암아 하나님은 더 큰 은총을 위해 영혼을 준비시킵니다. 영혼은 더욱 성숙되고 강화(强化)됨으로써 전에 가지고 있었던 두려움을 내던져 버립니다. 그녀(즉 테레사)는 자신이 모든 면에서 향상되었음을 발견합니다. 어떤 면에서 그녀와 그녀의 영혼은 서로 구별됩니다. 왜냐하면 하나님이 그녀에게 이러한 은총을 주신 얼마 후 그녀에게 일어난 큰 고통과 마주치면서 그녀는 마르다가 마리아에게 그랬던 것처럼 자신의 영혼에게 불평했기 때문입니다. 왜냐하면 그녀가 이러한 평온을 항상 향유한 것은 아니었기 때문입니다. 도리어 그녀는 종종 자신이 수많은 고통과 불화 속으로 떨어지는 것을 느끼곤 했습니다.

〈테레사가 영혼(soul)과 영(spirit)이 서로 나누어지지만 그러나 여전히 하나의 인격임을 깨달음.〉

어쩌면 여러분은 이것을 터무니없는 것으로 생각할는지 모릅니다. 그러나 이것은 사실입니다. 물론 실제로 영혼은 결코 나누어지지 않습니다. 그러나 이러한 인상(印象)을 갖는 것은 매우 흔하게 경험되는 것입니다. 영혼과 영 사이의 차이를 분명하게 구별하는 것은 불가능합니다. 설령 통상적으로 양자가 하나이며 동일한 것이라 하더라도, 그러나 둘 사이에는 미묘한 구별이 있습니다. 그리고 우리 주님이 그것들에게 주시는 지식도 역시 마찬가지입니다. 내가 볼 때, 영혼은 기능들과 구별되는 것 같습니다. 한마디로 우리의 내적 존재 안에는 많은 미묘한 차이들이 있어서, 나에게 있어 그것을 설명하려고 시도하는 것은 주제넘은 일이 될 것입니다. 하늘에서 우리는 그것들을 보고 그 모든 비밀들을 깨닫게 될 것입니다. 만일 우리 주님이 그의 선하심 가운데 우리를 그곳으로 데려가는 은총을 우리에게 허락하신다면 말입니다.

제2부 : 영적 연합과 영적 혼인 사이의 구별.

〈영혼과 하나님 사이의 영적 연합은 그리스도의 성육신으로 말미암아 실제화 된다.〉

이제 우리는 영적이며 신적인 혼인에 대해 이야기해야만 합니다. 설령 이와 같은 장엄한 은총이 이 땅에서 완전하게 소유될 수 없다고 하더라도 말입니다. 만일 우리가 하나님으로부터 움츠린다면, 우리는 이러한 큰 축복을 잃을 것입니다. 처음 주님이 이러한 은총을 주실 때, 그는 자신의 가장 거룩한 인성(人性)을 보이심으로써 영혼에게 스스로를 나타내시기를 기뻐하십니다. 그는 이렇게 하심으로써 영혼으로 하여금 그것을 분명하게 깨닫고 자신이 한량없는 선물을 받은 것을 알도록 하셨습니다. 다른 사람들에게, 그는 다른 모양으로 나타나실 수 있습니다. 그러나 그녀(테레사)에게, 우리 주님은 큰 위엄과 광채와 아름다움의 모양으로 스스로를 보여주셨습니다. 부활 후 그렇게 하셨던 것처럼 말입니다. 그는 그녀에게 이렇게 말씀하셨습니다. "지금은 나의 일을 네 일로 간주할 때니라. 내가 네 일을 돌볼 것이라."

〈테레사가 경험한 특별한 방문〉

어쩌면 여러분은 이것이 전혀 새로운 것이 아니라고 생각할는지 모릅니다. 왜냐하면 다른 때에 우리 주님이 이 영혼에게 같은 방법으로 스스로를 나타내셨기 때문입니다. 그러나 이것은 너무나 달랐습니다. 그녀는 너무나 놀라며 완전히 압도되었습니다. 왜냐하면 이 환상은 거대한 힘과 함께 그리고 그의 음성과 함께 임했기 때문입니다. 그녀는 전에 한 번도 이러한 환상을 경험한 적이 없었습니다. 여러분은 여기의 처소와 이전 처소들 사이에 큰 차이가 있음을 이해해야만 합니다. 그 차이는 단지 약혼했을 뿐인 사람과 실제로 혼인한 사람 사이의 차이만큼 큽니다.

이는 이미 이것을 앞에서 언급했습니다. 내가 이러한 비유를 사용하는 것은 이것보다 더 적합한 비유를 발견할 수 없기 때문입니다. 어쨌든 여기에서 몸은 더 이상 기억되지 않습니다. 영적 혼인과 몸 사이에는 아주 작은 연결만이 있을 뿐입니다. 왜냐하면 그와 같은 은밀한 연합은 하나님 자신이 거하시는 영혼의 내적 중심에서 일어나기 때문입니다. 그는 더 이상 문을 필요로 하지 않습니다.

지금까지 이야기한 것들은 감각들과 기능들의 결과인 것으로 보입니다.

그리고 우리 주님의 인성(人性)의 나타남 역시 분명 이러한 본성으로 말미암습니다. 그러나 여기의 영적 혼인의 연합 안에서 일어나는 것은 전혀 다릅니다. 왜냐하면 여기에서 우리 주님은 믿음의 확신 가운데 영혼의 중심에서 나타나기 때문입니다. 이러한 나타남은 내가 앞에서 언급한 것들보다 훨씬 더 미묘합니다. 그는 부활 후 제자들에게 "너희에게 평강이 있을지어다"라고 말씀하시며 문을 통과하지 않고 나타나셨던 것처럼 그렇게 나타나십니다(요 20:19-22).

〈이러한 하나님 경험은 하늘의 영광이다.〉

여기에서 하나님이 영혼에게 전달하는 것은 너무도 심오한 비밀이며 장엄한 은혜여서, 영혼은 무엇과도 비교할 수 없는 큰 기쁨을 느낍니다. 내가 말할 수 있는 모든 것은 그 순간 우리 주님이 영혼에게 하늘의 영광을 나타내기를 기뻐하셨다는 것입니다. 이것을 그는 환상이나 혹은 다른 어떤 영적인 방법들보다 더 장엄한 방법으로 행하십니다.

이 영혼이 하나님과 하나가 되는 것을 도대체 어떻게 다 깨달을 수 있겠습니까? 영(靈)이신 그는 어떤 사람들에게 어느 정도 분량의 사랑을 보이심으로써 우리를 위한 그의 사랑을 나타내시며 우리로 하여금 그의 위대하심을 찬미하게 하시기를 기뻐하십니다. 그는 스스로를 보잘것없는 인생과 연합되도록 허락하셨습니다. 마치 남편과 아내가 서로 나누어질 수 없는 방식으로 연합하는 것처럼 말입니다. 그러므로 그는 영혼으로부터 결코 나누어지지 않을 것입니다.

〈이러한 연합을 훼방할 수 있는 것은 아무것도 없다.〉

왕이 왕궁 안에 거하고 있음에도 불구하고 그의 나라 안에 많은 전쟁들이 있을 수 있습니다. 이와 같은 훼방하며 거스르는 일들이 많이 일어날 수 있습니다. 그러나 그로 인해 그의 왕권이 중단되는 것은 아닙니다. 여기에서도 마찬가지입니다. 다른 처소들 안에 여러 가지 소동들과 유해한 사람들이 많이 있을 수 있습니다. 그리고 그러한 소리가 들릴 수 있습니다.

그렇지만 그러한 것들은 여기의 일곱째 처소에 들어올 수 없습니다. 뿐만 아니라 영혼은 여기로부터 강제적으로 쫓겨날 수 없습니다. 그러한 것들이 영혼에게 어느 정도 고통을 가져다줄 수 있기는 하지만, 그러나 영혼은 요동하거나 평안을 빼앗기지 않을 것입니다. 왜냐하면 이제 격렬한 감정들이 정복되었기 때문입니다. 몸 전체는 고통 가운데 있지만, 그러나 만일 머리가 온전하다면 어떤 해악도 몸에 끼쳐질 수 없습니다.

나는 이러한 비유가 그다지 마음에 들지 않습니다. 왜냐하면 그것은 실제적으로 나를 만족시켜 주지 못하기 때문입니다. 그러나 나는 더 좋은 비유를 발견할 수 없습니다. 여러분은 어떻게 생각할는지 모르지만, 이것은 사실입니다.

결론

이 글을 쓰기 시작할 때, 나는 큰 혼란 가운데 빠져 있었습니다. 그러나 글을 다 마치고 난 지금 나는 큰 만족을 느낍니다. 이것만으로도 나는 나의 노력이 큰 보상을 받았다고 생각합니다.

나의 자매들이여, 여러분은 지금 수도원의 울타리 안에서 여러 가지로 불편함 가운데 살고 있습니다. 그리고 여기에는 기분을 전환할 만한 오락거리도 거의 없습니다. 그러나 나는 여러분이 이러한 "내면의 성" 안에서 스스로를 즐겁게 만들 수 있을 것이라고 생각합니다. 이러한 성(城)에, 여러분은 나 혹은 다른 상급자의 허락 없이도 얼마든지 들어갈 수 있습니다. 아멘. 아멘.

8

기도생활의 실제적인 결과들

이미 말한 것처럼 이 나비는 큰 기쁨 가운데 죽어간다. 왜냐하면 그 나비는 안식을 찾았기 때문이다. 이 나비는 그리스도께서 자신의 내면에 살아 계심을 안다. 이제 그 나비가 영위하는 삶은 과연 어떤 것이며 그 나비가 살아 있을 동안의 존재양식과 현재의 상태는 어떻게 다른 것인지 생각해 보자. 그 결과를 살펴보면 내가 묘사한 것이 참된 것임을 알 수 있을 것이다. 그 결과들은 대강 아래와 같은 것들이라고 생각된다.

1. 자기를 잊는 것.

첫 번째 결과는 자기를 잊는 것이다. 이미 말한 것처럼 그 나비는 이제 존재하지 않는 것처럼 보인다. 그녀(나비)는 자기 자신을 알지 못하며, 천국, 생명, 명예가 자기에게 주어질 것이라는 사실도 알지 못한다. 그녀의 주된 관심은 오로지 하나님의 영광만을 찾는 것이다.

주님께서 하신 말씀은 그녀에게 확신을 주어 주님의 일에 관하여 생각하게 한다. 그리고 주님은 그녀의 일을 돌보아 주신다. 그러므로 그녀는 무슨 일이 발생하든지 개의치 않는다. 그녀는 아주 무의식적으로 자기를 잊기 때문에 그녀는 더 이상 존재하지 않는 것처럼 보인다. 또한 그녀가 하나님의 명예와 영광을 증진시킬 수 있다는 사실을 깨달을 때 외에는 삶을 계속 영위할 아무 의미도 찾지 못한다. 이 때문에 그녀는 기쁜 마음으로 자기 생명을 버릴 수 있다.

그러나 딸들이여, 주님을 위한다는 명목하에 그녀가 먹는 것이나 자는 것, 그녀의 삶의 상황에 주어지는 일상적인 일들을 소홀히 한다고는 생각하지 말라. 여기서 말하고 있는 주된 내용은 내면적인 일들에 관한 것이다. 외면적인 일들에 대해서는 별다르게 할 말이 없다. 그녀가 자기 힘으로 할 수 있는 일들이 얼마나 무가치한 것인가를 생각할 때 그녀는 고통을 느끼지 않을 수 없다. 그녀가 생각하기에 주님의 영광을 증진시키는데 도움이 될 것이라고 생각되는 일들은 무슨 일이든지 세상의 그 어떤 일과도 바꿀 수 없게 될 것이다.

2. 고난을 받아들이고자 하는 욕구

두 번째 결과는 고난을 크게 원하는 것이다. 고난이 그녀를 근심스럽게 만들던 이전의 상황과는 판이하게 달라진 것이다. 자신들 속에 하나님의 뜻이 성취되기를 바라는 그 영혼들이 보여주는 욕구는 너무나 강렬해서 주님이 그들에게 주시는 일은 무슨 일이든지 기쁜 마음으로 받아들인다. 그러므로 주님께서 그들이 고난받기를 원하신다 하더라도 그들은 만족한다. 주님이 원하시지 않으면 구태여 자기 자신들을 괴롭게 만들지 않는다.

이 영혼들은 박해를 받을 때 커다란 내면의 기쁨을 느낀다. 왜냐하면 그 때 그들은 내가 앞에서 이야기했던 것보다 훨씬 더 큰 평화를 누리기 때문이다. 그들은 자신들을 박해하는 자에 대해서 조금도 증오심을 느끼지 않는다. 오히려 그들은 각별한 애정을 느끼기까지 한다. 그들은 박해자들을 지극히 사랑하기 때문에 그들이 고난 속에 있는 것을 보면 마음아파하고 동정한다. 그들은 아주 간절한 마음으로 박해자들이 당하는 고통을 자신들에게로 옮겨 주도록 간청한다. 그들은 다만 이 모든 일을 통해서 주님을 거역하지 않기를 원한다.

3. 다른 사람들을 도우려는 욕구

만일 그들이 그러한 고난과 고통을 당하는 것을 그토록 소원하여 주님을 향유하기 위해서는 기꺼이 죽을 준비까지 되어 있다면, 이제 주님을 섬기고자 하는 그들의 욕구에 대해서는 어떠한가? 주님은 이런 방법으로 그들의 삶을 통해 찬양받기를 원하시는가?

그렇다. 그들은 다른 사람들을 돕는 것을 갈망한다. 그들은 죽는 것을 갈망할 뿐만 아니라 오랫동안 삶을 누리는 것도 갈망한다. 그들은 아무리 작은 일이라도 주님을 영화롭게 하기 위해서라면 아무리 많은 십자가라도 능히 지고 가길 원한다. 영혼이 육체를 떠나면 곧 하나님과 직접 교통할 수 있다는 사실을 전적으로 확신하고 있으면서도 그들은 이것을 별로 중요시하지 않는다.

그들은 또한 성도들이 소유하고 있는 영광에 관하여도 별다른 욕심이 없다. 그들은 현세에서 당장 그것을 갈망하지 않는다. 왜냐하면 그들의 모든 영광은 십자가에 달리신 주님을 도울 수 있다는 것이기 때문이다. 주님께서 그토록 많은 능욕을 당하셨고 무엇보다도 특히 진정으로 고난받기를 기뻐하는 자들이 극소수라는 사실을 알고 있는 이 종들은 더욱더 주님을 위한 삶을 누리기를 희구한다.

4. 그리스도와 함께 있기보다는 현세에서 섬기려는 욕구

때때로 그의 종들이 그들의 목적을 잊어버릴 때 하나님을 즐거워하고 이 유배의 땅을 떠나고 싶은 욕구가 그들 앞에 부드럽게 찾아온다. 그들이 자신을 섬기는 그 노력이 얼마나 보잘것없는 것인가를 하나님도 부드러운 마음으로 늘 마음속에 두고 계신다. 그러나 그들은 곧 정신을 가다듬고 주님이 항상 자신들 앞에 계신다는 사실을 생각하고는 만족을 느낀다. 마침내 그들은 주님을 위해 살고자 하는 자신들의 소원을 한 번 더 주님께 표시하는데 이것이 곧 그들이 주님께 표시할 수 있는 가장 귀중한 제물이다. 그들은 죽음을 두려워하지 않고 다만 감미로운 꿈으로 생각한다. 이전엔 큰 고통과 더불어 그런 욕망들을 그들에게 주셨던 주님께서 이제는 이 감미로운 욕망을 주신다. 주님을 영원토록 찬양드리자.

5. 주님이 영원히 함께 계시므로 구태여

위로를 또 간구할 필요가 없다.

이 종들은 위로와 기쁨을 그다지 갈망하지 않는다. 그 까닭은 주님이 항상 그들과 함께 하시기 때문이다. 주님께선 이제 그들 안에 거하신다. 이 땅 위에서 주님이 누리신 삶이 다만 끊임없이 계속되는 슬픔뿐이었기 때문에 주님은 자신을 따르고자 하는 자들도 그런 삶을 살기를 원하신다. 주님은 연약한 중에 있는 그들을 인도하사 필요할 경우에 그들에게 힘을 주신다. 그들은 모든 일로부터 초연해진 자신의 모습을 느끼며 고독한 시간을 즐기거나 어떤 영혼의 행복과 관련된 일들에 참여하기를 원하는 욕구를 갖게 된다. 그들에게 메마름이나 내면적인 좌절 따위는 존재하지 않는다. 다만 우리 주님을 부드러운 마음으로 기억하길 원할 뿐이다. 그들의 기쁨은 오로지 주님을 찬양하는 것이다.

그 종들이 자신들의 의무를 게을리할 때 주님은 그들을 자극한다. 이런 충동(이것이 가장 적절한 표현인 것 같다)은 영혼의 내면으로부터 우러나오는 것임이 분명하다. 여기서 맛보는 큰 감미로움은 상상이나 기억이나 기타 영혼이 주도권을 장악하고 있는 어떤 다른 일로부터 오는 것이 아니다. 이것은 매우 정상적이고 빈번하게 발생하기 때문에 쉽게 알아낼 수 있다. 불이 제아무리 커도 그 불꽃을 아래로 내려보내지 않고 위로 올려보내듯이, 이 같은 영혼의 내면적인 운동도 그 중심으로부터 흘러나와 영혼의 기능들을 자극한다(「내면의 성」, VII).

생활에 관한 몇 가지 금언들

1. 아무리 비옥해도 경작하지 않은 땅은 가시와 엉겅퀴를 낼 뿐이다. 사람의 마음도 이와 똑같다.
2. 항상 영적인 일들에 관하여 대화하라.
3. 많은 사람들 틈에 끼여 있을 때는 말을 적게 하라.
4. 행동과 말을 항상 적절하게 하라.
5. 특히 별로 중요하지 않은 문제를 두고 격렬하게 논쟁을 벌이지 마라.

6. 모든 사람들에게 적당히 명랑하게 이야기하라.
7. 누구도 결코 경멸하지 마라.
8. 누군가를 견책할 때는 신중하고 겸손하게 하되 너 자신도 부족한 존재라는 의식을 버리지 말라.
9. 네가 이야기하고 있는 상대방의 기분에 맞추어라. 행복해하는 자와 함께 행복해하고, 슬퍼하는 자와 함께 슬퍼하라. 간단히 말해서 모든 사람에게 맞는 사람이 되라. 그러면 모든 사람을 얻을 것이다(고전 9:22).
10. 말을 할 때는 네가 하는 말을 반드시 사전 점검하고 그를 불쾌하게 만들 어떤 말을 할 때는 먼저 주님께 간절히 기도하라.
11. 당신이 옳다는 것이 아주 분명하게 드러나지 않는 한 결코 핑계를 대지 말라.
12. 많은 사람들에게 공통된 이익이 나오리라는 소망이 보이지 않는 한 당신의 학벌이나 덕목이나 가정배경과 같이 칭찬받을 만한 일에 관해 언급하지 마라. 혹시 그런 일에 관하여 언급할 기회가 생기면 겸손한 태도로 하고 그것들이 하나님의 선물임을 잊지 말라.
13. 결코 과장하지 말고 적절하게 너의 견해를 표현하라.
14. 어떤 대화를 나누든지 영적인 주제를 도입하기 위해 애를 쓰라. 이렇게 함으로써 쓸데없는 잡담이나 남을 헐뜯는 일을 피할 수 있다.
15. 옳다고 확신하지 않는 한 결코 독단적이 되지 말라.
16. 요청받지 않는 한, 또는 사랑이 그 동기가 되지 않는 한 어떤 일에 관한 의견을 먼저 개진하지 말라.
17. 누군가가 네게 영적인 일들에 관하여 이야기하면 겸손하게 제자와 같은 심정으로 경청하고, 네가 듣는 모든 선한 것들을 네 자신에게 적용하라.
18. 영적인 안내자에게 네가 당하는 모든 시험과 불완전함, 어려움을 모두 털어 놓으라. 그리하면 그가 네게 충고를 주고 극복할 수 있는 치료의 방법을 알려 줄 것이다.
19. 너의 위치를 벗어나지 말라. 불가피하여 그런 행동을 하지 않을 수 없

을 땐 타당한 이유가 있어야 한다. 또 하나님을 거역하지 않도록 은총을 간구해야 한다.
20. 정해진 시간 외에는 먹거나 마시지 말라. 또 먹거나 마시는 시간에는 항상 진심으로 하나님께 감사하라.
21. 모든 일을 할 때 마치 주님 앞에서 하는 것처럼 하라. 그러면 영혼에게 많은 유익이 있을 것이다.
22. 너 자신을 적절하게 반성하도록 만드는 일이 아닌 한 나쁜 일들에 귀를 기울이지 말고 어떤 일에 대해 나쁘게 이야기하지 말라. 이런 훈련을 잘 쌓으면 많은 영적인 진보를 보게 될 것이다.
23. 네가 하는 모든 행동을 하나님께 드리라. 그 행동이 하나님의 명예와 영광이 되도록 기도하라.
24. 행복하다고 해서 지나치게 많이 웃어 그것을 표현하지 마라. 다만 겸손하고 중용을 지키며 상냥하고 또 덕을 세우라.
25. 자신이 모든 사람의 종이라고 생각하라. 네가 하는 모든 일 속에서 주 그리스도를 생각하라. 그러면 너는 다른 사람들을 존경할 수 있게 될 것이다.
26. 네가 순종의 서약을 했으면 항상 그것을 성취할 마음의 준비를 하고 있으라. 그것이 곧 수사의 인격을 통해서 우리 주 그리스도께서 네게 명한 것으로 생각하라.
27. 네가 하는 모든 행동과 모든 시간에 네 양심을 점검하는 것을 잊지 말라. 너 자신의 결점이 발견되거든 하나님의 도우심을 힘입어 그 결점들을 수정하라. 이런 방법을 통해 영적으로 성숙될 것이다.
28. 다른 사람들의 결점에 너무 민감하지 말라. 다만 그들의 덕목들에 관하여 묵상하라. 네 자신의 결점을 생각하라. 어떤 일을 할 때나 어떤 경우에나 그리스도를 위하여 고난받고자 하는 강렬한 소원을 소중히 간직하라.
29. 날마다 너 자신을 제물로 드리기를 힘쓰며, 이 일을 할 때 큰 열정을 가지고 하라.

30. 네가 아침에 묵상했던 일은 하루 종일 기억하도록 힘쓰라. 네가 기도할 때 주님께서 네게 주신 소원들을 실천에 옮기라. 이것은 네게 큰 유익을 줄 것이다.
31. 주님께서 네게 불어넣으시는 생각들을 주의 깊게 관찰하라. 주님께서 기도 중에 주신 욕구들을 실행에 옮기라.
32. 가능한 한 혼자 있지 않도록 애를 쓰라. 공동체 생활에서 "별난 사람"이 되는 것은 큰 악이다.
33. 종단의 규칙들을 자주 읽고 신실한 마음으로 지키라.
34. 모든 피조물들 안에 있는 하나님의 섭리와 지혜를 묵상하라. 모든 일들에 대해서 찬양하는 마음으로 하나님께 감사하라.
35. 모든 대상으로부터 마음을 멀리하라. 다만 하나님을 찾으라. 그리하면 그를 발견할 것이다.
36. 네가 내면적으로 경험해 보지 못한 어떤 경건을 밖으로 표현하지 말라. 그러나 네가 경건의 마음이 부족하다는 사실은 감추어도 좋다.
37. 특별한 상황이 아닌 한 내면적인 경건을 드러내지 말라. 성 프란체스코와 성 베르나르는 이렇게 말한다. "나는 비밀을 나 혼자 간직한다."
38. 좋은 음식이든 나쁜 음식이든 음식에 대해 불평하지 말라. 예수 그리스도의 쓴 포도주를 기억하라.
39. 식탁에서 어떤 사람에게 말을 걸거나 눈을 치켜뜨고 어떤 사람을 바라보지 마라.
40. 거룩한 식탁과 하나님 자신인 그 식탁의 음식에 대해 묵상하라. 그의 손님은 천사들이다. 그 식탁을 향하여 눈을 들고 그 식탁에 앉기를 소망하라.
41. 수사가 있는 자리에서는 마치 예수 그리스도를 바라보듯이 대하라. 꼭 필요할 때, 진정으로 존경하는 마음이 있을 때만 이야기하라.
42. 다른 사람들 앞에서 네가 하고 싶지 않은 일은 결코 하지 마라.
43. 이 사람과 저 사람을 서로 비교하지 마라. 비교한다는 것은 얄미운 짓이다.

44. 네가 어떤 일 때문에 비난을 받거든, 진정하게 겸손한 태도로 견책을 받아들이라. 네게 책망하는 사람을 위해 하나님께 기도하라.
45. 윗사람이 어떤 명령을 내리거든 그밖에 다른 어떤 사람이 그것과는 정반대되는 명령을 내렸다고 말하지 말라. 그 두 사람이 모두 선한 의도를 가지고 명령했음을 인식하고 네게 주어진 명령에 복종하라.
46. 네 일이 아닌 문제에 공연한 호기심을 가지고 질문을 제기하지 않도록 주의하라.
47. 너의 지난날의 생활과 너의 현재의 미지근한 태도를 슬퍼하고 네가 천국에 가기에 얼마나 부적당한 존재인가를 기억하라. 아마도 너는 두려워하는 마음으로 생활하게 될 것이며, 또한 큰 축복의 계기가 되기도 할 것이다.
48. 순종에 반대되는 일이 아닌 한 공동체에 속한 자들이 해주기를 원하는 그 일을 항상 행하라. 그들의 요구에 겸손하고 온유한 태도로 응하라.
49. 꼭 필요한 경우가 아니면 어떤 특별한 음식이나 의복을 요청하지 말라.
50. 네 생명이 끝나는 날까지 항상 겸손한 태도를 취하고 모든 면에 자신을 죽이라.
51. 항상 사랑을 베푸는 것을 습관화하라. 그리하면 영혼은 정화될 것이며 부드러워지리라.
52. 모든 다른 덕목들도 실천에 옮기라.
53. 모든 것을 영원하신 성부에게 드리라. 드릴 때는 그분의 아들 예수 그리스도의 공로에 의지하라.
54. 모든 사람에게 온유하게 대하되 너 자신은 엄격히 다스리라.
55. 성인들을 기념하는 축일에는 그들의 덕목들에 대하여 묵상하고, 그 덕목들을 네게도 주시도록 주님께 요청하라.
56. 매일 밤 부지런히 네 양심을 점검하라.
57. 네가 하나님과 연합하는 체험을 하는 경우엔 기도를 계속하는 가운데 너처럼 불쌍한 존재도 하나님을 영접하도록 허락받았음을 기억하라. 밤이 되면 네가 그분을 영접했음을 기억하라.

58. 네가 윗사람의 입장에 서거든 그 누구에게도 화를 내면서 비난하지 말라. 일단 화가 걷힌 다음에 책망하는 것이 유익할 것이다.
59. 모든 일을 할 때 경건한 마음으로, 너 자신을 증진시키려는 의도를 가지고 행하라.
60. 빈번히 주님을 경외하는 훈련을 쌓으라. 그런 훈련을 통해서 너의 영혼은 회개와 겸손의 상태를 유지할 수 있다.
61. 사람들의 마음은 신속하게 변화하며 신뢰할 만한 존재가 못 된다는 사실을 항상 기억하라. 다만 하나님을 가까이 하는 자는 결코 변하지 않는다.
62. 너의 영혼과 관련된 문제들을 영적이고 지혜로운 친구와 의논하도록 힘쓰라. 그에게 고백하고 그가 제안하는 것을 따르라.
63. 네가 기도할 때마다 하나님으로부터 은사를 구하라. 하나님은 자비하신 분이므로 너처럼 불쌍한 영혼에게 오셔서 자비하심을 보여주실 것이다.
64. 슬프고 괴로워도, 네가 습관적으로 해 온 기도와 참회의 선행을 포기하지 말라. 악마는 너로 하여금 그것들을 포기하라고 부추길 것이다. 오히려 전보다 더욱더 열심히 그 일들을 행하라. 그러면 주님이 얼마나 신속하게 너를 돕기 위해 찾아오시는가 경험할 수 있으리라.
65. 아직 영적으로 그다지 진보하지 못한 동료들에게 네가 당하는 시험과 불완전함에 관하여 말하지 말라. 그렇게 하고 나면 그들도 너도 상처를 받으리라. 좀 더 영적으로 진보된 사람들에게만 이야기하라.
66. 너는 다만 한 영혼만을 소유하고 있음을 잊지 말라. 네가 죽어야 할 죽음은 한 번이요, 네가 살아야 할 삶도 다만 짧디짧은 한 번의 삶에 지나지 않는다. 또한 영광도 하나인데 이는 영원한 영광이다. 이상과 같은 사실들을 기억하고 있으면 네가 지금 염려하고 있는 일들이 사실은 아무것도 아님을 알게 될 것이다.
67. 하나님을 보는 것을 소원하라. 그분을 잃을까 염려하고 그분 안에서 충분한 열매를 맺지 못하는 것을 슬퍼하며 그분이 너를 그분께 가까이

이끄시는 것으로 기뻐하라. 그러면 너는 마음의 큰 평화를 누릴 것이다.

"아무것도 너를 방해하지 말게 하라.
아무것도 두려워하지 말라.
모든 것은 지나간다.
하나님은 변하지 않으신다.
인내는 모든 것을 얻는다.
하나님께 연합된 자는 아무것도 원하지 않는다.
하나님 한 분으로 넉넉하다."
— 테레사가 수녀들을 위해 쓴 「금언들」

이웃사랑에 관하여

주님께서 우리에게 요구하시는 의무에는 두 가지가 있다. 하나는 하나님을 사랑하는 것이고, 다른 하나는 이웃을 사랑하는 것이다. 우리가 하나님을 사랑한다는 것을 알 수 있는 가장 확실한 표징은 이웃을 사랑하고 있느냐 하는 것이다. 그대가 이웃을 사랑하면 할수록 하나님에 대한 사랑도 그만큼 증진된다는 것을 기억하라.

그러나 아, 얼마나 많은 벌레들이 나타나 이웃에 대한 우리의 사랑을 갉아먹고 있는가! 자기사랑, 자기존중, 잘못을 찾아내는 것, 시기심, 분노, 성급함, 조롱. 나 자신이 모든 나의 이웃을 대적했던 불쌍한 죄인임을 바라보면서 이 글을 쓰는 나의 마음은 얼마나 큰 슬픔에 사로잡혀 있는가!

자매들이여, 주님께서는 행동을 기대한다. 그런즉 어떤 사람이 병들어 누워 있는 것을 보거든 그 사람이 그대 자신인 것과 같이 동정을 베풀라. 그녀를 동정하라. 그녀가 밥을 먹게 하고 그대는 금식하라. 그녀는 잠을 재우고 그대는 깨어 있으라.

누군가가 칭찬받는 것을 보거든 마치 그대 자신이 칭찬을 받는 것처럼 그와 함께 즐거워하라. 참된 겸손이 있는 곳엔 칭찬도 풍성하므로 이 일은 더 쉬워질 것이 틀림없다. 그대가 그대 자신의 결점과 허물을 덮고 폭로하지 않듯이 다른 자매의 결점을 덮어주라.

기회가 허락하는 한 이웃의 짐을 같이 져 주라. 그 짐을 그녀의 마음으로부터 가져다가 그대가 지고 가라. 만일 사탄이라도 일단 이웃을 자기 몸과 같이 사랑하기만 하면 이미 사탄이 아니다.

나의 딸들아! 가능한 한 많은 사람들을 상냥하게 대하도록 힘쓰라. 그대 자신을 겸손하게 하여 그대와 관계를 갖는 모든 이들이 그대와 대화 나누는 것과 그대의 생활방식을 사랑하게 하라. 그대가 우울한 기분에 사로잡힘으로 말미암아 한 사람이라도 그대 때문에 덕스럽고 경건한 생활로부터 떠나지 않도록 주의하라. 특히 신앙의 여성들은 이 점을 주의해야 한다. 그들이 거룩하면 할수록 그들은 더욱더 상냥하고 사교적인 인물이 되어야만 한다. 다른 사람들이 나누는 대화가 그대의 구미에 맞지 않는다는 이유로 그들로부터 초연한 입장에 있지 않도록 주의하라. 그들을 사랑하라. 그리하면 그들도 그대를 사랑할 것이며, 그대와 대화를 나누고 그대처럼 될 것이며 그대가 그를 사랑함보다 더욱더 그대를 사랑할 것이다.

그대의 영혼이 구석에 갇혀 있지 않도록 주의하라. 교만하고 모욕적이며 성급한 은둔의 상황에서는 더욱 성스러워지기는커녕 악마가 짝하기 쉽다. 그때 악마는 당신의 격리된 영혼에게 큰 불행을 안겨줄 것이다. 악한 애정들을 선행 속에 묻어 버려라. 그러므로 모든 사람들에게 가까이 접근하여 상냥하게 대하며 모든 사람을 사랑하라. 사랑은 다함이 없는 매력이요 마법이요 감흥이다.

그런 사람들을 그대 자신과 같이 사랑하라. 그들의 숫자는 적다. 그러나 우리 주님은 그렇게 성숙한 단계에 도달한 사람이 있을 때 그 사실을 알리는 일에 실패하지 않으실 것이다. 사람들은 이렇게 이야기할는지도 모른다. "이런 행동은 불필요하다. 우리가 하나님을 소유하는 것만으로도 충분하다." 그러나 하나님의 친구들과 대화를 나눌 수 있다는 것은 하나님을 즐길 수 있는 좋은 방법이다. 이 일로부터 큰 유익을 얻을 수 있다. 이 사실을 나는 경험을 통해 알고 있다. 나는 내가 지옥에 있지 않다는 사실을 이런 사람들과의 대화를 통해 거듭 확인한다. 나는 그들이 나를 위해 하나님께 기도해 줄 것을 크게 바라고 있는 동시에 나 자신도 그들을 위해 기도하려고 노력한다(「완전에 이르는 길」, p.36).

테레사의 편지들

스페인 국왕 필립 2세에게, 1577.
[친구와 동료를 옹호하면서]

　주님과 성령의 은혜가 항상 폐하와 함께 하시기를 기도드립니다. 아멘.
　그라시안 신부에게 반대의 입장을 취하고 있는 회고록이 폐하께 헌정되었다는 소식을 제가 들었습니다. 악마와 악마의 종들이 획책하는 계교가 정말로 저를 두려움에 떨게 만들었습니다. 왜냐하면 그의 계교는 이 하나님의 종의 품격을 손상시키려는 것이기 때문입니다(그는 진실로 참된 하나님의 종입니다. 그는 우리 모두에게 큰 유익을 끼친 바 있습니다. 그가 우리 수도원에 방문할 때는 언제나 수도원 식구들에게 큰 열정을 불러일으킨다는 소식을 들었습니다). 그의 적들이 주님이 섬김을 받고 있는 집들을 해치려고 노력하고 있습니다.
　이런 목적을 달성하기 위해 그들은 두 명의 갈멜파 수사들을 이용했습니다. 그들 가운데 한 사람은 서약을 하기 전에 우리 종단에서 섬기던 사람이었습니다. 그러나 그는 자신이 명민하지 못하다는 점을 우리에게 드러내 보여주는 행동을 빈번히 했습니다. 그라시안 신부에게 반대하는 다른 사람들(그라시안 신부는 그들을 훈련시킬 책임도 아울러 갖고 있었습니다)이 이 갈멜파 수사들을 부추겨서 수녀들을 반대하는 그 어리석은 비난에 서명하게 했습니다. 그 비난이란 것이 사실은 그야말로 가관입니다. 악마는 그 비난을 무기로 삼아 대파괴를 획책하고 있습니다. 우리가 행하고 있는 습관을 고려해 볼 때 그 비난들이 사실이라면 그것은 정말 기괴한 것이라고 밖에는 볼 수 없습니다.

폐하께서 하나님을 사랑하는 마음으로 그런 비난들이 종교재판의 법정에까지 비화되지 않도록 조처해 주시기를 부탁드립니다. 만일 우리들에 대한 이런 비난이 제기된다면 우리가 분명히 죄가 없는 데도 불구하고 무언가 악한 일을 한 것처럼 세상 사람들이 생각할 것입니다.

지금까지 하나님의 선하심에 의거하여 추진되어 온 종단의 개혁이 사소한 의심 때문에 심각한 타격을 받을지도 모릅니다. 그라시안 신부께서 이 수도원들에 관하여 작성한 그 문서를 폐하가 읽어 보신다면 그 문제에 관하여 올바른 평가를 하실 수 있으리라고 봅니다. 그 문서엔 수녀들과 대화를 나눈 사람들의 증거가 실려 있는데 그들은 매우 덕망이 있고 경건한 사람들입니다.

더욱이 이 회고록을 쓴 사람들의 동기가 무엇인지 어렵지 않게 발견할 수 있으므로 폐하께서도 판단하시기에 그다지 큰 어려움을 느끼지 않으리라고 봅니다. 이 문제는 하나님의 명예와 영광이 직결된 문제입니다. 만일 우리의 적들이 그들의 비난에 몇 사람이라도 솔깃해하는 사람이 있음을 안다면 그들은 그 문서를 만드는 일에 책임이 있는 사람들을 이단으로 몰아붙임으로써 천벌을 회피하려고 할 것입니다. 하나님을 두려워하지 않는 곳에서는 얼마든지 이런 일이 일어날 수 있습니다.

저는 이 하나님의 종이 당하는 고난에 동정을 표하고 싶습니다. 그는 인내와 강인한 태도로 그것을 견뎌내고 있습니다. 그러므로 저는 폐하께서 그를 보호해 주실 것과 이런 위험의 원인을 제거해 주실 것을 청원하는 것입니다. 왜냐하면 그는 폐하께 매우 충성스러운 가문에 소속되어 있기 때문입니다. 이런 이야기는 접어두더라도 그에게는 많은 장점들이 있습니다. 저는 그가 하나님께서 보낸 종이라고 생각합니다.

폐하의 쓸모 없는 종이요 신민(臣民)인 제가 감히 글을 올립니다.

예수의 테레사

도미니쿠스회의 루이 드 그라나다 신부에게 보내는 편지, 1577
[위대한 경건문학의 작가에게 보내는 격려의 글]

성령님의 은총이 신부님과 항상 함께 하시기를 기도드립니다. 아멘.

저는 그토록 경건하고 유익한 책을 쓰신 신부님을 사랑하며, 당신을 도구로 쓰셔서 그렇게 많은 영혼들의 복리를 증진시키시는 주님께 감사를 드리는 많은 사람들 중의 하나입니다. 저서를 통해 그렇게 많은 위로를 받은 그분의 말씀을 들으러 가는 길에 아무런 방해도 없었으면 하는 간절한 바람이 있습니다. 그러나 제가 여자라는 것, 그리고 저의 독특한 생활환경 때문에 좀처럼 그 같은 기회를 마련하기가 힘이 듭니다.

이 문제와는 관계 없는 부탁이 되겠지만, 저는 신부님과 같은 사람에게 제가 몇 년 간이나 겪어야 했던 두려움을 진정시켜 줄 것을 청원하지 않을 수 없습니다. 저는 이런 은총을 받을 만한 자격이 없는 사람입니다만, 돈 튜토니오 대주교[에보라의 대주교]의 명령에 순종하여 이 편지를 당신께 드릴 수 있게 된 사실에 큰 위로를 받았습니다. 이 서신을 띄우게 된 것은 저의 뜻이 아니었습니다. 그러나 제가 순종하는 마음으로 소유하고 있는 확신은 신부님께서 종종 저를 기억하고 기도하신다는 사실을 알게 했습니다. 저는 그런 기도를 절실하게 필요로 하고 있습니다. 그 이유는 두 가지인데, 첫째는 제게 뚜렷한 장점이 없다는 것이며, 둘째는 세상 사람들이 예리한 눈으로 저를 주목하고 있다는 점입니다. 저는 사람들이 저에 대해 품고 있는 선한 의견을 정당화할 만한 아무런 것도 가지고 있지 않습니다.

신부님께서 제가 처한 상황을 아신다면 제가 그토록 간청한 은혜를 허락해 주실 것입니다. 신부님은 하나님이 얼마나 장엄한 분이시며 저처럼 악한 생활을 하는 자가 받아야 할 고통이 어떤 것인지 잘 아실 것입니다. 저는 비록 악한 사람이지만 종종 우리 주님께 신부님이 이 땅 위에서 오래 살도록 허락해 달라고 기도합니다. 또한 주님께서 제게 이 은총을 주시며 신부님의 경건하고 거룩한 사랑이 더욱 증진될 것을 기도드립니다.

신부님의 쓸모 없는 종, 예수의 테레사, 갈멜파 수녀

추신 : 돈 튜토니오 대주교님은 세상 사람들이 나를 존경한다고 오해한 사람들 가운데 한 사람입니다. 그는 신부님을 지극히 존경한다고 말합니다. 이번에 신부님이 대주교님을 방문하시면 저에 대해 근거 없이 쉽게 믿지 말도록 말씀해 주십시오.

파스트라나에 있는 갈멜파 요한 드 예수 로카 신부에게 보내는 편지, 1579.
[고난 중에 있는 테레사의 영]

예수, 마리아, 요셉이 나의 신부님의 영혼에 함께 하시기를 빕니다. 저는 이 감옥 안에서 신부님의 편지를 받았습니다[테레사는 총회의 명령에 의해 투옥되어 있었다]. 이곳에서 저는 큰 기쁨을 맛보고 있습니다. 저는 하나님과 교단을 위해서 온갖 고난을 참아내고 있습니다. 그러나 신부님! 저를 슬프게 하는 것은 신부님이 제게 대해서 느끼는 고통입니다. 이 사실을 생각하면 정말 저는 괴롭습니다. 신부님도 그밖에 그 누구도 고통스러워하지 마십시오. 왜냐하면 저는 사도 바울처럼 감옥이나 수고나 박해나 고통이나 수욕이나 모욕 따위가 주님과 종단을 위한 것이라면 제게 기쁨과 은총을 준다는 고백을 할 수 있기 때문입니다.

지금보다 더 고난으로부터 자유로운 때가 일찍이 없었습니다. 하나님께서는 고통을 받으며 투옥된 자를 도우십니다. 저는 주님께 수없이 많은 감사를 드립니다. 주님께서 이렇게 저를 감옥에 가두심으로 말미암아 베푸신 은총에 대해 우리 모두가 감사하는 것이 마땅한 것 같습니다.

신부님, 선하신 우리 하나님을 위해 고난받는 것보다 더 즐겁고 달콤한 일이 어디 있을까요? 성도들이 하나님과 구주를 위해 고난받을 때보다 더 큰 기쁨을 언제 누릴 수 있을까요? 이 고난은 하나님께로 우리를 이끄는 가장 안전하고 확실한 길입니다. 왜냐하면 십자가는 우리의 희락이요 기쁨이 되어야 하기 때문입니다. 그러므로 신부님, 십자가를 외면하지 마십시오. 십자가를 소원하십시오. 고난을 받아들이며 우리에게 고난이 없을 때 갈멜 종단에 화가 있을 것임을 잊지 마십시오.

　신부님은 서신을 통해서 눈치오 교황이 주신 명령을 알려 주셨습니다. "갈멜 종단 내에 더 이상 수도원의 설립을 불허하며 기왕에 세워진 수도원들은 총장 신부의 요청으로 해체되어야 한다." 눈치오 교황님이 저에 대해 크게 분노하셨으며, 제가 말썽을 피우는 여자이며 방랑의 성품을 가지고 있는 것으로 생각한다는 것을 신부님은 전해주셨습니다. 세상이 저와 제 아들들을 대적하여 무장하고 있습니다. 그러므로 저희들은 바위틈이나 산 속에 숨어 있으며 아주 은밀한 곳에서 발각되지 않으려고 조바심하고 있습니다. 이것은 저를 슬프게 합니다. 저처럼 죄 많고 악한 수녀 한 사람 때문에 제 아들들이 그토록 많은 박해와 고난을 당하며 모든 사람들로부터 버림을 당하다니 … 그러나 하나님은 그들을 버리지 않으십니다. 저는 이 사실을 확신합니다. 주님은 결코 우리를 포기하지 않으실 것이며, 주님을 그렇게도 사랑하는 자들 또한 버리지 않으실 것입니다.

　그러나 나의 아들이자 신부님이신 당신과 다른 형제들에게 기쁨을 안겨 주기 위해 저는 위로가 되는 말을 전하고 싶습니다. 이 위로를 받기 위해서는 저와 신부님과 마리아노 신부님 사이에 굳은 신뢰감이 있어야 합니다. 다른 사람들이 그것을 알면 제 마음이 슬퍼질 것입니다.

　나의 신부님, 어떤 수녀[테레사 자신을 가리킴이 분명하다]가 성 요셉의 축일에 잠을 잊은 채 기도하는 도중 이 성인이 성모 마리아와 그분의 아들 예수님과 같이 있는 모습을 어떻게 보게 되었는지 아실 것입니다. 그 수녀는 그들이 어떤 모습을 하고 서서 (종단의) 개혁을 요청하고 있었는가를 보았습니다. 주님께서 그 수녀에게 말씀하셨습니다. "지옥과 땅 위에 있는 많은 사람들이 종단의 파멸을 기뻐하고 있다. 눈치오 교황은 해체를 명하였으나 하나님은 갈멜 종단을 승인하셨다." 그분은 그녀에게 왕께 의존할 것을 말씀하셨습니다. 왕이 모든 일에서 그녀와 그녀의 아들들을 아버지처럼 보살펴 줄 것이라고 말씀하신 것입니다.

　성모와 성 요셉도 같은 말을 하셨으며 몇 가지 다른 내용들도 말씀하셨는데 그것은 문자로 표현할 수 없습니다. 그녀는 또한 20일이 채 되기 전에 감옥으로부터 풀려날 것이며 하나님도 그것을 원하신다는 말도 들었습니다. 그러므로 기뻐하십시오. 이제 개혁운동은 더욱 박차를 가하게 될 것입니다.

신부님이 하셔야 할 일은 제가 소식을 다시 전할 때까지 멘도사의 마리아 부인의 집에 계시는 것입니다. 마리아노 신부님은 왕께 나아가 이 편지를 전해주고, 또 다른 편지는 파스트라나의 공작 부인에게 전해야 합니다. 신부님께서 집을 떠나시면 체포당하실 우려가 있습니다. 우리는 곧 자유의 몸이 될 것입니다.

하나님의 도우심을 힘입어 저는 아주 건강합니다. 제 동료는 풀이 죽어 있습니다. 우리를 하나님께 맡기고 감사함으로 기도하십시오. 제가 당신께 소식을 전하기 전에는 제게 글을 쓰지 마십시오. 하나님께서 당신을 거룩하고 완전한 갈멜인으로 성장시켜 주실 것을 기도드립니다.

마리아노 신부님은 신부님과 디오스의 제롬 드 라 마드르 신부님께서 인판타도 공작과 은밀히 상의하시도록 조언하고 있습니다.

예수의 테레사

경외하는 에보라의 대주교, 브라간자의 돈 튜토니오 경에게, 1578.

[극심한 고난 중에서도 담대한 용기를 잃지 않았던 테레사의 자세는 다른 사람에게 자극을 주었다]

예수, 그리고 성령의 은총이 경외하는 대주교님에게 항상 함께 하시기를 기도드립니다. 아멘.

주교님으로부터 서신을 받은지 벌써 두 달이 넘었습니다. 제가 즉각 답장을 드리는 것이 마땅한 일이었습니다만 8월 이후 저와 우리 수녀들과 형제들을 괴롭게 한 큰 고통이 조금이라도 잠잠해질 때를 기다리다 보니 답장이 늦어졌습니다. 주교님께서 서신을 통해 제게 하신 명령에 의지해서 지난 어간에 일어났던 모든 일들을 빨리 말씀드리고 싶은 욕망이 간절합니다. 이 편지를 읽어 내려가시는 도중에 발견하시겠지만 상황은 날로 더 악화되어 가고 있습니다.

주교님! 이 문제는 많은 영혼들이 하나님께 간절한 마음으로 간구했던 문제로서 주교님께서 꼭 들어주셔야 할 문제임을 말씀드립니다. 저는 비록 매우 약한 존재이지만 주교님과 주교님의 종들[아마도 수녀들을 지칭하는 것 같다]을 위해 아주 열심히 기도하는 일을 게을리하지 않고 있습니다. 이곳에서 저는 저를 당황하게 할 만큼 경건한 영혼들을 발견합니다. 주님께서 그들을 이곳에 보내시는 것을 기뻐하신 것 같습니다. 인간적으로 말해서 주님은 우리 수도회의 규칙들이나 생활방식에 대해 잘 모르는 자들을 뽑아서 우리에게 보내 주셨습니다.

그러므로, 주교님! 용기를 가지십시오. 그것이 하나님의 뜻임을 조금도 의심하지 마십시오. 저는 그 사실을 조금도 의심하지 않습니다. 저는 이것이 하나님의 명령이며, 이제 주교님이 주님을 섬기고자 하는 선한 욕구를 실천에 옮길 것을 하나님이 원하고 계신다는 것을 저는 확신하고 있습니다. 신부님은 너무나 오랫동안 아무런 직위도 없이 계셨으며 주님께서는 이제 덕망 있는 성직자를 필요로 하십니다.

우리처럼 가련하고 비천한 자들은 별로 크게 일할 능력이 없습니다. 우리가 다만 주님을 섬기는 것만을 소원한다 하더라도 하나님이 우리를 보호하실 어떤 분을 일으키시지 않는다면 우리가 어떻게 주님을 섬길 수 있겠습니까? 지금 악이 크게 성행하고 있고, 야심과 헛된 일이 기승을 부리고 있습니다. 그런 욕망들을 발 아래 짓밟고자 하는 자들도 그런 욕망에서 벗어나지 못하고 있습니다. 우리 주님께서 의를 유지하기 위해 자신의 피조물들을 사용하시고자 하는 것 같습니다. 그들이 없이는 우리가 도저히 승리할 길이 없습니다. 우리를 보호해 주어야 할 사람들이 우리를 버렸습니다. 그러므로 주님께서는 우리를 도울 다른 사람들을 또한 일으키셨습니다.

엘체의 공작 부인의 일이 훌륭한 성공을 거두었다니 기쁘기 그지없습니다. 성공의 소식을 듣기까지 제 마음이 크게 불안했었습니다. 그 일에 대해 하나님을 찬양합니다.

주님께서 그토록 많은 고난을 우리에게 보내 주시지만 그것들은 모두 우리를 유익하게 하는데 기여합니다. 주님은 우리가 연약하다는 사실을 아십니다. 주님이 하시는 일은 모두 우리를 위한 일이므로 우리에게 감당할 만한 고난을 주시는 것은 은혜입니다. 때때로 우리를 향해 강풍이 불 때도 그와 같은 일이 일어난다고 봅니다. 우리 신부들과 자매들이 엄격한 규율 준수에 실패한다면, 그들의 대적들이 노리던 목표 곧 개혁을 처음부터 꺾어놓는 것이 성공할는지도 모릅니다. 악마에겐 분명히 그런 일을 감당할 만한 기술이 있습니다. 하나님께서 악마가 이 일에 능력을 발휘하도록 허락하신 것 같습니다.

솔직히 말씀드리자면, 우리를 중상모략한 주도면밀한 전략 — 특히 그라시안 신부와 저를 겨냥한(대부분의 공격이 저를 목표로 하고 있습니다) — 이 너무 많고, 이 선한 분에 대한 비난이 너무 허무맹랑하며 왕에게 전달되는 진정서가 너무 악해서 주교님이 그것들을 보시면 인간이 어떻게 그런 악을 고안해 낼 수 있을까 놀라실 것입니다. 그러나 하나님은 마침내 그들이 우리를 향해 쏟아놓은 비난이 허무맹랑한 것임을 만천하에 드러내셨습니다.

저 때문에 그토록 많은 문제가 제기되었다니 슬프기만 합니다. 아빌라 시(市)에 그토록 많은 중상모략이 난무하여 파문당한 사람의 숫자가 54명이나 되다니!

제게 남아 있는 단 하나의 위로는 제가 모든 노력을 다 동원해서 수녀들이 나를 선출하는 것을 막고자 애썼다는 생각뿐입니다. 그러니 제가 수녀원장이 되었다는 사실이 얼마나 저를 괴롭게 하는 일이었는지 충분히 납득이 가실 것입니다. 그 직책은, 그 안에 있으면 단 한 시간도 건강할 날이 없는 집과도 같습니다.

이런 일이 언제나 마무리될는지 알 수 없습니다. 우리 형제들이 제가 알지도 못하는 곳으로 끌려가는 것을 보면 마음이 찢어질 듯합니다. 그들이 감옥 안에 철저하게 갇혀 있지나 않을는지 걱정이 되는군요[십자가의 요한과 토스타도 신부는 종단의 형제들에게 납치되어 투옥당했다]. 그들에게 어떤 불행한 일이 일어나지는 않을는지 매우 크게 걱정되는군요. 주님께서 치유해 주시기만을 기도드립니다. 이 편지가 너무 길었다면 용서해 주십시오.

주교님의 쓸모 없는 종이며 신민(臣民)인, 예수의 테레사

세페다의 로렌조 경에게[테레사의 오빠], 1577.
[오빠에게 보내는 실제적인 충고]

예수님이 함께 하시기를 빕니다.

세르나[소식 전달자]가 나에게 너무 재촉을 해서 긴 내용을 써 보낼 수가 없군요. 오빠에게 글을 써 보낼 땐 어떻게 마무리를 해야 하는지 잘 모르겠군요. 세르나가 항상 나와 함께 있지 않으므로 내게 시간을 더 주어야 하는데 … 제가 프란체스코에게 글을 쓸 땐 오빠가 읽지 마세요. 왜냐하면 그는 우울증이 있는 것 같은데 내게도 그것에 관해 말하길 꺼려하기 때문입니다. 아마 하나님께서는 다른 위험으로부터 프란체스코를 구하시려고 이런 좌절을 주신 것 같습니다. 그러나 저는 그에게 치료 방법을 알려 주고 싶습니다. 프란체스코는 내가 하는 말은 그냥 다 믿기 때문에 나의 충고를 받아들일 것입니다.

제가 말씀드린 책[그녀가 쓴 것]은 「주기도문에 관한 묵상」입니다. 그 책은 다른 책들과 같이 그리 긴 편은 아니지만 오빠에게 기도에 관한 도움을 많이 주리라고 생각합니다. 제가 말하고 싶은 내용이 "당신의 나라가 임하시오며" 부분에 나타나 있습니다. 그 부분을 여러 번 읽으세요. 특히 주기도문을 더욱더 자주 읽으십시오. 거기서 도움이 되는 내용을 찾을 수 있을 것입니다.

농장을 산 일을 두고 너무 고심하지 마세요. 오빠로 하여금 하나님이 주

신 은총에 대해서 하나님께 감사하지 못하도록 부추기는 것은 악마의 시험입니다. 오빠는 여러 가지 측면에서 생각해 볼 때 가장 훌륭한 일을 하셨다고 생각됩니다. 그 까닭은 오빠가 오빠의 자녀들에게 농장보다 더 귀한 것, 즉 명예를 물려주었기 때문입니다.

　오빠에게 농장을 주셨던 하나님을 찬양하십시오. 오빠에게 충분한 시간이 있을 때 기도를 더 많이 하겠다는 생각을 하지 마십시오. 그것은 잘못입니다. 아이들을 키우는 일이 바쁘다고 기도를 배제해서는 안 됩니다. 하나님께서는 종종 오랜 시간에 걸려서 은혜를 주시는 것보다 훨씬 더 많은 은혜를 어느 한순간에 주실 때가 있습니다. 그 까닭은 주님의 활동은 시간과 때의 제약을 받지 않기 때문입니다.

　휴일이 끝나면 즉각 오빠의 행위를 검토하고 마땅히 행해야 할 일로 돌아가십시오. 농장에서 보낸 시간도 훌륭한 시간입니다. 여름이 오면 농장에 가는 일이 즐거울 것입니다. 야곱이 양 떼를 돌보았다고 성도가 안 된 것이 아닙니다. 아브라함도 요아킴도 마찬가지입니다. 우리가 고난을 피하려고 하면 만사가 다 귀찮아질 것입니다. 저도 예외는 아닙니다. 그러므로 하나님은 제가 늘 바쁘게 일할 수 있는 일거리를 주시기를 기뻐하십니다. 이 문제에 대해서는 프란치스코 살세도와 의논하십시오. 저보다 더 많은 도움을 드릴 것입니다.

　다른 사람에겐 안식을 주고 오빠는 피로해지는 일은 하나님의 크신 축복입니다. 그러나 이 때문에 오빠의 일을 소홀히 생각하진 마세요. 우리는 우리가 원해서 하나님을 섬기는 것이 아니라 주님이 원하시기 때문에 섬기는 것입니다.

　오빠가 필요한 수면을 늘 취한다면, 하나님께 대한 이렇듯 거룩한 욕구를 가지고 잠시 깨어 묵상하는 것이 혼란 속에 빠지는 것을 방지하는 데 도움이 될 것 같습니다. 그렇지 않으면 오빠도 모르는 사이에 마침내 많은 기도를 못하게 되는지도 모릅니다. 또한 찬 공기에 너무 노출되지 않도록 주의하세요. 이것은 건강에 아주 좋지 않습니다.

　하나님이 항상 사랑으로 오빠를 지도하고 계시는데 무엇 때문에 오빠가 이렇게 두려움과 공포에 사로잡혀 있는지 이해할 수 없습니다. 아마 한두 번은 그런 것들이 필요할 것입니다. 그러나 우리로 하여금 기도하지 못하게 하는 것이 언제나 악마의 계교라고 생각하진 마십시오. 때때로 우리가 기도를 잘못하는 것이 하나님의 긍휼의 표현일 수도 있습니다. 하나님께서 우리에게 기도할 기회를 많이 주시는 것과 마찬가지로 이것도 큰 축복일 수 있습니다. 이것을 입증하는 많은 이유들이 있습니다. 그러나 지금은 그것들을 이야기할 만한 시간이 없습니다. 하나님께서 오빠에게 주시는 기도는 지옥에 관해 생각하는 것보다는 비교할 수 없을 만큼 큰 것입니다. 어느 한쪽을 더 좋아하는 것도 오빠 마음대로 할 수 없습니다. 하나님의 뜻이기 때문에 하나님이 오빠에게 주시는 것을 오빠가 따르지 않을 수 없습니다.

오빠의 편지는 아무리 읽어도 저를 싫증나게 하진 않습니다. 그 편지는 저를 크게 위로해 줍니다. 저는 오빠에게 더 자주 편지를 쓰고 싶습니다. 그러나 그렇게 하기가 힘이 듭니다. 왜냐하면 제가 겪는 고통이 저를 괴롭게 하기 때문입니다. 이 밤에도 저는 기도에 참석할 수가 없군요. 기도에 참석 못한다고 해서 제가 좌절하는 것은 아닙니다. 그러나 여가가 없다는 것은 불행한 일입니다. 하나님께서 우리에게 어느 정도의 여가를 주셔서 주님을 섬기는 일에 사용할 수 있도록 해 주셨으면 하는 마음입니다.

오빠의 쓸모 없는 종이며 동생인,
예수의 테레사

추신: 오빠가 제게 시를 몇 행 적어 보내 주신 것으로 생각이 되는군요. 저의 시는 두운도 각운도 없는 것입니다. 그러나 수녀들은 즐겨 부릅니다. 제가 기도하는 중에 지은 시가 생각나는군요. 그 시들은 내가 지은 후에 나에게 감미로운 느낌을 주었던 것 같습니다. 다음에 옮겨놓는 시들이 내가 그 당시 지은 것들과 정확하게 일치하는지 모르겠지만 한 번 읽어보시면 재미있을 것입니다.

"오 사랑스러움,
우리가 알고 있는 다른 사랑스러움을
그것은 능가합니다.
당신이 상처를 입히지 않아도 고통은 있습니다.
그리고 영혼은 아무런 고통도 느끼지 않고
피조물로 대한 사랑으로부터
자유로워집니다.

오 놀랍게 이으시는 분,
당신은 본성이 두 갈래로 나누어 놓은 두 가지 일을
하나로 묶으십니다.
나는 당신이 왜 거짓 없는 분이신가를 압니다.
당신은 도덕적인 마음을 강하게 하실 수 있으며
그 마음이 병들었을 때도 그것을 유익으로 간주하십니다."

더 이상은 생각이 나지 않습니다. 이 시들을 지을 때는 매우 영롱한 정신을 가지고 있었는데 … 이 시를 생각해 내느라고 시간을 많이 소비했습니다. 이 시들은 오빠의 마음을 부드럽게 해주며 헌신의 마음을 북돋워 줄지도 모릅니다. 아무에게도 이 시를 말씀하지 마세요. 도나 귀요마르 님과 제가 그 때 함께 있었습니다. 그녀에게 안부 전해 주세요.

기도의 삶

초판 발행　1985년 12월 20일
개정판 발행　2012년 9월 20일

발행처　크리스챤다이제스트
발행인　박명곤
주소　경기도 고양시 일산동구 장항동 611-19
전화　031-911-9864, 070-7538-9864
팩스　031-911-9824
등록　제 396-1999-000038호
판권　ⓒ 크리스챤다이제스트 1985
총판　(주) 기독교출판유통
　　　전화 031-906-9191~4
　　　팩스 0505-365-9191